Frank Klawonn

Grundkurs Computergrafik mit Java

Stimmen zur den Vorauflagen

„Die Aktualität und die Qualität der Inhalte dieses Buches sind ausgezeichnet, das Preis-Leistungs-Verhältnis stimmt. /.../ Ich bin begeistert, ein derartiges Buch hat genau gefehlt.“

Alexander Zipf, FH Mainz

„Anwendbares Wissen kompakt dargestellt.“

Rainer Gaudlitz, Hochschule Mittweida

„Dieses Buch schließt eine große Lücke, da Computergrafik und objektorientiertes Programmieren in Lehrbüchern selten kombiniert werden.“

Prof. Dr. Burkhard Wrenger, FH Lippe und Höxter

„Sehr gute Kombination von Inhalten der Java-Programmierung mit den Grundlagen der Computergrafik.“

Prof.Dr.-Ing. Eckhard Scholz, HTWK-Leipzig

„/.../ qualitativ und didaktisch sehr gut. Auch wenn 2D-Themen vielleicht etwas breiten Raum einnehmen, könnte dies für Bachelor-Studiengänge sehr angemessen sein.“

Prof.Dr. Monika Lutz, FH Gießen-Friedberg

„/.../ Beschreibung der Algorithmen ohne Ballast.“

Prof. Volkmar Richter, FH Anhalt, Köthen

„Sehr schöne Mischung von theoretischen Grundlagen und ihrer praktischen Umsetzung mit Java.“

Dietrich Bales, Uni Oldenburg

„Sehr gutes Lehrbuch.“

Prof.Dr.-Ing. Reinhard Schmidt, FHT Esslingen

„Kompetente Stoffauswahl, viele und gute Übungsaufgaben, sehr gut lesbar.“

Prof. Dr. Hans-Peter Weber, FH Darmstadt

„Ich werde das Buch in meiner Vorlesung Medieninformatik im 3.Semester im Bereich Computergrafik empfehlen.“

Michael Weber, Uni Ulm

Frank Klawonn

Grundkurs Computergrafik mit Java

Die Grundlagen verstehen und einfach umsetzen mit Java 3D

3., erweiterte Auflage

Mit 139 Abbildungen und 6 Tabellen

STUDIUM

VIEWEG+
TEUBNER

Bibliografische Information der Deutschen Nationalbibliothek
Die Deutsche Nationalbibliothek verzeichnet diese Publikation in der
Deutschen Nationalbibliografie; detaillierte bibliografische Daten sind im Internet über
<http://dnb.d-nb.de> abrufbar.

1. Auflage 2005
2. Auflage 2008
3., erweiterte Auflage 2010

Lektorat: Christel Roß | Maren Mithöfer

Vieweg+Teubner Verlag ist eine Marke von Springer Fachmedien.
Springer Fachmedien ist Teil der Fachverlagsgruppe Springer Science+Business Media.
www.viewegteubner.de

Umschlaggestaltung: KünkelLopka Medienentwicklung, Heidelberg

Gedruckt auf säurefreiem und chlorfrei gebleichtem Papier.

ISBN 978-3-8348-1223-0

Vorwort

In der frühen Phase der Computergrafik oder der grafischen Datenverarbeitung beschäftigten sich primär Experten mit diesem Gebiet, etwa im Bereich des Computer Aided Design (CAD). Heutzutage kommt jeder Computer-Nutzer mit Computergrafik in Berührung. Dies beginnt bei grafischen Betriebssystemen und grafischen Oberflächen, schließt Visualisierungen von einfachen Balkendiagrammen bis hin zu dynamischen dreidimensionalen Darstellungen zeitlicher Abläufe, wie Strömungen oder Winde, ein und umfasst ebenso den populären Bereich der Computerspiele. Auch wenn man selbst keinen Computer nutzt, begegnet man der Computergrafik im Kino oder im Fernsehen, wo Teile von Bildern, einzelne Szenen oder ganze Filme mittels grafischer Datenverarbeitung erstellt werden.

Ermöglicht wurde all dies zum einen durch die heute verfügbare leistungsfähige Hardware in Form von schnellen Prozessoren, großzügigem Speicher und speziellen Grafikkarten. Zum anderen sind aber auch effiziente Algorithmen und einfach zu handhabende Programmmierwerkzeuge erforderlich. Standard-PC's reichen inzwischen aus, um eigene grafische Anwendungen und Animationen zu erstellen. Dazu gibt es frei verfügbare Programmierplattformen wie beispielsweise OpenGL oder Java 3D. Neben grundlegenden Programmierkenntnissen erfordert die Benutzung dieser Werkzeuge zumindest ein elementares Verständnis der Konzepte, Verfahren und Hintergründe der grafischen Datenverarbeitung.

Die Vermittlung dieser notwendigen Grundlagen der Computergrafik im direkten Verbund mit der sofortigen praktischen Umsetzung an Beispielen ist das Ziel dieses Buches. Diese Kopplung von Theorie und Praxis soll es dem Leser ermöglichen, die konzeptionellen Grundlagen direkt in die Praxis umzusetzen und visuell zu begreifen. Für die praktische Umsetzung werden vom Leser nur elementarste Kenntnisse in der Programmiersprache Java erwartet. Das Buch verwendet für die Beispielprogramme Java 3D und zu Beginn Java 2D, um einen einfachen Einstieg in die Grundlagen der zweidimensionalen grafischen Datenverarbeitung zu geben. Die erforderlichen Grundlagen von Java 2D und Java 3D werden im Rahmen dieses Buches vermittelt. Auch wenn gerade die Verbindung der Theorie mit der Praxis bei der Erstellung des Buches im Vordergrund stand, so kann dieses Buch ebenso allein für das Erlernen der Grundlagen der Computergrafik verwendet werden, ohne Java 2D oder Java 3D zu erlernen. Das Buch bleibt in sich geschlossen, wenn man alle Abschnitte weglässt, in deren Überschrift das Wort Java auftaucht. Für das Verständnis der Techniken und Algorithmen in der Computergrafik werden elementare Kenntnisse im Rechnen mit Vektoren und Matrizen vorausgesetzt sowie Grundlagen der Analysis.

Dieses Buch kann nicht den Anspruch erheben, den vollen Umfang von Java 2D oder Java 3D auch nur annähernd abzudecken. Dies würde jeweils allein ein mehrbändiges Werk füllen, ohne auf die Grundlagen der Computergrafik einzugehen. Vielmehr werden hier nur die jeweils für die praktische Umsetzung relevanten Teile von Java 3D bzw. 2D möglichst ohne Ballast erklärt. Es wird daher nicht immer die allgemeinste Form einer Realisierung mit allen Optionen diskutiert, sondern die für die Standardanwendung erforderliche. Es wurde ebenfalls versucht, die Programmbeispiele in diesem Buch – so weit wie möglich – einfach zu halten und auf das Wesentliche zu konzentrieren. Diese Art der Vermittlung und das gesamte Konzept des Buches basiert neben den Erfahrungen aus Industrieprojekten auf Vorlesungen und Laboren, die an der Fachhochschule Braunschweig/Wolfenbüttel seit mehreren Jahren gehalten werden. Die Entscheidung für die Plattformen Java 2D und Java 3D fiel aus mehreren Gründen. Die Programmiersprache Java setzt sich in vielen Bereichen immer mehr durch und damit ebenso Erweiterungen wie Java 2D/3D. An vielen Hochschulen wird Java inzwischen als erste Programmiersprache gelehrt, sowohl in Informatikstudiengängen als auch in anderen Fächern, so dass den Studierenden mit Java 2D/3D ein direkter und einfacher Einstieg in die Computergrafik ermöglicht wird. Insbesondere im Bereich der Medientechnik und -informatik gewinnt Java 2D/3D zunehmende Beliebtheit.

Das Buch wäre unnötig umfangreich, wäre der Quellcode aller Beispielprogramme vollständig abgedruckt. Außerdem möchte sich niemand der Mühe und der fehleranfälligen Tätigkeit unterziehen, die Programme abzutippen. Deswegen werden im Buch nur die jeweils relevanten Auszüge der Programme dargestellt. Der Quellcode aller Beispielprogramme sowie weitere Programme können im Internet über den Online-Service zum Buch unter

http://public.ostfalia.de/~klawonn/computergrafik

herunter geladen werden. Der Online-Service bietet außerdem weitere Übungsaufgaben zu Theorie und Praxis, Lösungshinweise, Folien zur Unterstützung von Lehrveranstaltungen sowie Dateien mit Beschreibungen dreidimensionaler Objekte, die in Java 3D eingebunden werden können. Auch die im Anhang A angegebenen Links finden sich dort noch einmal.

Viele meiner Studenten haben über die Jahre durch Anregungen, Verbesserungsvorschläge und Fragen in meinen Lehrveranstaltungen dazu beigetragen, dass das vorliegende Buch in dieser Form entstehen konnte. Mein besonderer Dank gilt Daniel Beier, Thomas Weber und Jana Volkmer, die mit zahlreichen konstruktiven Anmerkungen zur wesentlichen Verbesserung des Manuskripts beigetragen haben. Ferner möchte ich meiner Mitarbeiterin Katharina Tschumitschew und Gerry Gehrmann für die Unterstützung beim Aufbau des Online-Service zum Buch sowie für die Erstellung einiger 3D-Modelle danken. Schließlich gilt mein ganz persönlicher Dank meinen Eltern und Keiko, ohne deren Unterstützung dieses Buch nie zustande gekommen wäre.

Wolfenbüttel, im September 2005 Frank Klawonn

Vorwort zur zweiten Auflage

Die positive Resonanz der Leserschaft auf das Konzept, Computergrafik in Kombination mit Java 2D/3D zu lernen, hat zum einen dazu geführt, dass inzwischen beim Springer-Verlag eine englische Übersetzung des deutschen Buches in Lizenz erschienen ist [25], und zum anderen, dass eine Neuauflage der deutschen Version erforderlich wurde.

Ich bedanke mich für die Hinweise auf die von mir verursachten und von mir zu verantwortenden Tippfehler, die in der zweiten Auflage entsprechend korrigiert wurden. Ich habe außerdem zahlreiche Anregungen und Wünsche bzgl. Erweiterungen bereits zumindest rudimentär behandelter Aspekte der Computergrafik sowie Vorschläge für weiterführende Themen erhalten. Leider ist es unmöglich, alle Wünsche zu berücksichtigen, da das Buch ansonsten den Charakter einer elementaren Einführung verlieren würde. Neben kleinen Modifikationen, die an einzelnen Textstellen vorgenommen wurden, sind in der zweiten Auflage folgende Ergänzungen bzw. Erweiterungen enthalten:

- Im Rahmen der Oberflächenmodellierung wird auf die Darstellung von Funktionen in zwei Variablen eingegangen, die auch dazu verwendet werden kann, um z.B. hügelige Landschaften zu modellieren.
- In diesem Zusammenhang wird auch kurz das Thema Text in dreidimensionalen Darstellungen behandelt.
- Partikelsysteme werden ausführlicher erläutert und ein einfaches Partikelsystem mit diversen Parametern wurde implementiert.

- Dynamische Oberflächen werden ebenfalls detaillierter behandelt.

Natürlich werden auch zu diesen Themen die Implementierungen anhand von Beispielprogrammen in Java 3D erklärt. Bei der Realisierung der Partikelsysteme wird außerdem erklärt, wie Szenengrafen dynamisch während der Animation verändert werden können, was für einige Anwendungen erforderlich ist.

Ich hoffe, dass so auch die zweite Auflage die gleiche positive Resonanz der Leserschaft erfährt wie bereits die erste.

Wolfenbüttel, im September 2008 Frank Klawonn

Vorwort zur dritten Auflage

In der dritten Auflage wurden gegenüber der Zweiten neben kleinen Korrekturen ein Abschnitt und Beispiel zur Realisierung der Technik Level of Detail (LOD) im Kapitel 9 aufgenommen.

Wolfenbüttel, im Februar 2010 Frank Klawonn

Inhaltsverzeichnis

1 Einleitung

Computergrafik beschäftigt sich mit der Erzeugung von Bildern mittels eines Rechners. Aus diesem Grund wird auch häufig der Begriff grafische Datenverarbeitung verwendet. Das Wort „Bild" sollte hier in einem abstrakten Sinn verstanden werden. Ein Bild kann eine realistische Szene aus der Alltagswelt darstellen, aber ebenso Grafiken wie Histogramme oder Tortendiagramme wiedergeben oder die grafische Benutzungsoberfläche einer Software sein. Im folgenden Abschnitt sollen exemplarisch einige Anwendungsfelder der Computergrafik dargestellt werden, um einen Eindruck über das Aufgabenspektrum der grafischen Datenverarbeitung zu vermitteln.

1.1 Anwendungsfelder

Obwohl grafische Betriebssysteme und Benutzungsoberflächen grundsätzlich auch ein Anwendungsfeld der Computergrafik repräsentieren, spielen sie eher eine untergeordnete Rolle. Zum einen gibt es zur Programmierung für grafische Schnittstellen standardisierte Werkzeuge und zum anderen liegt der Schwerpunkt dort vor allem auf der Benutzerfreundlichkeit und damit im Bereich der Softwareergonomie.

In der Werbung und in bestimmten Kunstrichtungen werden viele Bilder inzwischen vollständig mit dem Computer erzeugt oder Fotografien mittels Techniken der Computergrafik überarbeitet oder sogar verfremdet.

Für die riesigen Datenmengen, die überall in Industrie, Wirtschaft, Wissenschaft und Forschung aufgezeichnet werden, sind nicht nur geeignete Verfahren zur automatischen Analyse und Auswertung der Daten erforderlich, sondern auch Techniken zur Visualisierung und grafischen Präsentation. Diese Visualisierung geht weit über einfache Darstellungen von Funktionsgraphen, Histogrammen oder Tortendiagramme hinaus, was heute schon Tabellenkalkulationsprogramme können. Zwei- oder dreidimensionale Visualisierung von hochdimensionalen Daten, problemangepasste Darstellungen der Daten [24, 41, 45, 48] oder auch spezielle Animationen, die zeitliche Verläufe z.B. von Strömungen oder Wetterphänomenen zeigen, zählen dazu.

Neben der Erzeugung und Darstellung dieser eher abstrakten Grafiken liegen die Hauptanwendungsfelder der Computergrafik natürlich im Bereich der Darstellung realistischer – nicht notwendigerweise realer – Bilder und Bildfolgen. Klassische Anwendungen kommen aus dem Bereich CAD/CAM (Computer Aided Design/Manufacturing), wo es um den Entwurf und die Konstruktion von Objekten wie Autos oder Gehäusen geht. Die darzustellenden Objekte werden dabei im Rechner entworfen, genau wie auch in Computerspielen oder Architektenplanungsprogrammen zur Visualisierung von realen oder geplanten Gebäuden und Landschaften. In diesen Fällen werden im Rechner zu entwerfende Objekte, z.B. ein Anbau an ein Haus, kombiniert mit bereits existierenden Objekten, die ebenfalls erst im Rechner modelliert werden müssen. Die gleiche Problematik ergibt sich z.B. auch bei Fahr- oder Flugsimulatoren, in denen reale Städte oder Landschaften im Computer zu modellieren sind.

Nicht nur die Möglichkeit, Objekte zu modellieren und zu visualisieren, spielt in der Computergrafik eine wichtige Rolle, sondern auch die Erzeugung von realistischen Darstellungen aus gemessenen Daten. Zur Erzeugung solcher Daten werden Scanner verwendet, die die Tiefeninformationen von Oberflächen von Objekten messen, oder mehrere kalibrierte Kameras, aus denen sich 3D-Informationen rekonstruieren lassen. Ein sehr bedeutendes Anwendungsfeld stellt dabei auch die medizinische Informatik [38] dar. Dort wird aus zum Teil mit verschiedenen Verfahren wie Röntgenaufnahmen, Ultraschallbildern oder Computertomografie gewonnenen Daten eine dreidimensionale Visualisierung von Organen oder Knochenstrukturen erzeugt.

Die Kopplung von realen Daten und Bildern mit Techniken der Computergrafik wird sich in der Zukunft wahrscheinlich noch weiter verstärken. Computerspiele erlauben das Navigieren durch Szenen und das Betrachten einer Szene aus verschiedenen Blickwinkeln. Bei Filmen, wie sie im Fernsehen gezeigt werden, ist es bisher nicht möglich, dass der Betrachter sich eine Szene aus einem selbst gewählten Blickwinkel ansieht. Die grundsätzlichen Techniken dafür sind aber bereits vorhanden [29]. Dazu ist es allerdings erforderlich, dass neben „intelligenteren" Fernsehern Szenen gleichzeitig aus mehreren Perspektiven aufgenommen werden. Der Betrachter muss nicht an die Positionen der Kameras gebunden sein, sondern kann einen beliebigen Standpunkt einnehmen. Die entsprechende Darstellung der Szene wird dann aus den Informationen berechnet, die die einzelnen Kameras liefern. Hierzu müssen Techniken der Computergrafik, die der Synthese von Bildern dienen, mit Verfahren aus der Bildverarbeitung, die sich mit der Analyse von Bildern beschäftigen, kombiniert werden [31].

Ein weiteres wichtiges Anwendungsfeld der Computergrafik bilden Virtual Reality, wo es um die Vermittlung eines nahezu echten dreidimensionalen Eindrucks geht, und Augmented Reality, bei der die reale Wahrnehmung durch Zusatzinformationen angereichert wird.

1.2 Von der realen Szene zum Bild

An den im vorher gehenden Abschnitt erwähnten Beispielanwendungen erkennt man bereits, dass eine Vielzahl unterschiedlicher Aufgaben in der Computergrafik zu lösen ist. Abbildung 1.1 zeigt die groben Schritte, die nötig sind, um von einer realen oder virtuellen Szene zu einem Bild zu gelangen.

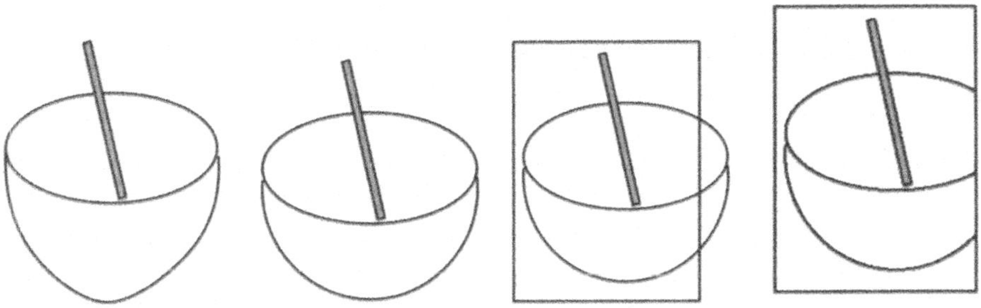

(a) (b) (c) (d)

Abbildung 1.1 Von der realen Szene zum Bild

Zunächst müssen die Objekte der Szene in Abbildung 1.1(a) mit den zur Verfügung stehenden Möglichkeiten eines Modellierungswerkzeugs nachgebildet werden. Diese Nachbildung ist im Allgemeinen nur eine Annährung an die Objekte der Szene. Je nach Aufwand, den man betreibt, und den zur Verfügung stehenden Modellierungsarten können die Objekte mehr oder weniger gut approximiert werden. Dieser Sachverhalt wird in Abbildung 1.1(b) etwas überdeutlich dargestellt, indem die Form der realen Schüssel hier nur sehr grob durch eine Halbkugel angenähert wird. Die modellierten Objekte decken in der Regel einen viel größeren als den für den Betrachter sichtbaren Bereich ab. Es könnten z.B. mehrere Gebäudekomplexe mit umliegenden Gärten modelliert sein, durch die sich der Betrachter bewegen kann. Wenn der Betrachter in einem bestimmten Raum steht und in eine konkrete Richtung blickt, so befinden sich die meisten modellierten Objekte überhaupt nicht in seinem Blickfeld und können bei der Darstellung der Szene vernachlässigt werden. Es muss also ein dreidimensionaler

Bereich definiert werden, der vom Betrachter wahrgenommen wird (siehe Abbildung 1.1(c)). Die Ermittlung, welche Objekte überhaupt in diesem Bereich liegen und welche nicht, bezeichnet man als (*dreidimensionales*) *Clipping*. Ein Objekt, das im Wahrnehmungsbereich liegt, ist nicht notwendigerweise auch für den Betrachter sichtbar, da es durch andere Objekte im Wahrnehmungsbereich verdeckt werden kann.

Die Objekte, die in diesem Bereich liegen, müssen dann auf eine zweidimensionale Fläche projiziert werden, so dass man schließlich ein auf dem Monitor oder dem Drucker darstellbares Pixelbild wie in Abbildung 1.1(d) erhält. Bei dieser Projektion müssen *Visibilitätsbetrachtungen* durchgeführt werden, welche Objekte oder welche Teile von Objekten sichtbar sind bzw. durch andere Objekte verdeckt werden. Außerdem spielen Beleuchtung und Lichteffekte eine wesentliche Rolle für die Darstellung der sichtbaren Objekte. Auch *zweidimensionales Clipping* muss hier angewendet werden um festzustellen, welche Teile eines dreidimensionalen Objektes im Wahrnehmungsbereich gezeichnet werden müssen oder vernachlässigt werden sollten, da sie außerhalb der Projektionsfläche liegen.

Der gesamte Prozess der Erzeugung eines zweidimensionalen Bildes aus einer dreidimensionalen Szene wird auch als *Rendering* bezeichnet. Die Hintereinanderausführung der einzelnen Techniken, die im Detail in der groben Beschreibung in Abbildung 1.1 ausgeführt werden müssen, nennt man auch *Rendering Pipeline*. Die Rendering Pipeline hängt von den ausgewählten Techniken und Algorithmen ab. In [16] werden exemplarisch allein fünf Rendering Pipelines unter Berücksichtigung verschiedener Beleuchtungsverfahren vorgestellt.

1.3 Aufbau dieses Buches

Der Aufbau dieses Buches orientiert sich an der Rendering Pipeline. In den Kapiteln 2, 3 und 4 werden die wesentlichen Aspekte für den letzten Abschnitt der Rendering Pipeline dargestellt. Es geht dabei ausschließlich um Verfahren zur Darstellung zweidimensionaler Bilder, zum einen als Teilaufgabe beim Rendering dreidimensionaler Szenen, zum anderen aber auch als eigenständiges Werkzeug.

Zunächst werden die Grundlagen für Vektor- und Pixelgrafik sowie die einfache Modellierung planarer Objekte und deren Bewegungen anhand von Java 2D eingeführt und veranschaulicht.

Das 3. Kapitel widmet sich vor allem algorithmischen Aspekten der Rasterdarstellung, die beim Zeichnen von Kurven von großer Bedeutung sind, während das vierte Kapitel Flächendarstellung behandelt sowie auf die Verwendung von Schriftzeichen und Farbe eingeht.

Die darauf folgenden Kapitel sind der Modellierung und Darstellung dreidimensionaler Szenen gewidmet und geben gleichzeitig eine Einführung in Java 3D, um die vorgestellten Konzepte praktisch umzusetzen. Kapitel 5 und 6 legen die Grundlagen für die Handhabung und Modellierung dreidimensionaler Objekte und Szenen.

Verschiedene Techniken zur Berechnung, welche Objekte in einer dreidimensionalen Szene sichtbar bzw. verdeckt sind, werden in Kapitel 7 diskutiert.

Für fotorealistische Darstellungen ist es erforderlich, Effekte wie Schattierungen, Schatten und Reflexion zu berücksichtigen. Kapitel 8 beschäftigt sich mit diesen Fragestellungen.

Schließlich bietet das letzte Kapitel 9 einen Überblick zu weiter führenden Themen wie Spezialeffekten, Interaktionsmechanismen oder dem stereoskopischen Sehen, das für das Verständnis der Grundlagen der Virtual-Reality-Anwendungen unabdingbar ist.

Im Anhang finden sich Hinweise auf hilfreiche Internetadressen sowie eine Auflistung, welche Beispielprogramme an welcher Stelle im Buch erläutert werden.

2 Grundlagen zweidimensionaler Darstellungen

In diesem Kapitel werden elementare Konzepte für zweidimensionale Grafiken eingeführt. Die üblichen Ausgabemedien für Grafiken wie Monitore oder Drucker sind fast ausschließlich Pixel-orientiert. Deswegen muss zwischen der Darstellung auf diesen Medien und der eigentlichen Modellierung der Grafiken, die im Allgemeinen nicht Pixel-orientiert ist, unterscheiden werden.

2.1 Rastergrafik versus Vektorgrafik

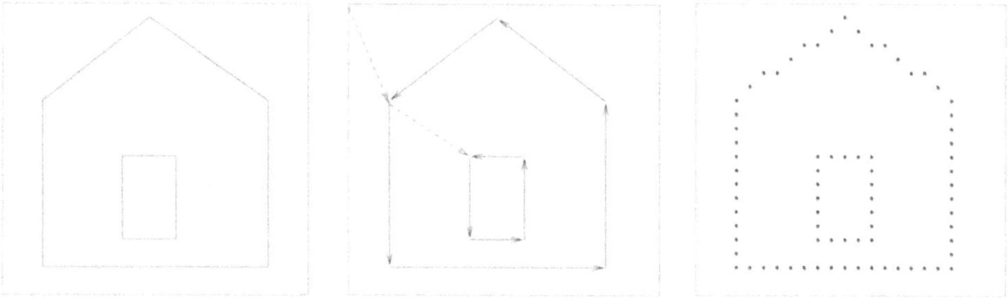

(a) (b) (c)

Abbildung 2.1 Originalbild, Vektor- und Rastergrafik

Ein zu zeichnendes Objekt, sofern es nicht schon als fertiges Bild vorliegt, muss zunächst beschrieben oder modelliert werden. Dies geschieht üblicherweise mittels *vektororientierter Grafik* oder *Vektorgrafik*. Das zu modellierende Objekt wird dabei durch die Kombination von Grundobjekten wie z.B. Linien, Rechtecken, Kreis- oder Ellipsenbögen beschrieben. Jedes dieser Grundobjekte lässt sich durch die Angabe weniger Koordinaten, die die Lage bestimmen, und einiger Parameter, wie z.B. der Radius bei einem Kreis, eindeutig definieren. Eine sehr einfache Beschreibung des Hauses aus Abbildung 2.1(a) als Vektorgrafik zeigt Abbildung 2.1(b). Das Haus kann als Folge von Punktkoordinaten oder Vektoren beschrieben werden. Dabei muss zusätzlich noch angegeben werden, ob zwei aufeinander folgende Punkte miteinander durch eine Linie verbunden werden sollen oder nicht. In der Abbildung ist dies dadurch angedeutet, dass eine Verbindung zweier Punkte, die nicht gezeichnet werden soll, gestrichelt dargestellt ist.

Diese Form der Objektbeschreibung eignet sich jedoch nicht direkt für die Darstellung auf einem rein Pixel-orientierten Ausgabegerät wie etwa einem Flachbildschirm oder einem Drucker. Bei einem Kathodenstrahlmonitor ließe sich theoretisch eine vektororientierte Grafik direkt umsetzen, indem man den Kathodenstrahl – bzw. drei Kathodenstrahlen bei Farbdarstellung – entlang der zu zeichnenden Linien führt und, je nachdem, ob eine Linie zu zeichnen ist oder nicht, den Kathodenstrahl ein- oder ausblendet. Hierbei kann sich aber das Problem eines flackernden Bildschirms ergeben, da die Fluoreszens der Bildschirmpunkte nachlässt, wenn sie nicht erneut von dem Kathodenstrahl getroffen werden. Flackerfreiheit erfordert eine Bildwiederholrate von ca. 60Hz. Wenn der Kathodenstrahl die einzelnen Linien der Vektorgrafik immer wieder ablaufen muss, hängt die Bildwiederholrate davon ab, wie viele Linien das Bild enthält. Daher kann bei komplexeren Bildern eine genügend hohe Bildwiederholrate für Flackerfreiheit nicht garantiert werden. Der Kathodenstrahl durchläuft den Bildschirm daher zeilenweise, so dass die Bildwiederholrate unabhängig von der darzustellenden Grafik ist.

Auf dem Monitor, dem Drucker, aber auch bei verschiedenen Bildspeicherungsformaten wie JPEG wird daher eine *Rastergrafik* oder *rasterorientierte Grafik* verwendet. Einer Rastergrafik liegt eine feste Pixelmatrix zugrunde. Jedem einzelnen Pixel des Rasters kann ein Farbwert zugeordnet werden. Im einfachsten Fall eines Schwarz/Weiß-Bildes wird das Pixel entweder gefärbt oder nicht gefärbt.

Soll eine vektororientierte Grafik als Rastergrafik dargestellt werden, müssen alle Linien in Pixelform konvertiert werden. Man spricht dabei von *Scan Conversion*. Das bedeutet zum einen hohen Rechenaufwand. Ein üblicher Monitor hat ca. eine Million Pixel, für die jeweils entschieden werden muss, wie sie zu färben sind. Zum anderen treten unerwünschte *Aliasing-Effekte* in Form ausgefranster oder stufenförmige Linien auf. Der Begriff Aliasing-Effekt stammt aus der Signalverarbeitung und bezeichnet Artefakte, d.h. künstliche, unerwünschte Effekte, die auftreten, wenn man ein kontinuierliches Signal mit einer diskreten Abtastung erfasst.

Auch wenn ein Bild letztendlich als Rastergrafik dargestellt werden muss, ist es dennoch vorteilhaft, es in vektororientierter Form zu modellieren und abzuspeichern. Eine Rastergrafik ist an eine spezifische Auflösung gebunden. Legt man sich auf ein Raster fest, ergeben sich erhebliche Nachteile bei der Darstellung, wenn ein Ausgabegerät mit einer anderen Auflösung arbeitet. Abbildung 2.2 zeigt die Spitze eines Pfeils und die Darstellung als Rastergrafik unter zwei verschiedenen Auflösungen. Kennt man nur die Darstellung in der groben Auflösung in der Mitte, kann die gewünschte feinere Rasterung rechts nicht mehr ohne weitere Informationen rekonstruiert werden. Bestenfalls könnte man hier die identische grobe Darstellung in der Mitte für die feinere Auflösung übernehmen, indem man ein grobes Pixel auf vier feinere Pixel abbildet. Wenn das Verhältnis der Auflösungen der beiden Rasterungen nicht ganzzahlig ist, wird die Umrechnung von einer Auflösung in eine andere aufwendiger und birgt die Gefahr neuer Aliasing-Effekte, selbst wenn die Auflösung verfeinert wird.

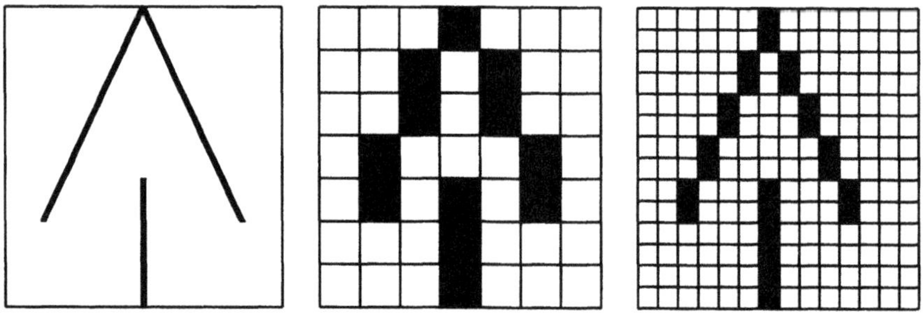

Abbildung 2.2 Eine Pfeilspitze in zwei Auflösungen dargestellt

Zur Veranschaulichung von Rasterungen wird in diesem Buch teilweise die Darstellung wie in Abbildung 2.2 verwendet, wo ein Pixel durch ein Einheitsquadrat zwischen den Gitterlinien repräsentiert wird. In anderen Fällen ist die Darstellung wie in Abbildung 2.3 günstiger, bei der die Pixel Kreise auf den Gitterpunkten entsprechen. In Abbildung 2.3 ist das Pixel mit den Koordinaten (5,3) zu sehen.

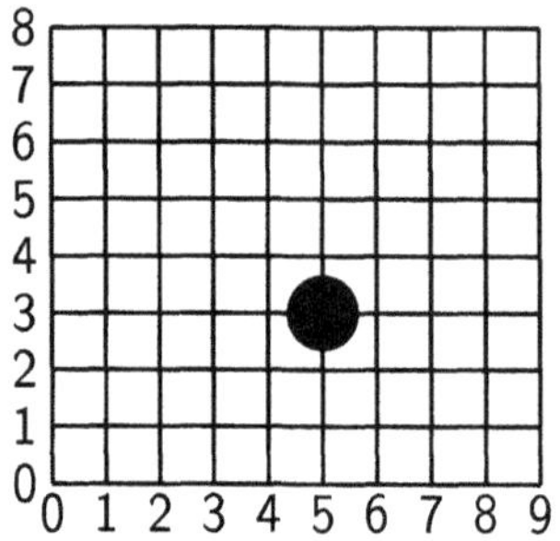

Abbildung 2.3 Eine alternative Pixelrepräsentation

2.2 Das erste Java 2D Programm

Bevor näher auf die Modellierung zweidimensionaler Objekte eingegegangen wird, soll an dieser Stelle gezeigt werden, wie man Java 2D grundsätzlich verwenden kann, um Grafiken zu erstellen. Java 2D wird die ersten Kapitel des Buches begleiten, bei denen es allein um zweidimensionale Probleme geht. Ab dem 5. Kapitel wird Java 3D für dreidimensionale Modellierung verwendet.

Das Ziel dieses Buches besteht nicht in einer möglichst vollständigen Einführung in Java 2D oder Java 3D. Vielmehr sollen auch interessierte Leser, die nur über geringe Java-Kenntnisse verfügen, in die Lage versetzt werden, die für die Computergrafik erforderlichen Methoden zu nutzen und anzuwenden. Aus diesem Grund wird versucht, die Programme möglichst einfach und übersichtlich zu halten, und es werden nicht alle zur Verfügung stehenden Optionen im Detail erläutert, um sich besser auf die wesentlichen Aspekte konzentrieren zu können. Für diejenigen, die bereits über vertiefte Java-Kenntnisse verfügen, sollte die in diesem Buch gegebene Einführung in Java 2D bzw. Java 3D ausreichen, um sich eigenständig weitere Möglichkeiten dieser beiden Application Programming Interfaces (API's) anhand der Literatur oder der Dokumentation zu erarbeiten.

Zu Java 2D findet man umfangreiche Informationen in den Büchern [21, 26], sowie in der API und dem Java Tutorial, die im Internet zu finden sind (s. Anhang A).

Java 2D ist ein API, das ab der Java 2 Plattform (früher JDK 1.2) zu den Kernklassen von Java gehört, so dass, sofern eine entsprechende Java-Plattform zur Verfügung steht, keine zusätzlichen Installationen vorgenommen werden müssen.

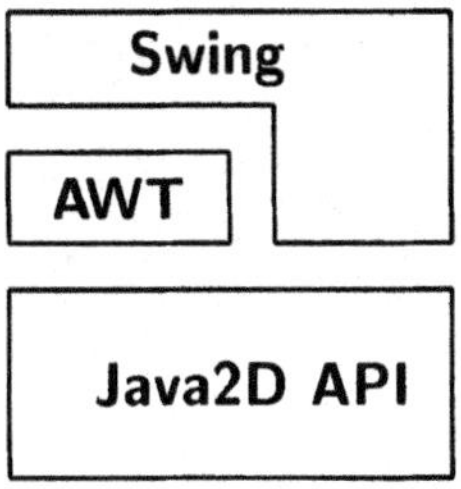

Abbildung 2.4 Die Java 2D API erweitert AWT

Java 2D ergänzt einige AWT[1]-Pakete von Java um neue Klassen und führt außerdem noch neue Pakete innerhalb von AWT ein. Java 2D ist unterhalb der Grafik-Komponenten AWT und Swing von Java angesiedelt (vgl. Abbildung 2.4).

AWT-Komponenten, die auf dem Bildschirm dargestellt werden, haben eine `paint`-Methode, die ein `Graphics`-Objekt als Argument erhält. Um die Möglichkeiten von Java 2D für die entsprechende Komponente zu nutzen, muss dieses `Graphics`-Objekt nur in ein `Graphics2D`-Objekt gecastet werden. Die Klasse `Graphics2D` innerhalb von Java 2D erweitert die Klasse `Graphics`. Die folgende einfache Java-Klasse `SimpleJava2DExample.java` demonstriert diese Vorgehensweise. Kommentare sind zur besseren Übersicht nicht mit abgedruckt.

```
import java.awt.*;

public class SimpleJava2DExample extends Frame
{
  SimpleJava2DExample()
  {
    addWindowListener(new MyFinishWindow());
  }

  public void paint(Graphics g)
  {
    Graphics2D g2d = (Graphics2D) g;
    g2d.drawString("Hello world!",30,50);
  }

  public static void main(String[] argv)
  {
    SimpleJava2DExample f = new SimpleJava2DExample();
    f.setTitle("Das erste Java 2D Programm");
    f.setSize(250,80);
    f.setVisible(true);
  }
}
```

[1] Abstract Windowing Toolkit

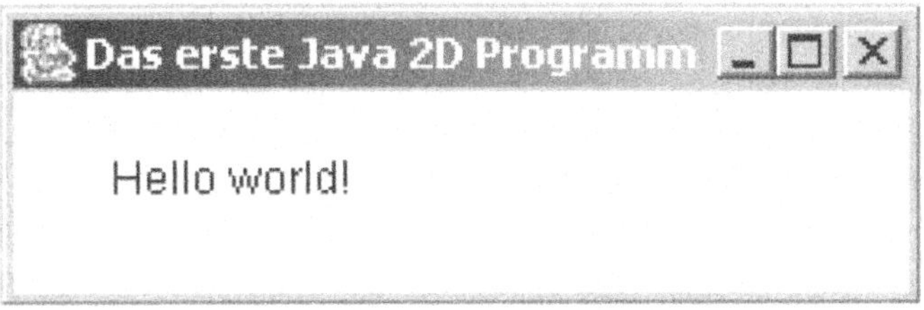

Abbildung 2.5 Das Ergebnis des ersten Java 2D Programms

Abbildung 2.5 zeigt das Ergebnis, wenn man das Programm ausführt. Im Konstruktor wird mit `addWindowListener` ermöglicht, dass sich das erzeugte Fenster schließen lässt. Dazu wird die eigene, sehr einfache Klasse `MyFinishWindow.java` verwendet. Die `main`-Methode konstruiert das entsprechende Fenster, definiert die Fensterbeschriftung, legt die Größe mit 250 Pixeln Breite und 80 Pixeln Höhe fest und öffnet es schließlich. Dieser Aufbau der `main`-Methode wird bei allen Java 2D Beispielprogrammen in diesem Buch beibehalten. Es muss bei späteren Programmen jeweils nur `SimpleJava2DExample` durch den entsprechenden Klassennamen ersetzt werden und eventuell eine andere Fensterbeschriftung und eine neue Fenstergröße gewählt werden.

Die zu zeichnende Grafik wird in der `paint`-Methode definiert. Auch die erste Zeile dieser Methode, in der das Casting des `Graphics`-Objektes zu einem `Graphics2D`-Objekt geschieht, wird sich nicht ändern. Der darauf folgende Teil wird dann für jedes Programm individuell sein. In unserem ersten Beispielprogramm wird nur der Text „Hello world" an die Fensterkoordinaten (30,50) geschrieben.

Bei der Angabe der Fensterkoordinaten sind allgemein zwei Dinge zu beachten.

- Der linken oberen Ecke des Fensters sind die Koordinaten (0,0) zugeordnet. Das Fenster dehnt sich nach rechts (in unserem Beispiel um 250 Pixel) und nach unten (in unserem Beispiel um 80 Pixel) aus. Das bedeutet, dass die y-Achse nicht wie gewohnt nach oben, sondern nach unten zeigt. Wie dieses Problem umgangen werden kann, wird an späterer Stelle noch erklärt.
- Das Fenster besitzt an allen vier Seiten einen Rand. Insbesondere der obere Rand, der auch die Fensterbeschriftung enthält, ist relativ breit. Auf diese Ränder kann mit der `paint`-Methode nicht gezeichnet werden. Es wird zwar kein Fehler erzeugt, selbst dann nicht, wenn man versucht, außerhalb des Fensters zu zeichnen. Allerdings werden derartige Zeichenanweisungen auf dem Rand oder gar außerhalb des Fensters nicht durchgeführt. Wenn man also wie in dem einfachen Beispielprogramm ein Fenster der Größe $250 \times$

80 öffnet, steht ein etwas kleinerer Bereich zum Zeichnen zur Verfügung. Die Breite der Ränder ist plattformabhängig. In den Beispielprogrammen wird dieses Problem der Ränder umgangen, indem immer ein genügend großes Fenster geöffnet wird und es vermeiden wird, zu nahe am Rand zu zeichnen. Man kann die genaue Breite der Ränder aber auch in der entsprechenden Klasse, z.B. in der `paint`-Methode mittels `Insets ins = this.getInsets();` feststellen. `ins.left`, `ins.right`, `ins.top` und `ins.bottom` geben dann die Breite des linken, rechten, oberen bzw. unteren Randes in Pixeln an.

Das erste Java 2D Programmbeispiel erforderte noch keine weiteren Berechnungen vor dem eigentlichen Zeichenvorgang. In der Regel müssen jedoch mehr oder weniger aufwendige Berechnungen durchgeführt werden, um komplexer darzustellende Objekte zu definieren und korrekt zu positionieren. Java 2D trennt zwischen der Definition der Objekte und deren Darstellung. Ein Objekt, das man definiert hat, wird erst dann gezeichnet, wenn eine `draw`- oder `fill`-Methode mit dem Objekt als Argument aufgerufen wird. Java 2D unterscheidet daher ebenfalls zwischen der Modellierung der Objekte, die in vektororientierter Grafik, d.h. in Fließkommaarithmetik erfolgt, und der Darstellung auf dem Bildschirm in Form einer Rastergrafik.

Um die Beispielprogramme in diesem Buch möglichst einfach und übersichtlich zu halten, werden die Berechnungen der Objekte direkt in der `paint`-Methode durchgeführt. Dies kann bei komplexeren animierten Grafiken, d.h. Grafiken mit sich bewegenden oder verändernden Objekten, dazu führen, dass das Fenster nur sehr langsam reagiert, wenn man versucht, es zu schließen. Java ordnet der `paint`-Methode eine relativ hohe Priorität zu, so dass Ereignisse wie das Schließen des Fensters erst sehr spät registriert werden. Um diesen Effekt zu vermeiden, sollte man, wenn dies erforderlich ist, alle Berechnungen aus der `paint`-Methode auslagern und die `paint`- bzw. `repaint`-Methode jeweils nur dann aufrufen, wenn Objekte zu zeichnen sind. Eine elegantere Lösung liefert die Technik des Double-Buffering, auf die später genauer eingegangen wird.

2.3 Geometrische Grundobjekte

In der zweidimensionalen Computergrafik lassen sich im Wesentlichen drei Typen von *Grundobjekten* unterscheiden.

Punkte, die durch ihre x- und y-Koordinate eindeutig spezifiziert sind. Punkte werden vor allem dazu verwendet, um andere Grundobjekte zu definieren, beispielsweise ein Geradensegment durch die Festlegung des Anfangs- und des Endpunktes.

Kurven oder Kurvenzüge können durch zwei Punkte definierte Geradensegmente sein, aber auch komplexere, unter Umständen aus mehreren Teilkurven zusammengesetzte Liniensegmente darstellen.

Flächen werden üblicherweise durch *geschlossene* Kurvenzüge begrenzt. Ein geschlossener Kurvenzug kann mit einer Farbe oder einem Muster gefüllt werden.

Die einfachste Kurve ist ein Geradensegment, das durch Anfangs- und Endpunkt charakterisiert wird. Werden mehrere Geradensegemente aneinander gefügt, erhält man einen *Polygonzug*. Ein *geschlossener* Polygonzug, dessen letztes Geradensegment dort endet, wo das erste beginnt, heißt *Polygon*. Je nach Grafikprogramm werden nur bestimmte Arten von Polygonen zugelassen. Wichtige Eigenschaften sind dabei die Überschneidungsfreiheit der Kanten oder die Konvexität. Ein Polygon, oder allgemeiner eine beliebige Fläche oder ein Körper, heißt *konvex*, wenn mit je zwei Punkten auch die Verbindungsstrecke zwischen diesen beiden Punkten vollständig innerhalb der Fläche bzw. des Körpers verläuft. Abbildung 2.6 zeigt ein nicht-überschneidungsfreies, ein nicht-konvexes und ein konvexes Polygon. Bei dem nicht-konvexen Polygon in der Mitte ist eine Verbindungslinie zwischen zwei Punkten des Polygons gestrichelt angedeutet, die nicht vollständig innerhalb des Polygons verläuft. Nicht-überschneidungsfreie Polygone sind niemals Konvex.

Abbildung 2.6 Ein nicht-überschneidungsfreies, ein nicht-konvexes und ein konvexes Polygon

Neben den linearen Geradensegmenten bzw. den stückweise linearen Polygonzügen werden auch gekrümmte Kurven verwendet. In den meisten Fällen werden gekrümmte Linien durch parametrische Polynome beschrieben, die – wie bei den Geradensegmenten – auch stückweise zusammengesetzt werden können. Wie diese Kurven genau definiert und berechnet werden, wird im Kapitel 6 im Detail besprochen. An dieser Stelle soll es genügen, das Prinzip zu erläutern, wie derartige Kurven beschrieben werden. Neben einem Anfangs- und einem Endpunkt werden zusätzlich Kontrollpunkte definiert. In der Regel verwendet man einen Kontrollpunkt und erhält eine quadratische Kurve bzw. zwei Kontrollpunkte, um eine kubische Kurve zu definieren. Die Kurve beginnt im Anfangspunkt und endet im Endpunkt. Sie verläuft im Allgemeinen jedoch nicht durch die Kontrollpunkte. Die Kontrollpunkte dienen dazu, die Richtung zu beschreiben, aus der die Kurve in den Anfangs- bzw. Endpunkt hinein läuft.

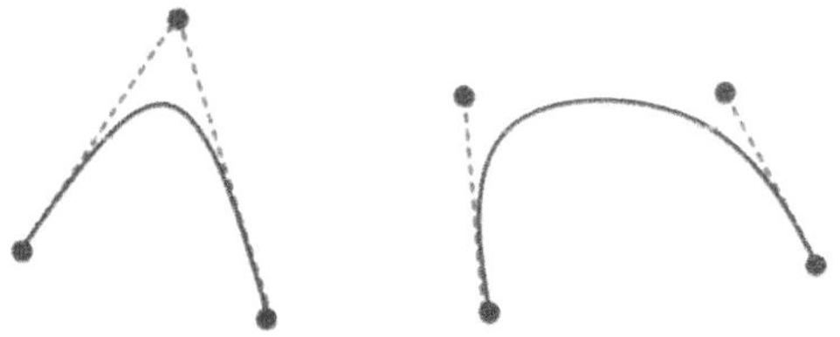

Abbildung 2.7 Definition quadratischer und kubischer Kurven

Im Falle einer quadratischen Kurve mit einem Kontrollpunkt stellt man sich die beiden Verbindungslinien vom Kontrollpunkt zum Anfangs- und zum Endpunkt vor. Diese gedachten Linien bilden die Tangenten an die Kurve im Anfangs- bzw. Endpunkt. Abbildung 2.7 zeigt links eine quadratische Kurve, die neben Anfangs- und Endpunkt durch einen Kontrollpunkt definiert wird. Die Tangenten im Anfangs- und Endpunkt sind gestrichelt gezeichnet. Bei einer kubischen Kurve, wie sie im rechten Teil der Abbildung zu sehen ist, können die beiden Tangenten durch zwei Kontrollpunkte unabhängig voneinander festgelegt werden.

Fügt man Kurven ähnlich wie Geradensegmente zu einem Polygonzug aneinander, so genügt es im Allgemeinen nicht, dass der Endpunkt jeder Vorgängerkurve mit dem Anfangspunkt der jeweiligen Folgekurve zusammenfällt. Die zusammengesetzte Kurve wäre zwar stetig, aber nicht glatt, d.h., sie könnte Knicke enthalten. Zur Vermeidung von Knicken muss die Tangente im Endpunkt der Vorgängerkurve zumindest kollinear mit der Tangente im Anfangspunkt der Folgekurve sein, das heißt, die beiden Tangenten müssen auf einer Geraden liegen. Dies erreicht man, indem man die Kontrollpunkte geeignet setzt. Zur Vermeidung von Knicken muss der erste Kontrollpunkt der Folgekurve auf der Verbindungsgeraden des Endpunktes der Vorgängerkurve mit ihrem letzten Kontrollpunkt liegen.

Ganz analog kann man auch eine Kurve an eine Gerade anfügen, ohne einen Knick zu erzeugen, indem man den ersten Kontrollpunkt so wählt, dass er auf der Verlängerung der Geraden liegt. Abbildung 2.8 veranschaulicht diesen Sachverhalt.

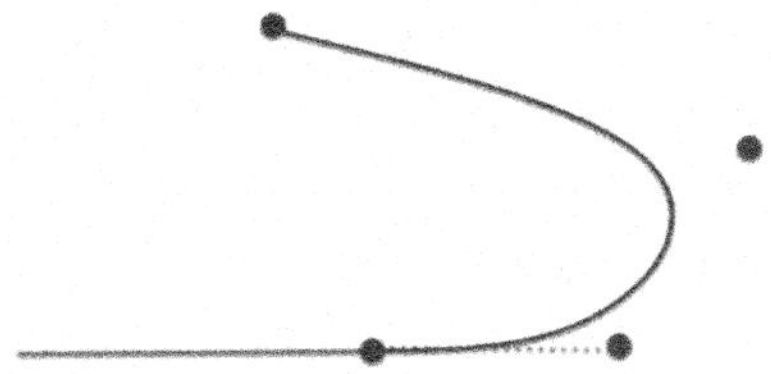

Abbildung 2.8 Glattes Anfügen einer kubischen Kurve an eine Gerade

Weitere, in der Computergrafik häufig verwendete Kurven sind Kreise und Ellipsen oder Teile davon in Form von Kreis- bzw. Ellipsenbögen.

Kreise und Ellipsen definieren ebenso wie Polygone Flächen. Flächen werden durch geschlossene Kurven begrenzt. Soll nur der Rand einer Fläche gezeichnet werden, besteht kein Unterschied zum Zeichnen von Kurvenzügen allgemein. Flächen können aber im Gegensatz zu einfachen Linien mit Farben oder Mustern ausgefüllt werden. Algorithmisch betrachtet bedeutet das Ausfüllen einer Fläche etwas anderes als das Zeichnen von Linien.

Eine wichtige Rolle spielen in der Computergrafik achsenparallele Rechtecke, deren Seiten parallel zu den Koordinatenachsen verlaufen. Sie sind zwar Spezialfälle von Polygonen, lassen sich aber einfacher durch die Angabe zweier diagonal gegenüber liegender Ecken, d.h. durch zwei Punkte spezifizieren.

Abbildung 2.9 Vereinigung, Durchschnitt, Differenz und symmetrische Differenz eines Kreises und eines Rechtecks

Es kann sehr aufwendig sein, komplexere Flächen durch die direkte Angabe der Randkurve zu definieren. Eine Möglichkeit, aus bereits konstruierten Flächen komplexere aufzubauen, besteht darin, mengentheoretische Operationen auf die Flächen anzuwenden. Die wichtigsten dieser Operationen sind Vereinigung, Durchschnitt, Differenz und symmetrische Differenz. Bei der *Vereinigung* werden zwei Flächen zusammengefügt, während der *Durchschnitt* aus dem gemeinsamen Teil beider Flächen besteht. Die *Differenz* ergibt sich, indem man von der ersten

Fläche alle Teile entfernt, die auch zur zweiten Fläche gehören. Die symmetrische Differenz entspricht der punktweisen exklusiven Oder-Verknüpfung der beiden Flächen. Die *symmetrische Differenz* besteht aus der Vereinigung der beiden Flächen ohne deren Durchschnitt. Abbildung 2.9 zeigt, was sich ergibt, wenn man diese Operationen auf einen Kreis und ein Rechteck anwendet.

Geometrische Transformationen wie z.B. Skalierung, auf die später genauer eingegangen wird, bieten eine weitere Möglichkeit, aus bereits konstruierten Flächen neue zu erzeugen.

2.4 Geometrische Grundobjekte in Java 2D

Java 2D stellt alle im vorhergehenden Abschnitt beschriebenen Möglichkeiten zur Erzeugung von geometrischen Objekten zur Verfügung. Im Mittelpunkt steht dabei die abstrakte Klasse `Shape`, die mit ihren Unterklassen eine Reihe von zweidimensionalen geometrischen Grundobjekten ermöglicht. `Shape`-Objekte werden in vektororientierter Grafik definiert und können in reellen Koordinaten (`float` oder `double`) angegeben werden. Shapes werden erst gezeichnet, wenn in der `paint`-Methode die `draw`- oder die `fill`-Methode mit dem entsprechenden `Shape` in der Form `graphics2d.draw(shape)` bzw. `graphics2d.fill(shape)` aufgerufen wird. Die Methode `draw` zeichnet nur den Rand des entsprechenden `Shape`-Objektes, während `fill` die gesamte durch das `Shape`-Objekt definierte Fläche ausfüllt.

Die abstrakte Klasse `Point2D` für Punkte ist keine Unterklasse der Klasse `Shape`. Punkte können nicht direkt gezeichnet werden. Sollen tatsächlich einzelne Punkte dargestellt werden, kann dies über Geraden der Länge Eins realisiert werden. Objekte vom Typ `Point2D` dienen im Wesentlichen zur Spezifikation von Koordinaten, die in den meisten Fällen auch in Form zweier einzelner Werte direkt angegeben werden können. Aus diesem Grund wird die Klasse `Point2D` nur selten in den Beispielprogrammen auftauchen. Die abstrakte Klasse `Point2D` wird von den Klassen `Point2D.Float` und `Point2D.Double` erweitert. Arbeitet man mit der abstrakten Klasse `Point2D` muss nicht vorher festgelegt werden, welche Art der Fließkommaarithmetik – `float` oder die genauere Form `double` – verwendet werden soll. Dieses Konzept wird auch bei den meisten anderen geometrischen Objekten beibehalten.

Alle folgenden geometrischen Grundobjekte in Java 2D erweitern die Klasse `Shape` und können daher mit Hilfe der Methoden `draw` und `fill` gezeichnet werden.

Die abstrakte Klasse Line2D definiert Geradensegmente. Eine Möglichkeit, ein Geradensegment vom Punkt (x_1,y_1) zum Punkt (x_2,y_2) anzugeben, ist die folgende:

```
Line2D.Double line = new Line2D.Double(x1,y1,x2,y2);
```

Die Parameter x1, y1, x2 und y2 sind dabei vom Typ double. Entsprechend verwendet Line2D.Float Parameter vom Typ float. Es sei noch einmal darauf hingewiesen, dass dieses Geradensegment damit noch nicht gezeichnet wird. Dies erfolgt erst durch g2d.draw(line).

Analog zu Geraden werden quadratische Kurven mit der abstrakten Klasse QuadCurve2D modelliert. Die Definition einer quadratischen Kurve erfordert einen Anfangs-, einen End- und einen Kontrollpunkt. Es wird eine quadratische Kurve so durch den Anfangspunkt (x_1,y_1) und den Endpunkt (x_2,y_2) gelegt, dass sich die Tangenten im Anfangs- und Endpunkt im Kontrollpunkt $(crtlx,crtly)$ schneiden, wie es durch die linke Kurve in Abbildung 2.7 veranschaulicht wird. Quadratische Kurven können z.B. auf die folgende Weise in Java 2D definiert werden.

```
QuadCurve2D.Double qc = new QuadCurve2D.Double(x1,y1,
                                              ctrlx,ctrly,
                                              x2,y2);
```

Kubische Kurven verwenden statt eines Kontrollpunktes zwei, um die Tangenten im Anfangs- und Endpunkt festzulegen wie in der rechten Kurve in Abbildung 2.7 dargestellt. Java 2D stellt für kubische Kurven die abstrakte Klasse CubicCurve2D zur Verfügung, mit deren Unterklasse CubicCurve2D.Double folgendermaßen eine Kurve definiert werden könnte:

```
CubicCurve2D.Double cc =
                 new CubicCurve2D.Double(x1,y1,
                                         ctrlx1,ctrly1,
                                         ctrlx2,ctrly2,
                                         x2,y2);
```

Die Verwendung von Line2D, QuadCurve2D und CubicCurve2D wird in dem Programm CurveDemo.java exemplarisch gezeigt.

Mit der Klasse GeneralPath können Kurvenzüge in Java 2D erzeugt werden, die aus Geradensegmenten, quadratischen und kubischen Kurven zusammengesetzt sind. Ein GeneralPath beginnt im Koordinatenursprung, d.h. im Punkt

(0,0). In der Klasse GeneralPath werden vier Methoden zur stückweisen Definition eines Kurvenzuges zur Verfügung gestellt. Mit diesen Methoden wird ein entsprechendes Kurvenstück an den Endpunkt des zuletzt definierten Kurvensegments des GeneralPath angehängt. Mit lineTo, quadTo oder curveTo wird ein Geradensegment, eine quadratische bzw. eine kubische Kurve als nächstes Kurvensegment angefügt. Diese drei Methoden werden im GeneralPath analog zu Line2D, QuadCurve2D und CubicCurve2D verwendet mit dem Unterschied, dass beim GeneralPath jeweils ein Parameter weniger spezifiziert wird. Der fehlende Parameter ist der Anfangspunkt, der durch den Endpunkt des vorhergehenden Kurvensegments im entsprechenden GeneralPath bereits festgelegt ist. Die Koordinaten der Punkte müssen als float-Werte angegeben werden. Neben den drei Kurvenformen gibt es beim GeneralPath noch die Möglichkeit, mit der Methode moveTo ohne jegliche Verbindungskurve zu einem Punkt zu springen.

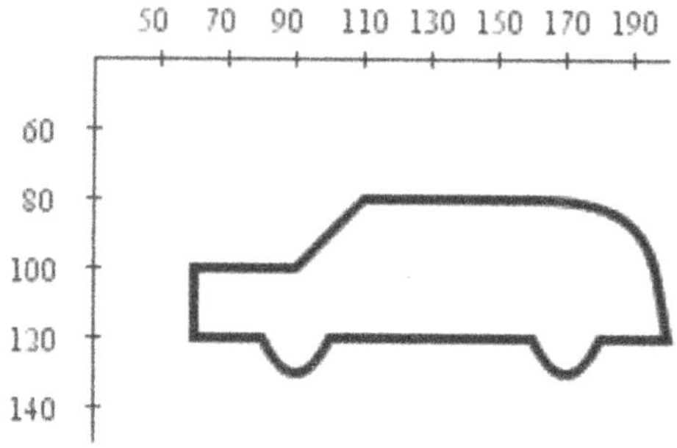

Abbildung 2.10 Beispiel für einen GeneralPath

Abbildung 2.10 zeigt den Umriss eines Autos, der mit Hilfe des folgenden GeneralPath erzeugt wurde:

```
GeneralPath gp = new GeneralPath();

//Beginne an der vorderen unteren Ecke des Autos
gp.moveTo(60,120);
gp.lineTo(80,120);//vorderer Unterboden
gp.quadTo(90,140,100,120);//Vorderreifen
gp.lineTo(160,120);//mittlerer Unterboden
gp.quadTo(170,140,180,120);//Hinterreifen
gp.lineTo(200,120);//hinterer Unterboden
gp.curveTo(195,100,200,80,160,80);//Heck
gp.lineTo(110,80);//Dach
```

```
gp.lineTo(90,100);//Frontscheibe
gp.lineTo(60,100);//Motorhaube
gp.lineTo(60,120);//Front

g2d.draw(gp);//Zeichne das Auto
```

Das eingeblendete Koordinatensystem bezieht sich auf die Fensterkoordinaten. Die vollständige Klasse, in der das Auto gezeichnet wird, ist die Datei `GeneralPathCar.java`.

Eine Fläche, bzw. deren Rand, lässt sich durch geschlossene Kurvenzüge in Form eines `GeneralPath`-Objektes definieren. Java 2D stellt außerdem achsenparallele Rechtecke und Ellipsen als geometrische Grundobjekte bereit.

Mit der Klasse `Rectangle2D.Double`, die die abstrakte Klasse `Rectangle2D` erweitert, kann folgendermaßen ein Rechteck definiert werden:

```
Rectangle2D.Double r2d =
             new Rectangle2D.Double(x,y,width,height);
```

Das Rechteck wird durch die beiden diagonal gegenüber liegenden Eckpunkte (x,y) und $(x + width,y + height)$ aufgespannt. Berücksichtigt man, dass die y-Achse im Darstellungsfenster nach unten zeigt, wird ein Rechteck definiert, dessen obere linke Ecke sich an der Position (x,y) und dessen untere rechte Ecke sich an der Position $(x + width,y + height)$ befindet. Abbildung 2.11 zeigt links ein Rechteck das mittels

```
Rectangle2D.Double r2d =
            new Rectangle2D.Double(50,60,150,100);
```

erzeugt wurde. Es sei noch einmal darauf hingewiesen, dass dieses Rechteck damit nur generiert wird, genauso wie bei allen anderen `Shape`-Objekten, die schon besprochen wurden. Gezeichnet wird das Rechteck erst beim Aufruf der Methode `g2d.draw(r2d)`.

Analog zu Rechtecken lassen sich achsenparallele Ellipsen mit Java 2D definieren. Eine Ellipse wird durch das sie umschreibende Rechteck festgelegt, das über dieselben Parameter wie bei `Rectangle2D` spezifiziert wird. Die in Abbildung 2.11 dargestellte Ellipse wurde mittels

```
Ellipse2D.Double elli =
            new Ellipse2D.Double(250,60,150,100);
```

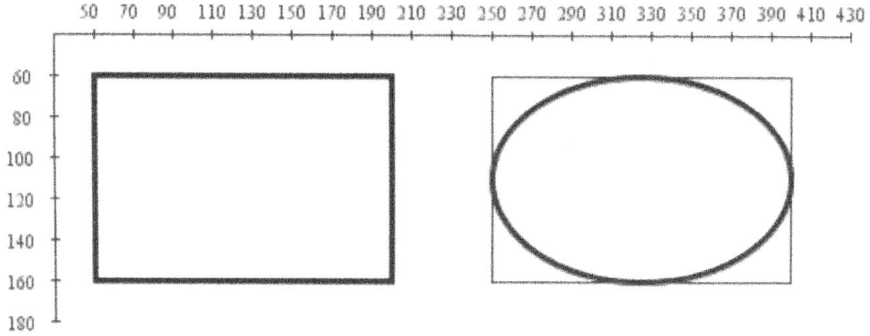

Abbildung 2.11 Beispiel für ein Rechteck und eine Ellipse

generiert. Zur Veranschaulichung ist das umschreibende, d.h. das definierende Rechteck der Ellipse in Abbildung 2.11 mit eingezeichnet. Zur Erzeugung der Abbildung wurde die Klasse `RectangleEllipseExample.java` verwendet.

Ein Kreis ist ein Spezialfall einer Ellipse, bei der das umschreibende Rechteck ein Quadrat ist. Ein Kreis mit dem Mittelpunkt (x,y) und dem Radius r lässt sich mittels

```
Ellipse2D.Double circle =
            new Ellipse2D.Double(x-r,y-r,2*r,2*r);
```

erzeugen.

Mit der Klasse `Arc2D` lassen sich Ellipsenbögen und damit auch Kreisbögen definieren.

```
Arc2D.Double arc = new
            Arc2D.Double(rect2D,start,extend,type);
```

- `rect2D` spezifiziert das umschreibende Rechteck der Ellipse als `Rectangle2D`.
- `start` ist der Winkel bezogen auf das umschreibende Rechteck, bei dem der Bogen beginnen soll. Der Winkel wird als `float`-Wert in Grad angegeben[2]. Der Winkel entspricht nur im Falle eines Kreises dem Winkel zur x-Achse. Ansonsten wird der Winkel relativ zum Rechteck bestimmt. Ein Winkel

[2] `Arc2D` ist die einzige Ausnahme, bei der Winkel in Grad angegeben werden. Ansonsten werden Winkel immer im Bogenmaß spezifiziert.

von $45°$ bedeutet beispielsweise, dass der Startpunkt des Bogens auf der Verbindungslinie des Rechteckmittelpunktes mit der rechten oberen Ecke liegt.

- `extend` ist der Öffnungswinkel, d.h., der Bogen wird von `start` bis `start` + `extend` gezeichnet (bezogen auf das umschreibende Rechteck). Auch dieser Winkel wird als `float`-Wert in Grad angegeben.
- `type` kann einen der drei Werte `Arc2D.OPEN`, `Arc2D.PIE` und `Arc2D.CHORD` annehmen und gibt an, ob nur der Ellipsenbogen, der Ellipsenausschnitt bzw. der Ellipsenabschnitt konstruiert werden soll.

Abbildung 2.12 zeigt von links nach rechts einen Ellipsenbogen, einen Ellipsenausschnitt und einen Ellipsenabschnitt. In allen Fällen wurde als Startwinkel $45°$ und als Öffnungswinkel $90°$ gewählt. Die umschreibenden Rechtecke der zugrunde liegenden Ellipsen wurden zur besseren Veranschaulichung mit eingezeichnet. Man sieht hier deutlich, dass der Startwinkel mit $45°$ bewirkt, dass der Bogen auf der Verbindungslinie des Rechteckmittelpunktes mit der rechten oberen Ecke beginnt. Der Winkel dieser Verbindungslinie mit der x-Achse ist jedoch kleiner als $45°$, da ein breites, aber niedriges umschreibendes Rechteck verwendet wurde. Das Gleiche gilt für den Öffnungswinkel. Auch dieser Winkel beträgt nicht $90°$, sondern entspricht dem Winkel zwischen den beiden Verbindungsstrecken vom Rechteckmittelpunkt zur rechten bzw. linken oberen Ecke. Ein Beispiel für die Verwendung von `Arc2D` findet sich in der Datei `ArcExample.java`, mit der auch Abbildung 2.12 erzeugt wurde.

Abbildung 2.12 Ein Ellipsenbogen, ein Ellipsenausschnitt und ein Ellipsenabschnitt

Neben der Möglichkeit, Flächen mittels geschlossener Kurvenzüge in Form eines `GeneralPath` zu definieren, wurde am Ende des Abschnitts 2.3 ein Verfahren erklärt, das auf den mengentheoretischen Operationen Vereinigung, Durchschnitt, Differenz und symmetrische Differenz beruht. Aus bereits erzeugten Flächen können mit diesen Operationen neue Flächen definiert werden. In Java 2D dient die Klasse `Area` diesem Zweck. Aus einem `Shape`-Objekt `s`, z.B. einem `Rectangle2D`, einer `Ellipse2D`, einem geschlossenen `GeneralPath` oder einem `Arc2D`, der einen Ellipsenaus- oder -abschnitt darstellt, kann mittels

```
Area a = new Area(Shape s);
```

ein `Area`-Objekt der entsprechenden Form erzeugt werden. Für derartige `Area`-Objekte stehen die oben erwähnten Mengenoperation zur Kombination zur Verfügung. Sind `areaA` und `areaB` zwei `Area`-Objekte, können die folgenden Methoden verwendet werden.

- `areaA.add(areaB)` vereinigt `areaA` mit `areaB`.
- `areaA.intersect(areaB)` schneidet `areaA` mit `areaB`.
- `areaA.subtract(areaB)` liefert `areaA` ohne `areaB`, d.h. die Differenz.
- `areaA.exclusiveOr(areaB)` liefert die Vereinigung von `areaA` mit `areaB` ohne den Durchschnitt, d.h. die symmetrische Differenz.

Das `Area`-Objekt `areaA` enthält jeweils das Ergebnis der Mengenoperation. Ein `Area`-Objekt kann genau wie ein `Shape`-Objekt mit den Methoden `draw`, die nur den Rand zeichnet, und `fill`, die die gesamte Fläche ausfüllt, gezeichnet werden. Die Datei `AreaExample.java`, mit der auch Abbildung 2.9 auf Seite 15 erzeugt wurde, verdeutlicht die Verwendung von `Area`-Objekten.

2.5 Geometrische Transformationen

Neben den geometrischen Objekten spielen geometrische Transformationen eine wesentliche Rolle in der Computergrafik. Geometrische Transformationen werden dazu verwendet, Objekte zu positionieren, d.h. zu verschieben oder zu drehen, sie zu verformen, z.B. in einer Richtung zu strecken oder zu stauchen, oder um Bewegungen oder Veränderungen von Objekten in animierten Grafiken zu realisieren.

Bevor näher auf die geometrischen Transformationen eingegangen wird, sollen noch einige Konventionen vereinbart werden. In der Computergrafik verwendet man sowohl *Punkte* als auch *Vektoren*, die beide formal als Elemente des $\mathbb{R}^n$ repräsentiert werden. Insbesondere in der Physik ist eine saubere Unterscheidung dieser beiden Konzepte erforderlich. Im Rahmen dieses Buches und aus der Sicht der Computergrafik wird häufig zwischen beiden Interpretation als Punkt und als Vektor gewechselt, so dass hier mit diesen Begriffen zum Teil sehr flexibel umgegangen wird. Ein Tupel $(x_1, \ldots, x_n) \in \mathbb{R}^n$ kann in einer Gleichung als Punkt und in der nächsten als Vektor interpretiert werden. Die Physiker mögen uns diese Nachlässigkeit verzeihen. In Gleichungen werden in diesem Buch generell Spaltenvektoren verwendet. Im Text werden Punkte manchmal als Zeilenvektoren notiert, um nicht unnötig hohe Zeilen zu verursachen. In den Fällen, wo ein Punkt explizit im Sinne eines Spaltenvektors verwendet wird, wird in der Regel das Symbol für das Transponieren an den Punkt geschrieben, d.h., er wird in der Form $(x,y)^\top \in \mathbb{R}^2$ bzw. $(x,y,z)^\top \in \mathbb{R}^3$ dargestellt.

Das *Skalarprodukt* zweier Vektoren $\mathbf{u}$ und $\mathbf{v}$ wird hier folgendermaßen notiert:

$$\mathbf{u}^\top \cdot \mathbf{v} = (u_1,\ldots,u_n) \cdot \begin{pmatrix} v_1 \\ \vdots \\ v_n \end{pmatrix} = \sum_{i=1}^{n} u_i \cdot v_i$$

Die wichtigsten geometrischen Transformationen sind Skalierung, Rotation, Scherung und Translation.

Skalierungen bewirken *Streckungen* oder *Stauchungen* in x- und y-Richtung. Der Punkt (x,y) wird bei einer Skalierung $S(s_x,s_y)$ auf den folgenden Punkt (x',y') abgebildet:

$$\begin{pmatrix} x' \\ y' \end{pmatrix} = \begin{pmatrix} s_x \cdot x \\ s_y \cdot y \end{pmatrix} = \begin{pmatrix} s_x & 0 \\ 0 & s_y \end{pmatrix} \cdot \begin{pmatrix} x \\ y \end{pmatrix}$$

s_x ist der Skalierungsfaktor in x-Richtung. Es liegt genau dann eine Streckung in x-Richtung vor, wenn $|s_x| > 1$ gilt. Bei $|s_x| < 1$ handelt es sich um eine Stauchung. Ist der Wert s_x negativ, wird zusätzlich zur Streckung oder Stauchung in x-Richtung noch eine Spiegelung an der y-Achse vorgenommen. Entsprechend bewirkt s_y eine Streckung oder Stauchung in Richtung der y-Achse und bei einem negativen Wert zusätzlich eine Spiegelung an der x-Achse.

Eine Skalierung ist – wie alle anderen geometrischen Transformationen auch – immer punktweise zu verstehen, auch wenn sie auf Objekte angewendet wird. Als Beispiel wird hier die Skalierung mit $s_x = 2$ und $s_y = 0.5$ betrachtet, die in Richtung der x-Achse auf das Doppelte streckt und Richtung der y-Achse auf die Hälfte staucht. Wendet man diese Skalierung auf das Rechteck an, dessen linke untere Ecke sich im Punkt (80,120) und dessen obere rechte Ecke sich im Punkt (180,180) befindet, so ist das resultierende Rechteck nicht nur doppelt so breit und halb so hoch wie das ursprüngliche, sondern auch nach rechts und nach unten verschoben. Abbildung[3] 2.13 zeigt das Ausgangsrechteck und gestrichelt das skalierte Rechteck. Die Skalierung bezieht sich immer auf den Koordinatenursprung. Sofern ein Objekt nicht im Ursprung zentriert ist, bewirkt eine Skalierung daher immer eine zusätzliche Verschiebung des Objekts.

[3] Die Abbildung ist in der üblichen Repräsentation dargestellt und nicht in der Java 2D typischen Koordinatenrepräsentation mit der nach unten gerichteten y-Achse.

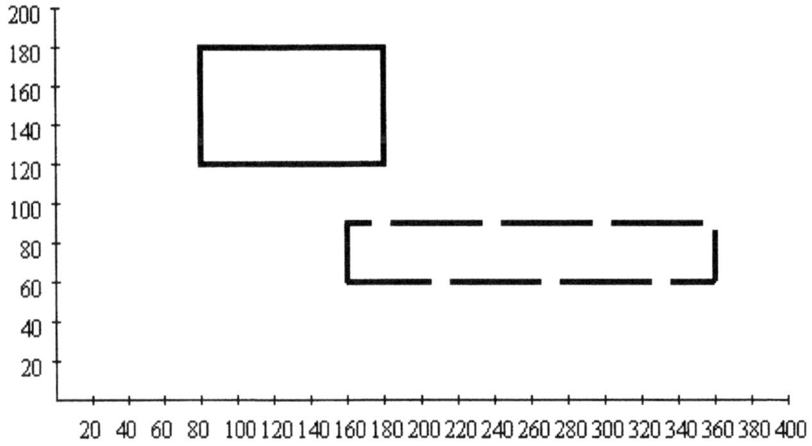

Abbildung 2.13 Skalierung am Beispiel eines Rechtecks

Eine weitere wichtige geometrische Transformation ist die *Rotation*, die durch die Angabe eines Winkels definiert wird. Die Rotation erfolgt um den Koordinatenursprung entgegen dem Uhrzeigersinn bzw. mit dem Uhrzeigersinn, wenn der Winkel negativ ist. Die Rotation $R(\theta)$ um den Winkel θ bildet den Punkt (x,y) auf den folgenden Punkt (x',y') ab:

$$\begin{pmatrix} x' \\ y' \end{pmatrix} = \begin{pmatrix} x \cdot \cos(\theta) - y \cdot \sin(\theta) \\ x \cdot \sin(\theta) + y \cdot \cos(\theta) \end{pmatrix} = \begin{pmatrix} \cos(\theta) & -\sin(\theta) \\ \sin(\theta) & \cos(\theta) \end{pmatrix} \cdot \begin{pmatrix} x \\ y \end{pmatrix}$$

Da sich die Rotation immer auf den Koordinatenursprung bezieht, bewirkt eine Rotation eines nicht im Koordinatenursprung zentrierten Objektes, genau wie bei der Skalierung, eine zusätzliche Verschiebung des Objekts. In Abbildung 2.14 wurde eine Rotation um $45°$ ausgeführt, die das Ausgangsrechteck auf das gestrichelte Rechteck abbildet.

Als vorletzte, elementare geometrische Transformation betrachten soll die *Scherung* eingeführt werden, die eine Verzerrung eines Objektes bewirkt. Eine Scherung wird wie eine Skalierung durch zwei Parameter definiert mit dem Unterschied, dass die beiden Parameter in der Nebendiagonalen und nicht in der Hauptdiagonalen der entsprechenden Matrix stehen. Lässt man eine Scherung $Sh(s_x,s_y)$ auf den Punkt (x,y) wirken, erhält man den folgenden Punkt (x',y'):

$$\begin{pmatrix} x' \\ y' \end{pmatrix} = \begin{pmatrix} x + s_x \cdot y \\ y + s_y \cdot x \end{pmatrix} = \begin{pmatrix} 1 & s_x \\ s_y & 1 \end{pmatrix} \cdot \begin{pmatrix} x \\ y \end{pmatrix}$$

Analog zu Skalierung und Rotation bezieht sich die Scherung auf den Koordinatenursprung, so dass ein nicht im Koordinatenursprung zentriertes Objekt bei

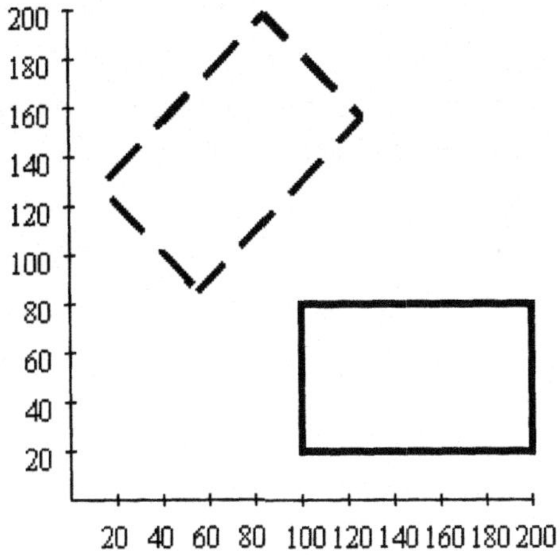

Abbildung 2.14 Rotation am Beispiel eines Rechtecks

einer Scherung zusätzlich zu der Verzerrung noch verschoben wird. In Abbildung 2.15 ergibt sich das gestrichelte Rechteck, indem man die Scherung mit den Parametern $s_x = 1$ und $s_y = 0$ auf das Ausgangsrechteck anwendet.

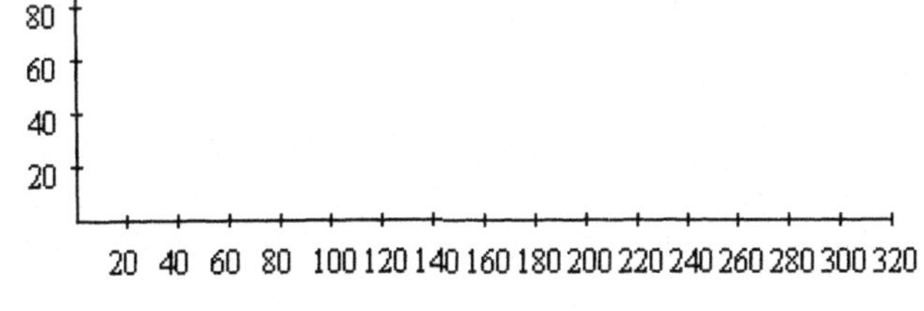

Abbildung 2.15 Scherung am Beispiel eines Rechtecks

Da hier $s_y = 0$ gilt, spricht man von einer Scherung in y-Richtung. Bei einer Scherung in x-Richtung muss $s_x = 0$ gelten.

Die letzte noch zu betrachtende elementare geometrische Transformation ist zwar relativ einfach, unterscheidet sich aber wesentlich von den drei bisher eingeführten Transformationen. Die *Translation* $T(d_x,d_y)$ bewirkt eine Verschiebung um einen gegebenen Vektor $\mathbf{d} = (d_x,d_y)^\top$, d.h., der Punkt (x,y) wird auf den Punkt

$$\begin{pmatrix} x' \\ y' \end{pmatrix} = \begin{pmatrix} x + d_x \\ y + d_y \end{pmatrix} = \begin{pmatrix} x \\ y \end{pmatrix} + \begin{pmatrix} d_x \\ d_y \end{pmatrix}$$

abgebildet.

Abbildung 2.16 zeigt eine Translation eines Rechtecks um den Vektor $\mathbf{d} = (140,80)^\top$.

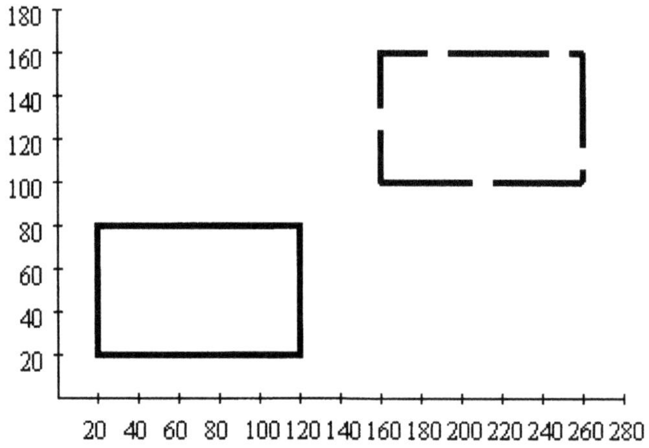

Abbildung 2.16 Translation am Beispiel eines Rechtecks

Im Gegensatz zu den vorher besprochenen Transformationen, die alle lineare Abbildungen sind, lässt sich eine Translation nicht durch eine Matrixmultiplikation repräsentieren. Bei einer Matrixmultiplikation wird der Nullvektor, d.h. der Koordinatenursprung, immer auf sich selbst abgebildet. Eine Translation verschiebt jedoch alle Punke, auch den Koordinatenursprung. Translationen zählen zu den affinen, aber nicht zu den linearen Abbildungen.

In der Computergrafik werden komplexere Transformationen häufig durch die Hintereinanderschaltung elementarer geometrischer Transformationen erzeugt. Eine Transformation, die sich aus einer Hintereinanderschaltung verschiedener Skalierungen, Rotationen und Scherungen ergibt, wird durch die Matrix beschrieben, die man durch Multiplikation der zu den entsprechenden elementaren

Transformationen gehörenden Matrizen erhält. Werden auch Translationen verwendet, lässt sich die zusammengesetzte Transformation nicht mehr auf diese einfache Weise errechnen und repräsentieren. Es wäre sowohl vom Speicheraufwand als auch vom Rechenaufwand günstig, wenn sich alle mit geometrischen Transformationen zusammenhängenden Operationen auf Matrixmultiplikationen zurückführen ließen. Um dies zu ermöglichen, verwendet man eine andere Koordinatendarstellung der Punkte, bei der sich auch die Translation in Form einer Matrixmultiplikation beschreiben lässt. Diese alternative Koordinatendarstellung nennt man homogene Koordinaten, die im folgenden Abschnitt genauer erklärt werden.

2.6 Homogene Koordinaten

An dieser Stelle werden homogene Koordinaten für Punkte in der Ebene eingeführt. Dieselbe Technik wird später auch für den dreidimensionalen Raum verwendet. *Homogene Koordinaten* verwenden zur Darstellung von Punkten eine zusätzliche Dimension. Der Punkt (x,y,z) in homogenen Koordinaten wird mit dem Punkt $\left(\frac{x}{z},\frac{y}{z}\right)$ in kartesischen Koordinaten identifiziert. Die z-Komponente eines Punktes in homogenen Koordinaten darf niemals den Wert Null annehmen. Soll der Punkt (x_0,y_0) in homogenen Koordinaten repräsentiert werden, kann die Darstellung $(x_0,y_0,1)$ verwendet werden. Dies ist jedoch nicht die einzige Repräsentation. Jede Darstellung $(z \cdot x_0,z \cdot y_0,z)$ mit $z \neq 0$ ist ebenfalls korrekt. Die Punkte $\{(x,y,z) \in \mathbb{R}^3 \mid (x,y,z) = (z \cdot x_0,z \cdot y_0,z)\}$ liegen alle auf der Geraden im $\mathbb{R}^3$, die durch das Gleichungssystem

$$
\begin{aligned}
x - x_0 \cdot z &= 0 \\
y - y_0 \cdot z &= 0
\end{aligned}
$$

definiert wird und die durch den Koordinatenursprung verläuft. Jeder Punkt auf dieser Geraden, ausgenommen der Koordinatenursprung, repräsentiert den Punkt (x_0,y_0) in homogenen Koordinaten. Wählt man für die Darstellung in homogenen Koordinaten einen festen z-Wert, z.B. $z = 1$, werden alle Punkte in der zur x/y-Ebene parallelen Ebene mit dem entsprechenden z-Wert repräsentiert.

Abbildung 2.17 veranschaulicht diese Zusammenhänge. Alle Punkte auf der dargestellten Geraden repräsentieren denselben Punkt im $\mathbb{R}^2$. Fixiert man einen z-Wert, z.B. eine der eingezeichneten Ebenen, so lassen sich die Punkte des $\mathbb{R}^2$ in der entsprechenden Ebene repräsentieren.

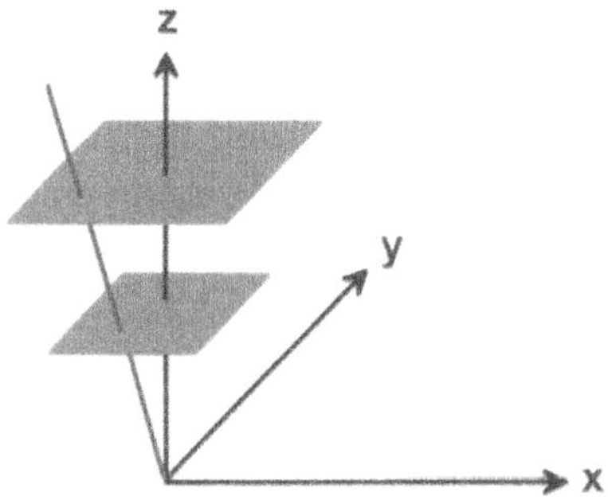

Abbildung 2.17 Homogene Koordinaten

Der Koordinatenursprung in kartesischen Koordinaten entspricht in homogenen Koordinaten einem Punkt der Form $(0{,}0{,}z)$. Eine lineare Abbildung bezogen auf homogene Koordinaten, d.h. eine lineare Abbildung im $\mathbb{R}^3$, muss diesen Punkt nicht mehr notwendigerweise als Fixpunkt besitzen. Die lineare Abbildung kann diesen Punkt auf einen anderen Punkt in homogenen Koordinaten abbilden.

Eine Translation lässt sich in homogenen Koordinaten als Matrixmultiplikation darstellen:

$$\begin{pmatrix} x' \\ y' \\ 1 \end{pmatrix} = \begin{pmatrix} x + d_x \\ y + d_y \\ 1 \end{pmatrix} = \begin{pmatrix} 1 & 0 & d_x \\ 0 & 1 & d_y \\ 0 & 0 & 1 \end{pmatrix} \cdot \begin{pmatrix} x \\ y \\ 1 \end{pmatrix}$$

Die anderen elementaren geometrischen Transformationen lassen sich problemlos auf homogene Koordinaten erweitern, so dass man folgende Transformationsmatrizen erhält:

Transformation	Kurzform	Matrix
Translation	$T(d_x,d_y)$	$\begin{pmatrix} 1 & 0 & d_x \\ 0 & 1 & d_y \\ 0 & 0 & 1 \end{pmatrix}$
Skalierung	$S(s_x,s_y)$	$\begin{pmatrix} s_x & 0 & 0 \\ 0 & s_y & 0 \\ 0 & 0 & 1 \end{pmatrix}$
Rotation	$R(\theta)$	$\begin{pmatrix} \cos(\theta) & -\sin(\theta) & 0 \\ \sin(\theta) & \cos(\theta) & 0 \\ 0 & 0 & 1 \end{pmatrix}$
Scherung	$S(s_x,s_y)$	$\begin{pmatrix} 1 & s_x & 0 \\ s_y & 1 & 0 \\ 0 & 0 & 1 \end{pmatrix}$

Rotationen und Translationen erhalten Längen und Winkel. Skalierungen und Scherungen erhalten im Allgemeinen weder Längen noch Winkel, aber zumindest Parallelität von Linien.

Die Hintereinanderausführung von geometrischen Transformationen lässt sich in homogenen Koordinaten daher mittels Matrixmultiplikation realisieren.

Die eingeführten Matrizen für die elementaren Transformationen sind alle von der Form

$$\begin{pmatrix} a & c & e \\ b & d & f \\ 0 & 0 & 1 \end{pmatrix}. \tag{2.1}$$

Das Produkt zweier solcher Matrizen ergibt wiederum eine Matrix dieser Form, wie sich leicht nachrechnen lässt. Geometrische Transformationen werden in der Computergrafik daher üblicherweise in dieser Form repräsentiert und gespeichert. Dies gilt nicht nur für Transformationen, die in der Ebene operieren, sondern in ähnlicher Weise ebenso für räumliche Transformationen, die im Kapitel 5 behandelt werden. Eine Grafikkarte eines Rechners muss daher unter anderem Vektor- und Matrixoperationen schnell ausführen können.

Bei der Hintereinanderschaltung von Transformationen ist zu berücksichtigen, dass die Reihenfolge, in der die Transformationen ausgeführt werden, eine Rolle spielt. Die Matrixmultiplikation ist eine nicht-kommutative Operation. Abbildung 2.18 zeigt im rechten Teil die unterschiedlichen Ergebnisse, die man erhält, wenn man im einen Fall zuerst eine Translation um den Vektor $(40,20)^\top$ und

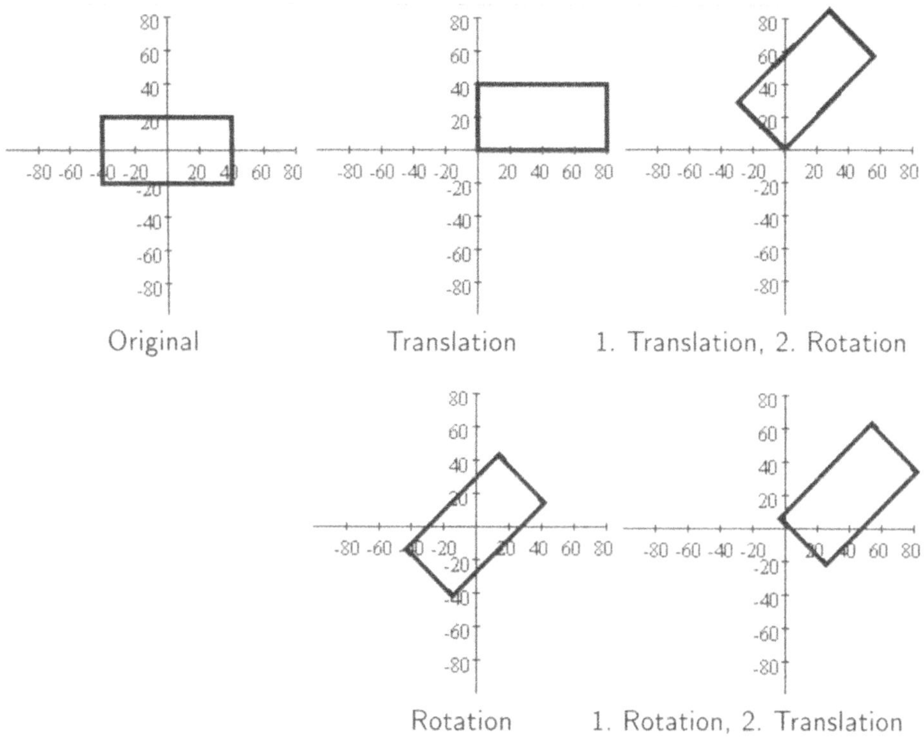

Abbildung 2.18 Unterschiedliche Ergebnisse bei Vertauschung der Reihenfolge von Translation und Rotation

dann eine Rotation um 45° und im anderen Fall in der umgekehrten Reihenfolge auf das Rechteck im linken Teil der Abbildung anwendet. Dieser Effekt tritt nur auf, wenn man unterschiedliche Transformationen miteinander verknüpft. Bei der Hintereinanderschaltung gleichartiger Transformationen, d.h. nur Rotationen, nur Translationen, nur Skalierungen oder nur Scherungen, spielt die Reihenfolge keine Rolle.

Man sollte außerdem beachten, dass bei der Matrixnotation oder der Notation von Transformationen als Abbildungen die Transformationen von rechts nach links ausgeführt werden. Die Transformation

$$(T(d_x,d_y) \circ R(\theta))(\mathbf{v})$$

bzw. in Matrixnotation

$$\begin{pmatrix} 1 & 0 & d_x \\ 0 & 1 & d_y \\ 0 & 0 & 1 \end{pmatrix} \cdot \begin{pmatrix} \cos(\theta) & -\sin(\theta) & 0 \\ \sin(\theta) & \cos(\theta) & 0 \\ 0 & 0 & 1 \end{pmatrix} \cdot \mathbf{v}$$

bedeutet, dass zuerst die Rotation $R(\theta)$ und dann die Translation $T(d_x,d_y)$ auf den Punkt $\mathbf{v}$ angewendet wird.

2.7 Anwendungen von Transformationen

In diesem Abschnitt werden einige Beispielanwendungen und Probleme erläutert, die sich mit Hilfe von geometrischen Transformationen lösen lassen.

In der Computergrafik ist es üblich, Objekte in beliebigen Koordinaten in Fließpunktarithmetik, den *Weltkoordinaten*, zu spezifizieren. Für die Erzeugung einer konkreten Grafik muss ein rechteckiges Fenster, der *Viewport*, angegeben werden, das den auf dem Bildschirm oder sonstigen Ausgabegerät sichtbaren Bereich der „Objektwelt" definiert. Es muss daher eine Abbildung von den Weltkoordinaten zu den Geräte- bzw. Bildschirmkoordinaten berechnet werden.

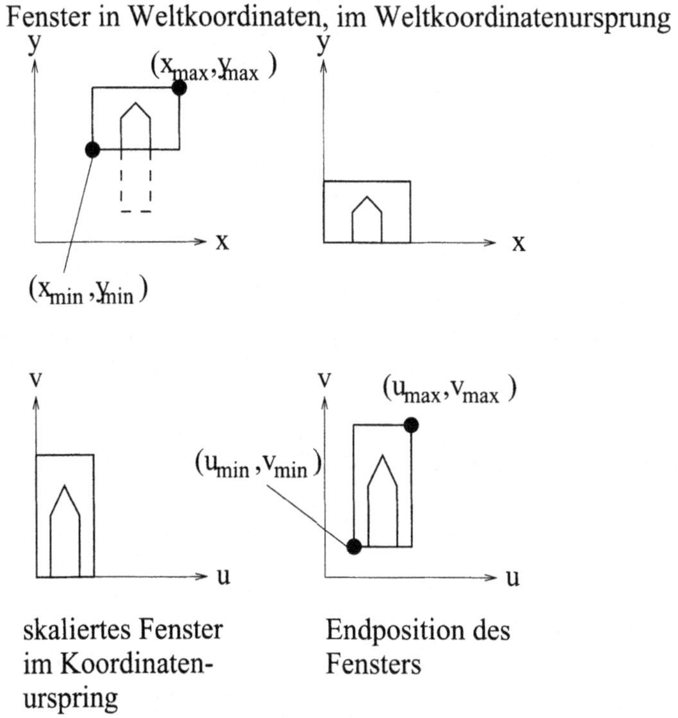

Abbildung 2.19 Von Welt- zu Fensterkoordinaten

Abbildung 2.19 veranschaulicht diesen Sachverhalt. Das Rechteck mit der linken unteren Ecke (x_{min},y_{min}) und der rechten oberen Ecke (x_{max},y_{max}) links oben im Bild spezifiziert den darzustellenden Ausschnitt der Objektwelt, das Fenster in Weltkoordinaten. Dieser Weltausschnitt muss im Fenster mit den Bildschirmkoordinaten (u_{min},v_{min}) und (u_{max},v_{max}) als linke untere bzw. rechte obere Ecke des Fensters auf dem Bildschirm gezeichnet werden. Die beiden Rechtecke in Weltkoordinaten und Fensterkoordinaten müssen nicht gleichgroß sein oder die gleiche Form haben.

Die Abbildung des Viewports auf das Bildschirmfenster kann durch die Hintereinanderschaltung folgender Transformationen realisiert werden. Zuerst wird der Viewport mittels einer Translation in den Koordinatenursprung verschoben. Danach skaliert man den Viewport im Ursprung auf die Größe des Bildschirmfensters, um dieses skalierte Fenster dann durch eine Translation an der richtigen Stelle auf dem Bildschirm zu positionieren. Insgesamt ergibt sich damit die folgende Transformation, wobei $\circ$ die Hintereinanderschaltung von Abbildungen bedeutet:

$$T(u_{\text{min}},v_{\text{min}}) \circ S\left(\frac{u_{\text{max}} - u_{\text{min}}}{x_{\text{max}} - x_{\text{min}}},\frac{v_{\text{max}} - v_{\text{min}}}{y_{\text{max}} - y_{\text{min}}}\right) \circ T(-x_{\text{min}}, -y_{\text{min}}) \qquad (2.2)$$

Auch hier sind die Transformationen von rechts nach links auszuführen.

Rotationen beziehen sich immer auf den Koordinatenursprung. Um eine Rotation um einen beliebigen Punkt (x_0,y_0) durchzuführen, muss dieser Punkt zuerst mittels einer Translation in den Koordinatenursprung verschoben werden, dann die Rotation ausgeführt werden und schließlich die Translation wieder rückgängig gemacht werden. Eine Rotation um den Winkel θ um den Punkt (x_0,y_0) wird durch folgende Hintereinanderschaltung von Transformationen realisiert:

$$R(\theta,x_0,y_0) = T(x_0,y_0) \circ R(\theta) \circ T(-x_0, -y_0) \qquad (2.3)$$

Ersetzt man in dieser Gleichung die Rotation durch eine Skalierung, erhält man entsprechend eine Skalierung bezogen auf den Punkt (x_0,y_0).

Pixelkoordinaten eines Fensters auf dem Bildschirm werden üblicherweise so angegeben, dass die erste Koordinate die Pixelspalte und die zweite Koordinate die Pixelzeile definiert. Das bedeutet, dass die x-Achse, d.h. die erste Koordinatenachse, wie gewohnt von links nach rechts verläuft, während die y-Achse der Fensterkoordinaten nach unten statt nach oben zeigt. Durch eine geeignete geometrische Transformation kann dieser Effekt vermieden werden. Vor dem Zeichnen muss dazu zunächst an der x-Achse gespiegelt werden. Die Spiegelung bewirkt, dass die y-Achse im Fenster nach oben zeigt, sich allerdings immer noch an der oberen Fensterkante befindet. Nach der Spiegelung muss daher noch eine Translation in y-Richtung um die Höhe des Fensters vorgenommen werden, so dass sich die geometrische Transformation

$$T(0,h) \circ S(1,-1) \tag{2.4}$$

ergibt, wobei h die Höhe des Fensters in Pixeln angibt.

2.8 Geometrische Transformationen in Java 2D

Die Klasse `AffineTransform` bildet die Grundlage der geometrischen Transformationen in Java 2D, die durch Matrizen in homogenen Koordinaten realisiert werden. Die wichtigsten Konstruktoren sind die folgenden beiden:

- `AffineTransform id = new AffineTransform()`
  erzeugt die identische Abbildung, die durch die Einheitsmatrix kodiert wird.
- Mittels

  ```
  AffineTransform at = new AffineTransform(a,d,b,e,c,f)
  ```

  lässt sich explizit eine Transformationsmatrix spezifizieren. Dabei sind $a,\ldots,f$ die sechs `Double`-Parameter der Transformationsmatrix, so wie sie in der Matrix (2.1) auf Seite 29 angegeben sind.

Die elementaren geometrischen Transformationen können folgendermaßen erzeugt werden:

Rotation:

- Mit den Methoden `affTrans.setToRotation(angle)` und `affTrans.setToRotation(angle,x,y)` wird die Transformation `affTrans` als eine Rotation um den Winkel `angle` um den Ursprung bzw. um den Punkt (x,y) definiert.
- Die Methode `affTrans.rotation(angle)` und entsprechend die Methode `affTrans.rotation(angle,x,y)` fügen an die Transformation `affTrans` eine Rotation um den Ursprung bzw. um den Punkt (x,y) an. Das Anfügen wird entsprechend der Schreibweise als Matrixmultiplikation von rechts interpretiert, so dass die Rotation vor der ursprünglichen Transformation `affTrans` ausgeführt wird.

Skalierung:

- Die Methode `affTrans.setToScale(sx,sy)` definiert die Transformation `affTrans` als eine Skalierung mit den Skalierungsfaktoren `sx` für die x- und sy für die y-Achse bzgl. des Ursprungs.
- Die Methode `affTrans.scale(sx,sy)` fügt an die Transformation `affTrans` eine entsprechende Skalierung im Sinne einer Matrixmultiplikation von rechts an.

Scherung:

- Die Methode `affTrans.setToShear(sx,sy)` definiert die Transformation `affTrans` als eine Scherung mit den Scherungswerten `sx` für die x- und sy für die y-Achse bzgl. des Ursprungs.
- Die Methode `affTrans.shear(sx,sy)` fügt an die Transformation `affTrans` eine entsprechende Scherung im Sinne einer Matrixmultiplikation von rechts an.

Translation:

- Die Methode `affTrans.setToTranslation(dx,dy)` definiert die Transformation `affTrans` als eine Translation um den Vektor $(dx,dy)^\top$.
- Die Methode `affTrans.translate(dx,dy)` fügt an die Transformation `affTrans` eine entsprechende Translation im Sinne einer Matrixmultiplikation von rechts an.

Für die Hintereinanderschaltung solcher oder beliebiger anderer affiner Transformationen stehen folgende Methoden zur Verfügung:

- Mit `at1.concatenate(at2)` wird die affine Transformation `at2` im Sinne einer Matrixmultiplikation von rechts an die affine Transformation `at1` angefügt, so dass zuerst `at2` und dann die ursprüngliche Transformation `at1` ausgeführt wird.
- Mit `at1.preConcatenate(at2)` wird die affine Transformation `at2` im Sinne einer Matrixmultiplikation von rechts vor die affine Transformation `at1` geschaltet, so dass zuerst die ursprüngliche Transformation `at1` und dann `at2` ausgeführt wird.

In beiden Fällen wird die Komposition der beiden Transformationen in `at1` abgelegt.

Eine Transformation, die durch ein Objekt `affTrans` der Klasse `AffineTransform` definiert ist, kann folgendermaßen auf ein `Shape`-Objekt `s` angewendet werden:

```
Shape transformedShape = affTrans.createTransformedShape(s);
```

Die Methode `createTransformedShape` liefert das transformierte Objekt wieder in Form eines `Shape`-Objekts zurück.

Entsprechendes gilt für die Anwendung der Transformation auf ein `Area`-Objekt `a`, z.B. in der Form:

```
Area transformedArea = affTrans.createTransformedArea(a);
```

Eine Transformation kann auch auf das `Graphics2D`-Objekt `g2d` mittels

```
g2d.transform(affTrans);
```

angewendet werden. In diesem Fall wirkt die Transformation auf alle danach gezeichneten Objekte.

Die Abbildungen 2.13–2.16 sowie die Bilder der Abbildung 2.18 auf den vohergehenden Seiten wurden unter Verwendung dieser Methoden in den Programmen

- `ScalingExample.java`,
- `RotationExample.java`,
- `ShearingExample.java`,
- `TranslationExample.java`,
- `TransformationOrderExample.java`,
- `TransformationOrderExampleT.java`,
- `TransformationOrderExampleRT.java`,
- `TransformationOrderExampleR.java` und
- `TransformationOrderExampleTR.java`

erzeugt. Diese Abbildungen verwenden entgegen der üblichen Fensterkoordinatenrepräsentation eine Darstellung, bei der die y-Achse nach oben zeigt. Daher wurde auf das Graphics2D-Objekt entsprechend Gleichung (2.4) eine Transformation angewendet, die die y-Achse geeignet orientiert und positioniert:

```
AffineTransform yUp = new AffineTransform();
yUp.setToScale(1,-1);
AffineTransform translate = new AffineTransform();
translate.setToTranslation(xOffset,windowHeight-yOffset);
yUp.preConcatenate(translate);
g2d.transform(yUp);
```

Die Werte xOffset und yOffset sind dabei nicht wie in Gleichung (2.4) auf Null gesetzt. Dies würde bedeuten, dass sich der Koordinatenursprung in der linken unteren Ecke des Bildschirmfensters befindet, der auf dem Fensterrand liegt und nicht gezeichnet werden kann. Stattdessen wurde in den Programmen xOffset=140 und yOffset=150 gewählt, so dass der Koordinatenursprung im Inneren des Fensters im linken unteren Bereich angesiedelt ist.

2.9 Animation und Bewegungen mittels Transformationen

Bisher wurden die geometrische Transformationen hier nur statisch verwendet, um Abbildungen eines Koordinatensystems in ein anderes und Positionierungen oder Verformungen von Objekten zu beschreiben. Geometrische Transformationen eignen sich ebenfalls zur Modellierung von Bewegungen wie z.B. das Fortschreiten des Sekundenzeigers einer Uhr in Form einer schrittweisen Rotation um 6° pro Sekunde. Kontinuierliche Bewegungen müssen in kleine Teilbewegungen zerlegt werden, die jeweils durch eine Transformation beschrieben werden. Um eine ruckartige Darstellung der kontinuierlichen Bewegung zu vermeiden, müssen die Teilbewegungen genügend klein sein bzw. der Abstand zwischen zwei aufeinander folgenden Bildern ausreichend kurz sein.

Ist die Bewegung eines Objektes durch geeignete Transformationen modelliert, muss das Objekt gezeichnet werden, das transformierte Objekt berechnet, das alte Objekt gelöscht und das transformierte Objekt neu gezeichnet werden. Das Löschen des alten Objekts bereitet jedoch Schwierigkeiten bei einer Darstellung in Rastergrafik. Löschen wäre in diesem Falle gleichbedeutend mit Überschreiben. Es ist aber keineswegs klar, womit die Pixel, die zu dem alten Objekt gehören, überschrieben werden sollen. Dazu muss ein eindeutiger Hintergrund festgelegt werden. Außerdem muss das alte Objekt erneut vollständig gerendert werden, um festzustellen, welche Pixel von ihm belegt wurden. Aus diesem Grund wird üblicherweise der gesamte Bildpuffer neu geschrieben. Man schreibt dabei jedoch nicht direkt in den Bildschirmpuffer, sondern in einen virtuellen Bildschirmpuffer, der dann in den eigentlichen Bildschirmpuffer übertragen wird. Die konkrete Umsetzung dieser Technik des *Double-Buffering* wird im Abschnitt 4.2 näher erläutert.

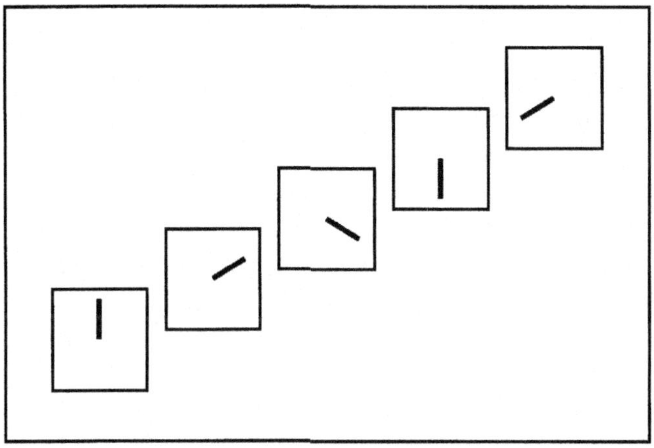

Abbildung 2.20 Eine sich bewegende Uhr mit Sekundenzeiger

Als einfaches Beispiel wird hier eine Uhr mit einem Sekundenzeiger betrachtet, die von links unten nach rechts oben über ein Bildschirmfenster laufen soll. Die Uhr selbst besteht aus einem quadratischen Rahmen und besitzt nur einen Sekundenzeiger, Minuten- und Stundenzeiger könnten entsprechend behandelt werden, sollen aber aus Gründen der Vereinfachung nicht weiter berücksichtigt werden. Der quadratische Rahmen der Uhr muss stückweise von links unten nach rechts oben durch eine Translation verschoben werden. Diese Translation muss ebenfalls auf den Sekundenzeiger wirken, der zusätzlich noch rotiert werden muss. Abbildung 2.20 zeigt gleichzeitig einzelne Zwischenstationen der Uhr.

Die Uhr könnte sich in jedem Schritt zwei Einheiten nach rechts und eine Einheit nach oben bewegen, was durch eine Translation

$$T_{\text{Uhr,Schritt}} = T(2{,}1)$$

modelliert werden könnte. Entsprechend müsste auf den Sekundenzeiger jeweils eine Rotation der Form

$$T_{\text{Zeiger,Schritt}} = R(-\pi/180)$$

angewendet werden, wenn sich der Zeiger in jedem Schritt um $-\pi/180$, d.h. um 6° im Uhrzeigersinn weiterdrehen soll. Der Zeiger beginnt im Mittelpunkt der Uhr, so dass der Zeiger um diesen Punkt rotiert werden muss. Man könnte die Uhr zwar zu Beginn so positionieren, dass der Zeiger im Koordinatenursprung anfangt. Spätestens nach einem Bewegungsschritt der Uhr verlässt der Zeiger diese Position jedoch und das Rotationszentrum müsste entsprechend geändert werden.

Um derartige zusammengesetzte Bewegungen zu beschreiben, bieten sich zwei Strategien an. Man führt Buch darüber, wo sich das betrachtete Objekt – in unserem Beispiel der Sekundenzeiger – befindet, und verschiebt das Rotationszentrum entsprechend. Im Allgemeinen reicht es nicht aus, nur die Verschiebung des betrachteten Objektes zu speichern. Wenn sich das Objekt beispielsweise entlang einer Achse mittels einer Skalierung ausdehnen soll, muss ebenfalls die Orientierung des Objekts bekannt sein. Will man beispielsweise den Sekundenzeiger im Laufe einer Umdrehung länger oder kürzer werden lassen, ohne seine Breite zu verändern, reicht es nicht aus, die Skalierung bzgl. des mit dem Objekt verschobenen Bezugspunktes durchzuführen, da der Zeiger dann auch dicker bzw. dünner werden würde.

Grundsätzlich ist diese Strategie zur Modellierung von Bewegungen zwar anwendbar, die folgende zweite Strategie lässt sich jedoch meistens einfacher realisieren. Das Prinzip besteht darin, dass man immer von der anfänglichen Position des Objekts ausgeht, die anzuwendenden geometrischen Transformationen akkumuliert und jeweils auf das Ausgangsobjekt anwendet, bevor man es zeichnet. Man könnte im Beispiel der Uhr die beiden oben erwähnten Transformationen und drei weitere verwenden:

$$\begin{aligned} T^{(\mathrm{neu})}_{\mathrm{Uhr,gesamt}} &= T_{\mathrm{Uhr,Schritt}} \circ T^{(\mathrm{alt})}_{\mathrm{Uhr,gesamt}} \\ T^{(\mathrm{neu})}_{\mathrm{Zeiger,Gesamtrotation}} &= T_{\mathrm{Zeiger,Schritt}} \circ T^{(\mathrm{alt})}_{\mathrm{Zeiger,Gesamtrotation}} \\ T_{\mathrm{Zeiger,gesamt}} &= T_{\mathrm{Uhr,gesamt}} \circ T_{\mathrm{Zeiger,Gesamtrotation}} \end{aligned}$$

$T_{\mathrm{Uhr,gesamt}}$ und $T_{\mathrm{Zeiger,Gesamtrotation}}$ werden am Anfang mit der Identität initialisiert und dann entsprechend dieser Gleichungen in jedem Schritt aktualisiert. $T_{\mathrm{Uhr,gesamt}}$ beschreibt die Translation, die ausgeführt werden muss, um die Uhr von der Ausgangsposition in die aktuelle Position zu verschieben. $T_{\mathrm{Uhr,gesamt}}$ wird auf den im Koordinatenursprung zentrierten Rahmen der Uhr angewendet. $T_{\mathrm{Zeiger,Gesamtrotation}}$ gibt die Rotation um den Koordinatenursprung an, die der Zeiger bis zum aktuellen Zeitpunkt ausgeführt hat. Zusätzlich muss der Zeiger zusammen mit dem Rahmen der Uhr die Verschiebung vollführen. Auf den im Koordinatenursprung positionierten Zeiger wird daher die Transformation $T_{\mathrm{Zeiger,gesamt}}$ angewendet. Es ist dabei wichtig, dass zuerst die Rotation des

Zeigers und dann die Verschiebung ausgeführt wird.

Eine Alternative zu dieser relativ aufwendigen Modellierung von Bewegungen bietet der in Kapitel 5 vorgestellte Szenengraph.

2.10 Bewegungen mittels Transformationen in Java 2D

In diesem Abschnitt wird die Umsetzung des oben diskutierten einfachen Beispiels der Uhr mit einem Sekundenzeiger in Java 2D erläutert. Es werden hier nur die wesentlichen Auszüge aus dem Programm dargestellt. Der vollständige Quellcode für dieses Beispiel findet sich in der Klasse `NonSynchronizedClock.java`.

Die Objekte und die Transformationen sollen in Standardkoordinaten mit nach oben zeigender y-Achse angegeben werden. Aus diesem Grund wird auf das `Graphics2D`-Objekt die auf Seite 36 eingeführte Transformation `yUp` angewendet.

Der Rahmen der Uhr wird zunächst im Koordinatenursprung zentriert und als Objekt `clockFrame` der Klasse `Rectangle2D` erzeugt. Der Sekundenzeiger `clockHand`, ebenfalls ein Objekt der Klasse `Rectangle2D`, wird anfänglich so positioniert, dass er im Koordinatenursprung beginnend nach oben zeigt und mittig auf der y-Achse liegt.

Die auf Seite 38 beschriebenen Transformationen $T_{\text{Uhr,Schritt}}$, $T_{\text{Zeiger,Schritt}}$, $T_{\text{Uhr,gesamt}}$, $T_{\text{Zeiger,Gesamtrotation}}$ und $T_{\text{Zeiger,gesamt}}$ werden durch die Objekte `singleTranslation`, `singleRotation`, `accumulatedTranslation`, `accumulatedRotation` bzw. `handTransform` der Klasse `AffineTransform` realisiert.

Die Transformation `singleTranslation` wird als Verschiebung um den Vektor $(2,1)^\top$ definiert, `singleRotation` als Rotation um einen Winkel von 6° im Uhrzeigersinn. Diese beiden Transformationen werden während des Programmablaufs nicht weiter verändert.

Die Transformation `accumulatedRotation` wird zu Beginn als Identität definiert. Die Transformation `accumulatedTranslation` wird nicht mit der Identität, sondern mit einer Verschiebung um einen geeigneten Vektor initialisiert, damit sich die Uhr im Anfang nicht teilweise links unterhalb des Bildschirmfensters befindet.

In einer Schleife, in der das Bild jedes Mal aktualisiert wird, werden die Transformationen accumulatedTranslation, accumulatedRotation und handTransform mittels

```
accumulatedTranslation.preConcatenate(singleTranslation);
accumulatedRotation.preConcatenate(singleRotation);
handTransform.setTransform(accumulatedRotation);
handTransform.preConcatenate(accumulatedTranslation);
```

entsprechend den Gleichungen auf Seite 38 neu berechnet. Die erste Zeile entspricht der ersten Gleichung, die zweite der zweiten und die letzten beiden Zeilen der letzten Gleichung.

Nachdem die Transformationen auf diese Weise aktualisiert worden sind, muss das alte Bild gelöscht werden und anschließend der Rahmen der Uhr sowie der Sekundenzeiger neu gezeichnet werden. Vor dem Zeichnen wendet man die entsprechenden Transformationen auf diese Objekte an:

```
g2d.draw(accumulatedTranslation.createTransformedShape(
                                          clockFrame));

g2d.fill(handTransform.createTransformedShape(clockHand));
```

Der ursprüngliche Rahmen der Uhr clockFrame und der anfängliche Sekundenzeiger clockHand werden dabei selbst nicht verändert, sondern es werden zum Zeichnen nur die mit den Transformationen erzeugten Shape-Objekte verwendet.

2.11 Interpolatoren für kontinuierliche Veränderungen

In den vorhergehenden beiden Abschnitten wurden Bewegungen mittels Transformationen modelliert. Die Bewegungen wurden dabei durch Teilbewegungen definiert, die die Veränderung eines Objektes von einem Bild zum nächsten beschreiben. Die Gesamtbewegung eines Objektes ergibt sich so aus der Hintereinanderschaltung der Teilbewegungen.

Eine andere Form, Bewegungen oder Veränderungen zu beschreiben, besteht darin, dass man einen Anfangs- und einen Endzustand beschreibt. Ein Objekt soll sich kontinuierlich vom Anfangs- in den Endzustand verwandeln. Beispielsweise kann eine geradlinige Bewegung anstatt durch die Vorgabe einer in jedem Bild einer Bildfolge auszuführenden Verschiebung auch durch die Vorgabe der Anfangs- und der Endposition angegeben werden. Im Beispiel der Uhr aus den vorhergehenden beiden Abschnitten würde man nicht die Transformation $T_{\text{Uhr,Schritt}} = T(2{,}1)$ vorschreiben, die in einer Bildfolge von z.B. 100 Bildern nach dem Ausgangsbild jeweils von einem Bild zum nächsten auszuführen ist, sondern die Start- und die Endposition, etwa $\mathbf{p}_0 = (0{,}0)^\top$ und $\mathbf{p}_1 = (200{,}100)^\top$.

Die Punkte $\mathbf{p}_\alpha$ auf der Verbindungsstrecke zwischen den Punkten $\mathbf{p}_0$ und $\mathbf{p}_1$ ergeben sich aus der *Konvexkombination* dieser beiden Punkte mit

$$\mathbf{p}_\alpha = (1-\alpha)\cdot\mathbf{p}_0 + \alpha\cdot\mathbf{p}_1, \qquad \alpha \in [0{,}1].$$

Für $\alpha = 0$ erhält man den Anfangspunkt $\mathbf{p}_0$, für $\alpha = 1$ den Endpunkt $\mathbf{p}_1$ und für $\alpha = 0.5$ den Punkt in der Mitte der Verbindungsstrecke zwischen $\mathbf{p}_0$ und $\mathbf{p}_1$.

Das Prinzip der Konvexkombination lässt sich nicht nur auf Punkte oder Vektoren anwenden, sondern auch auf Matrizen, d.h. Transformationen. Später wird gezeigt, wie sich auch kontinuierliche Farbveränderungen auf diese Weise erzeugen lassen.

Sind zwei affine Transformationen durch die Matrizen M_0 und M_1 in homogenen Koordinaten gegeben, definiert man ihre Konvexkombinationen M_α entsprechend durch

$$M_\alpha = (1-\alpha)\cdot M_0 + \alpha\cdot M_1, \qquad \alpha \in [0{,}1].$$

Abbildung 2.21 Verwandlung einer Ellipse in eine andere mittels Konvexkombinationen von Transformationen

Auf diese Weise kann man zwei Objekte, die aus demselben Grundobjekt durch Anwendung zweier unterschiedlicher Transformationen erzeugt wurden, kontinuierlich ineinander umwandeln. Abbildung 2.21 veranschaulicht diesen Prozess anhand zweier Ellipsen, die beide aus einer Grundellipse durch unterschiedliche

Skalierungen und Translationen hervorgegangen sind. Links oben in der Abbildung ist die Ausgangsellipse zu sehen, die durch die erste Transformation aus der Grundellipse erzeugt wurde. Unten rechts ist die End-Ellipse dargestellt, die mit Hilfe der zweiten Transformation aus der Grundellipse erzeugt wurde. Die Ellipsen dazwischen entstehen, indem man Konvexkombinationen der beiden Transformationen auf die Grundellipse anwendet.

Eine andere Technik der kontinuierlichen Interpolation zwischen zwei Objekten S und S' setzt voraus, dass die beiden Objekte jeweils durch n Punkte $P_1 = (x_1,y_1),\ldots,P_n = (x_n,y_n)$ bzw. $P_1' = (x_1',y_1'),\ldots,P_n' = (x_n',y_n')$ und Verbindungslinien (Geradenstücke, quadratische oder kubische Kurven) festgelegt werden, die diese Punkte verwenden. Dabei tauchen in beiden Objekten jeweils korrespondierende Verbindungslinien auf, d.h., wenn das Objekt S beispielsweise die quadratische Kurve beinhaltet, die durch die Punkte P_1, P_3 und P_8 definiert wird, dann beinhaltet das Objekt S' die quadratische Kurve, die durch die Punkte P_1', P_3' und P_8' definiert wird.

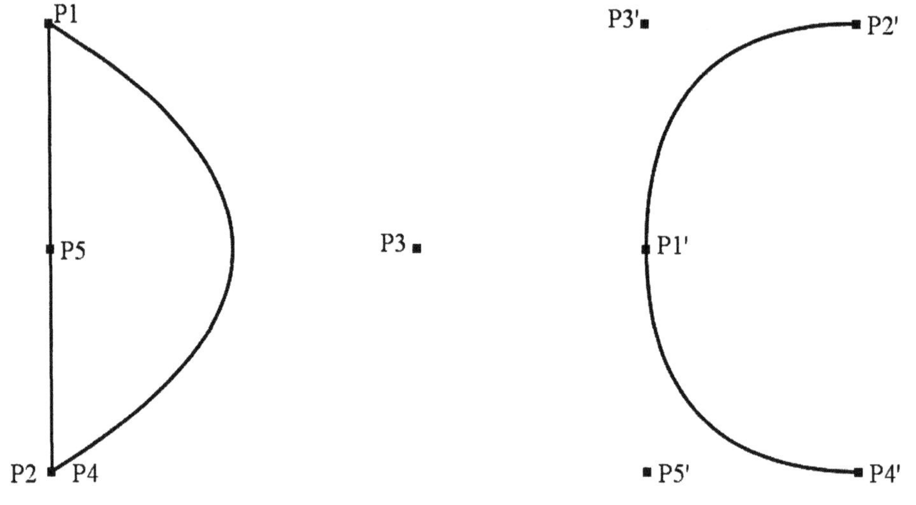

Abbildung 2.22 Zwei Buchstaben, die jeweils durch fünf Kontrollpunkte und Kurven gleicher Art definiert werden

Abbildung 2.22 zeigt zwei einfache Beispiele zweier Objekte in Form der Buchstaben D und C, für deren Definition jeweils fünf Kontrollpunkte $P1,\ldots,P5$ bzw. $P1',\ldots,P5'$ festgelegt wurden. Beide Buchstaben werden durch zwei quadratische Kurven beschrieben:

- Eine Kurve, die beim jeweiligen ersten Punkt beginnt, beim zweiten endet und den dritten als Kontrollpunkt verwendet. Für den Buchstaben D sind das die Punkte $P1$, $P2$ bzw. $P3$, für C die Punkte $P1'$, $P2'$ bzw. $P3'$.
- Die zweite quadratische Kurve verwendet entsprechend den jeweiligen ersten Punkt als Anfangs-, den vierten als End- und den fünften als Kontrollpunkt.

Sollen die beiden Objekte, hier die Buchstaben D und C, durch eine kontinuierliche Bewegung ineinander überführt werden, lassen sich dafür wiederum Konvexkombinationen nutzen. Anstelle der Konvexkombination von Transformationen werden hier die Konvexkombinationen der einander entsprechenden Punktepaare P_i und P_i' berechnet, d.h.:

$$P_i^{(\alpha)} = (1-\alpha) \cdot P_i + \alpha \cdot P_i'$$

Zur Darstellung des Zwischenbildes $\alpha \in [0,1]$ werden die entsprechenden Kurvenstücke unter Verwendung der Punkte $P_i^{(\alpha)}$ gezeichnet. Im Beispiel der Umwandlung des Buchstaben D in den Buchstaben C würde man die beiden quadratischen Kurven zeichnen, die durch die Punkte $P_1^{(\alpha)}$, $P_2^{(\alpha)}$ und $P_3^{(\alpha)}$ bzw. $P_4^{(\alpha)}$, $P_5^{(\alpha)}$ und $P_3^{(\alpha)}$ festgelegt werden.

Abbildung 2.23 Schrittweise Transformation zweier Buchstaben ineinander

Abbildung 2.23 zeigt die Zwischenresultate, die sich für die Konvexkombinationen mit $\alpha = 0{,}0.2{,}0.4{,}0.6{,}0.8{,}1$ ergeben, wenn man die Punkte aus Abbildung 2.22 verwendet und die entsprechenden quadratischen Kurven zeichnet.

In Abschnitt 4.7 werden weitere Anwendungsmöglichkeiten von Interpolatoren in Verbindung mit Farben und Rastergrafiken vorgestellt.

2.12 Realisierung von Interpolatoren mit Java 2D

In diesem Abschnitt sollen die Implementierungen der beiden im vorhergehenden Abschnitt erläuterten Techniken für Interpolatoren in Java 2D besprochen werden.

Das erste Beispiel der kontinuierlichen Transformation einer Ellipse in eine andere, wie sie in Abbildung 2.21 veranschaulicht wurde, wird in der Klasse `ConvexCombTransforms.java` realisiert. Die wesentlichen Teile des Programms sind zunächst die Definition einer Grundellipse `elli` und zweier affiner Transformationen `initialTransform` und `finalTransform`, durch deren Anwendung auf die Grundellipse die Ellipsen zu Beginn und am Ende der Animation entstehen. Um die Konvexkombinationen der beiden Transformationen berechnen zu können, werden die zugehörigen Matrizen benötigt, die man durch Anwendung der Methode `getMatrix` auf `initialTransform` und `finalTransform` erhält:

```
double[] initialMatrix = new double[6];
initialTransform.getMatrix(initialMatrix);

double[] finalMatrix = new double[6];
finalTransform.getMatrix(finalMatrix);
```

Die Parameter der beiden Matrizen werden in dem linearen Array `initialMatrix` bzw. `finalMatrix` entsprechend der Darstellung in der Matrix (2.1) auf Seite 29 abgelegt. In einer Schleife werden dann für diese beiden Arrays die komponentenweisen Konvexkombinationen gebildet und jeweils aus dem sich ergebenden Array, das wiederum als Kodierung einer Transformationsmatrix interpretiert wird, eine neue Transformation erzeugt. Diese Transformation wird auf die Grundellipse angewendet und die sich daraus ergebende Ellipse in jedem Schritt der Schleife neu gezeichnet.

Die Umwandlung des Buchstaben D in den Buchstaben C ist in der Klasse `DToCMorphing.java` implementiert. Die Abbildung 2.22, die den Startzustand, den Buchstaben D, und den Endzustand, den Buchstaben C, darstellt, wurde mit Hilfe der Klassen `SimpleLetterD.java` und `SimpleLetterC.java` erzeugt. Um die Transformation der beiden Buchstaben ineinander zu realisieren, werden für jeden Buchstaben jeweils zwei Arrays angelegt, eines für die x- und eines für die y-Koordinaten der Kontrollpunkte. Zwei weitere Arrays dienen zur Berechnung der Konvexkombinationen der Kontrollpunkte. In einer Schleife werden diese Konvexkombinationen berechnet und jeweils die beiden quadratischen Kurven gezeichnet, die durch die entsprechenden Punkte der Konvexkombinationen der Kontrollpunkte definiert werden.

2.13 Einfache oder doppelte Genauigkeit

Bei animierten Grafiken, in denen bewegte Objekte dargestellt werden, werden mit der Zeit unter Umständen sehr viele Transformationen miteinander verknüpft, d.h. eine große Anzahl von Matrixmultiplikationen ausgeführt. Auf diese Weise besteht die Möglichkeit, dass sich Rundungsfehler akkumulieren. In den seltensten Fällen haben derartige Rundungsfehler jedoch merkliche Auswirkungen auf die zu zeichnende Grafik, da meistens numerisch relativ unkritische Berechnungen durchgeführt werden müssen. Eine Ausnahme hiervon wäre beispielsweise die Berechnung einer inversen Transformation durch Invertierung einer Matrix, bei der es bei einer schlecht konditionierten Matrix zu größeren Rundungsfehlern kommen könnte. Die gebräuchlichen Operationen, die man in der Computergrafik verwendet, führen nur selten zu numerischen Problemen.

Zur Illustration wird hier das einfache Beispiel eines Sekundenzeigers betrachtet, der 100 Einheiten lang ist und dessen Spitze sich zu Beginn im Punkt $(100{,}0)$ befindet. Pro Sekunde wird der Sekundenzeiger um 6° um den Koordinatenursprung rotiert, d.h., es wird jeweils eine Transformation $R(6^\circ)$ in Form einer entsprechenden Rotationsmatrix ausgeführt. Nach jeweils einer Minute, d.h. nach 60 Multiplikationen der Rotationsmatrix mit sich selbst, sollte sich der Sekundenzeiger wieder in der Ausgangsposition befinden.

Tabelle 2.1 zeigt die berechnete Position der Spitze des Sekundenzeigers nach verschiedenen Zeiträumen mit doppelter (`double`) und einfacher (`float`) Genauigkeit. In beiden Fällen sind die Rundungsfehler vernachlässigbar, insbesondere wenn man berücksichtigt, dass beim Zeichnen der Rastergrafik sowieso wieder auf ganzzahlige Werte gerundet werden muss. Selbst nach acht Stunden mit insgesamt 28800 Matrixmultiplikationen und einfacher Genauigkeit ist der berechnete Wert für die Rastergrafik immer noch exakt. Dies gilt natürlich nur, wenn man die akkumulierte Rotation auf die Ausgangsposition des Sekundenzeigers anwendet oder sich die jeweilige Position des Sekundenzeigers in Fließkommaarithmetik merkt und darauf die nächste Rotation um 6° anwendet. Werden die ganzzahlig gerundeten Rastergrafikkoordinaten des Sekundenzeigers verwendet und lässt man die Rotation um 6° jeweils darauf operieren, ist die Position der Zeigerspitze bereits nach einer Minute mit $(95, -2)$ völlig verfälscht.

Für die Genauigkeit von Ergebnissen sind zwar Fließkommawerte mit doppelter Genauigkeit besser, allerdings spielt dieser Gewinn an Genauigkeit in der Computergrafik bei der Darstellung als Rastergrafik meistens eine marginale Rolle, da die durchgeführten Berechnungen nur selten zu signifikanten Rundungsfehlern führen, die Verfälschungen in der Rastergrafik ergeben könnten.

Zeit	x	y
	double	
1 Minute	99.99999999999973	−4.8572257327350600E-14
2 Minuten	99.99999999999939	−9.2981178312356860E-14
3 Minuten	99.99999999999906	−1.3739009929736312E-13
4 Minuten	99.99999999999876	−1.4571677198205180E-13
5 Minuten	99.99999999999857	−2.2204460492503130E-13
6 Minuten	99.99999999999829	−2.9143354396410360E-13
7 Minuten	99.99999999999803	−3.1641356201816960E-13
8 Minuten	99.99999999999771	−3.7331249203020890E-13
9 Minuten	99.99999999999747	−4.2604808569990380E-13
10 Minuten	99.99999999999715	−4.5657921887709560E-13
8 Stunden	99.99999999986587	−2.9524993561125257E-11
	float	
1 Minute	100.00008	−1.1175871E-5
2 Minuten	100.00020	−1.4901161E-5
3 Minuten	100.00032	−1.8626451E-5
4 Minuten	100.00044	−1.1920929E-5
5 Minuten	100.00056	−8.9406970E-6
6 Minuten	100.00068	−3.1292439E-5
7 Minuten	100.00085	−5.3644180E-5
8 Minuten	100.00100	−7.2270630E-5
9 Minuten	100.00108	−8.0466270E-5
10 Minuten	100.00113	−8.4191560E-5
8 Stunden	100.00328	−1.9669533E-4

Tabelle 2.1 Auswirkung von Rundungsfehlern

Insbesondere für dreidimensionale Szenen mit einer großen Anzahl von Objekten werden häufig sehr viele Punkte zur Festlegung der Objekte benötigt, so dass in diesem Fall eher der Speicheraufwand als die numerische Genauigkeit im Vordergrund steht. Aus diesem Grund begnügt man sich in der Computergrafik oft mit der Verwendung von Werten mit einfacher statt mit doppelter Genauigkeit.

2.14 Übungsaufgaben

Aufgabe 2.1: Zeichnen Sie mit einem `GeneralPath` ein Rechteck mit abgerundeten Ecken.

Aufgabe 2.2: Es soll ein einfaches, zweidimensionales Sonne-Planet-Modell realisiert werden. Der Mittelpunkt der Sonne befindet sich im Koordinatenursprung. Der kreisförmige Planet bewegt sich mit gleichmäßiger Geschwindigkeit auf einer kreisförmigen Umlaufbahn entgegen den Uhrzeigersinn um den Sonnenmittelpunkt. Der Radius der Planetenumlaufbahn (Abstand zwischen Sonnen- Planetenmittelpunkt) beträgt 200 Einheiten. Der kugelförmige Planet hat einen Radius von 10 Einheiten. Der Planetenmittelpunkt befindet sich am Anfang im Punkt $(200{,}0)$. Während der Planet einmal mit gleichmäßiger Geschwindigkeit um die Sonne kreist, dreht er sich genau 365-mal entgegen dem Uhrzeigersinn um sich selbst. Wir betrachten den Punkt auf der Planetenoberfläche, der zu Beginn den geringsten Abstand zur Sonne hat. Beschreiben Sie mit Hilfe elementarer geometrischer Transformationen, an welcher Stelle sich dieser Punkt befindet, nachdem der Planet ein Drittel seiner Umlaufbahn vollendet hat.

Aufgabe 2.3: Wählen Sie die Konstante c in der Matrix

$$\begin{pmatrix} c & 0 & 6 \\ 0 & c & 4 \\ 0 & 0 & c \end{pmatrix}$$

so, dass die Matrix in homogenen Koordinaten eine Translation um den Vektor $(3{,}2)^\top$ repräsentiert.

Aufgabe 2.4: Programmieren Sie eine kleine Animation, die die Bewegung aus Aufgabe 2.2 zeigt.

Aufgabe 2.5: Programmieren Sie eine kleine Animation, in der sich ein schlagendes Herz über ein Bildschirmfenster bewegt.

Aufgabe 2.6: Wenden Sie die Technik zum Umwandeln zweier Buchstaben, die in Abbildung 2.22 für D und C gezeigt wurde, auf zwei andere Buchstaben an, z.B. Ihre Initialen.

3 Zeichnen von Kurven

Im vorhergehenden Kapitel wurden grundlegende Objekte und Transformationen für zweidimensionale Grafiken eingeführt, deren Beschreibungen auf Prinzipien der Vektorgrafik beruhen. Wie bereits in der Einleitung erwähnt, erfordert eine Darstellung geometrischer Objekte auf der Basis einer Rastergrafik effiziente Algorithmen. Dieses Kapitel beleuchtet grundlegende Probleme, die sich beim Zeichnen von Linien bei Verwendung von Rastergrafiken ergeben, und stellt die wichtigsten Lösungsansätze vor.

3.1 Geraden und Rastergrafik

Als Erstes soll die Aufgabe betrachtet werden, ein Geradensegment vom Punkt (x_0,y_0) zum Punkt (x_1,y_1) auf einer Rastergrafik zu zeichnen. Um die Problematik zunächst möglichst einfach zu halten, soll davon ausgegangen werden, dass die beiden vorgegebenen Punkte auf dem zur Verfügung stehenden Raster liegen, d.h. als ganzzahlige Werte gegeben sind. Ohne Beschränkung der Allgemeinheit sei ferner angenommen, dass sich der erste Punkt nicht rechts vom zweiten befindet, das heißt, dass $x_0 \leq x_1$ gilt.

Ein naiver Ansatz, das Geradensegment zwischen diesen beiden Punkten auf der Rastergrafik zu zeichnen, würde die x-Koordinaten in Einerschritten beginnend bei x_0 bis zum Wert x_1 ablaufen und jeweils den zugehörigen y-Wert für die Gerade berechnen. Da dieser y-Wert im Allgemeinen nicht ganzzahlig ist, muss dieser y-Wert jeweils auf den nächsten ganzzahligen Wert gerundet werden und dann das Pixel mit der entsprechenden x- und der gerundeten y-Koordinate gezeichnet werden. Abbildung 3.1 beschreibt diese Vorgehensweise in Form von Pseudocode.

Zunächst ist festzustellen, dass dieser Algorithmus bei vertikal verlaufenden Geraden, d.h. für $x_0 = x_1$ bei der Berechnung der Steigung m eine Division durch Null durchführt und in diesem Fall fehlschlägt. Selbst wenn man diesen Fall separat behandelt, bleibt der Algorithmus untauglich, wie es Abbildung 3.2 veranschaulicht. Die obere, horizontale Gerade wird perfekt gezeichnet. Auch die darunter liegende, leicht abfallende Gerade wird ebenfalls korrekt gezeichnet mit

```
void drawLine(int x0, int y0, int x1, int y1)
{
  int x;
  double dy = y1 - y0;
  double dx = x1 - x0;
  double m  = dy/dx;
  double y  = y0;

  for (x=x0; x<=x1; x++)
  {
    drawPixel(x, round(y));
    y = y + m;    //oder: y = y0 + m*(x - x0);
  }
}
```

Abbildung 3.1 Pseudocode eines naiven Algorithmus zum Geradenzeichnen

den Einschränkungen, die durch die Rastergrafik unvermeidbar sind. Die schwarz markierten Pixel werden vom Algorithmus gesetzt. Die ideale Gerade, die durch diese Pixel der Rastergrafik angenähert werden soll, ist zur Verdeutlichung ebenfalls eingezeichnet.

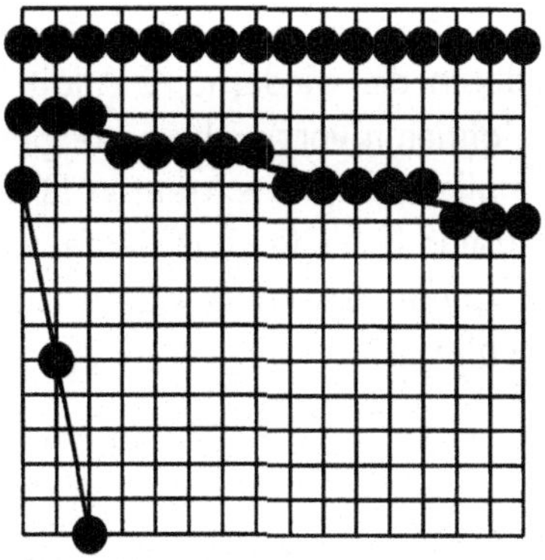

Abbildung 3.2 Mit dem naiven Geradenalgorithmus gezeichnete Geraden

Die steil abfallende Gerade unten links wird durch die gezeichneten Pixel jedoch nicht einmal im Sinne der Rastergrafik korrekt wiedergegeben. Es werden nicht alle Pixel gesetzt, die man bei der Repräsentation der Geraden als Rastergrafik erwarten würde. Verursacht wird dieser Fehler dadurch, dass die Pixel in x-Richtung in Einerschritten abgelaufen werden und jeweils das Pixel gezeichnet wird, das man durch Rundung des entsprechenden y-Wertes auf der zu zeichnenden Geraden erhält. Da diese Gerade eine Steigung besitzt, deren Betrag größer als Eins ist, werden beim Zeichnen Pixel in y-Richtung übersprungen. Dieser Effekt tritt bei allen Geraden auf, deren betragsmäßige Steigung größer als Eins ist. Der Effekt wird umso deutlicher, je größer die betragsmäßige Steigung ist.

Die Lösung dieses Problems besteht darin, dass man bei Geraden, deren betragsmäßige Steigung den Wert Eins überschreitet, die Rollen von x- und y-Achse vertauscht, das heißt, man schreitet in diesem Fall nicht die x-Achse, sondern die y-Achse in Einerschritten ab. Damit löst man gleichzeitig das bereits erwähnte Problem der Division durch Null bei einer vertikalen Geraden. Ein vertikale Gerade mit Steigung unendlich wird bei Vertauschung der beiden Koordinatenachsen zu einer horizontalen Geraden mit Steigung Null.

Das Durchlaufen und Zeichnen von Geradensegmenten ist eine Aufgabe, die in der Computergrafik bei der Darstellung eines Bildes extrem häufig ausgeführt werden muss. Aus diesem Grund sollte der Algorithmus zum Zeichnen von Geraden möglichst effizient sein. Würde man den naiven Geradenalgorithmus aus Abbildung 3.1 unter Berücksichtigung einer eventuellen Vertauschung der Rollen der Koordinatenachsen verwenden, könnte man in der letzten Zeile versuchen, die günstigere der beiden angegebenen Berechnungsweisen auszuwählen. Die erste Berechnungsformel benötigt nur eine einzige Addition und ist damit schneller als die zweite auskommentierte, die neben zwei Additionen, d.h. einer Addition und einer Subtraktion, noch eine wesentlich aufwendigere Multiplikation durchführen muss. Bei der ersten Variante besteht höchstens die Gefahr, dass sich Rundungsfehler durch die wiederholte Addition innerhalb der Schleife akkumulieren. Durch die ohnehin vorzunehmende ganzzahlige Rundung beim Zeichnen müsste der akkumulierte Fehler extrem groß sein, um sichtbar zu werden. Einige hundert oder tausend Schleifendurchläufe, wie sie bei der Darstellung auf gängigen Computermonitoren notwendig wären, erzeugen bei weitem keine so signifikanten Rundungsfehler.

3.2 Der Mittelpunktalgorithmus für Geraden

Das Zeichnen von Geraden lässt sich allerdings durch eine in der Computergrafik sehr wichtige Technik noch wesentlich effizienter ausführen. Der naive Geradenalgorithmus benötigt Fließkommaoperationen, um letztendlich die auf ganzzahlige Werte gerundeten Pixelkoordinaten zu bestimmen. Könnte man vollständig auf Fließkommaarithmetik verzichten und alle Berechnungen in der viel schnelleren ganzzahligen Arithmetik durchführen, würde man einen großen

Effizienzgewinn erzielen. Ein derartiger allein auf ganzzahligen Operationen beruhender Algorithmus zum Zeichnen von Geradensegmenten wurde in [4] von J.E. Bresenham entwickelt. Der Algorithmus soll im Folgenden näher erläutert werden.

Bei der Betrachtung des naiven Algorithmus zum Zeichnen von Geradensegmenten wurde bereits festgestellt, dass man beim Durchlaufen einer Koordinatenachse in Einerschritte sicherstellen sollte, dass die Steigung der zu zeichnenden Geraden den Wert Eins betragsmäsig nicht überschreitet. Bei einem zu zeichnenden Geradensegment mit einer Steigung größer als Eins muss dem entsprechend die y-, statt der x-Achse in Einerschritten durchlaufen werden. Bevor man mit dem Zeichnen des Geradensegments beginnt, sollte daher anhand der Steigung festgelegt werden, welche Koordinatenachse durchlaufen werden soll. Nach dieser Entscheidung muss nur noch ein Geradensegment gezeichnet werden, dessen betragsmäßige Steigung – ggf. bezogen auf die vertauschten Koordinatenachsen – den Wert Eins nicht überschreitet. Im Folgenden wird nur der Fall betrachtet, dass die Steigung zwischen 0 und 1 liegt. Die Überlegungen für den Fall einer Steigung zwischen 0 und -1 verlaufen völlig analog. Die Koordinatenachse, die in Einserschritten zum Zeichnen des Geradensegments zu durchlaufen ist, soll als x-Achse bezeichnet werden, auch wenn die Rollen der Koordinatenachsen eventuell vertauscht wurden.

Wurde beim Zeichnen eines Geradensegments zuletzt das Pixel (x_p,y_p) gezeichnet, kommen nur zwei Pixel für das nächste zu zeichnende Pixel in Frage. Da vorausgesetzt wurde, dass die Steigung der zu zeichnenden Geraden nicht negativ sein darf, muss der y-Wert der Geraden an der Stelle $(x_p + 1)$ mindestens so groß sein, wie an der Stelle x_p. Somit kann auch der gerundete Wert y_{p+1} nicht unterhalb von y_p liegen. Da außerdem vorausgesetzt wurde, dass die Steigung der Geraden höchstens Eins beträgt, kann der y-Wert der Geraden an der Stelle $(x_p + 1)$ ebenfalls höchstens um Eins größer sein als der y-Wert an der Stelle x_p. Das Gleiche gilt damit auch für den gerundeten Wert y_{p+1}. Insgesamt muss also $y_p \leq y_{p+1} \leq y_p + 1$ gelten. Das bedeutet, dass nach dem Zeichnen des Pixels (x_p,y_p) als nächstes entweder das Pixel $(x_p + 1,y_p)$ oder das Pixel $(x_p + 1,y_p + 1)$ zu zeichnen ist. Man muss sich beim Zeichnen in jedem Schritt daher nur zwischen dem direkten rechten Nachbarpixel und dem diagonal rechts oben liegenden Nachbarpixel entscheiden.

Abbildung 3.3 veranschaulicht diesen Sachverhalt. Das rechte Nachbarpixel („im Osten") ist mit O, das Nachbarpixel rechts oben („im Nordosten") mit NO bezeichnet.

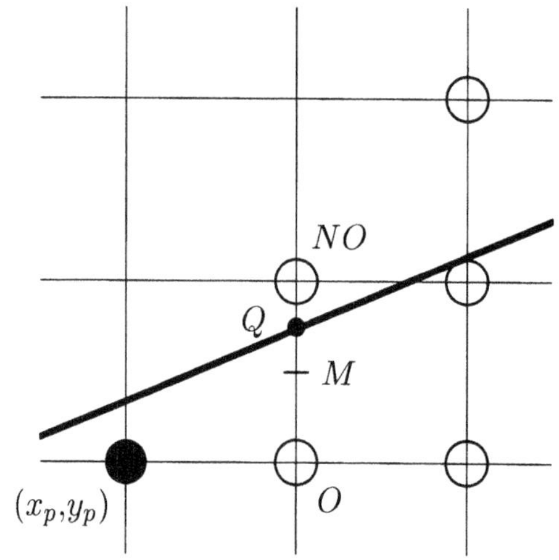

Abbildung 3.3 Die zwei Pixelkandidaten beim Zeichnen einer Geraden

Um die Entscheidung zu treffen, welches der beiden Pixel zu zeichnen ist, das heißt, welches der beiden Pixel sich näher am Punkt Q auf der Geraden befindet, überprüft man, ob der Mittelpunkt M zwischen diesen beiden Pixel unterhalb oder oberhalb der Geraden liegt. Falls M unterhalb der Geraden liegt, muss das obere Pixel, d.h. NO gezeichnet werden. Liegt M oberhalb der Geraden, ist das untere Pixel O zu zeichnen. Wenn sich M genau auf der Geraden befindet, entspricht dies der Problemstellung, wie bei einem Nachkommaanteil von 0.5 zu runden ist. Man sollte in diesem Fall eine eindeutige Entscheidung treffen, z.B. für das Pixel NO, die dann aber konsequent immer beim Zeichnen von Geraden beibehalten wird, wenn der Mittelpunkt auf der Geraden liegt.

Mit den bisherigen Überlegungen konnte die Auswahl, welches Pixel in jedem Schritt beim Geradenzeichnen zu setzen ist, auf jeweils zwei mögliche Pixel reduziert werden. Wie man die für diese Entscheidung erforderlichen Berechnungen zur Betrachtung des Mittelpunktes M auf ganzzahlige Arithmetik reduziert, soll im Folgenden erklärt werden.

Geraden, aufgefasst als mathematische Funktionen, werden meistens in der Form

$$y = f(x) = m \cdot x + b \tag{3.1}$$

geschrieben. Diese Schreibweise spiegelt die Auffassung der Geradengleichung als Berechnungsvorschrift wider. Jedem x-Wert wird mit Hilfe der Berechnungsvorschrift genau ein entsprechender y-Wert zugeordnet. In der Computergrafik ist diese Art der Betrachtung nicht die günstigste. Zum einen lassen sich vertikale Geraden nicht in der Form (3.1) schreiben. Zum anderen hilft diese Darstellung wenig, bei den oben angestellten Überlegungen, die Entscheidung, welches Pixel zu zeichnen ist, anhand des Mittelpunktes zu entscheiden. Man könnte natürlich mit der Gleichung (3.1) den y-Wert auf der Geraden ausrechnen. Den Vergleich mit dem Mittelpunkt M kann man sich dann jedoch sparen, da sich das zu zeichnende Pixel direkt durch Rundung ergibt. Es wird daher eine andere Form der Darstellung als (3.1) gewählt.

Jede Funktion $y = f(x)$, speziell auch jede Gerade, lässt sich in der impliziten Form

$$F(x,y) \;=\; 0 \tag{3.2}$$

schreiben. Die Funktion wird dann nicht als explizite Berechnungsvorschrift interpretiert, sondern im Sinne des Funktionsgraphen, der aus der Menge aller Punkte

$$\left\{(x,y) \in \mathbb{R}^2 \mid F(x,y) = 0\right\}$$

besteht, d.h. aus allen Punkten, die die implizite Funktionsgleichung (3.2) erfüllen. Eine Gerade lässt sich immer in der Form

$$F(x,y) \;=\; A \cdot x + B \cdot y + C \tag{3.3}$$

darstellen. Beispielsweise lässt sich die Gerade $y = m \cdot x + b$ umschreiben als

$$F(x,y) \;=\; m \cdot x - y + b. \tag{3.4}$$

Diese Form ist wesentlich besser dafür geeignet, um zu bestimmen, ob ein Punkt, speziell der Mittelpunkt M, oberhalb oder unterhalb der Geraden liegt. Setzt man den Punkt (x_M,y_M) in die Gleichung (3.4) ein, ergeben sich folgende drei Möglichkeiten, wobei $m \geq 0$ vorausgesetzt sei:

- $F(x_M,y_M) = 0$: Der Punkt (x_M,y_M) liegt auf der betrachteten Geraden.
- $F(x_m,y_m) > 0$: Soll der Punkt auf der Geraden liegen, müsste der Wert y_M größer gewählt werden. Das bedeutet, der Punkt (x_M,y_M) liegt unterhalb der Geraden.
- $F(x_m,y_m) < 0$: Soll der Punkt auf der Geraden liegen, müsste der Wert y_M kleiner gewählt werden. Das bedeutet, der Punkt (x_M,y_M) liegt oberhalb der Geraden.

Anhand des Vorzeichens des Wertes $F(x_M,y_M)$ kann somit entschieden werden, wo sich der Punkt (x_M,y_M) relativ zur betrachteten Geraden befindet. Verwendet man für diese Entscheidung die implizite Darstellung der Geraden in Form der Gleichung (3.4), lassen sich Berechnungen in Fließkommaarithmetik nicht vermeiden. Berücksichtigt man, dass eine Verbindungsgerade zwischen zwei gegebenen Rasterpunkten (x_0,y_0) und (x_1,y_1) gezeichnet werden soll, lässt sich die Gleichung (3.4) weiter umformen, so dass nur noch ganzzahlige Rechenoperationen erforderlich sind. Die durch diese beiden Punkte vorgegebene Gerade lässt sich durch die Gleichung

$$\frac{y - y_0}{x - x_0} = \frac{y_1 - y_0}{x_1 - x_0}$$

beschreiben. Löst man diese Gleichung nach y auf und definiert die ganzzahligen Werte $dx = x_1 - x_0$ und $dy = y_1 - y_0$, ergibt sich die explizite Form:

$$y = \frac{dy}{dx}x + y_0 - \frac{dy}{dx}x_0$$

Daraus erhält man die implizite Form:

$$0 = \frac{dy}{dx}x - y + y_0 - \frac{dy}{dx}x_0$$

Multipliziert man diese Gleichung noch mit dx, ergibt sich die implizite Form

$$F(x,y) = dy \cdot x - dx \cdot y + C = 0 \tag{3.5}$$

mit:

$$C = dx \cdot y_0 - dy \cdot x_0$$

Das Ziel dieser Überlegungen war, das Zeichnen eines Geradensegments basierend auf ganzzahliger Arithmetik zu ermöglichen. Unter der Annahme, dass die zu zeichnende Gerade eine Steigung zwischen Null und Eins besitzt, ergab sich, dass man sich in jedem Schritt nur zwischen einem von zwei möglichen zu zeichnenden Pixel entscheiden muss, wenn man die x-Achse pixelweise abschreitet. Um diese Entscheidung zu treffen, überprüft man, ob die zu zeichnende Gerade oberhalb oder unterhalb des Mittelpunktes M zwischen den beiden Pixelkandidaten verläuft (vgl. Abbildung 3.3 auf Seite 52). Dazu kann eine implizite Form der Geradengleichung verwendet werden. Setzt man den Mittelpunkt in die implizite Geradengleichung ein, gibt das Vorzeichen an, wie der Mittelpunkt relativ zur Geraden liegt. Der Mittelpunkt $M = (x_M,y_M)$ liegt in x-Richtung auf dem Raster und in y-Richtung in der Mitte zwischen zwei Rasterpunkten. Die x-Koordinate x_M ist daher ganzzahlig, die y-Koordinate y_M hat die Form

$$y_M = y_M^{(0)} + \frac{1}{2}$$

mit einem ganzzahligen Wert $y_M^{(0)}$. Verwendet man die implizite Form (3.5) und rechnet mit dem korrekten Wert y_M, sind immer Fließkommazahloperationen notwendig. Multipliziert man Gleichung (3.5) mit dem Faktor 2, erhält man die implizite Form

$$\tilde{F}(x,y) = 2 \cdot dy \cdot x - dx \cdot 2 \cdot y + 2 \cdot C = 0 \tag{3.6}$$

für die betrachtete Gerade. Setzt man hier den Mittelpunkt $M = (x_M, y_M)$ ein, können die Berechnungen auf ganzzahlige Arithmetik reduziert werden. Anstatt den Fließkommawert y_M, der den Nachkommaanteil 0.5 besitzt, direkt einzusetzen, muss nur für den Term $2 \cdot y_M$ der gannzzahlige Wert $2 \cdot y_M^{(0)} + 1$ verwendet werden.

Auf diese Weise lassen sich die Berechnungen zum Zeichnen von Geraden auf Rastergrafiken auf ganzzahlige Arithmetik reduzieren. Allerdings wird die Gleichung (3.6) nicht direkt zum Zeichnen von Geraden verwendet, da man durch inkrementelle Berechnungen sogar die etwas rechenaufwendigen Multiplikationen vermeiden kann. Anstatt den Wert (3.6) für den Mittelpunkt M in jedem Schritt direkt zu berechnen, bestimmt man nur den ersten Wert und die Änderung, die sich in jedem Zeichenschritt ergibt.

Um die Formeln für die inkrementelle Berechnung zu ermitteln, wird nicht die implizite Form (3.6) verwendet, sondern (3.5). In jedem Schritt gibt die Entscheidungsvariable

$$d = F(x_M, y_M) = dy \cdot x_M - dx \cdot y_M + C$$

an, ob das Pixel ober- oder unterhalb des Mittelpunktes $M = (x_M, y_M)$ zu zeichnen ist. Für $d > 0$ ist das obere Pixel NO, für $d < 0$ das untere Pixel O zu setzen. Es wird berechnet, wie sich der Wert von d in jedem Schritt ändert. Dazu geht man vom Pixel (x_p, y_p) aus, das mit korrekter Rundung gezeichnet wurde, und bestimmt, wie sich d ändert, wenn man nach dem Zeichnen des Pixels (x_{p+1}, y_{p+1}) den Mittelpunkt zur Bestimmung des Pixels (x_{p+2}, y_{p+2}) betrachtet. Dafür müssen zwei Fälle unterschieden werden, die in Abbildung 3.4 veranschaulicht sind.

Fall 1: O, d.h. $(x_{p+1}, y_{p+1}) = (x_p + 1, y_p)$ war das nach (x_p, y_p) zu zeichnende Pixel. Dieser Fall ist im linken Teil der Abbildung 3.4 dargestellt. Der zum Zeichnen des Pixels (x_{p+2}, y_{p+2}) zu betrachtende Mittelpunkt M_{neu} hat daher die Koordinaten $\left(x_p + 2, y_p + \frac{1}{2}\right)$. Setzt man diesen Punkt in die Gleichung (3.5) ein, ergibt sich der folgende Wert für die Entscheidungsvariable d:

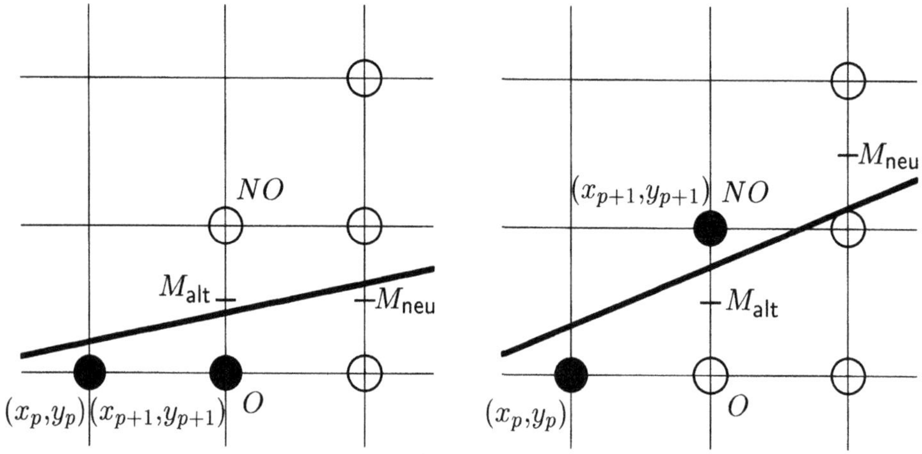

Abbildung 3.4 Der neue Mittelpunkt in Abhängigkeit davon, ob im vorhergehenden Schritt das Pixel O oder NO gezeichnet wurde

$$d_{\text{neu}} = F\left(x_p + 2, y_p + \frac{1}{2}\right) = dy \cdot (x_p + 2) - dx \cdot \left(y_p + \frac{1}{2}\right) + C$$

Im vorhergehenden Schritt zur Bestimmung des Pixels (x_{p+1}, y_{p+1}) musste der Mittelpunkt $\left(x_p + 1, y_p + \frac{1}{2}\right)$ in die Gleichung (3.5) eingesetzt werden, so dass die Entscheidungsvariable den Wert

$$d_{\text{alt}} = F\left(x_p + 1, y_p + \frac{1}{2}\right) = dy \cdot (x_p + 1) - dx \cdot \left(y_p + \frac{1}{2}\right) + C$$

hatte. Als Änderung der Entscheidungsvariable ergibt sich damit in diesem Fall der Wert

$$\Delta_O = d_{\text{neu}} - d_{\text{alt}} = dy.$$

Fall 2: NO, d.h. $(x_{p+1}, y_{p+1}) = (x_p + 1, y_p + 1)$ war das nach (x_p, y_p) zu zeichnende Pixel. Dieser Fall ist im rechten Teil der Abbildung 3.4 dargestellt. Zum Zeichnen des Pixels (x_{p+2}, y_{p+2}) muss daher der Mittelpunkt $M_{\text{neu}} = \left(x_p + 2, y_p + \frac{3}{2}\right)$ betrachtet werden. Für die Entscheidungsvariable ergibt sich somit der Wert:

$$d_{\text{neu}} = F\left(x_p + 2, y_p + \frac{3}{2}\right) = dy \cdot (x_p + 2) - dx \cdot \left(y_p + \frac{3}{2}\right) + C$$

Der vorhergehende Wert der Entscheidungsvariablen d ist derselbe wie im ersten Fall des östlichen Pixels O, so dass man als Änderung der Entscheidungsvariablen

$$\Delta_{NO} = d_{\text{neu}} - d_{\text{alt}} = dy - dx$$

erhält.

Fasst man die beiden Fälle zusammen, ergibt sich für die Änderung der Entscheidungsvariablen:

$$\Delta = \begin{cases} dy & \text{falls } O \text{ gewählt wurde} \\ dy - dx & \text{falls } NO \text{ gewählt wurde} \end{cases}$$

d.h.

$$\Delta = \begin{cases} dy & \text{falls } d_{\text{alt}} < 0 \\ dy - dx & \text{falls } d_{\text{alt}} > 0 \end{cases}$$

Δ ist immer ganzzahlig, das heißt, die Entscheidungsvariable d ändert sich nur um ganzzahlige Werte.

Um den Wert der Entscheidungsvariablen d in jedem Schritt berechnen zu können, wird zusätzlich zur Änderung von d noch der Ausgangswert von d benötigt. Dieser ergibt sich, indem man den ersten Mittelpunkt in die Gleichung (3.5) einsetzt. Das erste Pixel auf dem zu zeichnenden Geradensegment besitzt die Koordinaten (x_0,y_0). Der erste zu betrachtende Mittelpunkt ist daher $\left(x_0+1,y_0+\frac{1}{2}\right)$, so dass sich der erste Wert der Entscheidungsvariablen folgendermaßen berechnen lässt:

$$\begin{aligned} d_{\text{init}} &= F\left(x_0+1,y_0+\frac{1}{2}\right) \\ &= dy\cdot(x_0+1) - dx\cdot\left(y_0+\frac{1}{2}\right) + C \\ &= dy\cdot x_0 - dx\cdot y_0 + C + dy - \frac{dx}{2} \\ &= F(x_0,y_0) + dy - \frac{dx}{2} \\ &= dy - \frac{dx}{2} \end{aligned}$$

Der Wert $F(x_0,y_0)$ ist Null, da der Punkt (x_0,y_0) nach Voraussetzung auf der zu zeichnenden Geraden liegt.

Leider ist der Anfangswert d_{init} im Allgemeinen nicht ganzzahlig, außer wenn dx gerade ist. Da dx zumindest immer ganzzahlig ist, kann man dieses Problem umgehen, indem man statt der Entscheidungsvariablen d die Entscheidungsvariable $D = 2\cdot d$ betrachtet, d.h. für die Geradengleichung anstelle der impliziten Form (3.5) die ebenfalls implizite Darstellung

$$D = \hat{F}(x,y) = 2 \cdot F(x,y) = 2 \cdot dy \cdot x - 2 \cdot dx \cdot y + 2 \cdot C = 0$$

verwendet. Für die Bestimmung des zu zeichnenden Pixels spielt es keine Rolle, welche der beiden Entscheidungsvariablen d und $D = 2 \cdot d$ verwendet wird, da es jeweils nur auf das Vorzeichen der Entscheidungsvariablen ankommt.

Für die Initialisierung und die Änderung von D erhält man:

$$D_{\text{init}} = 2 \cdot dy - dx \qquad (3.7)$$

$$D_{\text{neu}} = D_{\text{alt}} + \Delta \quad \text{mit}$$

$$\Delta = \begin{cases} 2 \cdot dy & \text{falls } D_{\text{alt}} < 0 \\ 2 \cdot (dy - dx) & \text{falls } D_{\text{alt}} > 0 \end{cases} \qquad (3.8)$$

Die Entscheidungsvariable D nimmt nur ganzzahlige Werte an. Für die Initialisierung von D ist eine Multiplikation und eine Subtraktion erforderlich. Außerdem sollten die beiden Werte von Δ ebenfalls im Anfang einmal vorausberechnet werden, wozu weitere zwei Multiplikationen und eine Subtraktion durchgeführt werden müssen. Bei der Aktualisierung von Δ ist in jedem Schritt nur eine einzige Addition nötig.

$$\begin{array}{llcrl}
dx & = 10 - 2 & = & 8 & \\
dy & = 6 - 3 & = & 3 & \\
\Delta_O & = 2 \cdot dy & = & 6 & \\
\Delta_{NO} & = 2 \cdot (dy - dx) & = & -10 & \\
D_{\text{init}} & = 2 \cdot dy - dx & = & -2 & (O) \\
D_{\text{init}+1} & = D_{\text{init}} + \Delta_O & = & 4 & (NO) \\
D_{\text{init}+2} & = D_{\text{init}+1} + \Delta_{NO} & = & -6 & (O) \\
D_{\text{init}+3} & = D_{\text{init}+2} + \Delta_O & = & 0 & (O?) \\
D_{\text{init}+4} & = D_{\text{init}+3} + \Delta_O & = & 6 & (NO) \\
D_{\text{init}+5} & = D_{\text{init}+4} + \Delta_{NO} & = & -4 & (O) \\
D_{\text{init}+6} & = D_{\text{init}+7} + \Delta_O & = & 2 & (NO) \\
D_{\text{init}+7} & = D_{\text{init}+6} + \Delta_{NO} & = & -8 & (O) \\
D_{\text{init}+8} & = D_{\text{init}+7} + \Delta_O & = & -2 &
\end{array}$$

Tabelle 3.1 Rechenschritte des Mittelpunktalgorithmus am Beispiel des Geradensegments vom Punkt (2,3) bis zum Punkt (10,6)

Ein Beispiel soll die Funktionsweise dieses Algorithmus, der auch *Mittelpunktalgorithmus* oder nach seinem Erfinder *Bresenham-Algorithmus* genannt wird, verdeutlichen. Es soll das Geradensegment vom Punkt (2,3) bis zum Punkt (10,6) gezeichnet werden. Damit ergeben sich die in Tabelle 3.1 angegebenen Werte.

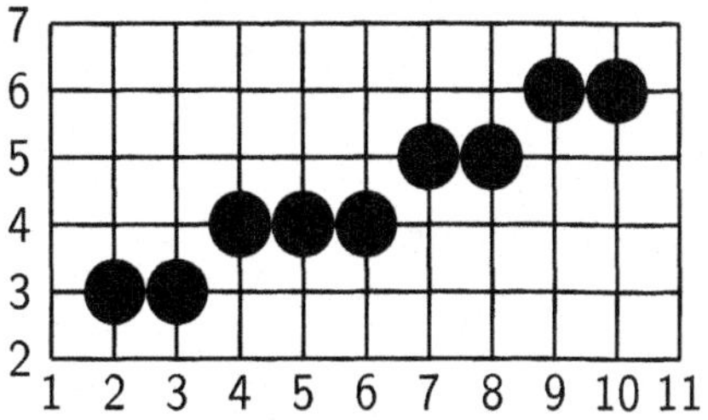

Abbildung 3.5 Zeichnung eines Geradensegments mit dem Bresenham-Algorithmus

Nachdem das Startpixel (2,3) gesetzt wurde, ergibt sich der negative Wert -2 für D_{init}, so dass als nächstes das östliche Pixel zu zeichnen ist und die Entscheidungsvariable sich um $\Delta_O = 6$ ändert. Damit wird die Entscheidungsvariable positiv, das nordöstliche Pixel ist zu zeichnen und die Entscheidungsvariable wird um Δ_{NO} geändert. In diesem Schritt ergibt sich der Wert Null für die Entscheidungsvariable, das heißt, die Gerade verläuft genau in der Mitte zwischen den nächsten beiden Pixelkandidaten. Hier sei festgelegt, dass in diesem Fall immer das östliche Pixel gezeichnet werden soll. Die restlichen Werte lassen sich entsprechend berechnen. Abbildung 3.5 zeigt das gezeichnete Geradensegment.

Die Voraussetzung für die Anwendung dieses Algorithmus war, dass die Steigung der zu zeichnenden Geraden zwischen Null und Eins liegt. Es wurde bereits erwähnt, dass bei einer Steigung, deren Betrag den Wert Eins überschreitet, die Rollen der x- und y-Achse bei den Berechnungen zu vertauschen sind, das heißt, es werden die y- anstelle der x-Koordinaten beim Zeichnen in Einerschritten durchlaufen. Auf diese Weise erhält man immer Geraden, deren Steigung zwischen -1 und 1 liegt. Für Geraden mit einer Steigung zwischen -1 und 0 lassen sich völlig analoge Überlegungen anstellen, wie für Geraden mit einer Steigung zwischen 0 und 1. Anstatt des „nordöstlichen" Pixels muss nur jeweils das „südöstliche" betrachtet werden.

Eine wesentliche Voraussetzung für den Mittelpunktalgorithmus besteht in der Annahme, dass das zu zeichnende Geradensegment von zwei Punkten begrenzt wird, die ganzzahlige Koordinaten besitzen, d.h. auf dem Raster liegen. Bei der *Modellierung* des Geradenstücks in vektororientierter Grafik muss diese Voraussetzung keineswegs gegeben sein. In diesem Fall zeichnet man das Geradensegment, das sich aus der Verbindung des gerundeten Anfangs- und Endpunktes des Geradensegment ergibt. Dadurch werden beim Zeichnen des gesamten Geradensegments im Allgemeinen nicht dieselben Pixel gesetzt, die sich durch direktes Runden wie beim naiven Algorithmus vom Anfang dieses Kapitels ergeben würde. Die Abweichungen betragen jedoch höchstens ein Pixel und sind daher tolerierbar.

3.3 Strukturelle Algorithmen

Der Mittelpunktalgorithmus benötigt neben der einmaligen Initialisierung zu Beginn n ganzzahlige Rechenoperationen zum Zeichnen eines aus n Pixeln bestehenden Geradensegments, so dass der Rechenaufwand linear in der Anzahl der Pixel ist. *Strukturelle Algorithmen* zum Zeichnen von Geraden verringern diesen Rechenaufwand noch weiter, indem sie sich wiederholende Stufenmuster ausnutzen, die beim Zeichnen einer Geraden auf einer Rastergrafik auftreten. Abbildung 3.6 zeigt ein derartiges Stufenmuster, das eine Gesamtlänge von fünf Pixeln besitzt. Um das sich wiederholende Muster zu verdeutlichen, wurden die gezeichneten Pixel unterschiedlich markiert. Das Grundmuster in Abbildung 3.6 besteht aus einem Pixel (ausgefüllter Kreis), zwei nebeneinander liegenden Pixeln diagonal über dem ersten Pixel (nicht ausgefüllte Kreise), gefolgt von zwei weiteren nebeneinander liegenden Pixeln diagonal darüber liegend (nicht ausgefüllte Doppelkreise). Bezeichnet D einen Diagonal- (Zeichnen des „nordöstlichen" Pixels) und H einen Horizontalschritt (Zeichnen des „östlichen" Pixels), so lässt sich die Gerade durch das Muster $DHDHD$ beschreiben.

Würde man das Geradensegment aus Abbildung 3.5 auf Seite 59 nicht beim Punkt (10,6) enden lassen, sondern weiterzeichnen, würde sich das dort zu erkennende Muster $HDHHDHDHD$ wiederholen. Dies lässt sich auch aus den Berechnungen des Mittelpunktalgorithmus in Tabelle 3.1 auf Seite 58 ablesen. Der anfängliche Wert der Entscheidungsvariablen D_{init} ist identisch mit dem letzen Wert $D_{\mathsf{init}+8}$ in der Tabelle, so dass sich dieselben Berechnungen ergäben, wenn man den Mittelpunktalgorithmus fortführen würde.

Da bisher immer davon ausgegangen wurde, dass ein zu zeichnendes Geradensegment durch einen Startpunkt (x_0,y_0) und einen Endpunkt (x_1,y_1) auf der Rastergrafik definiert wird, sind die Werte x_0,y_0,x_1,y_1 ganzzahlig und mit ihnen auch die Werte $dx = x_1 - x_0$ und $dy = y_1 - y_0$. Die zu zeichnende Gerade besitzt daher eine rationale Steigung $\frac{dy}{dx}$. Beim Zeichnen der Geraden müssen die y-Werte

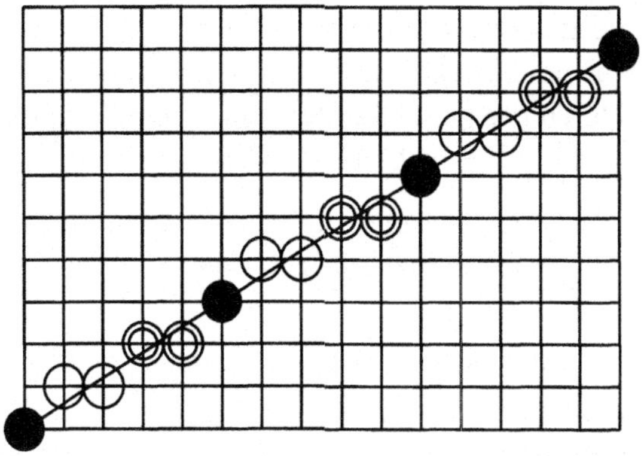

Abbildung 3.6 Ein sich wiederholendes Stufenmuster beim Zeichnen einer Geraden

$$\frac{dy}{dx} \cdot x + b \tag{3.9}$$

mit ebenfalls rationaler Konstante b und ganzzahliger Laufvariable x gerundet werden, egal ob man dies explizit wie beim naiven Geradenalgorithmus oder implizit mit dem Mittelpunktalgorithmus durchführt. Es ist offensichtlich, dass sich dadurch bei der Berechnung der y-Werte (3.9) nur endlich viele verschiedene Reste ergeben können. Aus diesem Grund liegt jedem auf einer Rastergrafik zu zeichnenden Geradensegment ein sich wiederholendes Muster zugrunde, auch wenn es unter Umständen sehr lang sein kann.

Strukturelle Algorithmen zum Zeichnen von Geradensegmenten nutzen diese Tatsache aus und bestimmen das jeweilige Grundmuster, das das Geradensegment beschreibt. Im Gegensatz zum linearen Rechenaufwand in der Anzahl der Pixel des Mittelpunktalgorithmus benötigen strukturelle Algorithmen nur einen logarithmischen Aufwand.

Wie bereits beim Mittelpunktalgorithmus wird die Betrachtung struktureller Algorithmen auf den Fall einer Geraden mit einer Steigung zwischen Null und Eins eingeschränkt. Ein struktureller Algorithmus zum Zeichnen einer Geraden konstruiert die zum Setzen der Pixel benötigte Folge aus Horizontalschritten (H) und Diagonalschritten (D) und läuft nach folgendem Grundprinzip ab.

Gegeben sind der Startpunkt (x_0,y_0) und Endpunkt (x_1,y_1) eines Geradensegments mit einer Steigung zwischen Null und Eins. Man berechnet zunächst die Werte $dx = x_1 - x_0$ und $dy = y_1 - y_0$. Es müssen nach dem Startpixel insgesamt noch dx Pixel gezeichnet werden. Auf dieser Strecke muss die Gerade um dy Pixel nach oben steigen. Dafür sind dy Diagonalschritte erforderlich. Die übrigen $(dx - dy)$ Zeichenschritte müssen Horizontalschritte sein. Als erste, sehr schlechte Approximation des Geradensegments, bzw. der das Geradensegment beschreibenden Sequenz wählt man die Folge $H^{dx-dy}D^{dy}$, die zwar die richtige Anzahl von Horizontal- und Diagonalschritten enthält, jedoch nicht in der korrekten Reihenfolge. Durch geeignete Permutation dieser Ausgangssequenz erhält man schließlich die gewünschte Folge von Zeichenschritten.

Der *Algorithmus von Brons* konstruiert die korrekte Permutation aus der Ausgangssequenz $H^{dx-dy}D^{dy}$ folgendermaßen [6, 7]:

- Sind dx und dy (und damit auch $(dx - dy)$) nicht teilerfremd, das heißt, es gilt für den größten gemeinsamen Teiler $g = \text{ggT}(dx,dy) > 1$, lässt sich das Zeichnen der Geraden offenbar durch g sich wiederholende Sequenzen der Länge dx/g realisieren.
- Ohne Beschränkung der Allgemeinheit kann angenommen werden, dass dx und dy teilerfremd sind.
- Seien P und Q zwei beliebige Worte (Sequenzen) über dem Alphabet $\{D,H\}$.
- Aus einer Ausgangsfolge P^pQ^q mit teilerfremden Häufigkeiten p und q (sowie ohne Beschränkung der Allgemeinheit $1 < q < p$) wird mittels ganzzahliger Division

  $$p = k \cdot q + r, \quad 0 < r < q$$

  die permutierte Folge

  $$\begin{aligned} &(P^kQ)^{q-r}(P^{k+1}Q)^r, && \text{falls } (q-r) > r \\ &(P^{k+1}Q)^r(P^kQ)^{q-r}, && \text{falls } r > (q-r) \end{aligned}$$

  erzeugt.
- Man fährt dann rekursiv mit den beiden Teilfolgen der Längen r bzw. $(q-r)$ fort, bis $r = 1$ oder $(q-r) = 1$ gilt.

Diese Vorgehensweise soll an dem Beispiel des Geradensegments vom Punkt $(x_0,y_0) = (0,0)$ zum Punkt $(x_1,y_1) = (82,34)$ veranschaulicht werden. Es gilt offenbar $dx = 82$, $dy = 34$ und somit $\text{ggT}(dx,dy) = 2$. Die Gerade hat eine Steigung von $dy/dx = 17/41$. Damit wird ausgehend vom Pixel (x_0,y_0), das auf der Geraden liegt, nach 41 Pixeln wiederum ein Pixel erreicht, das auf der Geraden liegt. Es genügt deswegen, eine Sequenz zum Zeichnen der ersten Hälfte des Geradensegments bis zum Pixel $(41,17)$ zu konstruieren und diese Sequenz danach zu wiederholen. Daher sei $\widetilde{dx} = dx/2 = 41$, $\widetilde{dy} = dy/2 = 17$. Somit lautet die Anfangssequenz $H^{24}D^{17}$, so dass sich mit $p = 24$ und $q = 17$ die ganzzahlige Division $24 = 1 \cdot 17 + 7$ ergibt. Daraus erhält man die Sequenz $(HD)^{10}(H^2D)^7$ mit $p = 10$ und $q = 7$ mit der ganzzahligen Division $10 = 1 \cdot 7 + 3$, so dass sich die Folge $(HDH^2D)^4((HD)^2H^2D)^3$ ergibt. Hier gilt $p = 4$ und $q = 3$ mit der ganzzahligen Division $4 = 1 \cdot 3 + 1$. Als korrekte Sequenz von Zeichenschritten erhält man somit schließlich

$$(HDH^2D(HD)^2H^2D)^2((HDH^2D)^2(HD)^2((HD)^2H^2D))^1.$$

Diese Folge muss zum Zeichnen des Geradensegments vom Punkt (0,0) bis zum Punkt (82,34) zweimal angewendet werden.

3.4 Pixeldichten und Linienstile

Beim Zeichnen von Geraden auf einer Rastergrafik treten mehrere unerwünschte Effekte in Erscheinung. Bedingt durch die Rasterung entsteht anstelle einer durchgehenden Linie ein stufenförmiges Gebilde. Dieser so genannte Aliasing-Effekt wird im Abschnitt 3.8 näher untersucht. Beim Zeichnen von Geraden wurde bisher davon ausgegangen, dass sie die Breite eines Pixels haben. Wie man Geraden mit größerer Breite zeichnet, ist Thema des Abschnitts 3.9. Dünne Geraden, bei denen ein Pixels pro Einzelschritt in x- bzw. y-Richtung gesetzt wird, wirken in Abhängigkeit ihrer Steigung unterschiedlich dicht. Abbildung 3.7 zeigt diesen Effekt. Die größte Pixeldichte weist die horizontale Gerade auf. Mit wachsender Steigung nimmt die Pixeldichte bis zur Steigung Eins ab, wo sie am dünnsten ist. Da Geraden mit einer größeren Steigung als Eins durch Vertauschung der Rollen der Koordinatenachsen gezeichnet werden, nimmt die Pixeldichte bei noch steileren Geraden wieder zu. Das gleiche gilt für Geraden mit negativer Steigung.

Um genauer zu sehen, wie die Steigung einer Geraden die Pixeldichte bei der Rastergrafikdarstellung beeinflusst, wird ein Geradensegment vom Punkt $(0{,}0)$ zum Punkt $(n{,}m)$ mit $m \leq n$ betrachtet. Das Geradensegment besteht unabhängig von seiner Steigung immer aus n Pixeln. In Tabelle 3.2 sind die Pixeldichten in Abhängigkeit des Wertes m angegeben. Die letzte Zeile der Tabelle enthält die allgemeine Formel für beliebige Werte $m \leq n$.

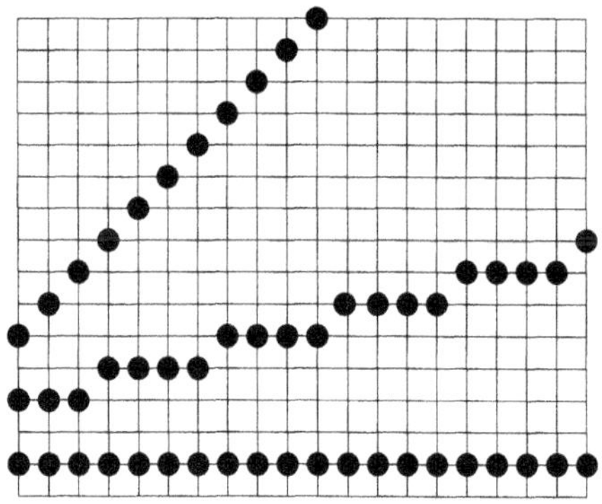

Abbildung 3.7 Unterschiedliche Pixeldichten in Abhängigkeit von der Steigung

m	Steigung	Länge der Geraden	Pixeldichte
0	0	n	1
$\frac{n}{4}$	$\frac{1}{4}$	$n \cdot \sqrt{1 + \frac{1}{16}}$	$\frac{1}{\sqrt{1+\frac{1}{16}}}$
n	1	$n \cdot \sqrt{2}$	$\frac{1}{\sqrt{2}}$
m	$\frac{m}{n}$	$n \cdot \sqrt{1 + \left(\frac{m}{n}\right)^2}$	$\frac{1}{\sqrt{1+\left(\frac{m}{n}\right)^2}}$

Tabelle 3.2 Pixeldichten von Geraden mit unterschiedlicher Steigung

Die horizontale Gerade, bei der auf einer Länge von n Pixeln insgesamt n Pixel gezeichnet werden, besitzt mit der Dichte Eins die größte Pixeldichte. Eine diagonal verlaufende Gerade weist mit $1/\sqrt{2} \approx 0.7$ nur etwa ungefähr 70% der Dichte einer horizontalen Geraden auf. Wenn es sich nicht um eine reine Schwarz-Weiß-Darstellung handelt, kann man versuchen, diesen Effekt durch die Verwendung unterschiedlicher Intensitäten beim Geradenzeichnen auszugleichen. Horizontale und vertikale Geraden werden mit der geringsten Intensität gezeichnet, diagonal verlaufende Geraden mit der maximalen Intensität. Der Ausgleich der Pixeldichte geschieht hierbei auf Kosten der Gesamtintensität, da die Geraden mit der geringsten Pixeldichte die Intensität vorgeben, so dass alle Geraden etwas schwächer erscheinen.

Der Effekt, dass verschiedene Steigungen von Geraden beim Zeichnen zu optischen Unterschieden führen, tritt in der gleichen Weise bei der einfachen Realisierung von Linienstilen auf. Unter einem *Linienstil* versteht man die Art, wie eine Linie gezeichnet wird. Bisher wurde davon ausgegangen, dass Geraden bzw. Geradensegmente durchgehend gezeichnet werden, was dem Standardlinienstil entspricht. Andere gebräuchliche Linienstile sind z.B. gestrichelt oder gepunktet.

Eine einfache Möglichkeit, verschiedene Linienstile zu definieren, bieten Bitmasken. Eine Bitmaske ist eine endliche Sequenz von Nullen und Einsen. Beim Zeichnen eines Geradensegments wird diese Bitmaske wiederholt, synchron zu den Pixeln, durchlaufen. Bei einer Eins in der Bitmaske wird das entsprechende Pixel tatsächlich gezeichnet, bei einer Null wird es ausgelassen.

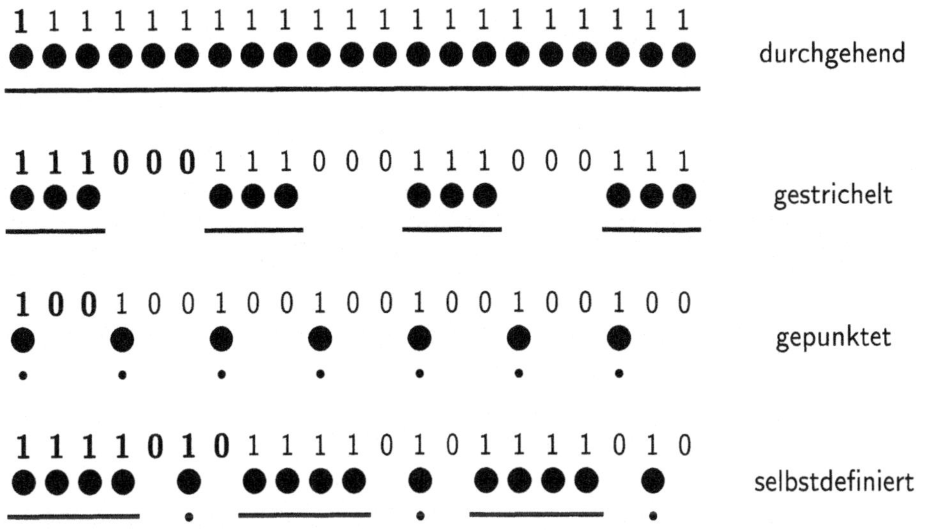

Abbildung 3.8 Verschiedene Linienstile

Abbildung 3.8 veranschaulicht den Zusammenhang zwischen der Bitmaske, den zu setzenden Pixeln und dem Aussehen des Linienstils. Dort sind vier verschiedene Linienstile zu sehen. Die jeweils zugrunde liegende Bitmaske ist am Anfang einmal fett und etwas größer dargestellt, die Wiederholungen der Bitmaske sind in normaler Schrift dargestellt. Unter jeder Bitmaske ist die Folge von zu zeichnenden Pixeln wiedergegeben. Darunter ist der jeweils resultierende Linienstil zu sehen. Die oberste Bitmaske zum Zeichnen einer durchgezogenen Linie besteht nur aus einer einzelnen Eins. Für eine gestrichelte Linie könnte man z.B. die dargestellte Bitmaske 111000 verwenden.

Abbildung 3.9 Unterschiedliche Strichelungslängen bei Verwendung derselben Bitmaske

Da sich eine Bitmaske auf die Richtung bezieht, in der die Pixel zum Zeichnen der Geraden durchlaufen werden, d.h. auf eine Koordinatenachse, ergeben sich analoge Effekte, die dazu führten, dass Geraden in Abhängigkeit von ihrer Steigung unterschiedlich dicht erscheinen. Beispielsweise hängt bei einer gestrichelten Geraden mit einer Bitmaske der Form 1^n0^n, das heißt, abwechselnd werden jeweils n Pixel gezeichnet bzw. n Pixel werden ausgelassen, die Länge der Strichelung von der Steigung der Geraden ab. Bei horizontalen und ebenso bei vertikalen Geraden hat ein Einzelstrich der Strichelung die Länge n, während bei einer Geraden mit $45°$ Steigung die Einzelstrichlänge die Länge $n \cdot \sqrt{2}$ beträgt, d.h. um mehr als 40% länger ist. Abbildung 3.9 verdeutlicht diesen Zusammenhang zwischen Strichelungslänge und Geradensteigung.

3.4.1 Unterschiedliche Linienstile mit Java 2D

In Java 2D lassen sich mit Hilfe der Klasse `BasicStroke` nicht nur unterschiedliche Strichelungen definieren, sondern auch die Liniendicke sowie die Art, wie die Enden und Verbindungen von Linienzügen aussehen sollen. Da die Default-Einstellung in Java 2D für die Liniendicke 1.0 Pixel beträgt und derartige Linien sehr dünn erscheinen, empfiehlt es sich generell, die Liniendicke größer zu wählen. Mit

```
BasicStroke bsThickLine = new BasicStroke(3.0f);
g2d.setStroke(bsThickLine);
```

wird die Liniendicke beispielsweise auf 3 Pixel festgelegt.

Zur Definition von Strichelungsmustern sollte der Konstruktor

```
BasicStroke bsDash =
  new BasicStroke(thickness,
                  BasicStroke.CAP_BUTT,
                  BasicStroke.JOIN_BEVEL,
                  2.0f,
                  dashPattern,dashPhase);
```

verwendet werden. Der `float`-Wert `thickness` gibt die Dicke der zu zeichnenden Linien an. Die drei darauf folgenden Werte legen fest, wie die Enden und Verbindungen von Linienzüge zu zeichnen sind. Diese Problematik wird genauer im Abschnitt 3.9 erläutert. Mit dem `float`-Array `dashPattern` wird das Strichelungsmuster definiert. Um beispielsweise eine gestrichelte Linie zu zeichnen, deren Striche 20 Pixel lang sein sollen, während die dazwischen liegenden Lücken eine Länge von 10 Pixeln haben sollen, muss `dashPattern` genau die beiden Werte 20 und 10 enthalten, d.h.

```
float[] dashPattern = new float[]{20,10};
```

Der `float`-Wert `dashPhase` gib an, an welcher Stelle das Strichelungsmuster beginnen soll.

Abbildung 3.10 zeigt Linien, die mit verschiedenen Strichelungsmustern gezeichnet wurden. Für die linke Linie wurde nur der einfache Konstruktor `new BasicStroke(3.0f)` verwendet, um die Linie etwas dicker zu zeichnen. Die drei rechten Linien wurden alle mit demselben oben angegebenen `dashPattern` gezeichnet. Bei den beiden äußeren rechten Linien wurde der Offset `dashPhase`=0 gewählt, während er bei der mittleren Linie auf den Wert 10 gesetzt wurde. Der Vergleich der beiden äußeren rechten Linien zeigt, dass Java 2D nicht mit einer einfachen Bitmaske zur Darstellung gestrichelter Linien arbeitet. Bei Java 2D wird die Strichelungslänge konstant gehalten, d.h. bei Geraden unterschiedlicher Steigung entsprechend angepasst.

Der zweiten Linie von links liegt ein `dashPattern` mit den Werten 4,5,8,5, 12,5,16,5,20,5 zugrunde, so dass zwischen den einzelnen Strichen Lücken der Länge 5 liegen und die Längen der Teilstriche vom Wert 4 auf den Wert 20 ansteigen.

Abbildung 3.10 wurde mit dem Programm `StrokingExample.java` erzeugt.

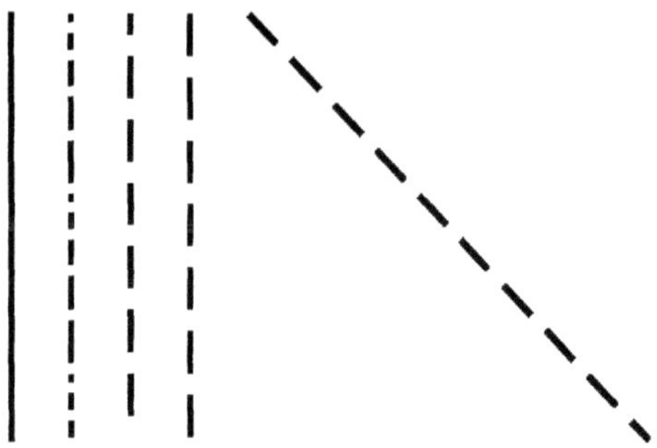

Abbildung 3.10 Beispiele verschiedener Strichelungsstile

3.5 Geradenclipping

Bei der Zeichnung eines Bildausschnitts einer komplexeren „Welt", die mittels Vektorgrafik modelliert wird, muss zunächst bestimmt werden, welche Objekte sich ganz oder zumindest teilweise im darzustellenden Bereich befinden. Verfahren zur Entscheidung, welche Objekte beim Zeichnen gänzlich weggelassen werden können oder welche Teile eines Objekts beim Zeichnen zu berücksichtigen sind, bezeichnet man als *Clipping*. Der Bereich, aus dem Objekte dargestellt werden sollen, wird *Clippingbereich* genannt. In diesem Abschnitt sollen Algorithmen zum Clipping von Geraden genauer besprochen werden.

Beim Geraden-Clipping können im Wesentlichen vier Fälle auftreten, die in Abbildung 3.11 exemplarisch veranschaulicht sind.

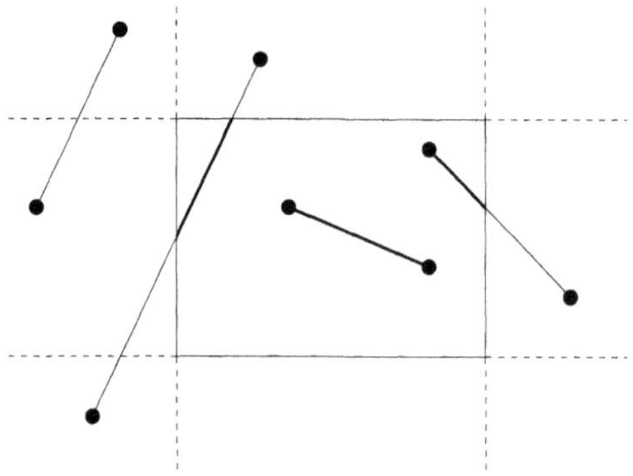

Abbildung 3.11 Unterschiedliche Fälle beim Geraden-Clipping

- Start- und Endpunkt des Geradensegments liegen im Clippingbereich, das heißt, das Geradensegment liegt vollständig im zu zeichnenden Bereich. Das gesamte Geradensegment muss gezeichnet werden.
- Der Startpunkt liegt innerhalb, der Endpunkt außerhalb des Clippingbereichs oder umgekehrt. Die Berechnung eines Schnittpunktes des Geradensegments mit dem Clippingbereich ist erforderlich. Nur ein Teil des Geradensegments wird gezeichnet.
- Start- und Endpunkt liegen beide außerhalb des Clippingbereichs und das Geradensegment schneidet den Clippingbereich nicht. Das Geradensegment liegt damit vollständig außerhalb des Clippingbereichs und muss nicht gezeichnet werden.
- Start- und Endpunkt liegen beide außerhalb des Clippingbereichs und das Geradensegment schneidet den Clippingbereich. Die Berechnung zweier Schnittpunkte des Geradensegments mit dem gewählten Clipping-Bereich ist notwendig. Das Geradenstück zwischen diesen beiden Schnittpunkten muss gezeichnet werden.

Eine naheliegende, aber sehr rechenaufwendige Methode zum Clipping von Geradensegmenten besteht darin, alle Schnittpunkte des Geradensegments mit dem Rand des darzustellenden rechteckigen Clippingbereichs zu berechnen. Da es erforderlich ist, Schnittpunkte des Geradensegments mit den vier Geradensegmenten, die den Clippingbereich begrenzen, zu bestimmen, reicht es nicht aus, nur die Schnittpunkte der zugehörigen Geraden zu kennen. Wenn sich ein Schnittpunkt außerhalb eines Geradensegements befindet, spielt er keine Rolle. Für die Berechnung der Schnittpunkte bietet sich die Darstellung des Geradensegments mit Startpunkt (x_0,y_0) und Endpunkt (x_1,y_1) als Konvexkombination von Start- und Endpunkt an:

$$\mathbf{g}(t) = \begin{pmatrix} x(t) \\ y(t) \end{pmatrix} = (1-t)\cdot\begin{pmatrix} x_0 \\ y_0 \end{pmatrix} + t\cdot\begin{pmatrix} x_1 \\ y_1 \end{pmatrix} \qquad (0 \leq t \leq 1) \quad (3.10)$$

Der Clippingbereich sei durch das Rechteck mit der unteren linken Ecke $(x_{\mathsf{min}},y_{\mathsf{min}})$ und der rechten oberen Ecke $(x_{\mathsf{max}},y_{\mathsf{max}})$ definiert. Exemplarisch wird hier die Bestimmung eines eventuell vorhandenen Schnittpunktes des Geradensegments mit der unteren Kante des Rechtecks betrachtet. Dazu muss das Geradensegment (3.10) mit dem Geradensegment für die untere Kante gleichgesetzt werden:

$$(1-t_1)\cdot\begin{pmatrix} x_0 \\ y_0 \end{pmatrix} + t_1\cdot\begin{pmatrix} x_1 \\ y_1 \end{pmatrix} = (1-t_2)\cdot\begin{pmatrix} x_{\mathsf{min}} \\ y_{\mathsf{min}} \end{pmatrix} + t_2\cdot\begin{pmatrix} x_{\mathsf{max}} \\ y_{\mathsf{min}} \end{pmatrix} \quad (3.11)$$

Die x- und die y-Komponente von (3.11) ergeben jeweils eine Gleichung in den Variablen t_1 und t_2. Falls dieses lineare Gleichungssystem keine eindeutige Lösung besitzt, verlaufen die beiden Geraden parallel, so dass der untere Rand des Clippingbereichs beim Clipping keine Probleme erzeugt. Besitzt das Gleichungssystem eine eindeutige Lösung, müssen folgende Fälle unterschieden werden:

- $t_1 < 0$ und $t_2 < 0$: Der Schnittpunkt liegt außerhalb des Geradenstücks und vor x_{min}.
- $0 \leq t_1 \leq 1$ und $t_2 < 0$: Das Geradenstück schneidet die durch die untere Kante definierte Gerade vor x_{min}.
- $t_1 > 1$ und $t_2 < 0$: Der Schnittpunkt liegt außerhalb des Geradenstücks und vor x_{min}.
- $t_1 < 0$ und $0 \leq t_2 \leq 1$: Die Gerade schneidet die Kante vor (x_0,y_0).
- $0 \leq t_1 \leq 1$ und $0 \leq t_2 \leq 1$: Das Geradenstück schneidet die untere Kante.
- $t_1 > 1$ und $0 \leq t_2 \leq 1$: Die Gerade schneidet die Kante hinter (x_1,y_1).
- $t_1 < 0$ und $t_2 > 1$: Der Schnittpunkt liegt außerhalb des Geradenstücks und hinter x_{max}.
- $0 \leq t_1 \leq 1$ und $t_2 > 1$: Das Geradenstück schneidet die durch die untere Kante definierte Gerade hinter x_{max}.
- $t_1 > 1$ und $t_2 > 1$: Der Schnittpunkt liegt außerhalb des Geradenstücks und hinter x_{max}.

Entsprechende Überlegungen können für die übrigen Rechteckkanten angestellt werden und daraus geschlossen werden, ob bzw. welcher Teil des Geradenstücks zu zeichnen ist.

Beim *Cohen-Sutherland-Clipping-Algorithmus* (siehe z.B. [16]) wird versucht, die aufwendigen Berechnungen von Geradenschnittpunkten möglichst zu vermeiden. Dazu wird die Ebene in neun Teilbereiche aufgeteilt, die durch einen 4-Bit-Code beschrieben werden. Einem Punkt $P = (x_P,y_P)$ wird der vierstellige Binärcode $b_1^{(P)}b_2^{(P)}b_3^{(P)}b_4^{(P)} \in \{0,1\}^4$ nach dem folgenden Muster zugeordnet:

$$\begin{aligned}
b_1^{(P)} = 1 \quad &\Leftrightarrow \quad x_p < x_{\text{min}}\\
b_2^{(P)} = 1 \quad &\Leftrightarrow \quad x_p > x_{\text{max}}\\
b_3^{(P)} = 1 \quad &\Leftrightarrow \quad y_p < y_{\text{min}}\\
b_4^{(P)} = 1 \quad &\Leftrightarrow \quad y_p > y_{\text{max}}
\end{aligned}$$

Abbildung 3.12 zeigt die neun Bereiche und die ihnen zugeordneten Binärcodes.

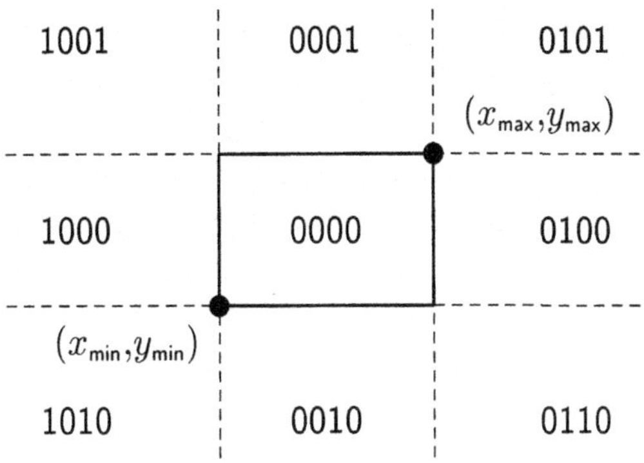

Abbildung 3.12 Binärcode für die neun Bereiche beim Cohen-Sutherland-Clipping

Es wird ein zu zeichnendes Geradensegment mit Startpunkt P und Endpunkt Q betrachtet. Der diesen beiden Punkten zugeordnete Binärcode $b^{(P)}$ bzw. $b^{(Q)}$ lässt sich durch einfache Zahlenvergleiche bestimmen. Man unterscheidet beim Zeichnen des Geradensegments drei Fälle. Das Zeichnen des Geradensegments erfolgt stückweise. Die beiden ersten Fälle repräsentieren dabei eine Abbruchbedingung. Im dritten Fall wird das Geradensegment in Teilstücke aufgeteilt.

1. Fall: Die bitweise Verknüpfung der den beiden Punkten zugeordneten Binärcodes durch den logischen Oder-Operator ergibt $b^{(P)} \vee b^{(Q)} = 0000$.

Dann liegen offenbar beide Punkte innerhalb des Clippingbereichs, die gesamte Strecke $\overline{PQ}$ wird gezeichnet und das Zeichnen des Geradensegments ist beendet.

2. Fall: Die bitweise Verknüpfung der den beiden Punkten zugeordneten Binärcodes durch den logischen Und-Operator ergibt $b^{(P)} \wedge b^{(Q)} \neq 0000$.

Dies bedeutet, dass die beiden Binärcodes mindestens an einer Position eine gemeinsame Eins besitzten. Bei einer gemeinsamen Eins an der ersten Position liegt das gesamte Geradensegment auf der linken Seite des Clippingbereichs und bei einer Eins an der zweiten Position rechts vom Clippingbereich. Entsprechend bedeutet eine Eins an der dritten bzw. vierten Position, dass sich das Geradensegment unter- bzw. oberhalb des Clippingbereichs befindet. In diesem Fall muss das Geradensegment nicht gezeichnet werden und das Zeichnen des Geradensegments ist beendet.

3. Fall: Weder der erste noch der zweite Fall treffen zu.

Dann muss $b^{(P)} \neq 0000$ und $b^{(Q)} = 0000$ gelten.

Ohne Einschränkung der Allgemeinheit kann angenommen werden, dass $b^{(P)} \neq 0000$, ansonsten werden die Punkte P und Q vertauscht. Man berechnet in diesem Fall den oder die Schnittpunkte des Geradensegments mit den Rechteckgeraden, zu denen die Eins bzw. die Einsen in $b^{(P)} \neq 0000$ gehören. Es sind entweder ein oder zwei Schnittpunkte vorhanden. Exemplarisch soll dies am Beispiel des Bereichs mit dem Binärcode 1000 gezeigt werden. Das Geradensegment kann nicht die untere und die obere begrenzende Gerade des Clippingbereichs schneiden. Die untere Gerade kann nur geschnitten werden, wenn $b^{(Q)}$ an der dritten Stelle eine Eins besitzt, die obere nur, wenn $b^{(Q)}$ an der vierten Stelle eine Eins besitzt. Die dritte und vierte Stelle von $b^{(Q)}$ können aber niemals gleichzeitig den Wert Eins annehmen.

Gibt es nur einen Schnittpunkt des Geradensegments mit den Begrenzungsgeraden des Clippingbereichs, ersetzt man den Punkt P durch diesen Schnittpunkt. Liegen zwei Schnittpunkte vor, wird einer von beiden Schnittpunkten bestimmt und P durch diesen Schnittpunkt ersetzt.

Das auf diese Weise verkürzte Geradensegment wird entsprechend behandelt, bis einer der ersten beiden Fälle zutrifft.

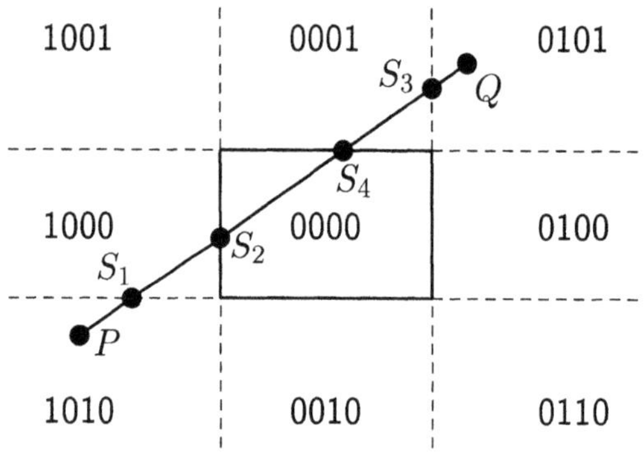

Abbildung 3.13 Cohen-Sutherland-Clipping

Abbildung 3.13 veranschaulicht diese Vorgehensweise. Das Geradensegment $\overline{PQ}$ wird über die Zwischenschritte $\overline{S_1Q}$, $\overline{S_2Q}$, $\overline{S_2S_3}$ zum Geradenstück $\overline{S_2S_4}$ verkürzt, das schließlich vollständig gezeichnet wird.

Der *Cyrus-Beck-Clipping-Algorithmus* [12] bestimmt das zu zeichnende Stück eines Geradensegments unter Verwendung von Normalenvektoren des Clippingbereichs und einer parametrischen Darstellung des Geradensegments, das wie in

Gleichung (3.10) auf Seite 69 als Konvexkombination von Anfangs- und Endpunkt dargestellt wird. Ist $\mathbf{p}_0$ der Anfangs- und $\mathbf{p}_1$ der Endpunkt des Geradensegments, so entspricht das Geradensegment genau den Punkten

$$\mathbf{g}(t) \;=\; (1-t)\cdot\mathbf{p}_0 + t\cdot\mathbf{p}_1 \;=\; \mathbf{p}_0 + (\mathbf{p}_1 - \mathbf{p}_0)\cdot t \qquad (t \in [0,1]).$$

Für jede der vier, den Clippingbereich begrenzenden Kanten wird der Normalenvektor bestimmt und zwar so, dass er jeweils nach außen zeigt. Für die linke Kante verwendet man daher den Normalenvektor $(-1,0)^\top$, für die untere $(0,-1)^\top$, für die obere $(0,1)^\top$ und für die rechte $(1,0)^\top$.

Abbildung 3.14 zeigt die Vorgehensweise beim Cyrus-Beck-Clipping exemplarisch an der linken Begrenzungskante des Clippingbereichs. Neben dem jeweiligen Normalenvektor $\mathbf{n}$ wird außerdem ein Punkt auf der entsprechenden Kante des Clippingbereichs gewählt. Für die linke Kante ist dieser Punkt mit $\mathbf{p}_E$ (E für „Edge") in Abbildung 3.14 bezeichnet.

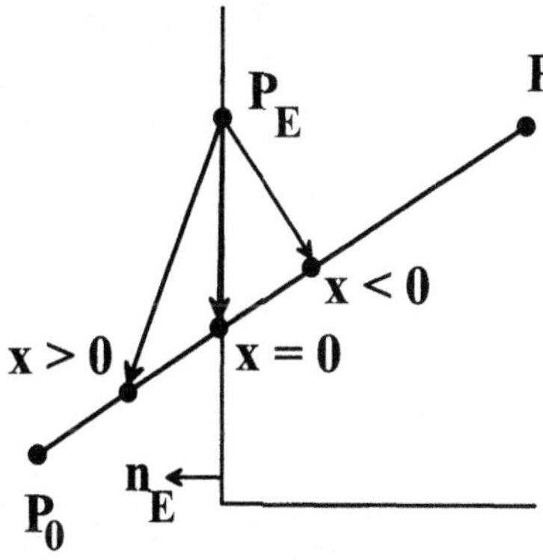

Abbildung 3.14 Cyrus-Beck-Clipping

Der Verbindungsvektor des Punktes $\mathbf{p}_E$ mit einem Punkt auf der durch die Punkte $\mathbf{p}_0$ und $\mathbf{p}_1$ definierten Geraden lässt sich in der Form

$$\mathbf{p}_0 + (\mathbf{p}_1 - \mathbf{p}_0)t - \mathbf{p}_E$$

schreiben. Für den Schnittpunkt der Geraden mit der Kante des Clippingbereichs muss gelten:

$$0 \;=\; \mathbf{n}_E^\top \cdot (\mathbf{p}_0 + (\mathbf{p}_1 - \mathbf{p}_0)t - \mathbf{p}_E) \;=\; \mathbf{n}_E^\top \cdot (\mathbf{p}_0 - \mathbf{p}_E) + \mathbf{n}_E^\top \cdot (\mathbf{p}_1 - \mathbf{p}_0)t$$

Diese Gleichung besagt, dass der Verbindungsvektor von $\mathbf{p}_E$ mit dem Schnittpunkt orthogonal zum Normalenvektor $\mathbf{n}_E$ verlaufen muss, da er parallel zur linken Kante des Clippingbereichs verläuft. Somit ergibt sich für t:

$$t = -\frac{\mathbf{n}_E^\top \cdot (\mathbf{p}_0 - \mathbf{p}_E)}{\mathbf{n}_E^\top \cdot (\mathbf{p}_1 - \mathbf{p}_0)} \tag{3.12}$$

Der Nenner kann nur dann 0 werden, wenn entweder $\mathbf{p}_0 = \mathbf{p}_1$ gilt, das heißt, das Geradenstück besteht nur aus einem Punkt, oder wenn die Gerade senkrecht zum Normalenvektor $\mathbf{n}_E$, d.h. parallel zur betrachteten Kante E verläuft. Dann kann es keinen Schnittpunkt geben.

Der Wert t wird für alle vier Kanten des Clippingrechtecks bestimmt, um festzustellen, ob Schnittpunkte des Geradenstückes mit den Rechteckkanten vorliegen. Liegt ein Wert t außerhalb des Intervalls $[0,1]$, so existiert kein Schnittpunkt des Geradenstückes mit der entsprechenden Rechteckkante. Man beachte, dass die Berechnung der Skalarprodukte im Zähler und Nenner von Gleichung (3.12) durch die einfache Form der Normalenvektoren nur aus der Auswahl der x- bzw. y-Komponente des jeweils rechten Differenzvektors besteht, ggf. noch mit einer Änderung des Vorzeichens.

Für die vier Kanten des Clippingrechtecks betrachtet man jeweils den berechneten t-Wert für den Schnittpunkt der Geraden mit der Kante. Liegt ein Wert t außerhalb des Intervalls $[0,1]$, so schneidet das Geradensegment die entsprechende Rechteckkante nicht. Die noch verbleibenden potenziellen Schnittpunkte mit den Rechteckkanten werden als „potenziell austretend" (PA) und „potenziell eintretend" (PE) charakterisiert. Diese Schnittpunkte liegen alle innerhalb des Geradensegments, sie müssen allerdings nicht eine Rechteckkante schneiden, sondern können auch deren Verlängerungen schneiden. Abbildung 3.15 veranschaulicht diesen Sachverhalt.

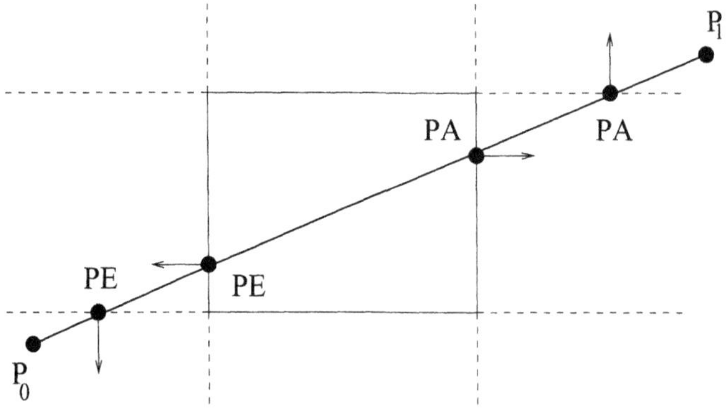

Abbildung 3.15 Potenzielle Schnittpunkte mit dem Clippingrechteck

Rechnerisch lässt sich die Entscheidung PA oder PE anhand des Winkels zwischen der Geraden $\overline{\mathbf{p}_0\mathbf{p}_1}$ und dem zur entsprechenden Rechteckkante gehörenden Normalenvektor $\mathbf{n}$ treffen:

- Ist der Winkel größer als $90°$, liegt der Fall PE vor.
- Ist der Winkel kleiner als $90°$, liegt der Fall PA vor.

Für diese Entscheidung muss nur das Vorzeichen des Skalarprodukts

$$\mathbf{n}^\top \cdot (\mathbf{p}_1 - \mathbf{p}_0)$$

bestimmt werden. Ein negatives Vorzeichen impliziert den Fall PE, ein positives den Fall PA. Da jeweils eine Komponente der Normalenvektoren der Rechteckkanten Null ist, erhält man das Vorzeichen des Skalarprodukts schon durch Betrachtung des entsprechenden Vorzeichens des Vektors $\mathbf{p}_1 - \mathbf{p}_0$.

Um das im Clippingrechteck liegende Geradenstück zu bestimmen, muss der größte Wert t_E bestimmt werden, der zu einem PE-Punkt gehört und der kleinste Wert t_A, der zu einem PA-Punkt gehört. Gilt $t_E \leq t_A$ ist genau der Teil der Geraden zwischen den Punkten $\mathbf{p}_0 + (\mathbf{p}_1 - \mathbf{p}_0)t_E$ und $\mathbf{p}_0 + (\mathbf{p}_1 - \mathbf{p}_0)t_A$ in das Rechteck zu zeichnen. Im Fall $t_E > t_A$ liegt das Geradenstück außerhalb des Rechtecks.

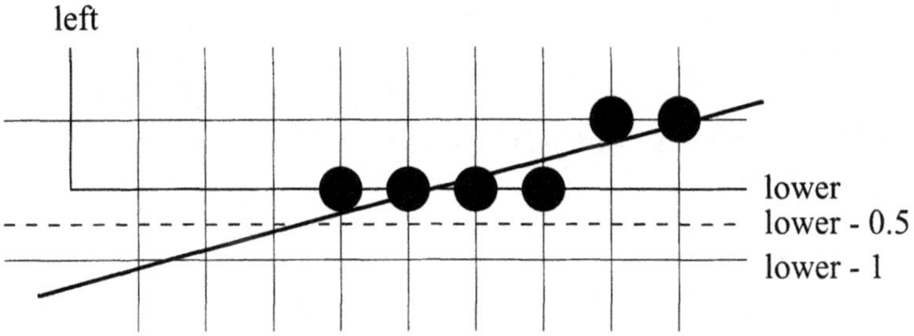

Abbildung 3.16 Bestimmung des exakten Eintrittspunktes einer Geraden in den Clippingbereich

Ein weiteres Problem, das beim Geradenclipping zu berücksichtigen ist, besteht in der Bestimmung des ersten zu zeichnenden Pixels. Hierfür genügt es im Allgemeinen nicht, den gerundeten Eintrittspunkt der Geraden in das Clippingrechteck zu wählen. In der Abbildung 3.16 – die linke Kante des Clippingrechtecks ist mit „left“, die untere mit „lower“ bezeichnet – würde bei dieser Vorgehensweise das erste Pixel nicht gesetzt werden, obwohl es zur Geraden gehört. In diesem Fall wird der Schnittpunkt des zu zeichnenden Geradensegments mit dem um einen halben Pixel nach unten verschobenen, unteren Rechteckrand berechnet. Der aufgerundete x-Wert ergibt dann die Stelle, bei der das Zeichnen des Geradensegments begonnen werden muss.

3.6 Der Mittelpunktalgorithmus für Kreise

Im Abschnitt 3.2 wurde ein effizienter Algorithmus zum Zeichnen von Geraden auf einem Pixelraster vorgestellt, dessen Berechnungen nur auf ganzzahliger Arithmetik beruhen. Dieser Mittelpunktalgorithmus kann unter gewissen Voraussetzungen für das Zeichnen von Kreisen verallgemeinert werden. Die wesentliche Voraussetzung besteht dabei darin, dass der Mittelpunkt (x_m,y_m) des zu zeichnenden Kreises auf einem Pixel liegt, d.h. ganzzahlige Koordinaten besitzt. In diesem Fall genügt es, ein Verfahren zum Zeichnen eines Kreises mit Mittelpunkt im Koordinatenursprung zu entwickeln. Für einen Kreis mit dem Mittelpunkt (x_m,y_m) muss dann nur der Algorithmus für einen Kreis mit Mittelpunkt $(0,0)$ ausgeführt und die berechneten Pixel mit einem Offset von (x_m,y_m) gezeichnet werden.

Um die Pixel zu bestimmen, die bei einem Kreis um den Koordinatenursprung zu setzen sind, werden die Berechnungen explizit nur für einen Achtelkreis ausgeführt. Die übrigen Pixel ergeben sich aus Symmetrieüberlegungen, wie sie in der Abbildung 3.17 zu sehen sind. Mit dem zu zeichnenden Pixel (x,y) im schraffierten Achtelkreis müssen ebenso die entsprechenden Pixel $(\pm x, \pm y)$ und $(\pm y, \pm x)$ in den anderen Achtelkreisen gezeichnet werden.

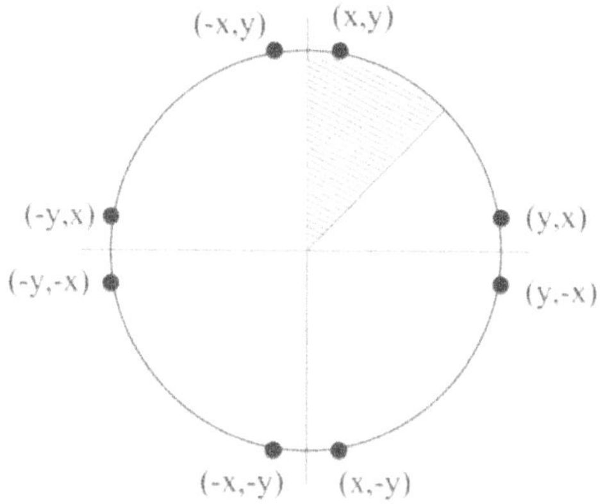

Abbildung 3.17 Ausnutzung der Symmetrie des Kreises

Um den *Mittelpunkt-* oder *Bresenham-Algorithmus* für Kreise [5] zu formulieren, soll zunächst davon ausgegangen werden, dass der Radius R des Kreises ganzzahlig ist. In dem Achtelkreis, der zu betrachten ist, liegt die Steigung der Kreislinie zwischen 0 und -1. Analog zu den Überlegungen beim Mittelpunktalgorithmus für Geraden stehen nur zwei Pixel als Folgepixel eines gesetzten Pixels zur Auswahl. Wurde das Pixel (x_p,y_p) in einem Schritt gezeichnet, kommt – wie in Abbildung 3.18 zu sehen ist – als nächstes zu zeichnendes Pixel nur einer der beiden Punkte O und SO in Frage.

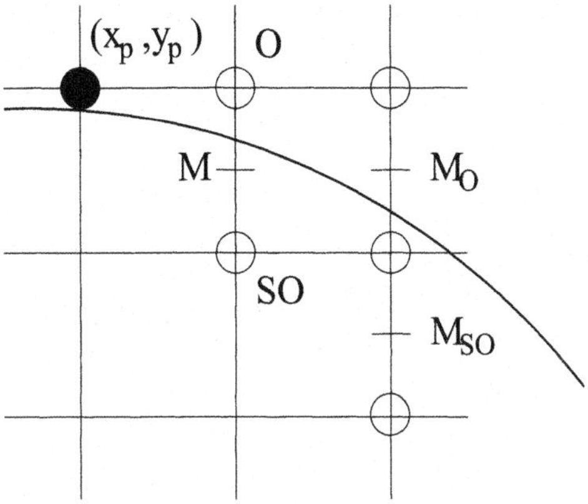

Abbildung 3.18 Mittelpunktalgorithmus für Kreise

Wie beim Mittelpunktalgorithmus für Geraden soll die Entscheidung, welches der beiden Pixel zu zeichnen ist, mit Hilfe einer Entscheidungsvariablen bestimmt werden. Dazu wird die Kreisgleichung $x^2 + y^2 = R^2$ in der Form

$$d = F(x,y) = x^2 + y^2 - R^2 \tag{3.13}$$

umgeschrieben. Für diese implizite Gleichung und einen Punkt (x,y) gilt offenbar:

- $F(x,y) = 0 \Leftrightarrow (x,y)$ liegt auf dem Kreis.
- $F(x,y) > 0 \Leftrightarrow (x,y)$ liegt außerhalb des Kreises.
- $F(x,y) < 0 \Leftrightarrow (x,y)$ liegt innerhalb des Kreises.

Um zu entscheiden, ob als nächstes das Pixel O oder SO zu zeichnen ist, setzt man den Mittelpunkt M ein und erhält:

- Ist $d > 0$, so muss SO gezeichnet werden.
- Ist $d < 0$, so muss O gezeichnet werden.

Wie schon beim Mittelpunktalgorithmus für Geraden wird nicht jedes Mal der Mittelpunkt explizit eingesetzt, sondern nur die Änderung der Entscheidungsvariablen in jedem Schritt berechnet. Dazu geht man vom Pixel (x_p, y_p) aus, das mit korrekter Rundung gezeichnet wurde, und bestimmt, wie sich d ändert, wenn man nach dem Zeichnen des Pixels (x_{p+1}, y_{p+1}) den Mittelpunkt zur Bestimmung des Pixels (x_{p+2}, y_{p+2}) betrachtet. Dazu sind zwei Fälle zu unterscheiden.

Fall 1: O, d.h. $(x_{p+1}, y_{p+1}) = (x_p + 1, y_p)$ war das nach (x_p, y_p) zu zeichnende Pixel. Dies entspricht dem in Abbildung 3.18 dargestellten Fall. Der zum Zeichnen des Pixels (x_{p+2}, y_{p+2}) zu betrachtende Mittelpunkt M_E hat daher die Koordinaten $\left(x_p + 2, y_p - \frac{1}{2}\right)$. Setzt man diesen Punkt in Gleichung (3.13) ein, ergibt sich der folgende Wert für die Entscheidungsvariable d:

$$d_{\text{neu}} = F\left(x_p + 2, y_p - \frac{1}{2}\right) = (x_p + 2)^2 + \left(y_p - \frac{1}{2}\right)^2 - R^2$$

Im vorhergehenden Schritt zur Bestimmung des Pixels (x_{p+1}, y_{p+1}) musste der Mittelpunkt $\left(x_p + 1, y_p + \frac{1}{2}\right)$ in die Gleichung (3.13) eingesetzt werden, so dass die Entscheidungsvariable den Wert

$$d_{\text{alt}} = F\left(x_p + 1, y_p - \frac{1}{2}\right) = (x_p + 1)^2 + \left(y_p - \frac{1}{2}\right)^2 - R^2$$

hatte. Als Änderung der Entscheidungsvariablen ergibt sich damit in diesem Fall der Wert:

$$\Delta_O = d_{\text{neu}} - d_{\text{alt}} = 2x_p + 3$$

Fall 2: SO, d.h. $(x_{p+1}, y_{p+1}) = (x_p + 1, y_p - 1)$ war das nach (x_p, y_p) zu zeichnende Pixel. In diesem Fall ist der nächste zu betrachtende Mittelpunkt $M_{SO} = \left(x_p + 2, y_p - \frac{3}{2}\right)$ (vgl. Abbildung 3.18). Für die Entscheidungsvariable ergibt sich somit der Wert:

$$d_{\text{neu}} = F\left(x_p + 2, y_p - \frac{3}{2}\right) = (x_p + 2)^2 + \left(y_p - \frac{3}{2}\right)^2 - R^2$$

Der vorhergehende Wert der Entscheidungsvariablen d ist derselbe wie im ersten Fall des östlichen Pixels O, so dass man als Änderung der Entscheidungsvariablen

$$\Delta_{SO} = d_{\text{neu}} - d_{\text{alt}} = 2x_p - 2y_p + 5$$

erhält.

Zusammengefasst ergibt sich die Änderung der Entscheidungsvariablen

$$\Delta = \begin{cases} 2x_p + 3 & \text{falls } O \text{ gewählt wurde} \\ 2x_p - 2y_p + 5 & \text{falls } SO \text{ gewählt wurde} \end{cases}$$

d.h.

$$\Delta = \begin{cases} 2x_p + 3 & \text{falls } d_{\text{alt}} < 0 \\ 2x_p - 2y_p + 5 & \text{falls } d_{\text{alt}} > 0, \end{cases}$$

so dass Δ immer ganzzahlig ist.

Um die Entscheidungsvariable d in jedem Schritt berechnen zu können, fehlt noch der Anfangswert. Das erste zu zeichnende Pixel hat die Koordinaten $(0,R)$, so dass $\left(1,R-\frac{1}{2}\right)$ der erste zu betrachtende Mittelpunkt ist. Der Anfangswert von d ist damit:

$$F\left(1,R-\frac{1}{2}\right) = \frac{5}{4} - R \tag{3.14}$$

Wie im Fall der Geraden ändert sich die Entscheidungsvariable zwar nur um ganzzahlige Werte, der Anfangswert ist aber nicht ganzzahlig. Man könnte daher ähnlich wie bei den Geraden die Entscheidungsvariable $D = 4 \cdot d$ verwenden, um eine Initialisierung mit einem ganzzahligen Wert zu erreichen. Einfacher ist es jedoch, den Nachkommaanteil des Initialisierungswertes (3.14) zu ignorieren. Dies ist aus folgendem Grund zulässig: Um zu entscheiden, welches Pixel jeweils zu zeichnen ist, muss in jedem Schritt nur bestimmt werden, ob die Entscheidungsvariable d einen positiven oder negativen Wert annimmt. Da sich d in jedem Schritt nur um ganzzahlige Werte ändert, kann der Nachkommaanteil des Initialisierungswertes das Vorzeichen von d nicht beeinflussen.

Bei der Herleitung des Mittelpunktalgorithmus zum Zeichnen von Kreisen wurde angenommen, dass der Mittelpunkt des Kreises der Koordinatenursprung – oder zumindest ein Rasterpunkt – ist und dass der Radius ebenfalls ganzzahlig ist. Die Vorgehensweise lässt sich problemlos auf Kreise mit nichtganzzahligen Radien erweitern. Da der Radius keinen Einfluss auf die Änderung der Entscheidungsvariablen d hat, muss der nichtganzzahlige Radius nur bei der Initialisierung von d berücksichtigt werden. Bei einem nichtganzzahligen Radius R ist $(0,\text{round}(R))$ das erste zu zeichnende Pixel und somit $\left(1,\text{round}(R)-\frac{1}{2}\right)$ der erste zu betrachtende Mittelpunkt. Entsprechend muss d mit dem Wert

$$F\left(1,\text{round}(R)-\frac{1}{2}\right) = \frac{5}{4} - \text{round}(R)$$

initialisiert werden. Dabei kann der Nachkommaanteil wiederum ignoriert werden.

3.7 Zeichnen beliebiger Kurven

Der Mittelpunktalgorithmus lässt sich nicht nur auf Kreise, sondern auch auf andere Kurvenformen, z.B. Ellipsen [23, 36, 49], erweitern. Eine wesentliche, sehr einschränkende Voraussetzung für den Mittelpunktalgorithmus besteht darin, dass die Steigung der Kurve in dem zu zeichnenden Intervall zwischen 0 und 1 bzw. zwischen 0 und -1 bleibt. Zum Zeichnen beliebiger, zumindest stetiger Kurven oder zur Darstellung von Funktionsgraphen wird daher im Allgemeinen eine einfachere Annäherung durch Geradensegmente vorgenommen. Soll die stetige Funktion $y = f(x)$ gezeichnet werden, genügt es nicht, die Funktion pixelweise in x-Richtung abzutasten und die zugehörigen Pixel mit den gerundeten y-Werten zu zeichnen. In Bereichen, wo die Funktion eine betragsmäßig größere Steigung als 1 aufweist, würden sich die gleichen Lücken beim Zeichnen des Funktionsgraphen ergeben, wie sie der naive Geradenalgorithmus in Abbildung 3.2 auf Seite 49 produziert. Geraden besitzen eine konstante Steigung, die sich leicht bestimmen lässt. Daher kann man dieses Problem bei den Geraden dadurch beheben, dass man beim Zeichnen einer Geraden mit einer betragsmäßigen Steigung von mehr als 1 die Rollen von x- und y-Achse vertauscht, d.h. die Umkehrfunktion entlang der y-Achse zeichnet. Beliebige Funktionen besitzen keine konstante Steigung und sowohl die Steigung als auch die Umkehrfunktion können häufig gar nicht oder nur schwer berechnet werden. Aus diesem Grund geht man beim Zeichnen einer beliebigen Kurve meistens so vor, dass man die Funktion in x-Richtung pixelweise abtastet, die y-Werte bestimmt und nicht nur die Pixel mit den den entsprechenden gerundeten y-Werten zeichnet, sondern die zu zwei benachbarten x-Werten gehörigen Pixel durch ein Geradensegment verbindet, das mit dem Mittelpunktalgorithmus gezeichnet wird.

Abbildung 3.19 veranschaulicht diese Vorgehensweise für das Zeichnen einer stetigen Funktion $y = f(x)$ im Intervall $[x_0,x_1]$ mit $x_0,x_1 \in \mathbb{N}$. Die ausgefüllten Kreise sind die Pixel der Form $(x,\text{round}(f(x)))$ für ganzzahlige x-Werte. Die nichtausgefüllten Kreise entsprechen den Pixeln, die beim Zeichnen der Verbindungsgeraden von Pixeln mit benachbarten x-Koordinaten gesetzt werden. Wird eine Kurve auf diese Weise gezeichnet, werden im Allgemeinen nicht dieselben Pixel gesetzt wie in dem Fall, wenn man jeweils das zur Kurve am nächsten liegende Pixel wählt. Die Abweichung beträgt jedoch maximal ein Pixel in y-Richtung.

```
int yRound1, yRound2;
yRound1 = round(f(x0))
for (int x=x0; x<x1; x++)
{
  yRound2 = round(f(x+1));
  drawLine(x,yRound1,x+1,yRound2);
  yRound1 = yRound2;
}
```

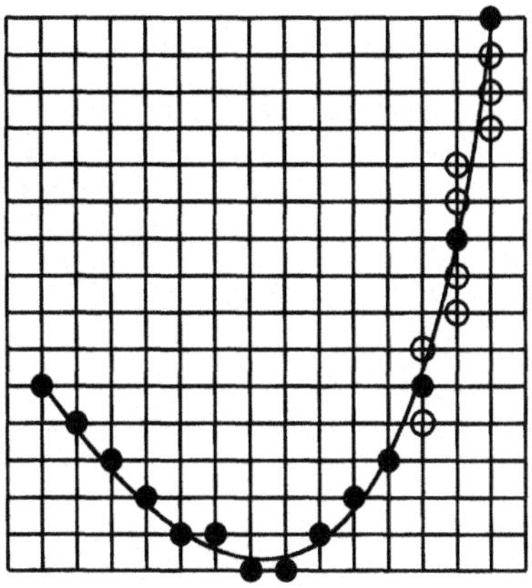

Abbildung 3.19 Zeichnen einer beliebigen Kurve

3.8 Antialiasing

Der Begriff Aliasingeffekt stammt aus der Signalverarbeitung und bezeichnet Phänomene, die auftreten, wenn ein kontinuierliches Signal diskret abgetastet wird. Durch die Zeichnung oder „Abtastung" einer Gerade oder anderen Kurve mit einem diskreten Raster treten in der Computergrafik ebenfalls Aliasingeffekte auf, die sich in Form treppenförmiger oder ausgefranster Darstellungen derartiger Linien zeigen. Geht man davon aus, dass Linien nur einen Pixel breit sein sollen und dass Pixel entweder nur schwarz oder weiß sein können, gibt es keine Mittel gegen diese Aliasingeffekte.

Unter Verwendung von Grau- oder Intensitätsstufen kann jedoch der Treppeneffekt beim Zeichnen von Linien zumindest abgeschwächt werden. Das Grundprinzip besteht dabei darin, die Kanten der Linie weich – im Sinne von Intensitätsstufen – auslaufen zu lassen. Man nennt diese Technik *Antialiasing*, für die es verschiedene Varianten gibt, die am Beispiel des Zeichnens von Geradensegmenten erläutert werden sollen.

Beim *Unweighted Area Sampling* wird ein Geradensegment als ein langes, schmales Rechteck aufgefasst. Jedem Pixel wird ein Quadrat zugeordnet. Die Intensität, mit der das Pixel gefärbt wird, wird proportional zum Anteil seines zugeordneten Quadrats gewählt, den das vom Geradensegment induzierte Rechteck überdeckt. Abbildung 3.20 veranschaulicht diese Vorgehensweise.

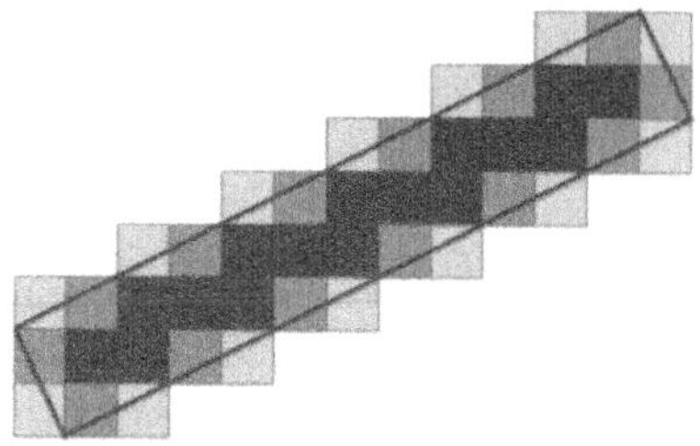

Abbildung 3.20 Unweighted Area Sampling

Ein wesentlicher Nachteil dieser Methode besteht darin, dass für jedes Pixelquadrat die Schnittfläche mit dem Geradenrechteck bestimmt und dann deren Flächeninhalt berechnet werden muss, was sehr rechenaufwendig ist. Eine einfache Heuristik zur näherungsweisen Berechnung des Anteils des Pixelquadrats, der vom Geradenrechteck überdeckt wird, besteht darin, dass das Pixelquadrat mit einem feineren Pixelraster überzogen wird. Bestimmt man den Anteil der verfeinerten Pixel innerhalb des Geradenrechtecks, ergibt sich ein Näherungswert für den Anteil der überdeckten Fläche des Pixelquadrats und somit für die Intensität. In Abbildung 3.21 würde sich für das dort dargestellte Pixel, das mit einem feineren 5×5-Pixelraster überzogen ist, ein Intensitätswert von 11/25 errechnen.

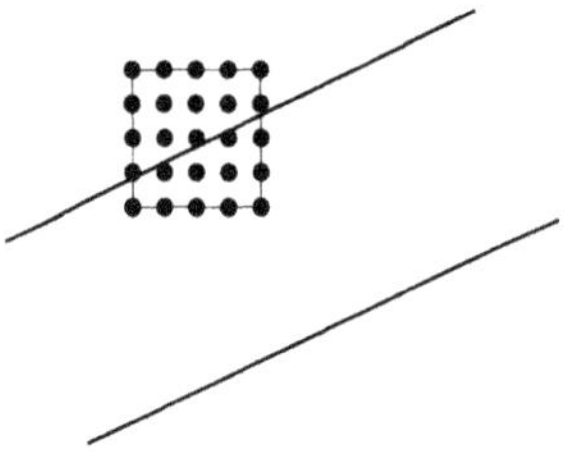

Abbildung 3.21 Schätzung des Flächeninhalts durch Sampling

Beim *Weighted Area Sampling* wird nicht nur die überdeckte Fläche berechnet, sondern zusätzlich eine Gewichtungsfunktion $w(x,y)$ verwendet. $w(x,y)$ ist im Zentrum des Pixels am größten und fällt mit zunehmenden Abstand ab. Eine typische Gewichtsfunktion ist rechts in Abbildung 3.22 dargestellt, die für ein kreisförmiges Gebiet A um ein Pixel P, wie links in der Abbildung zu sehen, definiert ist. Die Intensität des Pixels berechnet sich dann mittels:

$$\frac{\int_{A_P} w(x,y)dx\,dy}{\int_A w(x,y)dx\,dy}$$

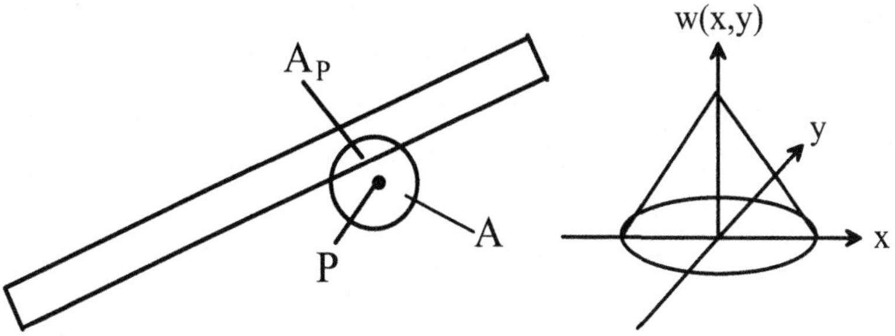

Abbildung 3.22 Weighted Area Sampling

Dabei ist A_P die Schnittfläche des Kreises mit dem Geradenrechteck. Auch wenn die Berechnungsformel durch die Integrale zunächst sehr kompliziert erscheint, hängt die Intensität eines Pixels in diesem Fall allein von seiner Entfernung zur Geraden ab. Die Intensität lässt sich daher als eine Funktion $I(d_P)$ schreiben, wobei d_P der Abstand des Pixels P zur Geraden ist. Die Anzahl der Intensitätswerte bei der Darstellung ist begrenzt – auf Bildschirmen durch den Wert 256 – und es reicht zum Antialiasing aus, nur wenige Intensitätsstufen zu verwenden. Anstelle der reellen Funktion $I : [0,\infty) \to [0,1]$ muss daher nur eine diskretisierte Variante $\hat{I} : [0,\infty) \to \{0,...,i_{\mathsf{max}}\}$ berechnet werden, wenn die Intensitätsstufen $0,...,i_{\mathsf{max}}$ verwendet werden sollen. Man muss dazu schrittweise auf dem Pixelraster entlang wandern und für jedes Pixel den sich ergebenden Wert $\hat{I}$ bestimmen. Dieses Problem ähnelt offenbar der Aufgabe, eine Kurve $y = f(x)$ auf einem Pixelraster zu zeichnen. Beim Kurvenzeichnen läuft man ebenfalls auf dem Pixelraster – in diesem Fall nur entlang einer Achse – und muss jeweils den gerundeten Funktionswert $\texttt{round}(f(x))$ berechnen. Die Unterschiede bestehen darin, dass man beim Antialiasing nicht unbedingt nur entlang einer Achse laufen muss und dass der berechnete diskrete Wert $\hat{I}$ nicht die y-Koordinate eines zu setzenden Pixels ist, sondern einer von endlich vielen Intensitätswerten. Auf der Basis dieser Analogie lassen sich effiziente Algorithmen zum Antialiasing entwickeln, die auf dem Prinzip des Mittelpunktalgorithmus beruhen. Dazu zählen das Gupta-Sproull-Antialiasing [20] und der Algorithmus von Pitteway und Watkinson [37]. Auf eine detaillierte Darstellung der Verfahren soll hier verzichtet und auf die Originalliteratur oder [16, 22] verwiesen werden.

3.8.1 Antialiasing mit Java 2D

In Java2D wird mittels

```
g2d.setRenderingHint(RenderingHints.KEY_ANTIALIASING,
                     RenderingHints.VALUE_ANTIALIAS_ON);
```

veranlasst, dass Antialiasing beim Zeichnen aller Shape-Objekte, d.h. alles, was nicht Text ist, angewendet wird.

Damit bei der Darstellung von Zeichensätzen Antialiasing verwendet wird, muss die Methode

```
g2d.setRenderingHint(RenderingHints.KEY_TEXT_ANTIALIASING,
                     RenderingHints.VALUE_TEXT_ANTIALIAS_ON);
```

aufgerufen werden.

3.9 Zeichnen breiter Linien

Bei der heute üblichen hohen Auflösung von Ausgabegeräten erscheinen Linien, die nur ein Pixel breit sind, im Allgemeinen sehr dünn. Es gibt eine Reihe von Techniken zum Zeichnen von Linien mit einer Breite von mehr als einem Pixel. Das einfachste Verfahren ist *Pixel-Replikation*. Ist eine Kurve mit einer Steigung zwischen -1 und 1 zu zeichnen, so werden ober- und unterhalb eines zu zeichnenden Pixels jeweils n Pixel zusätzlich gezeichnet, so dass die Kurve in y-Richtung $2n + 1$ Pixel breit ist. Wie beim Zeichnen von Kurven mit der Pixelbreite 1 wirkt die Kurve mit betragsmäßig zunehmender Steigung (bis maximal 1) dünner. Dass nur Kurven mit einer Steigung zwischen -1 und 1 betrachtet werden, liegt darin begründet, dass Geradensegmente immer so gezeichnet werden, dass ihre betragsmäßige Steigung 1 nicht übersteigt. Diese Problematik wurde ausführlich im Abschnitt 3.1 behandelt. Wie im Abschnitt 3.7 bereits erläutert, werden beliebige Kurven beim Zeichnen ebenfalls durch Geradensegmente angenähert, so dass auch in diesem Fall die Einschränkung auf eine Steigung zwischen -1 und 1 keine Schwierigkeiten bereitet. In Abbildung 3.23 ist diese Vorgehensweise links veranschaulicht. Rechts ist die Technik zu sehen, die man als *Zeichenstift* bezeichnet. Wenn ein Pixel gesetzt werden soll, stellt man sich einen dicken Zeichenstift vor, z.B. mit einer aus 5×5 Pixel

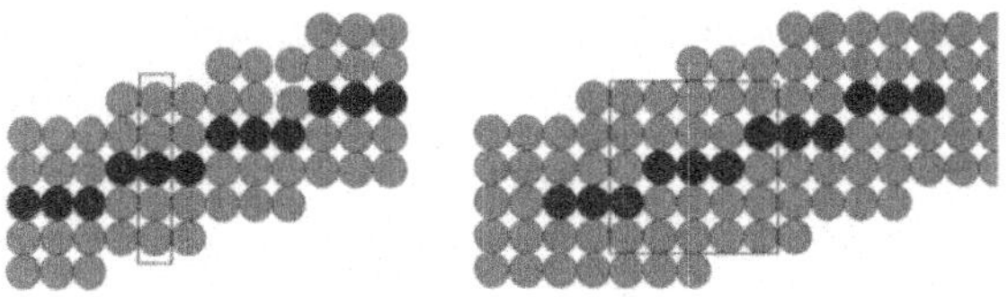

Abbildung 3.23 Pixelreplikation und Zeichenstift

bestehenden Spitze. Das zu setzende Pixel liegt in der Mitte der Spitze, alle anderen zur Spitze gehörenden Pixel werden ebenfalls gezeichnet.

Pixelreplikation kann als spezieller Zeichenstift mit einer Breite von 1 interpretiert werden. Wie bei der Pixelreplikation wirkt eine Kurve bei einer quadratischen Zeichenstiftspitze um so dünner, je steiler sie ist, zumindest bis zur Maximalsteigung von 1. Um das mehrfache Schreiben von Pixeln zu vermeiden, sollte die Bewegung und die Form der Spitze berücksichtigt werden. Für die aus 5×5 Pixeln bestehende Spitze in Abbildung 3.23 und unter der Voraussetzung, dass das zu zeichnende Geradensegment eine Steigung zwischen 0 und 1 besitzt, müssen nur im ersten Schritt alle 25 Pixel gezeichnet werden. Danach müssen nur die fünf Pixel am rechten Rand gesetzt werden, wenn als nächstes Geradenpixel das rechte (östliche) Pixel zu zeichnen wäre, bzw. insgesamt neun Pixel im Falle des nordöstlichen Geradenpixels.

Eine weitere Möglichkeit, breitere Linien zu Zeichnen, besteht darin, die Linien als Rechtecke oder allgemeiner als Polygone aufzufassen, die ausgefüllt werden müssen. Das Ausfüllen von Polygonen wird im nächsten Kapitel näher behandelt.

Wie die Enden sowie die Übergänge bei zusammengesetzten Linienzügen aussehen sollen, muss beim Zeichnen breiter Linien bedacht und sinnvoll definiert werden. Bei einfacher Pixelrepliktion wären die Enden von Linien immer parallel zu einer der Koordinatenachsen. Dieses Problem ließe sich lösen, wenn man Geradensegmente als auszufüllende Rechtecke betrachtet. Allerdings ergeben sich dann Probleme an den Übergängen bei Linienzügen. Abbildung 3.24 zeigt verschiedene Möglichkeiten, wie die Enden und Übergänge breiter Linien aussehen können. Dabei wurden die Linien in der Abbildung extrem breit gezeichnet, um die Effekte deutlicher sichtbar zu machen. Ganz links wurden zwei Geradensegmente als auszufüllende Rechtecke aufgefasst, was einen unschönen Übergang zwischen den beiden Geradenstücken ergibt. Bei den anderen drei Linienzügen wurden die Übergänge auf verschiedene Arten gezeichnet. Eine Verlängerung der äußeren Kanten der beiden Rechtecke bis zu ihrem Schnittpunkt ergibt eine deutliche Spitze, wie sie beim zweiten Linienzug von links zu sehen ist. Rechts daneben wurde der Übergang gerade abgeschnitten, während ganz rechts ein

Kreisabschnitt an die Verbindung gesetzt wurde. Auch die Enden der Linien können gerade abgeschnitten oder mit Halbkreisen wie beim vorletzten Linienzug versehen werden.

Abbildung 3.24 Verschiedene Enden und Verbindungen für Linien

3.9.1 Zeichnen breiter Linien mit Java 2D

Bei Java 2D wird das Aussehen der Enden und der Übergänge bei Linienzügen in der Klasse `BasicStroke` festgelegt, die bereits im Abschnitt 3.4.1 zum Zeichnen gestrichelter Linien verwendet wurde. Mit dem Konstruktor

```
new BasicStroke(thickness,ending,join);
```

lassen sich Linien mit einer Breite von `thickness` als `float`-Wert definieren. `ending` zur Festlegung der Linienenden kann einen der folgenden Werte annehmen:

- `BasicStroke.CAP_BUTT`: Die Enden der Linien werden gerade, senkrecht zur Richtung der Gerade abgeschnitten. (Abbildung 3.24, zweiter Linienzug von links)
- `BasicStroke.CAP_ROUND`: An die Enden wird ein Halbkreis angefügt. (Abbildung 3.24, zweiter Linienzug von rechts)
- `BasicStroke.CAP_SQUARE`: An die Enden der Linien wird ein Rechteck angefügt, so dass die Linien um eine halbe Linienbreite verlängert werden. (Abbildung 3.24 ganz rechts)

Für die Art der Verbindung join stehen folgende Werte zur Verfügung:

- BasicStroke.JOIN_MITER: Die äußeren Kanten der breiten Linien werden bis zu ihrem Schnittpunkt verlängert, so dass eine spitze Verbindung entsteht (Abbildung 3.24, zweiter Linienzug von links). Wenn die Linien einen sehr spitzen Winkel bilden, kann die Spitze sehr weit über die eigentlichen Linien hinaus gehen. Um dies zu vermeiden, kann als weiterer Parameter noch ein float-Wert angegeben werden, der die maximale Länge der Spitze begrenzt. Wird die Spitze zu lang, wird auf den folgenden Verbindungsmodus umgeschaltet:
- BasicStroke.JOIN_BEVEL: Die Verbindungsstelle der beiden Liniensegmente wird gerade, sekrecht zur Winkelhalbierenden der beiden Linien abgeschnitten (Abbildung 3.24, zweiter Linienzug von rechts).
- BasicStroke.JOIN_ROUND: An das abgeschnittene Ende, das sich bei BasicStroke.JOIN_BEVEL ergibt, wird ein Kreisabschnitt anghängt. Der Öffnungswinkel des Kreisabschnitts wird so gewählt, dass die Enden der Liniensegmente die Tangenten an den Kreisabschnitt bilden. (Abbildung 3.24, rechter Linienzug).

Die Abbildung 3.24 wurde mit dem Programm LineEndings.java erzeugt.

3.10 Übungsaufgaben

Aufgabe 3.1: Leiten Sie den Mittelpunktalgorithmus für das Zeichnen einer Geraden mit Steigung zwischen -1 und 0 her.

Aufgabe 3.2: Verwenden Sie den strukturellen Algorithmus aus Abschnitt 3.3, um die Gerade aus Abbildung 3.6 zu zeichnen.

Aufgabe 3.3: Erweitern Sie das Programm `GeneralPathCar.java`, mit dem das Auto aus Abbildung 2.10 gezeichnet wurde, indem Sie die Kontrollpunkte, die für die quadratischen und kubischen Kurven verwendet wurden, einzeichnen und gestrichelt mit den Anfangs- bzw. Endpunkten der entsprechenden Kurven verbinden.

Aufgabe 3.4: Es soll ein Teil des Graphen der Funktion $y = -a\sqrt{x} + b$ gezeichnet werden $(a,b \in \mathbb{N}^+)$ mit Hilfe des Mittelpunktalgorithmus gezeichnet werden.

(a) Für welche x-Werte liegt die Steigung zwischen -1 und 0?

(b) Schreiben Sie die Funktionsgleichung in geeigneter Weise in impliziter Form $F(x,y) = 0$. Verwenden Sie $d = F(x,y)$ als Entscheidungsvariable zur Entwicklung des Mittelpunktalgorithmus für die Funktion. Wie muss d verändert werden in Abhängigkeit davon, ob der östliche (O) oder der südöstliche (SO) Punkt beim Mittelpunktalgorithmus gezeichnet wurde?

(c) Wie muss der Startwert d_{init} für d gewählt werden, wenn der erste zu zeichnende Punkt $(x_0,y_0) = (a^2, -a^2 + b)$ ist?

(d) Wie lassen sich die gebrochen rationalen Werte in der Entscheidungsvariable – beim Startwert und bei der jeweiligen Neuberechnung – vermeiden?

4 Flächen, Text und Farbe

Das Füllen von Flächen wird nicht nur als Technik zum Zeichnen breiter Linien verwendet, sondern auch als ein Modus beim Zeichnen. Dieses Kapitel beinhaltet, neben Techniken zum Füllen von Flächen, eine Beschreibung grundlegender Farbmodelle, sowie ein kurze Einführung in die Verwendung von Zeichensätzen und Text in der Computergrafik.

4.1 Füllen von Flächen

Flächen werden üblicherweise durch geschlossene Polygon- oder Kurvenzüge definiert. Um einen geschlossenen Kurvenzug füllen zu können, muss festgelegt werden, welche Punkte innerhalb und welche außerhalb der so definierten Fläche liegen. Während es bei überschneidungsfreien geschlossenen Kurvenzügen offensichtlich ist, welche Punkte innerhalb und welche außerhalb liegen, erfordern beliebige Kurvenzüge, die sich eventuell mehrfach überschneiden, eine eindeutige Definition der inneren Punkte. Man verwendet dazu die *Odd-Parity-Regel*, die auf folgender Überlegung beruht.

Betrachtet man einen inneren Punkt eines geschlossenen Kurvenzugs, und bewegt sich ausgehend von diesem Punkt entlang einer Halbgeraden, so muss man irgendwann den Rand der Fläche erreichen und somit den Kurvenzug schneiden. Ist die definierte Fläche nicht konvex, so kann es vorkommen, dass es auf der von dem Punkt ausgehenden Halbgeraden mehrere Schnittpunkte mit dem Kurvenzug gibt. Nach dem ersten Schnittpunkt befindet man sich offenbar außerhalb der Fläche, nach dem zweiten Schnittpunkt – sofern vorhanden – tritt man wieder in die Fläche ein. In diesem Fall muss es mindestens noch einen weiteren Schnittpunkt mit dem Kurvenzug geben. Mit jedem Schnittpunkt der Halbgeraden mit dem Kurvenzug wechselt man von innen nach außen bzw. von außen nach innen. Somit kann es auf der Halbgeraden, die von einem inneren Punkt ausgeht, nur eine ungerade Anzahl von Schnittpunkten mit dem geschlossenen Kurvenzug geben, da man nach dem letzten Schnittpunkt außerhalb der Fläche angelangt sein muss. Die Odd-Parity-Regel besagt daher, dass ein Punkt genau dann innerhalb eines geschlossenen Kurvenzugs liegt, wenn eine beliebige von diesem Punkt ausgehende Halbgerade eine ungerade Anzahl von Schnittpunkten mit dem Kurvenzug aufweist.

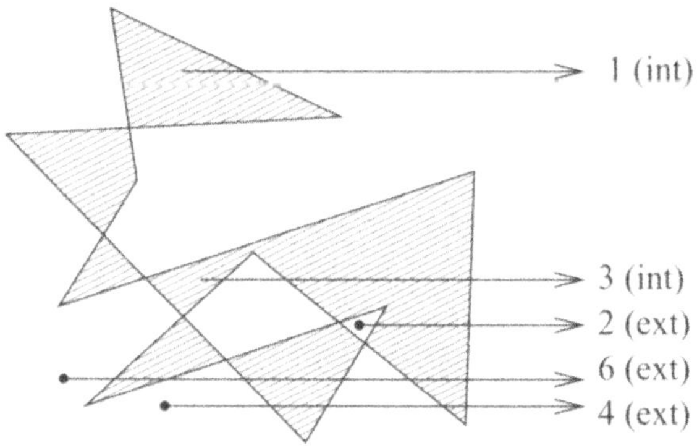

Abbildung 4.1 Odd-Parity-Regel

Abbildung 4.1 zeigt die Anwendung der Odd-Parity-Regel auf verschiedene Punkte. Dabei ist jeweils die Anzahl der Schnittpunkte der Halbgeraden mit dem Kurvenzug angegeben. Innere Punkte, bei denen die Anzahl der Schnittpunkte ungerade ist, sind mit „int" (für „interior"), externe mit „ext" (für „exterior") bezeichnet.

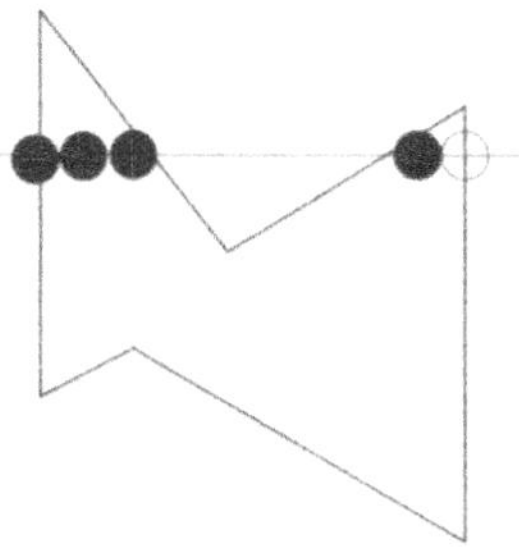

Abbildung 4.2 Scan-Linien-Verfahren zum Füllen einer Fläche

Um eine durch einen geschlossenen Kurvenzug definierte Fläche zu färben, wäre es zu rechenaufwendig, für jedes Pixel eine Halbgerade zu betrachten und die Schnittpunkte dieser Halbgeraden mit dem Kurvenzug zu bestimmen. Stattdessen verwendet man ein *Scan-Linien-Verfahren*. Man läuft entlang der Pixelzeilen (Scan-Linien) und bestimmt für jede Pixelzeile, welche Punkte innerhalb bzw. außerhalb der Fläche liegen. Zunächst werden alle Schnittpunkte der Geraden, die der Pixelzeile entspricht, mit dem Kurvenzug bestimmt und aufsteigend nach den x-Koordinaten sortiert. Sind $x_1 < \ldots < x_n$ die x-Koordinaten dieser

Schnittpunkte, werden genau die Pixel zwischen x_1 und x_2, zwischen x_3 und x_4 usw. und zwischen x_{n-1} und x_n entsprechend der Fläche eingefärbt. Die Anzahl der Schnittpunkt ist dabei immer gerade, wobei sie auch Null betragen kann. Abbildung 4.2 verdeutlicht diese Vorgehensweise für eine Scan-Linie.

Bei der Umsetzung dieses Scan-Linien-Verfahrens sind einige Sonderfälle zu berücksichtigen. Dazu gehört das Clipping. Es müssen zwar alle Schnittpunkte der Scan-Linie mit dem Kurvenzug berechnet werden. Das Einfärben muss aber nur für Pixel innerhalb des Clippingbereichs vorgenommen werden. Ein weiterer Sonderfall tritt auf, wenn die Scan-Linie den Kurvenzug in einem Punkt mehrfach schneidet, d.h. mehrere Linien des Kurvenzugs gleichzeitig. Ebenso erfordern horizontale Kanten eine Ausnahmebehandlung.

Das Zeichnen und das Füllen eines geschlossenen Kurvenzugs werden üblicherweise als zwei unabhängige Operationen angesehen. Durch das nur begrenzt genaue Pixelraster können Pixel sowohl zum Inneren der Fläche als auch zum Rand, d.h. zum Kurvenzug gehören, insbesondere wenn der Polygonzug durch eine breite Linie gezeichnet werden soll. Bei Verwendung von Antialiasing ergeben sich ebenfalls Überschneidungen von Rand und Innerem einer Fläche. Um Lücken am Rand zu vermeiden, wenn ein Kurvenzug sowohl gezeichnet als auch gefüllt werden soll, darf das Antialiasing beim Füllen der Fläche frühestens am Rand beginnen. Beim Zeichnen sehr lang gestreckter oder dünner Kurvenzüge kann es zu zusätzlichen Aliasing-Effekten beim Füllen kommen. Die zusammenhängende Fläche kann unter Umständen mit einer nicht zusammenhängenden Menge von Pixeln gefüllt werden, wie es in Abbildung 4.3 der Fall ist.

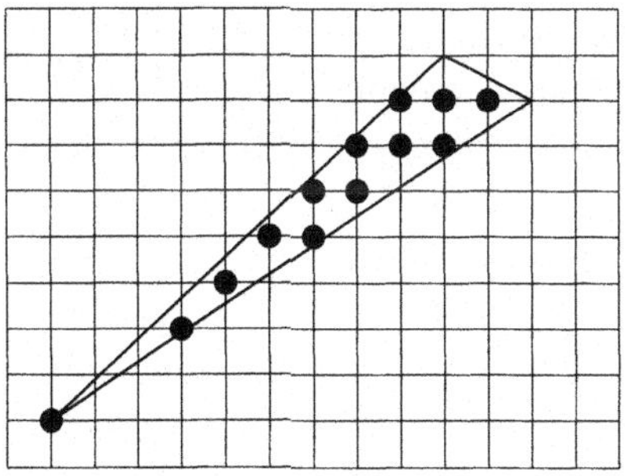

Abbildung 4.3 Aliasing-Effekt beim Füllen einer Fläche

Teilweise sollen Flächen nicht mit einer Farbe gefüllt werden, sondern mit einer *Textur*. Texturen können beliebige Bilder sein. In der Regel sind es Bilder von Mustern oder Maserungen, z.B. einer Holzmaserung. Soll eine Fläche mit einer Textur in Form eines rechteckigen Bildes gefüllt werden, muss die Position definiert werden, wo die Textur anzulegen ist. Die zu füllende Fläche muss nicht rechteckig sein. Beim Zeichnen muss dann Clipping bezüglich der zu texturierenden Fläche durchgeführt werden. In vielen Fällen genügt eine einzelne rechteckige Textur nicht aus, um eine größere Fläche zu füllen. Dann soll die Fläche durch mehrfaches Verwenden derselben Textur wie mit einem Fliesenmuster gefüllt werden. Auch in diesem Fall muss Clipping bezüglich der zu texturierenden Fläche durchgeführt werden. Die Positionierung der Textur wird in Form eines *Ankers* angegeben. Der Anker definiert einen Punkt, von dem aus die rechteckige Textur in alle Richtungen wie Fliesen verlegt wird. Abbildung 4.4 zeigt links eine Textur in Form eines Backsteinmusters. Rechts in der Abbildung wurde eine rechteckige Fläche mit dieser Textur gefüllt. Der schwarze Kreis markiert den Anker.

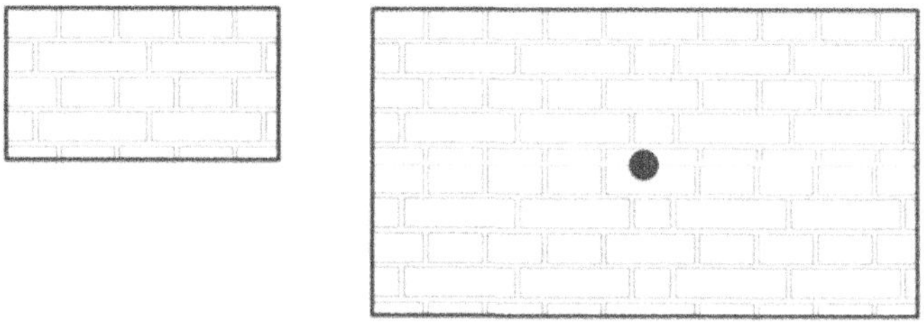

Abbildung 4.4 Füllen einer Fläche mit einer Textur

Bei der mehrfachen Verwendung einer Textur zum Füllen einer Fläche ergeben sich teilweise deutlich sichtbare Übergänge an den Randstellen, wo die Texturen zusammengefügt werden. Dieser Effekt ist auch in Abbildung 4.4 zu sehen, insbesondere an den horizontalen Nahtstellen. Zur Vermeidung derartiger Probleme muss entweder eine Textur verwendet werden, bei der derartige Effekte nicht auftreten, oder die zu verwendende Textur muss so modifiziert werden, dass die Nahtstellen besser zueinander passen. Wie dies erreicht wird, hängt von der Art der Textur ab. Bei stark geometrischen Texturen wie dem Backsteinmuster aus Abbildung 4.4 muss gegebenenfalls die geometrische Struktur angepasst werden. Bei eher unstrukturierten Maserungen, z.B. bei Marmoroberflächen, genügen häufig einfache Techniken der Farbinterpolation an Rändern, wie sie im Abschnitt 4.7 beschrieben werden.

4.1.1 Die Odd-Parity-Regel in Java 2D

In Java 2D werden Flächen, selbst wenn sie durch sich selbst überschneidende Polygone beschrieben werden, normalerweise vollständig ausgefüllt. Damit beim

Füllen einer Fläche, die durch einen `GeneralPath` gp definiert wird, die Odd-Parity-Regel angewendet wird, muss vorher die Methode

```
gp.setWindingRule(GeneralPath.WIND_EVEN_ODD);
```

aufgerufen werden.

4.2 BufferedImages in Java 2D

Die Klasse `BufferedImage` bietet vielfältige Anwendungsmöglichkeiten in Java 2D. In diesem Abschnitt soll nicht nur beschrieben werden, wie Bilder geladen werden können, um sie dann beispielsweise auch als Textur zu verwenden, sondern auch, wie man eigene Bilder speichern kann. Außerdem wird die bereits erwähnte Technik des Double-Buffering erläutert.

Ein `BufferedImage`, eine Subklasse von `Image`, ist ein Bild im Speicher, auf das gezeichnet werden kann und das selbst auf ein `Image` gezeichnet werden kann. Somit kann ein `BufferedImage` auf ein anderes `BufferedImage` gezeichnet werden oder auch auf das darzustellende Fenster.

Mit dem Konstruktor

```
BufferedImage bi = new BufferedImage(width,height,
                              BufferedImage.TYPE_INT_RGB);
```

wird ein `BufferedImage` der Breite `width` und der Höhe `height` (beides Integer-Werte) vom Typ RGB (Standardfarbbild) erzeugt. Mittels

```
Graphics2D g2dbi = bi.createGraphics();
```

wird ein `Graphics2D`-Objekt `g2dbi` erzeugt, das wie das bisher für das Zeichnen innerhalb eines Fensters genutzte `Graphics2D`-Objekt `g2d` verwendet werden kann. Mit Methoden wie `g2dbi.draw(...)` oder `g2dbi.fill(...)` wird auf das `BufferedImage` `bi` gezeichnet. Da sich `bi` nur im Speicher befindet, sind die Ergebisse dieser Zeichenmethoden nicht direkt zu sehen. Mit der Methode[1]

[1] Der letzte Parameter dieser Methode wurde hier auf `null` gesetzt. Es handelt sich dabei um einen `ImageObserver`, der erforderlich wäre, wenn das zu zeichnende `BufferedImage` `bi` beim Aufruf der `drawImage`-Methode noch nicht fertiggestellt ist. Dies könnte z.B. der Fall sein, wenn `bi` aus einem Bild besteht, das aus dem Internet geladen wird. Derartige Fälle sollen hier nicht betrachtet werden.

```
g2d.drawImage(bi,xpos,ypos,null);
```

kann bi im Fenster, in dem gezeichnet werden soll, dargestellt werden. bi wird in das Rechteck gezeichnet, das durch die Ecken (xpos,ypos) und (xpos+width,ypos+height) definiert wird. Verwendet man statt des Graphics2D-Objektes g2d ein Graphics2D-Objekt eines anderen BufferedImage, so kann bi auch auf ein anderes BufferedImage gezeichnet werden.

4.2.1 Double-Buffering in Java 2D

Es wurde bereits im Abschnitt 2.9 erwähnt, dass es im Allgemeinen nicht günstig ist, alle Berechnungen zum Zeichnen in der paint-Methode durchzuführen. Zumindest bei Animationen sollte man die Berechnungen besser aus der paint-Methode auslagern, das darzustellende Bild zunächst auf ein BufferedImage zeichnen und in der paint-Methode nur das aktualisierte BufferedImage zeichnen. Dazu muss die paint-Methode mittels repaint aufgerufen werden.

Für dieses Prinzip des Double-Buffering muss die bisher verwendete Klasse modifiziert werden und das, was bisher in der paint-Methode ausgeführt wurde, in einer neuen Klasse berechnet werden. Das Fenster, in das gezeichnet werden soll, benötigt zwei zusätzliche Attribute:

```
public BufferedImage bi;
public Graphics2D g2dbi;
```

Das BufferedImage, das in der paint-Methode gezeichnet werden soll, und das zugehörige Graphics2D-Objekt. Im Konstruktor werden diese Objekte entsprechend initialisiert. Da beim Aufruf von repaint die update-Methode des Fensters aufgerufen wird, die zunächst das gesamte Fenster überschreibt und dies zum Flackern führen kann, sollte man die update-Methode überschreiben und dort das BufferedImage bi zeichnen. Da bei der ersten Darstellung des Fensters die paint-Methode aufgerufen wird, sollte man dort die update-Methode aufrufen und nichts weiter zeichnen. Daraus ergeben sich die neue paint-Methode und update-Methode:

```
public void paint(Graphics g)
{
  update(g);
}
```

```
public void update(Graphics g)
{
  g2d = (Graphics2D) g;
  g2d.drawImage(bi,0,0,null);
}
```

Da die update-Methode immer wieder neu aufgerufen wird, wurde das dort verwendete `Graphics2D`-Objekt `g2d` als Attribut der Klasse definiert, um es nicht jedes Mal neu zu erzeugen. Diese Umsetzung und weitere Details finden sich in der Datei `BufferedImageDrawer.java`, die als generische Klasse für das Double-Buffering verwendet werden kann. Die zu zeichnende Bildsequenz wird außerhalb dieser Klasse erzeugt. Als Beispiel soll hier wieder die Uhr dienen, die bereits im Abschnitt 2.10 vorgestellt wurde. Das Zeichnen der Uhr wird jetzt in der Klasse `DoubleBufferingClockExample.java` durchgeführt. Da die `paint`-Methode des `BufferedImageDrawer` in dieser Klasse in regelmäßigen kurzen Zeitabständen immer wieder aufgerufen wird, ist diese Klasse als Erweiterung der Java-Klasse `TimerTask` implementiert. Eine Subklasse von `TimerTask` muss die `run`-Methode besitzen. Diese Methode wird dann mit einer vorgegebenen Taktung immer wieder aufgerufen. In der `run`-Methode steht bis auf folgende Modifikationen das gleiche wie in der `for`-Schleife der `paint`-Methode der Klasse `NonSynchronizedClock` für die Uhr ohne Double-Buffering.

- Es wird nicht mit dem `Graphics2D`-Objekt der `paint`-Methode des Fensters gezeichnet, sondern mit dem `Graphics2D`-Objekt des entsprechenden `BufferedImage bi`.
- Anstatt den zu zeichnenden Bereich, d.h. das `BufferedImage bi`, jedes Mal weiß zu überschreiben, wird ein weiteres `BufferedImage` als Hintergrund verwendet, das jedes Mal auf `bi` gezeichnet wird. In dem Hintergrundbild ist auch der sich nicht verändernde Gesamtbildrahmen enthalten.
- Am Ende der `run`-Methode muss die `repaint`-Methode des `BufferedImageDrawer` aufgerufen werden.

Die Initialisierungen finden in der `main`-Methode und im Konstruktor von `DoubleBufferingClockExample` statt. Die `run`-Methode, die die Bildsequenz berechnet und das Zeichnen veranlasst, wird mittels

```
Timer t = new Timer();
t.scheduleAtFixedRate(dbce,0,delay);
```

wiederholt aufgerufen. Dabei ist dbce eine Instanz der Klasse DoubleBufferingClockExample und delay ein Wert der angibt, nach wie viel Millisekunden das Bild aktualisiert werden soll. Der zweite Wert gibt an, wie lange gewartet werden soll, bis die run-Methode zum ersten Mal aufgerufen werden soll.

4.2.2 Laden und Speichern von Bildern mit Java 2D

Zum Laden eines Bildes im JPEG-Format wird nur die Methode

```
Image theImage =
          new javax.swing.ImageIcon("file.jpg").getImage();
```

benötigt. Das so geladene Bild kann dann mittels der Methode drawImage genau wie ein BufferedImage auf ein Fenster oder ein anderes BufferedImage gezeichnet werden. In der Datei ImageLoadingExample.java wird das Darstellen eines JPEG-Bildes demonstriert.

Um ein selbst erstelltes Bild im JPEG-Format abzuspeichern, sind folgende Schritte erforderlich. Zunächst wird ein BufferedImage erzeugt, auf das das gewünschte Bild gezeichnet wird. Danach kann das Bild mit den in try angegebenen Methoden abgespeichert werden.

```
theImage = new BufferedImage(width,height,
                             BufferedImage.TYPE_INT_RGB);
Graphics2D g2dImage = theImage.createGraphics();
//Zeichnen des Bildes
g2dImage.draw(...);
...

//Speichern des Bildes
try
{
  FileOutputStream fos = new FileOutputStream("file.jpg");
  JPEGImageEncoder jie = JPEGCodec.createJPEGEncoder(fos);
  jie.encode(theImage);
}
catch (Exception e)
{
  System.out.println(e);
}
```

Ein vollständiges Beispiel für das Speichern eines Bildes findet sich in der Datei `ImageSavingExample.java`

4.2.3 Texturen in Java 2D

Soll eine Textur in Form eines JPEG-Bildes ohne Wiederholung auf eine Fläche aufgebracht werden, erzielt man dies in Java 2D durch Clipping bezüglich der entsprechenden Fläche. Dazu muss das JPEG-Bild zuerst in ein Objekt `theImage` der Klasse `Image` geladen und ein `Shape` `s` definiert werden, der mit der Textur ohne Wiederholung zu füllen ist. Man sollte sich zuerst den ursprünglichen Clippingbereich, den man mit der Methode `getClip` erhält, merken. Danach definiert man mittels `setClip` den gewünschten `Shape` als Clippingbereich. Nachdem dann die Textur mittels `drawImage` gezeichnet wurde, wird der Clippingbereich auf den ursprünglichen Bereich zurückgesetzt.

```
Shape clipShape = g2d.getClip();
g2d.setClip(s);
g2d.drawImage(theImage,50,50,null);
g2d.setClip(clipShape);
```

Ist die Textur zu klein oder wird sie entsprechend ungünstig positioniert, füllt sie die durch `s` definierte Fläche nicht aus.

Um eine Fläche gegebenenfalls durch mehrfache Verwendung einer Textur zu füllen, nutzt man die Klasse `TexturePaint`. Die Textur muss in Form eines `BufferedImage` `buffImage` vorhanden sein. Mit einem Rechteck im Konstruktor von `TexturePaint` wird die Position und die Größe der Einzeltextur festgelegt. Dieses Rechteck definiert somit, wie die Ebene mit der Textur gekachelt wird. Die Textur wird erst sichtbar, wenn man einen gegebenen `Shape` `s` mit der Textur füllt. Damit wird ein Fenster in der Form von `s` geöffnet, durch das die Texturfliesen sichtbar sind.

```
TexturePaint tp =
 new TexturePaint(buffImage,
                  new Rectangle(0,0,buffImage.getWidth(),
                                buffImage.getHeight()));
g2d.setPaint(tp);
g2d.fill(s);
```

In der Datei `Texture2DExample.java` werden die beiden Techniken zur Darstellung von Texturen verwendet.

4.3 Darstellung von Text

Die Darstellung von Text ist ein Gebiet mit einer sehr langen Tradition, die eng mit der Buchdruckerei verbunden ist. Dieses umfangreiche Thema kann im Rahmen dieses Buches nur ansatzweise besprochen werden. Allgemeine Informationen zu Zeichensätzen findet man z.B. in [27]. Um Text darzustellen, muss zunächst der *Font* oder *Zeichensatz* definiert werden, der zur Ausgabe des Textes verwendet werden soll. Zu einem Zeichensatz gehört eine Größenangabe in der Einheit pt (für Point), wobei 1pt≈0.3515mm gilt. Die bloße Beschreibung der Form der Zeichen und der gewünschten Größe reicht aber nicht aus. Zu jedem Zeichen muss festgelegt werden, wo sich die Grundlinie befindet, da einige Buchstaben wie „g" oder „p" teilweise unterhalb der Grundlinie einer Zeile liegen. Selbst diese Information ist nicht ausreichend, da Schriften normalerweise nicht wie bei einer Schreibmaschine gedruckt werden, bei der alle Zeichen die selbe Breite haben. Bei den üblicherweise verwendeten *Proportionalschriften* hat jedes Zeichen nicht nur seine individuelle Breite, sondern der Abstand zwischen zwei Zeichen hängt von den beiden Zeichen bzw. von dem Wort ab, in dem sie auftauchen. Man verwendet *Ligaturen*, die bestimmte Buchstabenkombinationen enger zusammenrücken. Ligaturen treten beispielsweise beim Doppel-F oder bei der Kombination der Buchstaben F und I auf. Wie stark die Ligaturen ausgeprägt sind, hängt vom gewählten Zeichensatz ab. Der Zeichensatz TimesRoman verwendet sehr deutliche Ligaturen. Bei den Wörtern „Affe" und „finden" erkennt man bei diesem Zeichensatz deutlich das Zusammenrücken der entsprechenden Buchstabenkombinationen. Ligaturen sollten nur verwendet werden, wenn die Buchstabenkombination tatsächlich als zusammenhängende Folge innerhalb eines Wortes auftritt und nicht zufällig durch das Zusammensetzen zweier Wörter. Dem entsprechend werden die Ligaturen bei den Wörten „aufführen" und „Kaufinteresse" vermieden. Ein weiterer Aspekt von Zeichensätzen sind Modifikationen der Zeichensätze in Form von **Fett**- oder *Kursivschrift*.

Zeichensätze können als Rastergrafik oder als Vektorgrafik gespeichert werden. Der Vorteil einer Rastergrafik besteht darin, dass beim Textzeichnen kein weiteres Rendering als das direkte Setzen der entsprechenden Pixel erforderlich ist. Die Nachteile der Rastergrafik bestehen darin, dass für jede Größe und jede Darstellungsart (Normal, Fett, Kursiv) eine eigene Rastergrafik des Zeichensatzes zu speichern ist. Man könnte den Zeichensatz zwar nur einmal als Rastergrafik speichern und unterschiedliche Größen durch Skalierung erzeugen. Rastergrafiken sind aber nicht für Skalierungen geeignet, wie bereits im Abschnitt 2.1 erläutert. Es gibt auch Behelfstechniken, um aus einem Zeichen in Rastergrafik eine Kursiv- oder Fettdarstellung abzuleiten. Bei der Kursivdarstellung verschiebt man Pixelzeilen der Zeichen mit zunehmender Höhe nach rechts. Für die Fettdarstellung wird das gesamte Zeichen noch einmal um einen Pixel nach rechts verschoben gezeichnet. Abbildung 4.5 verdeutlicht diese Vorgehensweise. Rechts ist ein Buchstabe – in relativ grober Rasterung – zu sehen, daneben die Kursiv- und die Fettdarstellung.

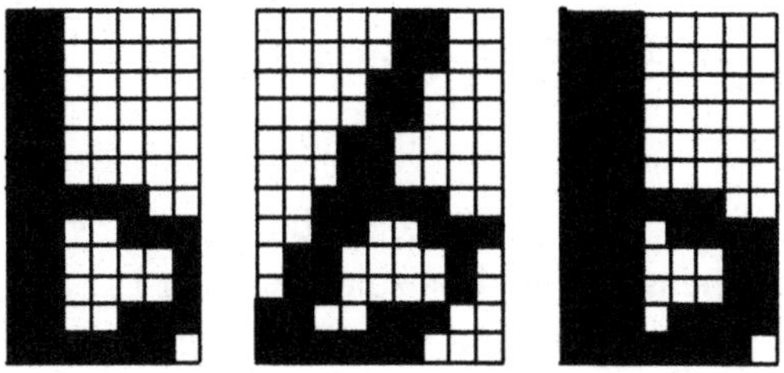

Abbildung 4.5 Kursiv- und Fettdarstellung bei Rastergrafik-Zeichensätzen

Diese Techniken für die Kursiv- und Fettdarstellung sowie die Skalierung von Rastergrafiken führen meistens zu mäßigen Ergebnissen, so dass eine Speicherung von Zeichensätzen als Vektorgrafik vorzuziehen ist.

4.4 Text in Java 2D

Mittels

```
g2d.drawString("text",posx,posy);
```

kann in Java 2D ein Text an die Stelle (`xpos,ypos`) geschrieben werden. Dabei wird ein Default-Zeichensatz verwendet. Java 2D bietet zahlreiche Möglichkeiten, einen Zeichensatz auszuwählen und zu modifizieren. In diesem Abschnitt können nur einige wenige Optionen erläutert werden. Mit

```
Font f = new Font("type",Font.STYLE,size);
```

lässt sich ein neuer Zeichensatz auswählen. Eine Liste aller auf dem Rechner verfügbaren Fonts erhält man durch folgender Programmzeilen:

```
Font[] fl =
GraphicsEnvironment.getLocalGraphicsEnvironment(
                                        ).getAllFonts();
for (int i=0; i<fl.length; i++)
{
  System.out.println(fl[i].getName());
}
```

Alle Namen, die in dieser Liste auftreten, können für `type` verwendet werden. Typische Standardzeichensätze sind beispielsweise `Arial`, `Times New Roman`, `sansserif`. `STYLE` kann die Werte `PLAIN` (normal), `ITALIC` (kursiv), `BOLD` (fett) und `ITALIC | BOLD` (kursiv und fett) annehmen. Der Integer-Wert `size` gibt die Größe des Zeichensatzes (in der Maßeinheit pt) an. Nach dem Aufruf der Methode `g2d.setFont(f)` verwendet `drawString` den Font `f`.

Man kann Zeichensätze in Java 2D z.B. dadurch verändern, dass man ihnen eine Transformation durch

```
Font transformedFont = f.deriveFont(affTrans);
```

zuordnet. `f` ist dabei ein beliebiger `Font` und `affTrans` eine affine Transformation der Klasse `AffineTransform`. Diese Technik ist unter anderem dann nützlich, wenn man die in Abschnitt 2.8 vorgestellte Transformation `yUp` verwendet, die das Zeichnen mit der nach oben gerichteten y-Achse ermöglicht. Die in `yUp` enthaltene Spiegelung bewirkt, dass mit `drawString` geschriebener Text auf dem Kopf stehend erscheint. Man sollte daher einen auf dem Kopf stehenden Zeichensatz erzeugen, der durch die Transformation `yUp` wieder normal erscheint. Dazu muss die Transformation `affTrans` aus einer Spiegelung und einer anschließenden Verschiebung um die Höhe des Zeichensatzes bestehen. Diese Technik wurde beispielsweise in der Datei `RotationExample.java` angewendet, um die Beschriftung des Koordinatensystems korrekt vorzunehmen.

Es lassen sich auch einzelne Buchstaben oder Zeichen transformieren. Dazu definiert man sich einen `String s`, der die entsprechenden Zeichen enthält. Danach berechnet man einen `GlyphVector`, in dem die einzelnen Buchstaben im entsprechenden Zeichensatz vorliegen:

```
FontRenderContext frc = g2d.getFontRenderContext();
GlyphVector gv = f.createGlyphVector(frc,s);
```

`f` ist dabei der `Font` in dem die Zeichen aus `s` dargestellt werden sollen. Mit `gv.getNumGlyphs()` erhält man die Anzahl der Zeichen im `GlyphVector` bzw. im `String`.

```
Point2D p = gv.getGlyphPosition(i);
```

liefert die Koordinaten des i-ten Zeichens. Mit

```
Shape glyph = gv.getGlyphOutline(i);
```

wird das i-te Zeichen in ein `Shape`-Objekt umgewandelt. Dieses `Shape`-Objekt kann man mittels einer geeigneten `AffineTransform at` verändern und positionieren.

```
Shape transGlyph = at.createTransformedShape(glyph);
```

Schließlich wird der transformierte Buchstabe `transfGlyph` mittels `g2d.fill(transfGlyph)` gezeichnet. In der Datei `TextExample.java` werden diese Techniken exemplarisch angewendet.

4.5 Grauwertdarstellung und Intensitäten

Bisher wurde – außer beim Antialiasing – nicht weiter berücksichtigt, dass Pixel nicht nur schwarz oder weiß sein können, sondern Grauwerte oder Farben mit unterschiedlicher Intensität annehmen können. Das menschliche Helligkeitsempfinden für Farb- oder Lichtintensität ist im Wesentlichen relativ orientiert. Eine 60-Watt-Lampe erscheint im Verhältnis zu einer 20-Watt-Lampe wesentlich heller als eine 100-Watt- zu einer 60-Watt-Lampe, obwohl die Differenz jeweils 40 Watt beträgt. Die 60-Watt-Lampe wirkt ungefähr dreimal so hell wie die 20-Watt-Lampe, während die 100-Watt-Lampe nicht einmal doppelt so hell wie die 60-Watt-Lampe erscheint.

Für die Grauwert- oder Farbdarstellung stehen üblicherweise endlich viele Intensitätsstufen zur Verfügung. Diese Intensitätsstufen sollten entsprechend dem menschlichen Helligkeitsempfinden nicht linear, sondern logarithmisch skaliert sein. Ausgehend von der geringsten Intensität (schwarz bei Grauwerten) I_0 sollten die Intensitätsstufen in der Form

$$I_0 = I_0, \quad I_1 = rI_0, \quad I_2 = rI_1 = r^2 I_0, \quad \ldots$$

bis zu einer maximalen Intensität $I_n = r^n I_0$ mit einer Konstanten $r > 1$ gewählt werden. Der Mensch kann benachbarte Grauwerte im Allgemeinen nur unterscheiden, wenn $r > 1.01$ gilt [53]. Geht man von einer maximalen Intensität $I_n = 1$ und einer vom Ausgabegerät abhängigen minimalen Intensität I_0 aus, folgt aus $1.01^n I_0 \leq 1$, dass

$$n \leq \frac{\ln\left(\frac{1}{I_0}\right)}{\ln(1.01)}$$

Graustufen zur Darstellung ausreichen. Eine feinere Darstellung würde für die optische Wahrnehmung keinen Unterschied bringen. In Tabelle 4.1 ist die maximale sinnvolle Anzahl von Intensitätsstufen für verschiedene Ausgabemedien angegeben.

Medium	I_0 (ca.)	max. Anz. Graustufen
Bildschirm	0.005-0.025	372-533
Zeitung	0.1	232
Foto	0.01	464
Dia	0.001	695

Tabelle 4.1 Intensitätsstufen für verschiedene Ausgabemedien (nach [9])

Soll ein Bild mit mehreren Intensitätsstufen auf einem Ausgabemedium dargestellt werden, das nur über binäre Pixelwerte verfügt, z.B. ein Schwarz-Weiß-Laserdrucker, kann unter Verringerung der Auflösung eine Annäherung der Intensitätsstufen vorgenommen werden. Diese Technik nennt man *Halbtonverfahren*. Fasst man 2×2-Pixel zu einem gröberen Pixel zusammen, lassen sich fünf Intensitätsstufen darstellen, bei 3×3-Pixeln 10, bei $n \times n$-Pixeln n^2+1. Die Vergröberung der Auflösung darf dabei nur soweit vorgenommen werden, dass das Auge die Rasterung aus entsprechender Sichtentfernung nicht wahrnimmt. Die in dem $n \times n$ großen groben Pixel zu platzierenden Einzelpixel sollten möglichst benachbart gewählt werden und nicht auf einer Geraden liegen. Ansonsten können sich Streifenmuster statt einer grauen Fläche ergeben.

Abbildung 4.6 zeigt in der ersten Zeile eine Repräsentation der fünf möglichen Graustufen bei einer Zusammenfassung von 2×2 Pixeln und darunter eine Repräsentation der zehn möglichen Graustufen für 3×3 Pixel.

Zur Repräsentation dieser Pixelmatrizen eignen sich *Dither-Matrizen*, in denen angegeben wird, welcher Intensitätswert überschritten werden muss, damit ein Pixel im $n \times n$ großen groben Pixel schwarz zu färben ist. Die fünf Pixelmatrizen der ersten Zeile aus Abbildung 4.6 entsprechen der Dither-Matrix D_2, die zehn Pixelmatrizen für die 3×3-Grauwertdarstellung werden durch die Dither-Matrix D_3 kodiert:

$$D_2 = \begin{pmatrix} 0 & 2 \\ 3 & 1 \end{pmatrix}, \qquad D_3 = \begin{pmatrix} 6 & 8 & 4 \\ 1 & 0 & 3 \\ 5 & 2 & 7 \end{pmatrix}$$

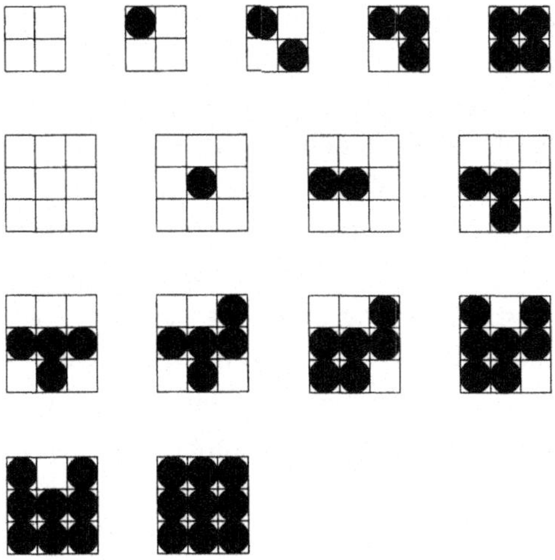

Abbildung 4.6 Graustufendarstellung bei Zusammenfassung von 2×2 Pixeln (oberste Zeile) und bei 3×3 Pixeln

Auch bei nicht-binären Intensitätsstufen lässt sich das Halbtonverfahren anwenden. Beispielsweise können bei einer Zusammenfassung von 2×2 Pixeln mit jeweils vier Intensitätsstufen insgesamt 13 Intensitätsstufen dargestellt werden:

$$\begin{pmatrix} 0 & 0 \\ 0 & 0 \end{pmatrix}, \begin{pmatrix} 1 & 0 \\ 0 & 0 \end{pmatrix}, \begin{pmatrix} 1 & 0 \\ 0 & 1 \end{pmatrix}, \begin{pmatrix} 1 & 1 \\ 0 & 1 \end{pmatrix}, \begin{pmatrix} 1 & 1 \\ 1 & 1 \end{pmatrix},$$

$$\begin{pmatrix} 2 & 1 \\ 1 & 1 \end{pmatrix}, \begin{pmatrix} 2 & 1 \\ 1 & 2 \end{pmatrix}, \begin{pmatrix} 2 & 2 \\ 1 & 2 \end{pmatrix}, \begin{pmatrix} 2 & 2 \\ 2 & 2 \end{pmatrix}, \begin{pmatrix} 3 & 2 \\ 2 & 2 \end{pmatrix},$$

$$\begin{pmatrix} 3 & 2 \\ 2 & 3 \end{pmatrix}, \begin{pmatrix} 3 & 3 \\ 2 & 3 \end{pmatrix}, \begin{pmatrix} 3 & 3 \\ 3 & 3 \end{pmatrix}$$

In dieser Kodierung repräsentiert beispielsweise die erste Matrix in der zweiten Zeile die fünfte Intensitätsstufe[2], die sich dadurch ergibt, dass man eines der vier feineren Pixel mit der Graustufe 2 und die anderen drei mit der Graustufe 1 färbt.

[2] Die Zählung beginnt hier bei 0.

4.6 Farbmodelle

Das menschliche Auge kann Wellenlängen in einem Bereich wahrnehmen, dessen untere Grenze bei ca. 300-400nm (Violett) und dessen obere Grenze bei ca. 700-800nm (Rot) liegt. Theoretisch wird eine Farbe durch die Verteilung der Intensitäten der Wellenlängen im Frequenzspektrum beschrieben. Das menschliche Auge besitzt zur Farbwahrnehmung drei Arten von Rezeptoren, deren Empfindlichkeit auf unterschiedliche Bereiche spezialisiert ist. Man spricht üblicherweise von Rot-, Grün- und Blau-Rezeptoren. Dabei weisen die Blau-Rezeptoren eine deutlich geringere Empfindlichkeit als die anderen beiden auf. Die wesentlichen Charakteristika bei der Wahrnehmung einer Farbe sind:

- der Farbton, der durch die dominante Wellenlänge bestimmt wird,
- die Sättigung oder Farbreinheit, die sehr hoch ist, wenn das Frequenzspektrum sehr stark auf die dominate Wellenlänge fokussiert ist, und bei einer breiten Streuung der Frequenzen gering ist, und
- die Intensität oder Helligkeit, die davon abhängt, mit welcher Energie die Frequenzen vertreten sind.

Abbildung 4.7 zeigt die Verteilung der Energien der Frequenzen bei hoher und geringer Sättigung. Die wahrgenommene Intensität wird in etwa durch die mittlere Höhe des Spektrums bestimmt.

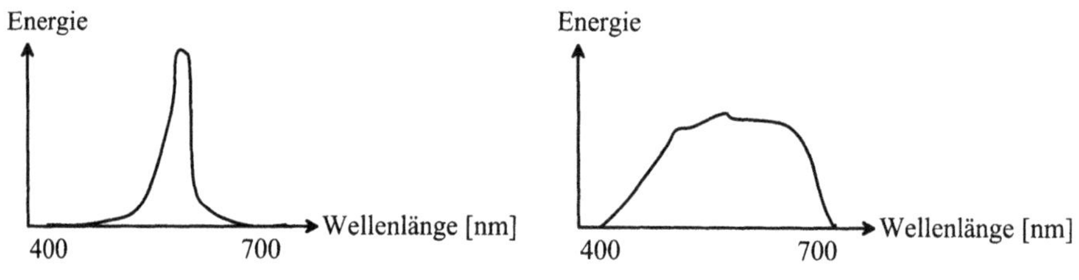

Abbildung 4.7 Verteilung des Frequenzspektrums bei hoher (links) und geringer (rechts) Sättigung

Sowohl die Farbwahrnehmung des menschlichen Auges wird durch drei Faktoren in Form von Rezeptoren bestimmt als auch die intuitive Farbwahrnehmung durch Farbton, Sättigung und Intensität. Es ist daher nicht verwunderlich, dass die meisten Farbmodelle der Computergrafik ebenfalls einen dreidimensionalen Farbraum verwenden.

Es wird zwischen *additiven* und *subtraktiven Farbmodellen* unterschieden. Bei additiven Farbmodellen wird die Farbe wie bei der Überlagerung von verschiedenfarbigem Licht bestimmt. Auf einem schwarzen oder dunklen Untergrund werden Farben additiv gemischt. Die Addition aller Farben ergibt weißes Licht. Ein Beispiel hierfür sind Computermonitore. Subtraktive Farbmodellen setzen einen weißen Hintergrund voraus, auf den die Farben aufgetragen werden. Die Mischung aller Farben ergibt Schwarz. Drucker verwenden subtraktive Farbmodelle.

Das in der Computergrafik am häufigsten verwendete Farbmodell ist das *RGB-Modell*. Auch die meisten Monitore arbeiten mit diesem Modell. Jede Farbe wird additiv aus den drei Grundfarben Rot, Grün und Blau zusammengesetzt, d.h. eine Farbe wird eindeutig durch drei Werte $R, G, B \in [0,1]$ definiert. Ist 0 die Minimal- und 1 die Maximalintensität, entspricht der Intensitätsvektor $(0,0,0)$ der Farbe Schwarz, $(1,1,1)$ Weiß, (x,x,x) einem Grauwert, $(1,0,0)$ Rot, $(0,1,0)$ Grün und $(0,0,1)$ Blau. In der Computergrafik wird üblicherweise für jede der drei Farben für die Kodierung jeweils ein Byte verwendet, so dass sich 256 Intensitätsstufen für jede der drei Grundfarben ergeben. Anstatt dreier Fließkommawerte zwischen 0 und 1 werden daher häufig auch drei Integer-Werte zwischen 0 und 255 angegeben, um eine Farbe zu spezifizieren.

Nicht jede Farbe lässt sich exakt mit den drei Grundfarben Rot, Grün und Blau additiv darstellen. Daher wurde von der Commission Internationale de l'Éclairage (CIE) ein Model mit drei künstlichen Farben X, Y und Z eingeführt, mit dem alle Farben additiv darstellbar sind. Aufgrund der künstlichen Grundfarben verschließt sich dieses *CIEXYZ-Modell* einer intuitiven Farbgestaltung und wird daher kaum verwendet.

Das subtraktive *CMY-Modell* ist das komplementäre Modell zum RGB-Modell und wird für Drucker und Plotter verwendet. Die Grundfarben sind Cyan, Magenta und Gelb (Yellow). Die Umrechnung einer RGB- in die CMY-Darstellung erfolgt mit der einfachen Formel

$$\begin{pmatrix} C \\ M \\ Y \end{pmatrix} = 1 - \begin{pmatrix} R \\ G \\ B \end{pmatrix}$$

Abbildung 4.8 zeigt den Farbwürfel. Die Ecken des Würfels sind mit ihren entsprechenden Farben beschriftet. Beim RGB-Modell liegt der Koordinatenursprung in der hinteren, unteren, linken Ecke bei der Farbe Schwarz. Beim CMY-Modell liegt er in der vorderen, oberen, rechten Ecke bei Weiß. Auf der Diagonalen zwischen den Ecken Schwarz und Weiß liegen die Grautöne.

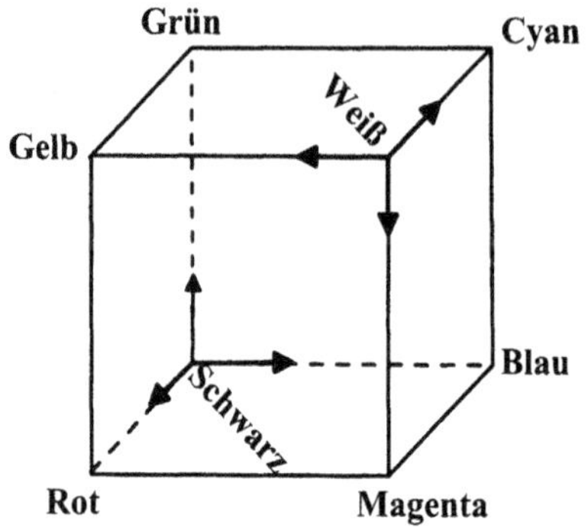

Abbildung 4.8 RGB- und CMY-Modell

In der Regel verwenden Drucker das CMY-Modell nicht direkt, sondern den Vierfarbdruck, dem das *CMYK-Modell* mit der vierten Farbe Schwarz[3] (K) zugrunde liegt. Auf diese direkte Weise wird die Farbe Schwarz besser dargestellt als durch eine Mischung dreier Farben. Die Umrechnung vom CMY-Modell auf das CMYK-Modell erfolgt folgendermaßen:

$$\begin{aligned} K &:= \min\{C,M,Y\} \\ C &:= C-K \\ M &:= M-K \\ Y &:= Y-K \end{aligned}$$

Aufgrund dieser Definition ist jeweils mindestens einer der vier Werte C,Y,M,K gleich 0.

Beim *YIQ-Modell* werden nicht drei Primärfarben wie beim RGB- oder beim CMY-Modell verwendet, sondern die Kenngrößen Luminanz (Helligkeit) Y und die durch zwei Werte I und Q charakterisierte Chrominanz (Farbart). Dieses Farbmodell findet man auch in der amerikanischen NTSC-Fernsehnorm. Soll eine Farbdarstellung in eine Grauwert-Darstellung umgewandelt werden, gibt beim YIQ-Modell der Y-Wert direkt die entsprechende Intensität des Grauwertes an. Die Umrechnung vom RGB-Modell in das YIQ-Modell erfolgt durch:

$$\begin{pmatrix} Y \\ I \\ Q \end{pmatrix} = \begin{pmatrix} 0.299 & 0.587 & 0.114 \\ 0.596 & -0.275 & -0.321 \\ 0.212 & -0.523 & 0.311 \end{pmatrix} \cdot \begin{pmatrix} R \\ G \\ B \end{pmatrix}$$

[3] Da der Buchstabe B (black) bereits für Blau (blue) im RGB-Modell vergeben ist, wurde für Schwarz die Bezeichnung K (key) für Schlüsselfarbe eingeführt.

Die Vorteile des YIQ-Modells zeigen sich nicht nur bei der Umrechnung eines Farbwertes in eine Grauwertintensität, die allein durch den Y-Wert gegeben ist. Durch den Y-Wert lassen sich Helligkeiten bei unterschiedlichen Monitoren sehr gut regeln. Eine individuelle Einstellung der RGB-Werte könnte zu Farbverfälschungen führen.

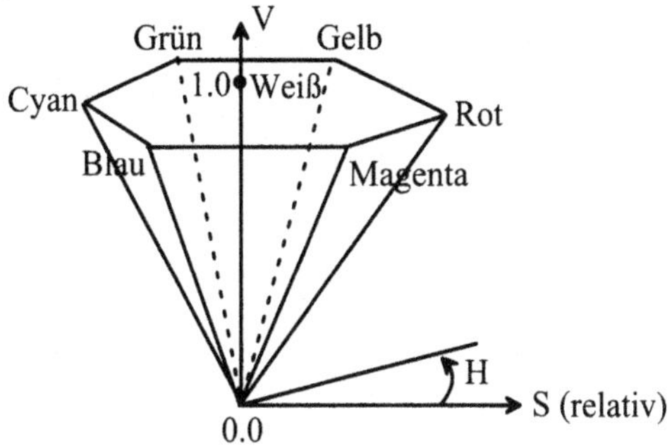

Abbildung 4.9 HSV-Modell

Das *HSV-Modell* spezifiziert eine Farbe wie das YIQ-Modell nicht mit Grundfarben, sondern mittels der drei Parameter Farbton (hue), Sättigung (saturation) und Helligkeit/Intensität (value). Der Farbraum wird beim HSV-Modell in Form einer auf dem Kopf stehenden Pyramide modelliert. Die Pyramidenspitze entspricht der Farbe Schwarz. Der Farbton H wird durch den Winkel auf dem Farbkreis spezifiziert. Die Sättigung S einer Farbe beträgt in der Mittelachse der Pyramide Null und Eins auf der Außenfläche. Die Helligkeit V nimmt von unten nach oben zu. Abbildung 4.9 illustriert das HSV-Modell.

Das *HLS-Modell* basiert auf einem ähnlichen Prinzip wie das HSV-Modell. Der Farbton (hue) wird durch einen Winkel zwischen $0°$ und $360°$ auf dem Farbkreis mit Rot ($0°$), Gelb ($60°$), Grün ($120°$), Blau ($240°$) und Purpur ($300°$) definiert. Ein Wert zwischen Null und Eins legt die Helligkeit (lightness) fest. Die Sättigung (saturation) ergibt sich aus dem Abstand einer Farbe zur Mittelachse (Grauwertachse) und wird ebenfalls durch einen Wert zwischen Null und Eins charakterisiert. Abbildung 4.10 zeigt das HLS-Modell. Teilweise wird auch ein HLS-System in Form eines Doppelkegel, wie er rechts in der Abbildung dargestellt ist, anstelle eines Zylinders verwendet. Bei diesem Doppelkegel sind die Farben Weiß und Schwarz nicht mehr, wie im Falle der zylindrischen Repräsentation, die völlig ungesättigten Spezialfälle von Farben mit Helligkeit Null bzw. Eins.

Die Algorithmen zur Umrechnung von HSV- und HLS-Model in das RGB-Modell und umgekehrt findet man z.B. bei [16]. Das HSV- und das HLS-Modell werden

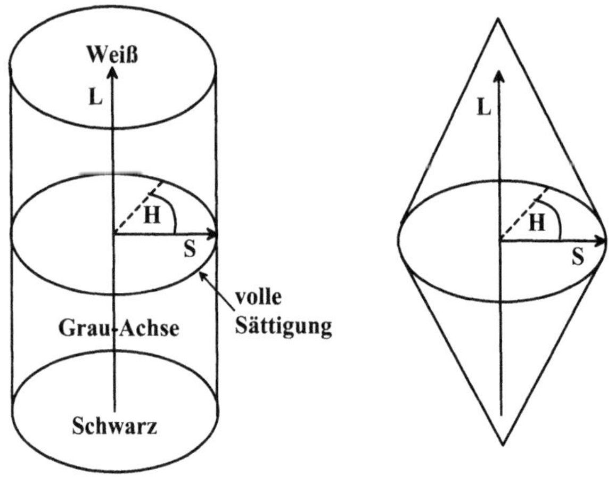

Abbildung 4.10 HLS-Modell

auch als *wahrnehmungsorientierte Farbmodelle* bezeichnet, da sie der intuitiven Farbwahrnehmung relativ nahe kommen. Die Einstellung einer gewünschten Farbe oder die Interpretation einer Wertekombination ist bei Farbmodellen wie RGB oder CMY sehr schwierig, zumindest wenn alle drei Farbanteile zusammenwirken. Anstelle die RGB-Werte selbst mühsam zu adjustieren, bietet sich die Verwendung von Farbpaletten an.

Das *CNS-Modell* ist ein weiteres wahrnehmungsorientiertes Farbmodell, das wie das HSV- und das HLS-Modell eine Farbe anhand von Farbton, Sättigung und Helligkeit bestimmt. Dazu werden beim CNS-Modell keine Zahlen verwendet, sondern umgangssprachliche Angaben. Für die Farbart stehen die Werte purple, red, orange, brown, yellow, green, blue mit weiteren Unterteilungen yellowish green, green-yellow oder greenish yellow zur Verfügung. Die Helligkeit kann durch die Werte very dark, dark, medium, light und very light definiert werden, die Sättigung durch greyish, moderate, strong, vivid. Auch wenn dadurch die Anzahl der möglichen Farben stark eingeschränkt wird, ist die Beschreibung einer Farbe dafür auf eine sehr intuitive Weise möglich.

4.6.1 Farben in Java 2D

Bis auf das CNS-Modell unterstützt Java 2D alle im vorhergehenden Abschnitt erwähnten Farbmodelle. Da in den meisten Anwendungen mit dem RGB-Modell gearbeitet wird, soll die Nutzung unter Java 2D hier auf dieses Modell beschränkt werden. Mit der Klasse `Color` lassen sich Farben definieren. Man kann eine Farbe über ihre RGB-Werte mit dem Konstruktor

```
Color col = new Color(r,g,b);
```

definieren. Dabei sind `r,g,b` entweder drei `float`-Werte zwischen Null und Eins, die den Rot-, Grün und Blauanteil der Farbe angeben, oder drei Integer-Werte im Bereich von 0 bis 255, die die entsprechenden Intensitätsstufen für die drei Farben spezifizieren. In der Klasse `Color` stehen außerdem einige Konstanten für Standardfarben zur Verfügung, z.B. `Color.red` oder `Color.yellow`. Ein weiterer Konstruktor verwendet nur einen einzelnen Integer-Wert als Argument. Die Byte-Kodierung dieses Integer-Wertes wird genutzt, um daraus die drei Byte-Werte (Zahlen zwischen 0 und 255) für die Farben Rot, Grün und Blau zu bestimmen. Mit der Methode

```
g2d.setPaint(col);
```

wird alles, was danach mit `g2d` gezeichnet wird, in der Farbe `col` dargestellt, bis `setPaint` mit einer anderen Farbe aufgerufen wird.

4.7 Farbinterpolation

Die Farbmodelle verwenden einen dreidimensionalen Farbraum, in dem jede Farbe durch drei Werte charakterisiert wird. Beispielsweise korrespondiert eine Farbe im RGB-Modell mit einem Vektor $(r,g,b) \in [0,1]^3$, so dass sich Konvexkombinationen von Farben berechnen lassen. Eine Anwendungsmöglichkeit derartiger Konvexkombinationen sind Farbverläufe. Soll eine Fläche nicht einheitlich eingefärbt werden, sondern mit einem Farbverlauf, lassen sich zwei Farben (r_0,g_0,b_0) und (r_1,g_1,b_1) für zwei Punkt $\mathbf{p}_0$ und $\mathbf{p}_1$ definieren. Im Punkt $\mathbf{p}_0$ wird mit der Farbe (r_0,g_0,b_0) gezeichnet, im Punkt $\mathbf{p}_1$ mit (r_1,g_1,b_1) und auf der Verbindungslinie zwischen den beiden Punkten mit der entsprechenden Konvexkombination der beiden Farben $(1-\alpha)\cdot(r_0,g_0,b_0)+\alpha\cdot(r_1,g_1,b_1)$ (mit $\alpha \in [0,1]$). Parallel zum Verbindungsvektor wird der gleiche Farbverlauf verwendet.

Auch beim Füllen von Flächen mit Texturen lässt sich Farbinterpolation in einigen Fällen sinnvoll einsetzen. Muss die Textur mehrfach in der horizontalen oder vertikalen gezeichnet werden, um die Fläche zu füllen, treten meistens sichtbare Kanten an den Nahtstellen zwischen den einzelnen Texturkacheln auf, eine Art Fliesenmuster wird sichtbar. In der Bildverarbeitung werden Glättungsoperatoren [31] verwendet, um die Kanten weniger scharf erscheinen lassen. Einfache

Glättungsoperatoren werden durch eine Gewichtsmatrix charakterisert, die zur Modifikation der Farbwerte der Pixel dienen. Beispielsweise würde die Gewichtsmatrix

0.1	0.1	0.1
0.1	0.2	0.1
0.1	0.1	0.1

bedeuten, dass sich die geglätteten Farbintensitäten eines Pixels aus der gewichteten Summe seiner eigenen Intensität und der Intensitäten der Nachbarpixel ergibt. Die geglätteten Farbintensitäten werden jeweils einzeln für die Farben Rot, Grün und Blau berechnet. Bei dieser Gewichtsmatrix erhält die eigene Intensität des Pixels das Gewicht 0.2 und jedes seiner acht direkten Nachbarpixel ein Gewicht von 0.1. Je nachdem, wie stark die Glättung sein soll, kann man die Gewichte auch verändern, beispielsweise für alle Pixel den Wert 1/9 wählen, um eine stärke Glättung zu erhalten. Ebenso kann die Gewichtsmatrix vergrößert werden, so dass nicht nur die direkten Nachbarn des Pixels bei der Glättung berücksichtigt werden. Um die Übergänge bei Texturen zu glätten, muss die Glättung an den Rändern vorgenommen werden. Als linke Nachbarpixel eines Pixels auf dem linken Rand der Textur sind die entsprechenden Pixel auf dem rechten Rand anzusehen und umgekehrt. Die oberen Nachbarpixel eines Pixels am oberen Rand finden sich an entsprechender Stelle am unteren Rand.

Im Abschnitt 2.11 wurden bereits einige Anwendungsmöglichkeiten von Interpolatoren vorgestellt, um kontinuierliche Veränderungen zu modellieren. Die dort betrachteten Interpolatoren basierten alle auf geometrischen Transformationen. Um beliebige Bilder gleitend ineinander zu überführen, sind zusätzlich Farbinterpolatoren notwendig. Die einfachste Möglichkeit, zwei Bilder gleichen Formats ineinander zu überführen, besteht in der pixelweisen Konvexkombination der Intensitätswerte für die Farben Rot, Grün und Blau. Dadurch wird jedoch nur eine kontinuierliche Überblendung der beiden Bilder erreicht. Während das eine Bild ausgeblendet wird, erscheint langsam das andere. Sollen gleichzeitig die geometrischen Formen innerhalb der Bilder geeignet ineinander übergehen, müssen zusätzlich geometrische Transformationen angewendet werden. Eine Technik, durch die mehr als eine Überblendung erzielt werden kann, setzt eine *Triangulation* der beiden Bilder voraus, d.h. eine Unterteilung in Dreiecke. Für die Triangulation muss in beiden Bildern die gleiche Anzahl von Eckpunkten der Dreiecke verwendet werden und die Dreiecke müssen einander entsprechen, d.h. wenn im ersten Bild die Punkte $\mathbf{p}_i$, $\mathbf{p}_j$ und $\mathbf{p}_k$ ein Dreieck bilden, müssen die korrespondierenden Punkte im zweiten Bild ebenfalls ein Dreieck innerhalb der Triangulation repräsentieren. Die Koordinaten der sich jeweils entsprechenden Punkte müssen in den beiden Bildern nicht übereinstimmen.

Abbildung 4.11 Kompatible Triangulation zweier Bilder

Jedes Dreieck der Triangulation beschreibt einen Bildausschnitt, der eine Entsprechung im korrespondierenden Dreieck des anderen Bildes besitzt. Abbildung 4.11 veranschaulicht diese Situation. Links sind zwei Gesichter zu sehen, die schrittweise ineinander überführt werden sollen. Daneben ist eine Triangulation der beiden Bilder dargestellt. Beispielsweise steht das jeweilige obere Dreieck in den beiden Triangulationen für die Stirnpartie, das untere Dreieck für die Kinnpartie. Man beachte, dass die zur Triangulation verwendeten Punkte in den beiden Bildern nicht die gleichen Koordinaten besitzen.

Um zwei derartig triangulierte Bilder schrittweise ineinander umzuwandeln, wird für jedes Zwischenbild zunächst eine Triangulation bestimmt. Die Punkte der Triangulation erhält man als Konvexkombination der jeweils korrespondierenden Punkte in den beiden Bildern. Die Dreiecke werden nach dem selben Schema wie in den beiden anderen Bildern gebildet, das bedeutet, wenn drei Punkte im ersten Bild ein Dreieck definieren, gehört das Dreieck der korrespondierenden Punkte zur Triangulation im zweiten und die Konvexkombination der entsprechenden Punktepaare beschreibt ein Dreieck der Triangulation des Zwischenbildes.

Innerhalb der einzelnen Dreiecke werden die Pixel mittels Farbinterpolation gezeichnet. Um ein Pixel im Zwischenbild zu färben, muss zuerst bestimmt werden, zu welchem Dreieck es gehört. Sollte es zu mehreren Dreiecken gehören, d.h. auf einer Kante oder Ecke eines Dreiecks liegen, genügt es, eines dieser Dreiecke zu betrachten. Es ist erforderlich herauszufinden, ob ein Pixel $\mathbf{q}$ zu einem durch die Punkte $\mathbf{p}_1$,$\mathbf{p}_2$,$\mathbf{p}_3$ gegebenen Dreieck gehört. Sofern das Dreieck nicht zu einer Linie oder gar einem Punkt entartet ist, gibt es genau eine Darstellung von $\mathbf{q}$ in der Form

$$\mathbf{q} \; = \; \alpha_1 \cdot \mathbf{p}_1 + \alpha_2 \cdot \mathbf{p}_2 + \alpha_3 \cdot \mathbf{p}_3 \tag{4.1}$$

mit

$$\alpha_1 + \alpha_2 + \alpha_3 = 1. \tag{4.2}$$

Man sieht dies leicht, da es sich um ein lineares Gleichungssystem mit drei

Gleichungen und drei Unbekannten $\alpha_1,\alpha_2,\alpha_3$ handelt. Die Vektorgleichung (4.1) liefert zwei Gleichungen, eine für die x- und eine für die y-Koordinate. Die dritte Gleichung ist die Nebenbedingung (4.2). Der Punkt $\mathbf{q}$ liegt genau dann innerhalb des durch die Punkte $\mathbf{p}_1,\mathbf{p}_2,\mathbf{p}_3$ aufgespannten Dreiecks, wenn $0 \leq \alpha_1,\alpha_2,\alpha_3 \leq 1$ gilt, d.h. wenn $\mathbf{q}$ sich als Konvexkombination von $\mathbf{p}_1,\mathbf{p}_2,\mathbf{p}_3$ darstellen lässt.

Nachdem das Dreieck, in dem das zu färbende Pixel liegt, und die zugehörigen Werte $\alpha_1,\alpha_2,\alpha_3$ bestimmt wurden, wird die Farbe des Pixels als Konvexkombination der Farben der korrespondierenden Pixel in den beiden, ineinander zu transformierenden Bildern bestimmt. Dem Dreieck im Zwischenbild, in dem das Pixel liegt, entspricht jeweils ein Dreieck in den beiden ineinander zu transformierenden Bildern. Man bildet jeweils die Konvexkombination der Eckpunkte der Dreiecke mit den Werten $\alpha_1,\alpha_2,\alpha_3$. Auf diese Weise erhält man in jedem der beiden Bilder die Koordinaten des korrespondierenden Pixels. Die Farbe des zu zeichnenden Pixels bestimmt sich als Konvexkombination der Farben dieser beiden Pixel.

Abbildung 4.12 verdeutlicht diese Vorgehensweise. In der Mitte ist das Dreieck im Zwischenbild dargestellt, in dem das zu färbende Pixel liegt. Links und rechts davon sind die korrespondierenden Dreiecke im Ausgangs- bzw. Endbild dargestellt. Die drei Pixel besitzen bezüglich der Eckpunkte im jeweiligen Dreieck dieselbe Darstellung als Konvexkombination.

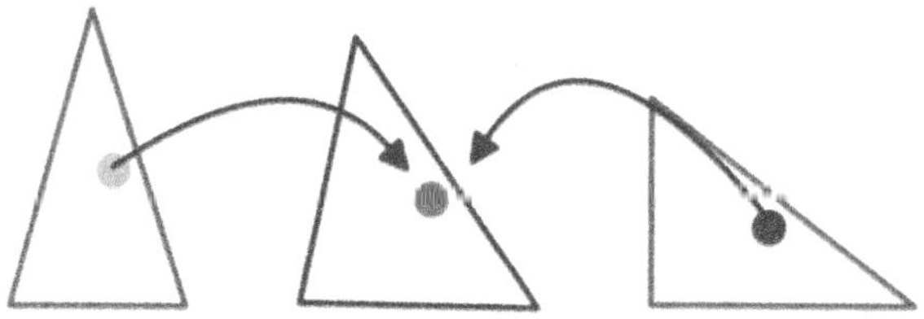

Abbildung 4.12 Berechnung der interpolierten Farbe eines Pixels

4.8 Farbinterpolation mit Java 2D

Java 2D stellt mit der Klasse `GradientPaint` eine einfache Möglichkeit zum Zeichnen von Farbverläufen zur Verfügung. Mit

```
GradientPaint gradPaint =
     new GradientPaint(x0,y0,colour0,x1,y1,colour1, repeat);
```

wird ein Farbverlauf parallel zum Verbindungsvektor zwischen den Punkten `(x0,y0)` und `(x1,y1)` definiert, der mittels

```
g2d.setPaint(gradPaint);
```

aktiviert wird. Die Koordinaten der Punkte werden als `float`-Werte angegeben. Im Punkt `(x0,y0)` wird die Farbe `colour0`, im Punkt `(x1,y1)` die Farbe `colour1` gezeichnet. Auf der Verbindungsstrecke dieser beiden Punkten wird zwischen den beiden Farben entsprechend linear interpoliert. Der gleiche Farbverlauf wird entlang der Parallelen zu dieser Verbindungsstrecke verwendet. Der Boolesche Wert `repeat` gibt an, ob der Farbverlauf zyklisch wiederholt werden soll. Wird für `repeat` der Wert `false` angegeben, wird vor dem Punkt `(x0,y0)` mit der Farbe `colour0` und nach dem Punkt `(x1,y1)` mit der Farbe `colour1` gezeichnet. Im Falle von `true` wird der Farbverlauf ständig wiederholt. Hinter dem Punkt `(x1,y1)` findet ein kontinuierlicher Übergang von der Farbe `colour1` zurück zur Farbe `colour0` statt, dann wieder ein kontinuierlicher Übergang zur Farbe `colour1` usw. Entsprechendes ergibt sich vor dem Punkt `(x0,y0)`. In der Datei `GradientPaintExample.java` wird die Verwendung von `GradientPaint` veranschaulicht.

Mittels `GradientPaint` lassen sich zwar bestimmte Farbverläufe erzeugen, Farbinterpolationstechniken, wie sie am Ende von Abschnitt 4.7 beschrieben wurden, lassen sich auf diese Weise jedoch nicht realisieren. Hierzu ist es erforderlich, die Farbe einzelner Pixel in Bildern auszulesen und zu setzen. Java 2D stellt dafür die folgenden Methoden zur Verfügung. Mittels

```
int rgbValue = bi.getRGB(x,y);
Color pixelColour = new Color(rgbValue);
```

wird zunächst der Farbwert des Pixels mit den Koordinaten (x,y) im `BufferedImage bi` als Integer-Wert ausgelesen. Die zur Kodierung von RGB-Farben erforderlichen drei Byte werden als Binärdarstellung eines Integer-Wertes interpretiert und die Methode `getRGB(x,y)` liefert diesen Wert zurück. Um direkt auf die einzelnen Rot-, Grün- und Blauwerte zugreifen zu können, wird danach ein entsprechendes Objekt der Klasse `Color` erzeugt. Durch

```
int red   = pixelColour.getRed();
int green = pixelColour.getGreen();
int blue  = pixelColour.getBlue();
```

erhält man die drei Farbanteile jeweils als Integer-Werte im Bereich von 0 bis 255.

Sollen die Farben mehrerer Pixel interpoliert oder gemischt werden, müssen für alle betrachteten Pixel wie eben beschrieben jeweils die drei Farbwerte bestimmt werden und neue Intensitäten von Rot, Grün und Blau berechnet werden, je nachdem wie die Farben der einzelnen Pixel gemischt werden sollten. Sind `rMix`, `gMix` und `bMix` die gewünschten Intensitäten für die Farben Rot, Grün bzw. Blau, wird das Pixel mit den Koordinaten (x,y) im `BufferedImage mixedBi` durch

```
Color mixedColour = new Color(rMix, gMix, bMix);
mixedBi.setRGB(x,y,pixelColour.getRGB());
```

entsprechend gefärbt. Die Methode `setRGB` erwartet die Angabe der Farbe nicht in Form eines Objekts der Klasse `Color`, sondern die Kodierung der Farbe als einen einzelnen Integer-Wert.

Die Klasse `MorphingCandS.java` verwendet die Technik der Farbinterpolation, um ein Bild schrittweise in ein anderes umzuwandeln. Dazu müssen die beiden Bilder geeignet trianguliert sein. Die eigentliche Interpolation zwischen den beiden Bildern, wie sie am Ende des Abschnitts 4.7 beschrieben und in Abbildung 4.12 auf Seite 112 veranschaulicht wurde, findet in der Klasse `TriangulatedImage.java` statt.

4.9 Übungsaufgaben

Aufgabe 4.1: Schraffieren Sie das Innere des dargestellten Polygons nach der Odd-Parity-Regel.

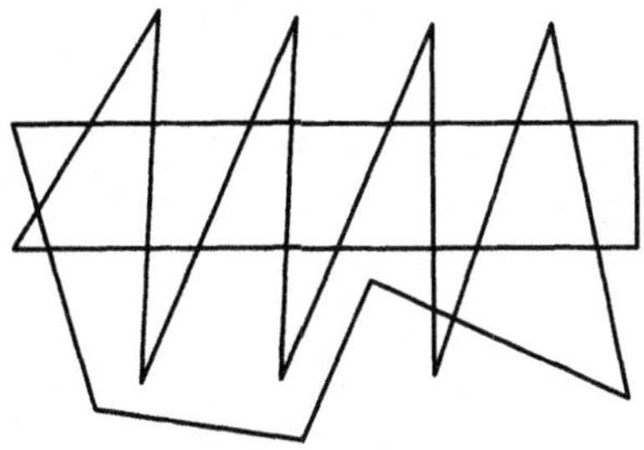

Aufgabe 4.2: Schreiben Sie das Programm `ConvexCombTransforms.java` so um, dass die Technik des Double-Buffering genutzt wird.

Aufgabe 4.3: Erstellen Sie mit Java 2D eine eigene Grafik, die Sie im JPEG-Format abspeichern. Verwenden Sie diese Grafik anschließend als Textur, um eine Ellipse zu füllen.

Aufgabe 4.4: Es soll ein Kreisring mit einem Farbverlauf gefüllt werden, der parallel zum Kreisbogen verläuft. Schreiben Sie die Kreisgleichung in parametrischer Form und verwenden diese Darstellung zur Berechnung einer Interpolation der Farben. Gehen Sie davon aus, dass zwei Farben bei $0°$ und $180°$ gegeben sind, zwischen denen interpoliert werden soll. Implementieren Sie diese Technik der ringförmigen Farbinterpolation anschließend in Java 2D.

5 Grundlagen dreidimensionaler Darstellungen

Dieses und alle folgenden Kapitel des Buches beschäftigen sich mit Fragestellungen, die im Rahmen der Darstellung dreidimensionaler Szenen auftreten. Bevor die einzelnen Themen genauer behandelt werden, gibt der folgende Abschnitt zunächst einen Überblick, welche Aufgaben und Probleme zu lösen sind, um von der realen Welt oder einem abstrakten dreidimensionalen Modell zur Darstellung auf dem Bildschirm oder auf einem anderen Medium zu gelangen.

5.1 Von der 3D-Welt zum Modell

Bevor etwas auf dem Bildschirm dargestellt werden kann, muss zunächst eine dreidimensionale virtuelle Welt im Rechner erzeugt werden. Diese virtuelle Welt enthält in den meisten Fällen nicht nur die Objekte des kleinen Weltausschnitts, der letztendlich dargestellt werden soll. Beispielsweise könnte eine ganze Stadt oder eine Parklandschaft im Rechner modelliert sein, von denen der Betrachter jeweils nur einen kleinen Teil sieht.

Als erstes müssen daher Techniken zur Modellierung dreidimensionaler Objekte zur Verfügung gestellt werden. Um ein dreidimensionales Objekt zu beschreiben, muss seine geometrische Form festgelegt werden, aber auch die Eigenschaften seiner Oberfläche. Dazu gehört, wie sie gefärbt ist und ob sie eher matt oder glänzend ist.

Für die geometrische Modellierung der Objekte gibt es zwei mögliche Vorgehensweisen. Bei vielen Anwendungen repräsentieren die Objekte keine Dinge, die bereits in der Realität vorhanden sind. Das gilt für Fantasiewelten, wie sie häufig in Computerspielen zu sehen sind, ebenso wie für Prototypen von Autos oder geplanten Gebäuden, die noch nicht gebaut wurden und vielleicht auch nie gebaut werden. In diesen Fällen müssen dem Entwickler geeignete Methoden zur Modellierung dreidimensionaler Objekte zur Verfügung stehen. Selbst wenn reale Objekte abgebildet werden sollen, ist eine Modellierung durch einen Entwickler häufig unvermeidbar. Bei existierenden Gebäuden oder Möbeln kennt man zwar die wesentlichen Abmessungen, sie reichen aber bei weitem nicht für eine annähernd realistische Darstellung der geometrischen Formen aus, insbesondere wenn beispielsweise abgerundeten Kante vorhanden sind.

In anderen Fällen stehen sehr detailierte Messdaten über die geometrische Struktur von Objekten zur Verfügung. 3D-Scanner erlauben eine extrem genaue Vermessung von Oberflächen. Diese Rohdaten sind jedoch nicht geeignet, um sie direkt für die geometrische Modellierung der vermessenen Objekte zu verwenden. Sie werden in der Regel automatisch, mit eventueller manueller Korrektur, in einfachere Oberflächenmodelle überführt. Das Gleiche gilt für Techniken, mit denen innere geometrische Strukturen von Materialien vermessen werden können. Derartige Techniken erlauben z.B. die Untersuchung von Stahlträgern in Brücken. Ein anderes, sehr wichtiges und sich schnell entwickelndes Anwendungsfeld ist die Medizin. Mit Röntgen-, Ultraschall- oder Tomographietechniken lassen sich Informationen über unterschiedliche Gewebestrukturen gewinnen, so dass dreidimensionale Modelle von Knochen und Organen errechnet werden können.

Der erste Schritt in der Computergrafik besteht somit in der Modellierung einer virtuellen Welt im Computer, entweder manuell durch einen Entwickler oder automatisch abgeleitet aus Messdaten. Zur Darstellung eines konkreten Ausschnitts aus dieser Welt muss der Betrachterstandpunkt festgelegt werden, das heißt, wo sich der Betrachter in der virtuellen Welt befindet, in welche Richtung er schaut, wie groß sein Blickwinkel ist und wie weit er sehen kann. Auf diese Weise wird ein dreidimensionaler Clippingbereich definiert, so dass nur die Objekte in diesem Bereich dargestellt werden müssen.

Allerdings wird der Betrachter so noch nichts sehen können, da bisher kein Licht in der virtuellen Welt vorhanden ist. Daher müssen Informationen über die Beleuchtung der virtuellen Welt zur Verfügung stehen. Erst dann kann die genaue Darstellung der Oberflächen der Objekte berechnet werden, das heißt, wie stark sie mit welchem Licht beleuchtet werden und wo sich Schatten befindet.

Ein weiteres zu lösendes Problem besteht in der Bestimmung, welche Objekte im Clippingbereich tatsächlich sichtbar sind und welche Objekte oder Objektteile durch andere verdeckt werden.

Hinzu kommen noch eventuelle Spezialeffekte wie Nebel, Rauch oder Spiegelungen.

5.2 Geometrische Transformationen

Wie schon bei der zweidimensionalen Computergrafik spielen geometrische Transformationen auch im Dreidimensionalen eine wichtige Rolle.

Alle Angaben dreidimensionaler Koordinaten in diesem Buch beziehen sich auf ein *rechtshändiges Koordinatensystem*. Verwendet man den Daumen der rechten Hand als x-Achse, den Zeigefinger als y-Achse und den Mittelfinger als z-Achse ergibt sich die entsprechende Orientierung des Koordinatensystems. In einem rechtshändigen Koordinatensystem wird die x-Achse durch eine $90°$-Drehung, d.h. gegen den Uhrzeigersinn, um die z-Achse in die y-Achse überführt, die y-Achse durch eine $90°$-Drehung um die x-Achse in die z-Achse und die z-Achse durch eine $90°$-Drehung um die y-Achse in die x-Achse. In Abbildung 5.1 ist ein rechtshändiges Koordinatensystem dargestellt.

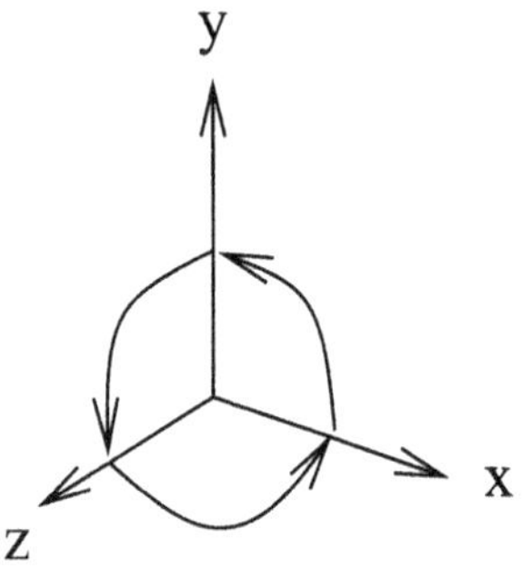

Abbildung 5.1 Ein rechtshändiges Koordinatensystem

Eine Rotation um einen positiven Winkel um eine gerichtete Achse im Dreidimensionalen bedeutet, dass man entgegen dem Uhrzeigersinn rotiert, während die Achse auf den Betrachter zeigt. Diese Definition ist konform mit der Orientierung von Rotationen in der Ebene, wenn man eine Rotation in der x/y-Ebene um den Koordinatenursprung als Rotation um die z-Achse interpretiert. Man spricht auch von der Rechten-Hand-Regel. Zeigt der Daumen der rechten Hand in Richtung der orientierten Rotationsachse und ballt man die restlichen Finger zur Faust, geben die Finger die Richtung der positiven Rotation an.

Im Abschnitt 2.6 wurden homogene Koordinaten eingeführt, um alle affinen Transformationen der Ebene mittels Matrixmultiplikation darstellen zu können. Das gleiche Prinzip der Erweiterung um eine Dimension wird für affine Transformationen des dreidimensionalen Raums verwendet. Ein Punkt des dreidimensionalen Raums $\mathbb{R}^3$ wird durch vier Koordinaten $(\tilde{x},\tilde{y},\tilde{z},w)$ mit $w \neq 0$ repräsentiert. Dabei kodiert $(\tilde{x},\tilde{y},\tilde{z},w)$ den Punkt $\left(\frac{\tilde{x}}{w},\frac{\tilde{y}}{w},\frac{\tilde{z}}{w}\right) \in \mathbb{R}^3$. Der Punkt $(x,y,z) \in \mathbb{R}^3$ kann in homogenen Koordinaten in der Form $(x,y,z,1)$ dargestellt werden. Dies ist jedoch nicht die einzige Möglichkeit. Jede Darstellung der Form $(x \cdot w, y \cdot w, z \cdot w, w)$ mit $w \neq 0$ repräsentiert diesen Punkt ebenfalls.

In homogenen Koordinaten lässt sich eine *Translation* um den Vektor $(d_x,d_y,d_z)^\top$ als Matrixmultiplikation in der Form

$$\begin{pmatrix} x' \\ y' \\ z' \\ 1 \end{pmatrix} = \begin{pmatrix} 1 & 0 & 0 & d_x \\ 0 & 1 & 0 & d_y \\ 0 & 0 & 1 & d_z \\ 0 & 0 & 0 & 1 \end{pmatrix} \cdot \begin{pmatrix} x \\ y \\ z \\ 1 \end{pmatrix} = \begin{pmatrix} x + d_x \\ y + d_y \\ z + d_z \\ 1 \end{pmatrix}$$

mit der Translationsmatrix:

$$T(d_x,d_y,d_z) = \begin{pmatrix} 1 & 0 & 0 & d_x \\ 0 & 1 & 0 & d_y \\ 0 & 0 & 1 & d_z \\ 0 & 0 & 0 & 1 \end{pmatrix}$$

darstellen.

Eine *Skalierung* um die Faktoren s_x,s_y,s_z ist durch

$$\begin{pmatrix} x' \\ y' \\ z' \\ 1 \end{pmatrix} = \begin{pmatrix} s_x & 0 & 0 & 0 \\ 0 & s_y & 0 & 0 \\ 0 & 0 & s_z & 0 \\ 0 & 0 & 0 & 1 \end{pmatrix} \cdot \begin{pmatrix} x \\ y \\ z \\ 1 \end{pmatrix} = \begin{pmatrix} s_x \cdot x \\ s_y \cdot y \\ s_z \cdot z \\ 1 \end{pmatrix}$$

mit der Skalierungsmatrix:

$$S(s_x,s_y,s_z) = \begin{pmatrix} s_x & 0 & 0 & 0 \\ 0 & s_y & 0 & 0 \\ 0 & 0 & s_z & 0 \\ 0 & 0 & 0 & 1 \end{pmatrix}$$

gegeben.

Im Zweidimensionalen genügte es, Rotationen um den Koordinatenursprung zu betrachten. In Verbindung mit Translationen lässt sich so jede Rotation um einen beliebigen Punkt darstellen. Im Dreidimensionalen muss eine Rotationsachse anstelle eines Punktes, um den rotiert werden soll, vorgegeben werden. Die drei elementaren *Rotationen* im Dreidimensionalen sind die Rotationen um die Koordinatenachsen. Eine Rotation um die z-Achse um den Winkel θ lässt sich folgendermaßen in homogenen Koordinaten beschreiben:

$$\begin{pmatrix} x' \\ y' \\ z' \\ 1 \end{pmatrix} = \begin{pmatrix} \cos\theta & -\sin\theta & 0 & 0 \\ \sin\theta & \cos\theta & 0 & 0 \\ 0 & 0 & 1 & 0 \\ 0 & 0 & 0 & 1 \end{pmatrix} \cdot \begin{pmatrix} x \\ y \\ z \\ 1 \end{pmatrix}$$

Mit der Rotationsmatrix:

$$R_z(\theta) = \begin{pmatrix} \cos\theta & -\sin\theta & 0 & 0 \\ \sin\theta & \cos\theta & 0 & 0 \\ 0 & 0 & 1 & 0 \\ 0 & 0 & 0 & 1 \end{pmatrix}$$

Diese Rotationsmatrix entspricht der bereits aus dem Zweidimensionalen bekannten Rotationsmatrix um den Koordinatenursprung, die nur um die z-Dimension erweitert wurde. Bei einer Rotation um die z-Achse ändert sich die z-Koordinate nicht. Die Matrizen für Rotationen um die x- und die y-Achse erhält man aus der obigen Matrix, indem man die Rollen der Achsen entsprechend vertauscht, so dass eine Rotation um die x-Achse um den Winkel θ durch die Matrix

$$R_x(\theta) = \begin{pmatrix} 1 & 0 & 0 & 0 \\ 0 & \cos\theta & -\sin\theta & 0 \\ 0 & \sin\theta & \cos\theta & 0 \\ 0 & 0 & 0 & 1 \end{pmatrix}$$

und eine Rotation um die y-Achse um den Winkel θ durch die Matrix

$$R_y(\theta) = \begin{pmatrix} \cos\theta & 0 & \sin\theta & 0 \\ 0 & 1 & 0 & 0 \\ -\sin\theta & 0 & \cos\theta & 0 \\ 0 & 0 & 0 & 1 \end{pmatrix}$$

realisiert wird.

Durch eine geeignete Hintereinanderschaltung dieser drei Rotationen um die Koordinatenachsen in Kombination mit geeigneten Translationen kann eine Rotation um eine beliebige Achse um einen beliebigen Winkel θ beschrieben werden. Zunächst muss dazu eine Translation $T(d_x,d_y,d_z)$ angewendet werden, die die Rotationsachse so verschiebt, dass sie durch den Koordinatenursprung verläuft. Danach wird eine Rotation um die z-Achse vorgenommen, so dass die Rotationsachse in der y/z-Ebene liegt. Durch eine anschließende Rotation um die x-Achse lässt sich die Rotationsachse auf die z-Achse abbilden. Nun wird die eigentliche Rotation um den Winkel θ als Rotation um die z-Achse ausgeführt. Danach müssen alle Hilfstransformationen wieder rückgängig gemacht werden, so dass sich insgesamt eine Transformation der folgenden Form ergibt:

$$T(-d_x, -d_y, -d_z) \cdot R_z(-\theta_z) \cdot R_x(-\theta_x) \cdot R_z(\theta) \cdot R_x(\theta_x) \cdot R_z(\theta_z) \cdot T(d_x,d_y,d_z)$$

Man beachte, dass die Transformationen wie bei der Matrixmultiplikation von rechts nach links ausgeführt werden.

Bei allen oben angegebenen Transformationsmatrizen lautet die letzte Zeile $(0,0,0,1)$. Diese Eigenschaft bleibt auch bei der Matrixmultiplikation erhalten.

Im zweidimensionalen Fall gibt es genau eine Transformationsmatrix, die drei nichtkollineare Punkte auf drei andere nichtkollineare Punkte abbildet. Entsprechend existiert im dreidimensionalen Fall genau eine Transformationsmatrix, die vier nichtkoplanare Punkte auf vier andere nichtkoplanare Punkte abbildet. Sind vier Punkte $\mathbf{p}_1,\mathbf{p}_2,\mathbf{p}_3,\mathbf{p}_4$, die nicht in einer Ebene liegen, im $\mathbb{R}^3$ und deren neue Koordinaten $\mathbf{p}'_1,\mathbf{p}'_2,\mathbf{p}'_3,\mathbf{p}'_4$ gegeben, lässt sich die Transformationsmatrix durch Lösung eines linearen Gleichungssystems berechnen:

$$\mathbf{p}'_i = M \cdot \mathbf{p}_i \qquad (i = 1,2,3,4) \tag{5.1}$$

Mit der Matrix

$$M = \begin{pmatrix} a & b & c & d \\ e & f & g & h \\ i & j & k & l \\ 0 & 0 & 0 & 1 \end{pmatrix}$$

in homogenen Koordinaten müssen somit aus den vier Vektorgleichungen (5.1), die jeweils aus drei Gleichungen[1] bestehen, die insgesamt zwölf Parameter der Matrix M bestimmt werden.

In diesem Sinne kann eine Transformation auch als Wechsel des Koordinatensystems aufgefasst werden. Diese Eigenschaft wird später noch genutzt, um z.B. Szenen aus verschiedenen Blickwinkeln zu betrachten.

5.2.1 Java 3D

Java 3D gehört nicht wie Java 2D zum Standardumfang von Java und muss daher zusätzlich installiert werden. Hinweise, wo Java 3D kostenlos im Internet erhältlich ist, und zur Installation finden sich im Anhang des Buches und beim Online-Servive zu diesem Buch.

[1] Durch die homogenen Koordinaten besteht jede der Vektorgleichungen eigentlich aus vier Gleichungen. Die letzte Zeile bzw. Gleichung hat jedoch immer die Form $0 \cdot p_x + 0 \cdot p_y + 0 \cdot p_z + 1 \cdot 1 = 1$.

Das Buch erhebt nicht den Anspruch, eine vollständige Einführung in Java 3D zu geben. Vielmehr ist es das Ziel, die vorgestellten Konzepte der Computergrafik mit möglichst wenig Aufwand schnell in die Praxis umsetzen zu können. Für eine detailiertere Darstellung von Java 3D sei auf Literatur wie [8, 32, 43, 44, 51] oder das Java 3D API verwiesen. Spezialthemen, wie dreidimensionale Web-Animation oder dreidimensionale grafische Benutzungsschnittstellen findet man in [28] bzw. [1].

5.2.2 Geometrische Transformationen in Java 3D

Die Klasse `Transform3D` speichert analog zu den zweidimensionalen Transformationen `AffineTransform` eine dreidimensionale Transformation als Matrix in homogenen Koordinaten. Der Konstruktor

```
Transform3D tf = new Transform3D();
```

erzeugt die Identität, die der Einheitsmatrix entspricht. Die Methode

```
tf.rotX(theta);
```

definiert `tf` als Rotation um den Winkel `theta` um die x-Achse. Entsprechend wird durch die Methoden `rotY` und `rotZ` eine Rotation um die y- bzw. z-Achse spezifiziert. Mittels

```
tf.set(new AxisAngle4d(x,y,z,theta));
```

wird eine Rotation um den Winkel `theta` um die Achse in Richtung des `float`-Vektors $(x,y,z)^\top$ spezifiziert.

Eine Translation um den `float`-Vektor $(x,y,z)^\top$ wird durch

```
tf.setTranslation(new Vector3f(x,y,z));
```

definiert. Durch

```
tf.setScale(new Vector3f(x,y,z));
```

wird die Skalierung $S(x,y,z)$ erzeugt.

Die Methode `tf.setScale(factor)` entspricht einer Skalierung, bei der in x-, y- und z-Richtung jeweils um den Faktor `factor` skaliert wird.

Eine beliebige Transformation kann durch `tf.set(matrix)` definiert werden. Dabei ist `matrix` ein eindimensionales `double`-Array mit 16 Werten, die die Matrixeinträge definieren. Man beachte, dass auch die letzte Zeile der Matrix in der Regel $(0,0,0,1)$ lauten wird. `tf.get(matrix)` speichert die der Transformation `tf` zugeordnete Matrix in dem (eindimensionalen) `double`-Array `matrix`.

Die Hintereinanderschaltung von Transformationen im Sinne der Matrixmultiplikation lässt sich mittels `tf.mul(tf1,tf2)` oder `tf1.mul(tf2)` realisieren. Im ersten Fall wird die Hintereinanderschaltung der Transformationen `tf1` und `tf2` in der Transformation `tf` gespeichert, im zweiten Fall in der Transformation `tf1`. Die Hintereinanderschaltung von Transformationen wird in Java 3D entsprechend der Matrixmultiplikation berechnet, so dass im obigen Beispiel zuerst die Transformation `tf2` und dann die Transformation `tf1` ausgeführt wird.

5.3 Szenengraphen

Um eine dreidimensionale Szene zu modellieren, müssen geometrische Objekte definiert und in der Szene positioniert werden. Möglichkeiten zur Modellierung einzelner geometrischer Objekte werden im Kapitel 6 vorgestellt. Neben elementaren Grundobjekten wie Quadern, Kugeln, Zylindern oder Kegeln stehen üblicherweise noch aufwendigere Techniken zur Objektmodellierung zur Verfügung. In der Regel werden komplexe Objekte aus einzelnen Unterobjekten zusammengesetzt. Abbildung 5.2 zeigt einen Stuhl, der mit elementaren geometrischen Objekten konstruiert wurde. Die Beine und die Sitzfläche sind Quader, die Rückenlehne besteht aus einem Zylinder.

Abbildung 5.2 Ein Stuhl, der aus elementaren geometrischen Objekten zusammengesetzt ist

Um den Stuhl zu modellieren, müssen die elementaren geometrischen Objekte mit den entsprechenden Abmessungen erzeugt werden und korrekt positioniert werden. Die Positionierung der einzelnen Objekte, d.h. der vier Beine, der Sitzfläche und der Rückenlehne, erfolgt mittels geeigneter geometrischer Transformationen, die individuell auf die einzelnen Objekte angewendet werden. Will man den Stuhl an einer anderen Stelle in der Szene aufstellen, z.B. weiter nach hinten verschieben, müsste man eine entsprechende Translation definieren und diese zusätzlich auf alle Teilobjekte des Stuhls anwenden. Für einen Entwickler wäre es sehr aufwendig, insbesondere bei Objekten, die weitaus komplizierter aufgebaut sind als der Stuhl, wenn er diese Verschiebung explizit auf jedes Teilobjekt anwenden müsste. Bei der Modellierung dreidimensionaler Szenen ist es daher üblich, einen *Szenengraphen* zu verwenden, in dem Objekte hierarchisch zu *Transformationsgruppen* zusammengefasst werden können. Im Falle des Stuhls bildet der Stuhl eine eigene Transformationsgruppe, der die Beine, die Sitzfläche und die Rückenlehne zugeordnet sind. Eine Transformation, die auf die Transformationsgruppe Stuhl angewendet werden soll, wirkt sich automatisch auf alle Elemente aus, die zu dieser Transformationsgruppe gehören. Auf diese Weise kann der gesamte Stuhl in der Szene positioniert werden, ohne dass die für die Positionierung erforderliche Transformation explizit auf alle Teilobjekte angewendet werden muss.

Das Konzept des Szenengraphen soll an einem Beispiel im Detail verdeutlicht werden, das etwas komplexer ist als ein einfacher Stuhl. In der Szene befindet sich ein sehr vereinfacht dargestellter Hubschrauber, der auf einer würfelförmigen Plattform steht. Außerdem gehört ein ebenfalls sehr abstrahiert dargestellter Baum zu der Szene, die in Abbildung 5.3 dargestellt ist.

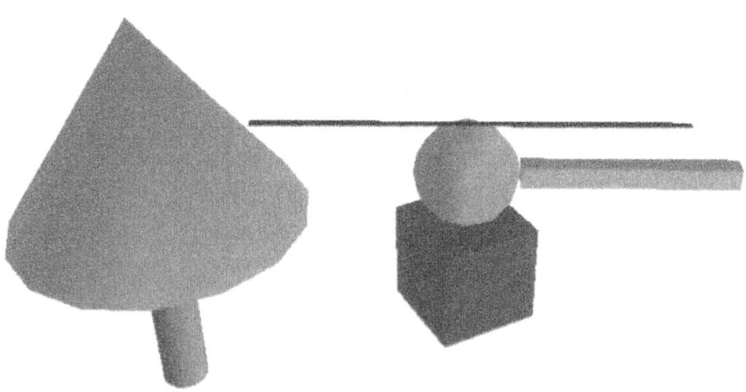

Abbildung 5.3 Eine aus mehreren elementaren Objekten zusammengesetzte Szene

Einen möglichen Szenengraphen zu dieser Szene zeigt Abbildung 5.4. Der Wurzelknoten der Gesamtszene oben besitzt zwei Kindknoten. Beides sind Transformationsgruppen. Einer Transformationsgruppe können hier elementare geometrische Objekte, weitere Transformationsgruppen und geometrische Transformationen als Kindknoten zugeordnet werden. Die oberen beiden Transformationsgruppen, tgHeliPlat und tgTree, repräsentieren den Hubschrauber mit der Plattform bzw. den Baum in der Szene. Jeder dieser beiden Transformationsgruppen ist als ein direkter Kindknoten eine Transformation tfHeliPlat bzw. tfTree zugeordnet, die dazu verwendet werden, den Hubschrauber zusammen mit der Plattform bzw. den gesamten Baum in der Szene zu positionieren.

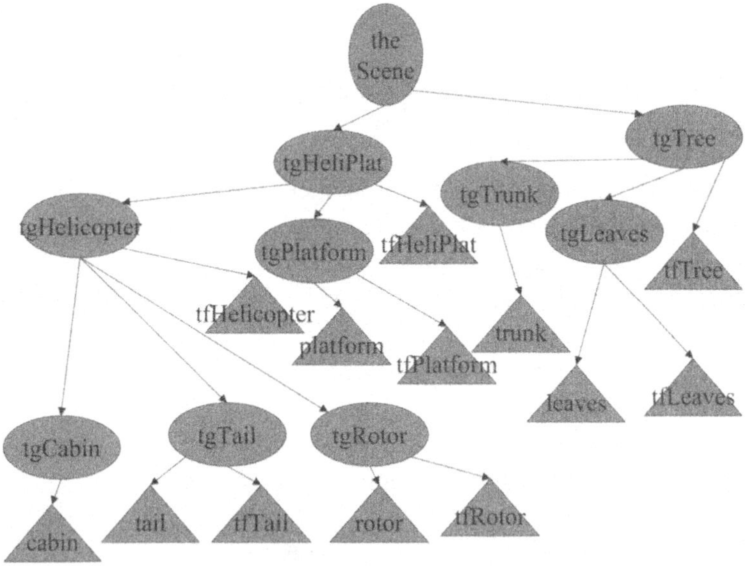

Abbildung 5.4 Der Szenengraph zur Szene aus Abbildung 5.3

Die Transformationsgruppe tfTree besitzt außerdem noch zwei Transformationsgruppen als Kindknoten, tgTrunk für den Baumstamm und tgLeaves für die Krone. Der Transformationsgruppe tgTrunk ist nur ein elementares geometrisches Objekt in Form eines Zylinders zugeordnet, der im Koordinatenursprung erzeugt wird. Die Transformationsgruppe tgLeaves besteht aus dem elementaren geometrischen Objekt leaves in Form eines Kegels und einer Transformation tfLeaves. Diese Transformation dient dazu, die im Koordinatenursprung erzeugte Baumkrone auf den Baumstamm zu verschieben.

Entsprechendes gilt für die Transformationsgruppe tgHeliPlat, die aus dem Hubschrauber und der Plattform besteht. Ihr sind neben einer Transformation tfHeliPlat zur Positionierung in der Szene zwei Transformationsgruppen zugeordnet: tgHelicopter und tgPlatform. Der Hubschrauber setzt sich aus einer Transformation tfHelicopter zur Positionierung des Hubschraubers auf der Plattform und drei weiteren Transformationsgruppen zusammen, denen elementare geometrische Objekte zugeordnet sind. Die Kabine cabin des Hubschraubers besteht aus einer Kugel, das Heck und der Rotor wurden als Quader erzeugt. Die Transformationen tfTail und tfRotor werden dazu verwendet, um das Heck an das Ende der Kabine bzw. den Rotor oben auf der Kabine zu positionieren.

5.4 Elementare geometrische Objekte in Java 3D

Um geometrische Objekte darstellen zu können, muss nicht nur ihre Form festgelegt werden, sondern auch das Erscheinungsbild der Objektoberfläche. Dazu muss der Oberfläche eine Farbe oder eine Textur zugeordnet werden. Zusätzlich müssen Reflexionseigenschaften, das heißt, wie stark die Oberfläche glänzt, mit angegeben werden. Dieses Erscheinungsbild der Oberfläche wird in Java 3D mit einem Objekt der Klasse `Appearance` definiert. Genauere Eigenschaften der Klasse `Appearance` werden im Zusammenhang mit Beleuchtung im Kapitel 8 erläutert. Um diese komplexere Problematik an dieser Stelle zu umgehen, wird eine `Appearance` mit der folgenden einfachen Technik generiert:

```
Appearance myApp = new Appearance();
setToMyDefaultAppearance(myApp,new Color3f(r,g,b));
```

Dazu wird die selbst erstellte Methode `setToMyDefaultAppearance` verwendet, die nicht zum Java 3D Standard gehört. Diese Methode findet man beispielsweise in der Klasse `StaticSceneExample.java`. Die Methode ordnet der `Appearance myApp` eine gewünschte Farbe als Instanz der Klasse `Color3f` zu, die über die drei `float`-Werte `r,g,b`$\in$ $[0,1]$ den entsprechenden Rot-, Grün- und Blauanteil der Farbe spezifizieren.

Nachdem eine `Appearance myApp` definiert wurde, lassen sich mit Java 3D folgende elementare geometrische Objekte erzeugen. Sofern nicht anders angegeben, sind bei Fließkommawerten im Folgenden `float`-Werte zu verwenden.

Mittels

```
Box xyzBox = new Box(x,y,z,myApp);
```

wird ein Quader der Größe $(2x) \times (2y) \times (2z)$ erzeugt, dessen Mittelpunkt sich im Koordinatenursprung befindet. Sofern nicht spezielle Transformationen angewendet wurden oder der Betrachterstandpunkt geändert wurde, zeigt bei Java 3D die x-Achse im Darstellungsfenster nach rechts, die y-Achse nach oben und die z-Achse nach vorn auf den Betrachter.

```
Sphere rSphere = new Sphere(r,myApp);
```

definiert eine Kugel mit Radius `r` mit Mittelpunkt im Koordinatenursprung. Ein Zylinder mit Radius `r` und Höhe `h`, dessen Mittelpunkt sich im Koordinatenursprung befindet, wird mittels

```
Cylinder rhCylinder = new Cylinder(r,h,myApp);
```

erzeugt. Der Zylinder ist so ausgerichtet, dass seine Höhe entlang der y-Achse verläuft, das heißt, er dehnt sich jeweils um `h`/2 Einheiten nach oben und unten aus. Analog wird ein Kegel mit Radius `r` und Höhe `h` durch

```
Cone rhCone = new Cone(r,h,myApp);
```

erzeugt. Der Mittelpunkt des Grundkreises des Kegels befindet sich im Koordinatenursprung und der Kegel dehnt sich jeweils um `h`/2 Einheiten nach oben und unten aus.

5.5 Der Szenengraph in Java 3D

Java 3D bietet einen recht komplexen Szenengraphen, der sich in drei Hauptbereiche aufteilt. Ein Teil beinhaltet die Modellierung der Objekte der Szene inklusive ihrer Positionierung und eventueller Bewegungen. Ein weiterer Teil enthält die Informationen zur Beleuchtung und der dritte Bereich ist für die Darstellung zuständig, die durch die Angaben zum Betrachter bestimmt wird. Neben Position und Blickrichtung des Betrachters gehören dazu Dinge wie der Winkel des Sichtfeldes, die Sichtweite, d.h. der Clippingbereich und viele weitere Parameter bis hin zur Anforderung einer dreidimensionalen Darstellung mit getrennten Bildern für das linke und rechte Auge bei Verwendung eines Head Mounted Displays. Java 3D bietet mit der Klasse `SimpleUniverse` die Möglichkeit, auf eine ausführliche Definition aller Betrachterparameter zu verzichten und Standardeinstellungen zu verwenden, die dann, wenn gewünscht, noch individuell angepasst werden können. Für die Zwecke dieses Buches reicht die Vielfalt, die sich durch die Klasse `SimpleUniverse` ergeben, völlig aus. An gegebener Stelle wird jeweils darauf hinweisen, wie bestimmte Betrachterparameter innerhalb des `SimpleUniverse` geändert werden können. Da es in diesem Abschnitt ausschließlich um die geometrische Modellierung der Objekte geht, werden die Standardeinstellungen des `SimpleUniverse` übernommen. Abbildung 5.5 veranschaulicht noch einmal den allgemeinen Szenengraphen von Java 3D und die Rolle des `SimpleUniverse`, das wesentliche Vereinfachungen bei der Programmierung erlaubt.

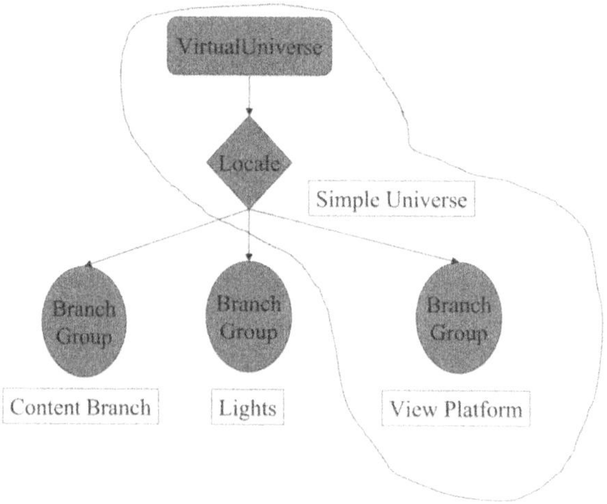

Abbildung 5.5 Der Gesamtszenengraph in Java 3D

Alle Java 3D Klassen dieses Buches besitzen bis auf kleine Modifikationen dasselbe Grundgerüst, das folgendermaßen aussieht. Zunächst müssen einige Java- bzw. Java 3D Standard-Packages importiert werden. Üblicherweise geschieht dies durch:

```
import javax.vecmath.*;
import com.sun.j3d.utils.geometry.*;
import com.sun.j3d.utils.universe.*;
import javax.media.j3d.*;
import com.sun.j3d.utils.behaviors.vp.*;
import javax.swing.JFrame;
```

In Ausnahmefällen können noch weitere Klassen oder Packages hinzukommen. Zur Darstellung auf dem Bildschirm wird hier ein `JFrame` verwendet, so dass die entsprechende Java 3D Klasse die Klasse `JFrame` erweitern muss:

```
public class MyJava3DClass extends JFrame
```

Außerdem wird der Klasse ein `Canvas3D` als Attribut zugeordnet:

```
public Canvas3D myCanvas3D;
```

Der Konstruktor der Klasse hat dann folgenden Aufbau:

```
public MyJava3DClass()
{
 this.setDefaultCloseOperation(JFrame.EXIT_ON_CLOSE);

 myCanvas3D = new Canvas3D(
                SimpleUniverse.getPreferredConfiguration());
 SimpleUniverse simpUniv = new SimpleUniverse(myCanvas3D);
 simpUniv.getViewingPlatform().setNominalViewingTransform();

 createSceneGraph(simpUniv);

 addLight(simpUniv);

 setTitle("Ueberschrift");
 setSize(700,700);
 getContentPane().add("Center", myCanvas3D);
 setVisible(true);
}
```

Zuerst wird das Schließen des Fensters und das gleichzeitige Beenden des Programms ermöglicht. Danach wird das `SimpleUniverse` mit Standardeinstellungen aufgebaut. Die Methode `createSceneGraph` muss individuell in der Klasse implementiert werden und enthält alle Informationen zu den Objekten in der Szene. Auf die Realisierung dieser Methode wird in diesem Abschnitt noch genauer eingegangen. Die Methode `addLight`, mit der die Beleuchtung der Szene definiert wird, muss ebenfalls individuell in der Klasse implementiert werden. Die Realisierung dieser Methode wird im Kapitel 8 erläutert. In den letzten vier Zeilen des Konstruktors wird dem Fenster ein Titel zugewiesen, Größe und Layout festgelegt und das Fenster schließlich geöffnet.

Es ist sehr hilfreich, die folgenden drei Zeilen noch nach dem Aufruf der Methode addLight einzufügen:

```
OrbitBehavior ob = new OrbitBehavior(myCanvas3D);
ob.setSchedulingBounds(new BoundingSphere(
                new Point3d(0.0,0.0,0.0),Double.MAX_VALUE));
simpUniv.getViewingPlatform().setViewPlatformBehavior(ob);
```

Auf diese Weise kann man unter Verwendung der Maus innerhalb der Szene navigieren. Durch Mausbewegungen wird die Szene bei gedrückter linke Maustaste gedreht, bei gedrückter rechter Maustaste verschoben. Betätigt man die ALT-Taste und gleichzeitig die linke Maustaste, erhalten Mausbewegungen eine Zoom-Funktion. Aus Sicht der Computergrafik wird auf diese Technik im Abschnitt 5.8 genauer eingegangen.

Sind die Methoden createSceneGraph und addLight implementiert, muss in der main-Methode nur noch der Konstruktor der entsprechenden Klasse aufgerufen werden.

```
public static void main(String[] args)
{
   MyJava3DClass myJava3D = new MyJava3DClass();
}
```

Wie die Methode createSceneGraph, abhängig von der zu modellierenden Szene aussieht, soll exemplarisch und ausschnittsweise an der Szene aus Abbildung 5.3 auf Seite 124 demonstriert werden. Der zugehörige Szenengraph wurde in Abbildung 5.4 auf Seite 125 dargestellt. Es soll nur die Erzeugung des Baums in der Szene im Detail besprochen werden. Der vollständige Programmcode findet sich in der Klasse StaticSceneExample.java.

Zunächst wird der Baumstamm erzeugt. Dazu muss zuerst eine Appearance mit einer braunen Farbe definiert werden:

```
Appearance brownApp = new Appearance();
setToMyDefaultAppearance(brownApp,
                         new Color3f(0.5f,0.2f,0.2f));
```

Danach wird der Baumstamm als Zylinder der Höhe 0.4 mit Radius 0.05 im Koordinatenursprung zentriert generiert:

```
float trunkHeight = 0.4f;
Cylinder trunk = new Cylinder(0.05f,trunkHeight,brownApp);
```

Anschließend wird eine Instanz `tgTrunk` der Klasse `TransformGroup` für den Baumstamm erzeugt, der der Baumstamm mit der Methode `addChild` zugeordnet wird:

```
TransformGroup tgTrunk = new TransformGroup();
tgTrunk.addChild(trunk);
```

Nachdem eine Transformationsgruppe mit dem Baumstamm definiert wurde, kann nun analog mit der Baumkrone fortgefahren werden. Da die Baumkrone grün gefärbt sein soll, muss eine entsprechende modifizierte Instanz `greenApp` der Klasse `Appearance` verwendet werden. Im Beispielprogramm wurde diese `Appearance` bereits vorher für die Hubschrauberkabine erzeugt. Die Baumkrone wird zunächst als Kegel im Koordinatenursprung generiert.

```
float leavesHeight = 0.4f;
Cone leaves = new Cone(0.3f,leavesHeight,greenApp);
```

Die Baumkrone muss auf den Baumstamm verschoben werden, d.h. um die halbe Höhe des Baumstamms und die halbe Höhe der Baumkrone nach oben. Dazu wird die folgende Transformation definiert:

```
Transform3D tfLeaves = new Transform3D();
tfLeaves.setTranslation(
              new Vector3f(0.0f,
                           (trunkHeight+leavesHeight)/2,
                           0.0f));
```

Nun kann eine Transformationsgruppe für die Baumkrone spezifiziert werden. Im Gegensatz zur Transformationsgruppe des Baumstamms, der weiterhin im Koordinatenursprung zentriert bleibt, wird hier nicht der Default-Konstruktor für Transformationsgruppen verwendet, sondern ein Konstruktor, mit dem der Transformationsgruppe die Transformation `tfLeaves` direkt zugeordnet werden kann. Danach wird noch die Baumkrone zu der Transformationsgruppe hinzugefügt.

```
TransformGroup tgLeaves = new TransformGroup(tfLeaves);
tgLeaves.addChild(leaves);
```

Um den gesamten Baum in der Szene zu positionieren, ist eine weitere Transformationsgruppe erforderlich. Zuerst wird eine Transformation zur Positionierung des Baums in der Szene definiert, dann die Transformationsgruppe erzeugt und schließlich der Baumstamm und die -krone hinzugefügt.

```
Transform3D tfTree = new Transform3D();
tfTree.setTranslation(new Vector3f(-0.6f,0.0f,0.0f));

TransformGroup tgTree = new TransformGroup(tfTree);
tgTree.addChild(tgTrunk);
tgTree.addChild(tgLeaves);
```

Der Vorteil dieses hierarchischen Aufbaus wird hier noch einmal offensichtlich. Nachdem der Baum einmal aufgebaut ist, d.h. die Baumkrone korrekt auf dem Baumstamm platziert ist, kann der Baum beliebig in der Szene positioniert werden, ohne dass man explizit berücksichtigen muss, dass auf die Baumkrone eigentlich zwei Transformationen wirken. Insbesondere bei komplexeren Objekten, die nicht nur aus zwei elementaren geometrischen Formen zusammengesetzt sind, ermöglichen derartige Szenengraphen eine saubere Strukturierung, einen klaren Überblick und eine gute Kontrolle über die Szene. Es besteht auch die Möglichkeit, den einmal erstellten Baum mehrfach in der Szene zu verwenden. Dazu wird die Klasse `Link` benötigt, die im Abschnitt 9.2 erläutert wird.

Der Hubschrauber und die Plattform in der Szene werden auf die gleiche hierarchische Weise aufgebaut. Bei den Transformationen zur Positionierung der einzelnen Objekte wurden dort nicht nur Translationen verwendet, sondern auch exemplarisch eine Rotation, um die Plattform etwas zu drehen. Grundsätzlich können beliebige Transformationen, die sich auch durch Hintereinanderschaltungen verschiedener Transformationen ergeben, den Transformationsgruppen zugeordnet werden. Für reine Positionierungsoperationen genügen Hintereinanderschaltungen von Translationen und Rotationen. Wenn Objekte zusätzlich vergrößert oder verkleinert werden sollen, müssen auch Skalierungen verwendet werden.

Nachdem die Transformationsgruppen für alle Objekte der Szene erzeugt wurden, müssen die Transformationsgruppen in der obersten Ebene der Hierarchie noch der Szene zugeordnet werden. Im Falle der Beispielszene sind dies nur die beiden Transformationsgruppen `tgTree` für den Baum und `tgHeliPlat` für den Hubschrauber zusammen mit der Plattform. Auf die Details zur Erstellung der Transformationsgruppe `tgHeliPlat` sei noch einmal auf das Programm `StaticSceneExample.java` verwiesen.

Die `BranchGroup`, die die Szene enthält, kann nun erzeugt werden. Die Transformationsgruppen `tgTree` und `tgHeliPlat` werden ihr mittels `addChild` zugeordnet. Danach sollte die Szene zur schnelleren Verarbeitung mittels `compile` kompiliert werden und mittels `addBranchGraph` dem `SimpleUniverse` hinzugefügt werden:

```
BranchGroup theScene = new BranchGroup();
theScene.addChild(tgHeliPlat);
theScene.addChild(tgTree);
theScene.compile();
su.addBranchGraph(theScene);
```

Abbildung 5.3 auf Seite 124 wurde mit der Klasse StaticSceneExample.java erzeugt, wobei die Szene zur besseren Sichtbarkeit für die Abbildung mittels Mausbewegungen leicht gedreht wurde. Außerdem verwendet die Klasse einen weißen Hintergrund, während standardmäßig Schwarz als Hintergrundfarbe bei Java 3D definiert ist. Auf die Erzeugung von Hintergrundfarben und -bildern wird später im Kapitel 8 genauer eingegangen.

5.6 Animation und Bewegung

Bisher wurden nur statische dreidimensionale Welten betrachtet. Um dynamisch veränderliche Szenen zu beschreiben, werden ähnliche Techniken verwendet, wie sie für den zweidimensionalen Fall im Abschnitt 2.9 betrachtet wurden. Bewegungen können als schrittweise Interpolation oder Konvexkombination zwischen Positionen oder Zuständen realisiert werden. Das Gleiche gilt auch für viele andere dynamische Veränderungen, z.B. für einen langsamen Wechsel der Farbe oder der Helligkeit. Im zweidimensionalen Fall wurden zusammengesetzte oder komplexe Bewegungen, wie sie im Beispiel des Sekundenzeigers einer sich linear bewegenden Uhr entstanden sind, durch explizite Hintereinanderschaltung der Einzeltransformationen erzeugt. Die Verwendung von Szenengraphen ermöglicht eine wesentlich einfacher zu handhabende Modellierung von Bewegungen. Jeder Transformationsgruppe kann eine Bewegung zugeordnet werden, die auf alle ihr zugeordneten Objekte angewendet wird.

Zur besseren Veranschaulichung soll noch einmal auf die in Abbildung 5.3 auf Seite 124 dargestellte Szene mit dem Hubschrauber zurückgegriffen werden. Der Hubschrauber soll seinen Rotor starten und danach schräg nach oben von der Plattform abheben. Durch die lineare Bewegung des Hubschraubers zusammen mit der Eigenrotation führt der Rotor eine komplexere Spiralbewegung aus. Im Szenengraphen lässt sich dieser Sachverhalt jedoch sehr einfach realisieren. Der Rotor wird im Koordinatenursprung erzeugt und dort wird seine Rotation um die y-Achse der entsprechenden Transformationsgruppe zugeordnet. Erst danach wird der Rotor mitsamt seiner Eigenbewegung oben auf der Kabine positioniert. Wenn der gesamte Hubschrauber auf die Plattform gesetzt und die Plattform zusammen mit dem Hubschrauber in der Szene platziert wird, wird die Rotation ebenfalls mittransformiert und findet immer noch an der richtigen Stelle statt. Der Transformationsgruppe des Hubschraubers wird eine lineare Bewegung zugeordnet, die das Abheben von der Plattform beschreibt.

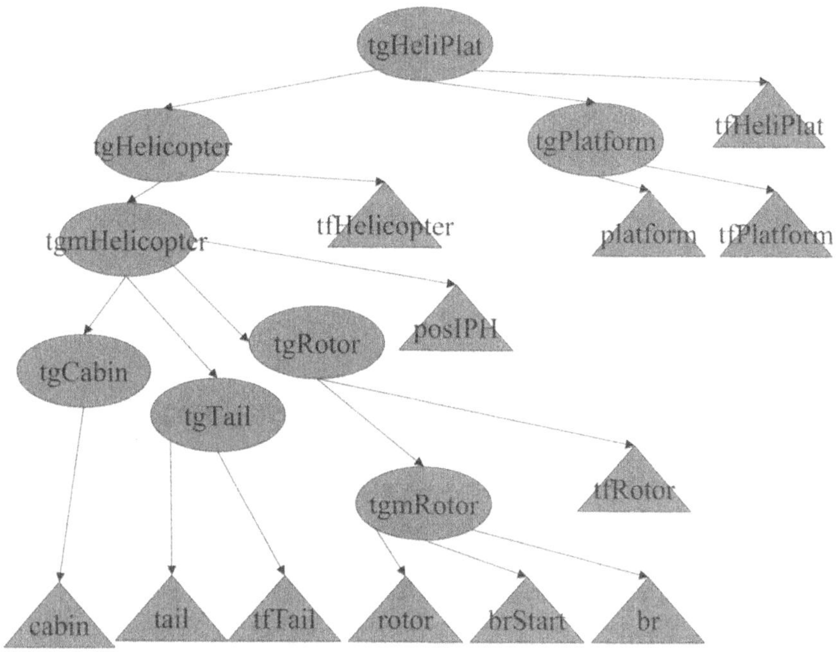

Abbildung 5.6 Ausschnitt aus dem Szenengraph mit dynamischen Transformationen

Einer Transformationsgruppe können jetzt Objekte, andere Transformationsgruppen, Transformationen zur Positionierung oder Interpolatoren zugeordnet werden. Die Interpolatoren dienen zur Beschreibung von Bewegungen. Abbildung 5.6 zeigt einen Ausschnitt aus dem erweiterten Szenengraphen für den Hubschrauber, mit dem die Rotation und das Abheben des Hubschraubers beschrieben werden können. Die Namen der Transformationsgruppen, die Interpolatoren, d.h. Bewegungen enthalten, beginnen mit den Buchstaben tgm (für TransformationGroup with Movement).

Die Transformationsgruppe tgmRotor enthält den Rotor als im Koordinatenursprung zentriertes geometrisches Objekt und zwei Rotationsbewegungen br und brStart um die y-Achse, die nacheinander ausgeführt werden. Die erste Rotationsbewegung lässt den Rotor zunächst noch langsam rotieren. Die zweite Rotationsbewegung beschreibt eine schnellere Drehung, die dann schließlich zum Abheben des Hubschraubers führen soll. Das Abheben des Hubschraubers wird in der Transformationsgruppe tgmHelicopter realisert.

Die Bewegungen und die Positionierungen sollten in den Transformationsgruppen sauber getrennt sein. Der Rotor bleibt in der Transformationsgruppe tgmRotor zunächst im Koordinatenursprung, wo auch seine Rotation beschrieben wird. Diese Transformationsgruppe wird einer weiteren Transformationsgruppe tgRotor zugeordnet, die den Rotor auf der Hubschrauberkabine positioniert. Diese Translation wird ebenfalls auf die Rotationsbewegung angewendet, da sich die Bewegung in einem Kindknoten von tgRotor befindet.

Das Gleiche gilt für die Bewegung des Hubschraubers. Das Aufsteigen des Hubschraubers wird in der Transformationsgruppe tgmHelicopter relativ zum Koordinatenursprung beschrieben. Erst danach wird der Hubschrauber zusammen mit seiner Flugbewegung in der übergeordneten Transformationsgruppe tgHelicopter auf die Plattform gesetzt, so dass er dann von dort aus startet. Es ist durchaus auch denkbar, die Reihenfolge der beiden Transformationsgruppen zu vertauschen. Die hier gewählte Darstellung entspricht der Modellierung der folgenden Bewegung: Der Hubschrauber soll von einer Plattform abheben bis er schließlich eine vorgegebene Höhe h gemessen von der Plattform erreicht hat. Die Höhe der Plattform spielt bei dieser Bewegung für den Hubschrauber keine Rolle. Er muss immer eine Strecke von h Einheiten zurücklegen. Soll der Hubschrauber jedoch von der Plattform aus starten und bis zu einer Höhe h über dem Boden fliegen, hängt die zurückzulegende Strecke von der Höhe der Plattform ab. In diesem Fall würde man die beiden Transformationsgruppen vertauschen. Man müsste in der Transformationsgruppe tgmHelicopter dann allerdings auch eine andere Bewegung definieren, die von einem anderen Punkt aus startet.

5.7 Animation in Java 3D

Java 3D stellt für Animation die abstrakte Klasse `Interpolator` mit einer Reihe von Unterklassen zur Verfügung. Java 3D erweitert dabei das Grundprinzip, das bereits im Abschnitt 2.11 vorgestellt wurde. Zur Darstellung einer kontinuierlichen Veränderung als Animation geht man von einem Anfangs- und einem Endzustand aus. Die Animation kann beispielsweise darin bestehen, dass sich ein Objekt linear oder auf einer Kreisbahn bewegt oder aber auch seine Farbe verändert. Dem Anfangszustand wird der Wert 0, dem Endzustand der Wert 1, den Zwischenzuständen entsprechend Werte zwischen 0 und 1 zugeordnet. Welche Bedeutung Anfangs- und Endzustand haben und wie Zwischenzustände berechnet werden, hängt davon ab, ob eine lineare, kreis- oder andersförmige

Bewegung oder eine Farbveränderung modelliert werden soll. Für alle Interpolatoren müssen verschiedene grundsätzliche Parameter festgelegt werden. Dazu gehören z.B. folgende Informationen:

- Wann soll der Interpolationsvorgang starten?
- Soll er nur vorwärts oder auch rückwärts ausgeführt werden?
- Wie lange dauert der Übergang vom Zustand 0 in den Zustand 1?
- Soll die Animation mit konstanter Geschwindigkeit vom Zustand 0 in den Zustand 1 übergehen oder soll man langsam aus dem Zustand 0 beschleunigen und wieder sanft abbremsen, wenn man sich dem Zustand 1 nähert?
- Soll der Interpolationsvorgang nur einmal oder mehrfach ausgeführt werden?

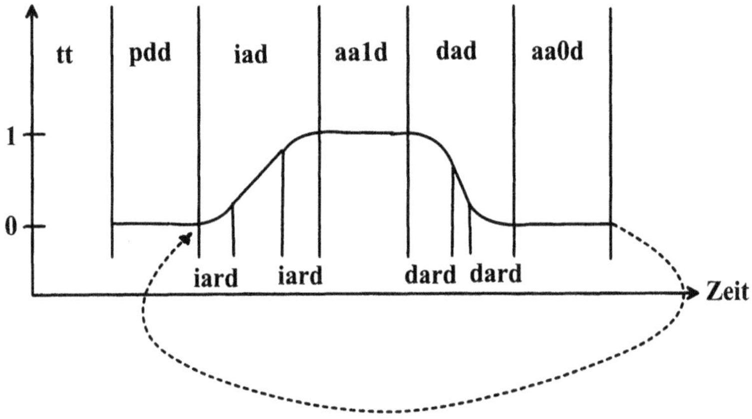

Abbildung 5.7 Verlauf der Alpha-Werte

Java 3D verwendet zur Festlegung dieser Eigenschaften die Klasse `Alpha`. Jedem Interpolator muss ein `Alpha`-Objekt zugeordnet werden. Zur Erzeugung einer Instanz der Klasse `Alpha` kann der folgende Konstruktor verwendet werden:

```
Alpha a = new Alpha(lc,id,tt,pdd,iad,iard,aa1d,dad,dard,aa0d);
```

Abbildung 5.7 veranschaulicht die Bedeutung der wesentlichen Parameter von `Alpha`, die im Folgenden genauer erläutert werden. Zur Erklärung der Parameter soll auf das Beispiel mit dem Hubschrauber zurückgegriffen werden. Das entsprechende `Alpha` soll dazu benutzt werden, um eine lineare Bewegung des

Hubschraubers nach oben zu beschreiben. Der Zustand 0 entspricht der Ausgangsposition des Hubschraubers am Boden, der Zustand 1 dem höchsten Punkt während seines Fluges.

Der Integer-Wert `lc` definiert das Attribut `loopCount`, mit dem festgelegt wird, wie oft der Interpolator wiederholt werden soll. Beispielsweise könnte der Hubschrauber dreimal auf- und absteigen. In diesem Fall würde man `lc=3` wählen. Setzt man `lc=-1` wird der entsprechende Interpolator unendlich oft wiederholt, das heißt, der Hubschrauber würde immer wieder auf- und absteigen. Der zweite Parameter `id` für das Attribut `mode` gibt an, in welche Richtung der Interpolator durchgeführt werden soll. Es gibt hier drei Möglichkeiten:

- `id=Alpha.INCREASING_ENABLE`: Es wird nur die Interpolation von 0 nach 1 ausgeführt, ggf. mehrfach, falls `lc`>1 gilt. Der Hubschrauber würde in diesem Fall immer nur vom Startpunkt wieder aufsteigen und nach dem Aufstieg zum Ausgangspunkt zurückspringen anstatt zurückzufliegen.
- `id=Alpha.DECREASING_ENABLE`: Es wird nur die Interpolation von 1 nach 0 ausgeführt, so dass der Hubschrauber in diesem Fall immer nur jeweils den Landeanflug durchführen und nach der Landung springen würde.
- `id=Alpha.INCREASING_ENABLE+Alpha.DECREASING_ENABLE`: Hier wird der Interpolator immer abwechselnd von 0 nach 1 und danach von 1 zurück zu 0 ausgeführt. Für den Hubschrauber wäre dies die richtige Lösung. Er würde immer wieder starten und landen. Für die Modellierung der Rotordrehung würde man stattdessen nur `id=Alpha.INCREASING_ENABLE`, da sich der Rotor nur in eine Richtung in nicht abwechselnd vor- und rückwärts drehen soll.

Alle danach folgenden Parameter in dem oben angegebenen Konstruktor für `Alpha` sind vom Typ `long`, d.h. ganzzahlig, und spezifizieren Zeiten in Millisekunden.

Das Attribut `triggerTime` von `Alpha` wird durch den Wert `tt` festgelegt. `tt` gibt an, nach wie vielen Millisekunden nach dem Start des Programms `Alpha` Werte liefern soll. Mit `pdd` wird der Wert `phaseDelayDuration` festgelegt. `Alpha` bleibt nach dem Ablauf der `triggerTime` für `phaseDelayDuration` Millisekunden beim Wert 0. In den hier besprochenen Anwendungen genügt es, immer nur einen der beiden Werte `triggerTime` oder `phaseDelayDuration` zu verwenden. In den Beispielprogrammen wird immer `phaseDelayDuration`=0 setzt und der Beginn einer Animationssequenz mittels `triggerTime` angeben. Im Beispiel des Hubschraubers muss die `triggerTime` so gewählt werden, dass die aufsteigende Bewegung des Hubschraubers erst dann startet, nachdem der Rotor seine gewünschte Umdrehungsgeschwindigkeit erreicht hat.

Mit dem Parameter `iad` wird festgelegt, wie lange der Übergang `increasingAlphaDuration` vom Zustand 0 in den Zustand 1 dauern soll. Für den Hubschrauber entspricht dies der Zeit, wie lange er nach oben steigen soll. Der nächste Parameter `iard` definiert den Wert des Attributs `increasingAlphaRampDuration`. Im Falle des Hubschraubers und auch in den vielen anderen Anwendungsbeispielen ist es unrealistisch, dass die Bewegung zunächst in der Anfangsposition bis zum Abblauf der `triggerTime` verharrt, um dann ohne kontinuierliche Beschleunigung sofort die Bewegung vom Zustand 0 in den Zustand 1 mit konstanter Geschwindigkeit durchzuführen. Mit `iard` wird die Dauer der linearen Beschleunigung bis zum Erreichen der konstanten Maximalgeschwindigkeit spezifiziert. Dieselbe Zeit `iard` wird ebenfalls verwendet, um die Bewegung am Ende beim Erreichen des Zustands 1 von der Maximalgeschwindigkeit linear auf die Geschwindigkeit 0 abzubremsen. Die erforderliche konstante Beschleunigung und die zu erreichende Maximalgeschwindigkeit werden von Java 3D automatisch errechnet.

Nachdem der Übergang vom Zustand 0 in den Zustand 1 abgeschlossen ist, legt `aa1d` den Wert `alphaAtOneDuration` fest, das heißt, wie lange im Zustand 1 verharrt werden soll. Für den Hubschrauber bedeutet dies, wie lange er im höchsten Punkt seines Fluges schweben soll.

Die Werte `dad` und `dard` bestimmen die Attribute `decreasingAlphaDuration` bzw. `decreasingAlphaRampDuration`. Sie haben die gleiche Bedeutung wie `increasingAlphaDuration` bzw. `increasingAlphaRampDuration`, allerdings nicht für den Übergang vom Zustand 0 in den Zustand 1, sondern für den umgekehrten Weg vom Zustand 1 in den Zustand 0. Somit legt `dad` im Hubschrauberbeispiel fest, wie lange der Flug zurück zum Boden dauern soll. Entsprechend wird mit `dard` spezifiziert, wie lange der Beschleunigungs- und der Abbremsvorgang dauern sollen.

Schließlich legt `aa0d` das Attribut `alphaAtZeroDuration` fest, d.h. die Zeit, die im Zustand 0 verbracht werden soll. Diese Angabe spielt nur dann eine Rolle, wenn die Bewegung wiederholt werden soll, das heißt, wenn der Parameter `lc` bzw. `loopCount` entweder echt größer als Eins gewählt oder auf den Wert -1 (unbegrenzte Anzahl von Wiederholungen) festgelegt wurde. Sofern eine Wiederholung gewünscht ist, wird die Sequenz, die sich aus

- `increasingAlphaDuration`,
- `alphaAtOneDuration`,
- `decreasingAlphaDuration` und
- `alphaAtZeroDuration`

unter Berücksichtigung der mittels increasingAlphaRampDuration und decreasingAlphaRampDuration spezifizierten Beschleunigungs- und Abbremszeiten ergibt, immer wieder durchlaufen.

Die Zeiten increasingAlphaDuration und increasingAlphaRampDuration sind nur dann relevant, wenn Alpha.INCREASING_ENABLE mittels des Parameters id gesetzt wurde. Entsprechend werden die Zeiten decreasingAlphaDuration und decreasingAlphaRampDuration nur dann berücksichtigt, wenn Alpha.DECREASING_ENABLE gesetzt wurde.

Die Klasse Alpha dient zur Beschreibung des zeitlichen Ablaufs einer Bewegung oder allgemeiner eines Interpolators. Der Interpolator legt die konkreten Veränderungen fest, die mit den Alpha-Werten durchlaufen werden. Java 3D stellt eine Reihe von Interpolatoren zur Verfügung, von denen hier nur die elementarsten beschrieben werden sollen.

Mit dem PositionInterpolator werden Bewegungen auf einer geraden Strecke zwischen zwei Punkten modelliert:

```
PositionInterpolator pi =
  new PositionInterpolator(alpha,transformgroup,axis,
                           startingPoint,endPoint);
```

Das erste Argument dieses Konstruktors ist eine Instanz der Klasse Alpha zur Beschreibung des zeitlichen Ablaufs der Bewegung auf der geradlinigen Strecke. Das zweite Argument spezifiziert die Transformationsgruppe, auf die der Interpolator anzuwenden ist. Zur Definition der Achse, entlang derer die Bewegung stattfinden soll, dient die Instanz axis der Klasse Transform3D. Man erzeugt sich vor dem Aufruf des Konstruktors des Interpolators mittels

```
Transform3D axis = new Transform3D();
```

die Identität als Transformation. Wird diese identische Transformation direkt verwendet, erfolgt die Bewegung entlang der x-Achse. Solle eine Bewegung entlang einer anderen Achse ausgeführt werden, muss als axis eine Transformation gewählt werden, die die x-Achse auf die gewünschte Achse abbildet. Soll beispielsweise eine Bewegung entlang der y-Achse stattfinden, erreicht man dies durch eine Rotation um die z-Achse um $90°$, da auf diese Weise die x-Achse auf die y-Achse abgebildet wird. Man müsste daher noch die Methode

```
axis.rotZ(Math.PI/2);
```

vor dem PositionInterpolator aufrufen.

Mit startingPoint und endPoint werden der Zustand 0, d.h. der Anfangspunkt, bzw. der Zustand 1, d.h. der Endpunkt der linearen Bewegung auf der Achse festgelegt. Hierbei ist zu beachten, dass der Anfangspunkt auf der Achse so zu wählen ist, dass sich die entsprechende Transformationsgruppe, die bewegt werden soll, genau dort befindet. Konstruiert man beispielsweise ein Objekt im Koordinatenursprung, das entlang der x-Achse verschoben werden soll, und wählt startingPoint=1 springt das Objekt zu Beginn der Bewegung vom Koordinatenursprung zum Punkt (1,0,0). Umgekehrt springt das Objekt zurück in den Ursprung, wenn man das Objekt erst in einen anderen Punkt verschiebt und danach einen Positionsinterpolator entlang der x-Achse mit startingPoint=0 definiert.

Wenn man einen Interpolator definiert hat, müssen noch weitere Festlegungen vorgenommen werden. Für Interpolatoren und einige Konzepte in Java 3D muss ein Wirkungsbereich angegeben werden. Dieser Wirkungsbereich gibt an, ob das entsprechende Konzept überhaupt zur Anwendung kommen soll. Befindet man sich außerhalb des Wirkungsbereichs des Konzeptes, werden die entsprechenden Berechnungen nicht durchgeführt. Insbesondere bei größeren Szenen sollten geeignete Wirkungsbereiche definiert werden. Hat man beispielsweise ein Gebäude mit vielen Zimmern modelliert, in denen jeweils ein sich drehender Ventilator unter der Decke installiert ist, muss bei der Darstellung nur die Rotation des Ventilators berechnet werden, der sich in dem Zimmer befindet, in dem sich der Betrachter aufhält. Der Wirkungsbereich der Rotation jedes Ventilators sollte daher auf das Zimmer beschränkt sein, in dem er installiert ist. Eventuell sollte man den Wirkungsbereich geringfügig ausdehnen, damit ein Betrachter der im Flur außerhalb des Zimmers steht, bei geöffneter Tür ebenfalls einen rotierenden Ventilator sieht. Zur Definition von Wirkungsbereichen kann die Klasse BoundingSphere mit dem Konstruktor

```
BoundingSphere bs = new BoundingSphere(new Point3d(x,y,z),r)
```

verwendet werden. Auf diese Weise wird ein kugelförmiger Wirkungsbereich mit Radius r um den Punkt (x,y,z) festgelegt. Soll der Wirkungsbereich nicht begrenzt sein, wählt man r=Double.MAX_VALUE. Die Klasse BoundingBox erlaubt die Definition eines quaderförmigen Wirkungsbereichs.

Nach der Definition eines geeigneten Wirkungsbereichs bs muss dieser dem Interpolator pi mittels

```
pi.setSchedulingBounds(bs);
```

zugeordnet werden.

Bei statischen, sich nicht verändernden Objekten können gewisse zur Darstellung erforderliche Eigenschaften vorausberechnet werden, was Java 3D aus Effizienzgründen tut. Daher muss durch

```
transformationgroup.setCapability(
                    TransformGroup.ALLOW_TRANSFORM_WRITE);
```

explizit angegeben werden, dass die entsprechende Transformationsgruppe `transformationgroup` während der Darstellung veränderbar ist. Schließlich muss der Interpolator `pi` noch der Transformationsgruppe mittels

```
transformationgroup.addChild(pi);
```

hinzugefügt werden.

Mit der Klasse `RotationInterpolator` lassen sich ganz analog zur Verwendung von Positionsinterpolatoren Rotationen beschreiben. Dazu verwendet man den folgenden Konstruktor:

```
RotationInterpolator ri =
  new RotationInterpolator(alpha,transformgroup,axis,
                           startAngle,endAngle);
```

Die Parameter `alpha` und `transformgroup` haben dieselbe Bedeutung wie bei den Positionsinterpolatoren. Die Rotationsachse wird durch die Instanz `axis` der Klasse `Transform3D` bestimmt. Ist `axis` die Identität, wird um die y-Achse rotiert. Soll um eine andere Achse rotiert werden, muss `axis` eine Transformation definieren, die die y-Achse auf die gewünschte Achse abbildet. Unter Verwendung von

```
Transform3D axis = new Transform3D();
axis.rotX(Math.PI/2);
```

wird beispielsweise eine Rotation um die z-Achse definiert. Die Parameter `startAngle` und `endAngle` geben den Anfangs- bzw. Endwinkel der Rotation im Bogenmaß an. Man beachte, dass Winkel größer als 2π auf den Bereich von $[0,2\pi]$ umgerechnet werden. Wählt man beispielsweise π als Start- und 4π als Endwinkel, wird nur eine halbe Umdrehung von π bis 2π ausgeführt und nicht etwa eineinhalb Umdrehungen. Für Rotationsinterpolatoren sind ansonsten die gleichen Aufrufe bzgl. Wirkungsbereich und zugeordneter Transformationsgruppe erforderlich wie beim Positionsinterpolator.

Ganz analog werden Skalierungen mit der Klasse `ScaleInterpolator` unter Verwendung des Konstruktors

```
ScaleInterpolator si =
  new ScaleInterpolator(alpha,transformgroup,axis,
                        startScale,endScale);
```

definiert. Mit der `Transform3D axis` kann ein anderer Bezugspunkt als der Koordinatenursprung für die Skalierung angegeben werden. Ebenso lassen sich mit dieser Transformation unterschiedliche Skalierungen in den verschiedenen Achsenrichtungen festlegen, indem man diese Transformation selbst als entsprechende Skalierung definiert. Mit `startScale` und `endScale` werden die Skalierungsfaktoren für den Zustand 0 und den Zustand 1 spezifiziert. In der Regel wird man `startScale=1` wählen, da ansonsten zu Beginn der kontinuierlichen Skalierung eine sprunghafte Skalierung stattfindet, sofern das Objekt nicht vorher schon skaliert wurde. Will man beispielsweise ein Objekt auf seine doppelte Größe anwachsen lassen, würde man `startScale=1` und `endScale=2` definieren.

Positions- und Rotationsinterpolatoren werden im Beispielprogramm `SimpleAnimation3d.java` des startenden und landenden Hubschraubers verwendet. Einen Skalierungsinterpolator findet man im Programm `InteractionExample.java`, das im Kapitel 9 erläutert wird.

5.8 Projektionen

Bisher wurden Transformationen dazu verwendet, um geometrische Objekte in einer Szene zu positionieren oder zu bewegen. Für die Darstellung einer dreidimensionalen Szene ist eine *Projektion* auf eine zweidimensionale Ebene erforderlich, die beispielsweise dem Computermonitor entspricht. Auch diese Projektionen lassen sich mit Hilfe geometrischer Transformationen realisieren.

Bei der Darstellung einer dreidimensionalen Szene müssen ein Betrachterstandpunkt und eine Projektionsebene festgelegt werden. Der Betrachter schaut in Richtung der *Projektionsebene*, die eine Art Fenster mit Blick auf die dreidimensionale Welt darstellt. Die Projektion eines Objektes auf diese Ebene erhält man, indem man von einem *Projektionszentrum*, das dem Betrachterstandpunkt entspricht, ausgehende Strahlen mit den Punkten des zu projizierenden Objekts verbindet und die Auftreffpunkte in der Projektionsebene berechnet. Man nennt diese Vorgehensweise, die in Abbildung 5.8 links veranschaulicht ist, *perspektivische Projektion*.

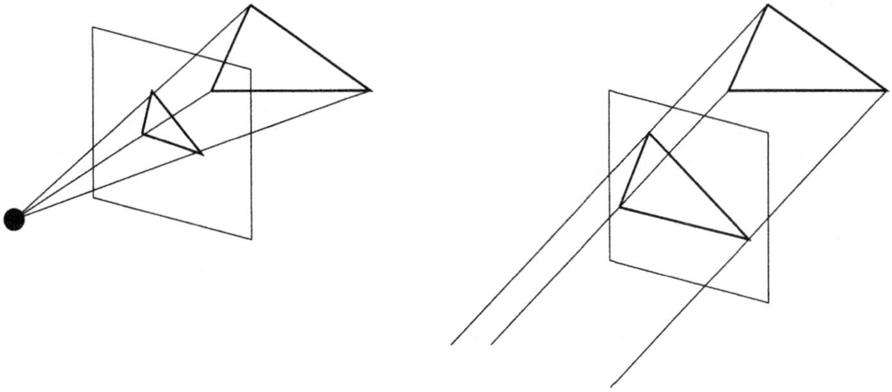

Abbildung 5.8 Perspektivische und Parallelprojektion

Entfernt man das Projektionszentrum immer weiter von der Projektionsebene, ergeben sich schließlich im Unendlichen parallele Projektionsstrahlen. Gibt man eine solche *Projektionsrichtung* anstelle eines Projektionszentrum vor, spricht man von *Parallelprojektion*. In diesem Fall erhält man die Projektion eines Objektes, indem man Strahlen parallel zur Projektionsrichtung von den Punkten des Objektes ausgehen lässt und die Schnittpunkte mit der Projektionsebene berechnet. Üblicherweise steht die Projektionsrichtung senkrecht zur Projektionsebene. Die Parallelprojektion ist in der Abbildung 5.8 rechts zu sehen.

Zunächst soll die Parallelprojektion mit der Ebene $z = z_0$ als Projektionsebene betrachtet werden, das heißt, die Projektionsebene liegt parallel zur x/y-Ebene. Bei dieser Parallelprojektion wird der Punkt (x,y,z) auf den Punkt (x,y,z_0) abgebildet. In homogenen Koordinaten lässt sich diese Abbildung folgendermaßen als Matrixmultiplikation darstellen:

$$\begin{pmatrix} x \\ y \\ z_0 \\ 1 \end{pmatrix} = \begin{pmatrix} 1 & 0 & 0 & 0 \\ 0 & 1 & 0 & 0 \\ 0 & 0 & 0 & z_0 \\ 0 & 0 & 0 & 1 \end{pmatrix} \cdot \begin{pmatrix} x \\ y \\ z \\ 1 \end{pmatrix} \qquad (5.2)$$

Damit lässt sich jede Parallelprojektion in Form einer Matrixmultiplikation in homogenen Koordinaten beschreiben. Soll auf eine Ebene projiziert werden, die nicht parallel zur x/y-Ebene liegt, muss vor die Projektionsmatrix in Gleichung (5.2) nur eine entsprechende Transformation geschaltet werden, die die vorgegebene Projektionsebene auf eine zur x/y-Ebene parallele Ebene abbildet. Dies lässt sich immer durch eine Drehung um die y-Achse und eine anschließende Drehung um die x-Achse erreichen, wie in Abbildung 5.9 zu sehen ist.

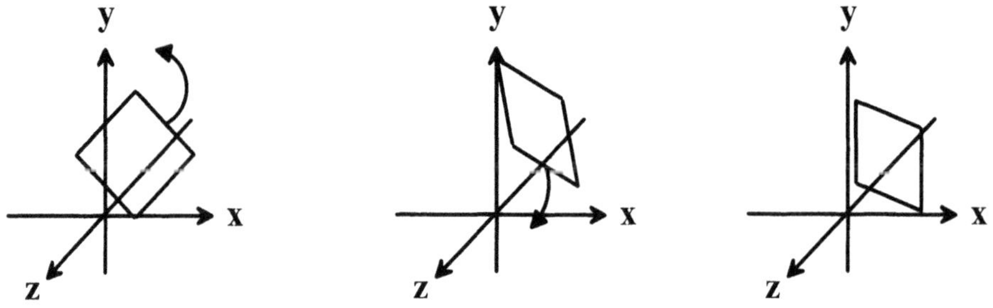

Abbildung 5.9 Abbildung einer beliebigen Ebene auf eine zur x/y-Ebene parallele Ebene

Zum Verständnis der Parallelprojektion genügt es daher, nur Projektionsebenen parallel zur x/y-Ebene zu betrachten. Im Falle einer anderen Projektionsebene kann man sich genauso stattdessen auch eine transformierte Szene vorstellen, die dann wiederum auf eine zur x/y-Ebene parallele Ebene projiziert wird.

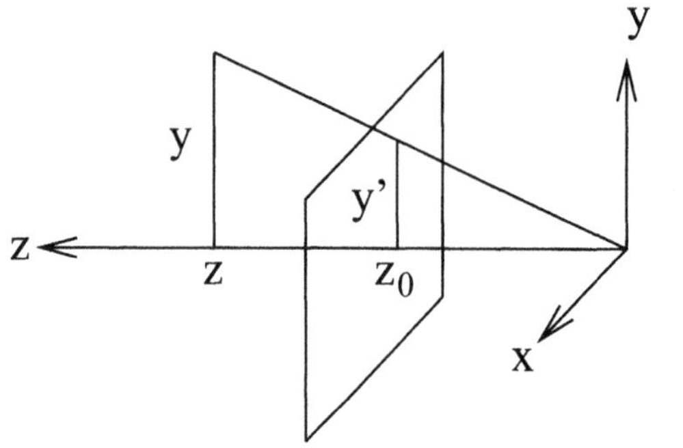

Abbildung 5.10 Berechnung der perspektivischen Projektion

Auch die perspektivische Projektion lässt sich in homogenen Koordinaten als Matrixmultiplikation repräsentieren. Dazu wird zunächst eine perspektivische Projektion mit Projektionszentrum im Koordinatenursprung und einer zur (x,y)-Ebene parallelen Projektionsfläche $z = z_0$ betrachtet, wie sie in Abbildung 5.10 dargestellt ist. Mit dem Strahlensatz ergibt sich:

$$\frac{x'}{x} = \frac{z_0}{z} \qquad \text{und} \qquad \frac{y'}{y} = \frac{z_0}{z}$$

bzw.

$$x' = \frac{z_0}{z} \cdot x \qquad \text{und} \qquad y' = \frac{z_0}{z} \cdot y$$

Diese perspektivische Projektion bildet somit den Punkt (x,y,z) auf den Punkt

$$(x',y',z_0) = \left(\frac{z_0}{z} \cdot x, \frac{z_0}{z} \cdot y, z_0\right) \tag{5.3}$$

ab. In homogenen Koordinaten lässt sich diese Abbildung folgendermaßen schreiben:

$$\begin{pmatrix} x \\ y \\ z \\ \frac{z}{z_0} \end{pmatrix} = \begin{pmatrix} 1 & 0 & 0 & 0 \\ 0 & 1 & 0 & 0 \\ 0 & 0 & 1 & 0 \\ 0 & 0 & \frac{1}{z_0} & 0 \end{pmatrix} \cdot \begin{pmatrix} x \\ y \\ z \\ 1 \end{pmatrix} \tag{5.4}$$

Stellt man den resultierenden Punkt $\left(x,y,z,\frac{z}{z_0}\right)$ in kartesischen Koordinaten dar, das heißt, teilt man die ersten drei Komponenten jeweils durch die vierte, ergibt sich offenbar genau der gesuchte Punkt (5.3).

Die Matrix für die perspektivische Projektion in Gleichung (5.4) besitzt nicht wie bisher alle anderen besprochenen Matrizen als letzte Zeile $(0,0,0,1)$. Daher liegt das Ergebnis in diesem Fall auch nicht in normierten homogenen Koordinaten vor.

Analog zur Parallelprojektion stellt im Falle der perspektivischen Projektion die spezielle Wahl des Koordinatenursprungs als Projektionszentrum mit einer zur x/y-Ebene parallelen Projektionsebene keine wirkliche Einschränkung dar. Jede perspektivische Projektion lässt sich auf diese spezielle perspektivische Projektion zurückführen. Dazu verschiebt man mit Hilfe einer Transformation das Projektionszentrum in den Koordinatenursprung. Anschließend lässt sich genau wie bei der Parallelprojektion die Projektionsebene durch zwei Drehungen auf eine zur x/y-Ebene parallele Ebene abbilden.

Es soll noch ein weiterer Spezialfall einer perspektivischen Projektion betrachtet werden, bei der die Projektionsebene die x/y-Ebene ist und das Projektionszentrum auf der z-Achse bei $-z_0$ liegt. Wendet man die gleichen, auf dem Strahlensatz basierenden Überlegungen wie vorher an, um zu berechnen, auf welchen Punkt $(x',y',0)$ ein Punkt (x,y,z) projiziert wird, ergibt sich:

$$x' = \frac{z_0}{z_0 + z} \cdot x = \frac{x}{1 + \frac{z}{z_0}} \quad \text{und} \quad y' = \frac{z_0}{z_0 + z} \cdot y = \frac{y}{1 + \frac{z}{z_0}} \tag{5.5}$$

Diese Abbildung lässt sich folgendermaßen in homogenen Koordinaten in Matrixform schreiben:

$$\begin{pmatrix} x \\ y \\ 0 \\ 1 + \frac{z}{z_0} \end{pmatrix} = \begin{pmatrix} 1 & 0 & 0 & 0 \\ 0 & 1 & 0 & 0 \\ 0 & 0 & 0 & 0 \\ 0 & 0 & \frac{1}{z_0} & 1 \end{pmatrix} \cdot \begin{pmatrix} x \\ y \\ z \\ 1 \end{pmatrix} \tag{5.6}$$

Der resultierende Punkt $\left(x,y,0,1+\frac{z}{z_0}\right)$ in homogenen Koordinaten entspricht wiederum dem gesuchten projizierten Punkt mit den kartesischen Koordinaten aus Gleichung (5.5).

Es wurde bereits gezeigt, dass sich jede perspektivische Projektion auf eine perspektivische Projektion mit Projektionszentrum im Koordinatenursprung mit einer zur x/y-Ebene parallelen Projektionsebene zurückführen lässt. Diese spezielle Projektion lässt sich wiederum durch eine Translation um den Vektor $(0,0,-z_0)$ auf die perspektivische Projektion in Gleichung (5.6) zurückführen. Zum Verständnis perspektivischer Transformationen genügt es daher, die perspektivische Projektion in Gleichung (5.6) zu untersuchen. Alle anderen perspektivischen Projektionen lassen sich als diese perspektivische Projektion auffassen mit einer zusätzlich davorgeschalteten Transformation der Objektwelt. Die Matrix aus Gleichung (5.6) lässt sich als Produkt zweier Matrizen schreiben:

$$\begin{pmatrix} 1 & 0 & 0 & 0 \\ 0 & 1 & 0 & 0 \\ 0 & 0 & 0 & 0 \\ 0 & 0 & \frac{1}{z_0} & 1 \end{pmatrix} = \begin{pmatrix} 1 & 0 & 0 & 0 \\ 0 & 1 & 0 & 0 \\ 0 & 0 & 0 & 0 \\ 0 & 0 & 0 & 1 \end{pmatrix} \cdot \begin{pmatrix} 1 & 0 & 0 & 0 \\ 0 & 1 & 0 & 0 \\ 0 & 0 & 1 & 0 \\ 0 & 0 & \frac{1}{z_0} & 1 \end{pmatrix} \qquad (5.7)$$

Die linke Matrix auf der rechten Seite dieser Gleichung entspricht der Form (5.2) mit $z_0 = 0$, d.h. einer Parallelprojektion auf die x/y-Ebene. Zusammenfassend lässt sich daher Folgendes feststellen: Jede perspektivische Projektion A_{persp} kann durch eine geeignete Transformation T auf die perspektivische Projektion A_{persp,z_0} aus Gleichung (5.6) zurückgeführt werden:

$$A_{\text{persp}} = A_{\text{persp},z_0} \cdot T$$

Mit der Zerlegung der perspektivischen Projektion A_{persp,z_0} in Gleichung (5.7) erhält man somit

$$A_{\text{persp}} = \begin{pmatrix} 1 & 0 & 0 & 0 \\ 0 & 1 & 0 & 0 \\ 0 & 0 & 0 & 0 \\ 0 & 0 & 0 & 1 \end{pmatrix} \cdot \widetilde{T}$$

mit:

$$\widetilde{T} = \begin{pmatrix} 1 & 0 & 0 & 0 \\ 0 & 1 & 0 & 0 \\ 0 & 0 & 1 & 0 \\ 0 & 0 & \frac{1}{z_0} & 1 \end{pmatrix} \cdot T$$

Das bedeutet, dass sich jede perspektivische Projektion als eine Transformation $\widetilde{T}$ und eine anschließende Parallelprojektion auf die x/y-Ebene auffassen lässt. Auch alle Parallelprojektionen lassen sich auf diese spezielle Parallelprojektion zurückführen. Zum Verständnis von Projektionen in der Computergrafik genügt es daher, neben allgemeinen Transformationen nur die Parallelprojektion auf die x/y-Ebene zu untersuchen.

Die Parallelprojektion auf die x/y-Ebene besteht nur daraus, die z-Koordinate auf den Wert Null zu setzen. Um die perspektivische Projektion besser zu verstehen, soll noch einmal auf die Zerlegung als Parallelprojektion mit einer vorgeschalteten Transformation aus Gleichung (5.7) zurückgegriffen werden, um die Auswirkungen der rechten Matrix

$$\begin{pmatrix} 1 & 0 & 0 & 0 \\ 0 & 1 & 0 & 0 \\ 0 & 0 & 1 & 0 \\ 0 & 0 & \frac{1}{z_0} & 1 \end{pmatrix} \tag{5.8}$$

in dieser Gleichung zu untersuchen. Die x/y-Ebene, d.h. alle Punkte mit $z = 0$, bleibt dabei als Projektionsebene unverändert. Es wird ein Punkt der Form $\left(0,0,\frac{1}{w}\right)$ mit $w \in \mathbb{R}$, $w \neq 0$ betrachtet. In homogenen Koordinaten lässt sich dieser Punkt in der Form $(0,0,1,w)$ schreiben. Dieser Punkt wird durch die Matrix (5.8) auf den Punkt $\left(0,0,1,\frac{1}{z_0} + w\right)$ in homogenen Koordinaten abgebildet. In kartesischen Koordinaten bedeutet dies:

$$\left(0,0,\frac{1}{w}\right) \mapsto \left(0,0,\frac{z_0}{1 + z_0 \cdot w}\right)$$

Lässt man nun den Parameter w gegen Null gehen, wandert der Ausgangspunkt $\left(0,0,\frac{1}{w}\right)$ auf der z-Achse gegen unendlich, während der Bildpunkt $\left(0,0,\frac{z_0}{1+z_0 \cdot w}\right)$ gegen den endlichen Punkt $(0,0,z_0)$ konvergiert. Der unendlich ferne Punkt auf der z-Achse wird somit auf einen konkreten, nicht im Unendlichen liegenden Punkt abgebildet. Betrachtet man alle Geraden, die durch den $\left(0,0,\frac{1}{w}\right)$ verlaufen, schneiden sich die durch die Matrix (5.8) transformierten Geraden im Punkt $\left(0,0,\frac{z_0}{1+z_0 \cdot w}\right)$. Lässt man wiederum w gegen Null gehen, geht die Geradenschar in zur z-Achse parallele Geraden über, die sich nicht schneiden. Die transformierten Geraden schneiden sich jedoch alle im Punkt $(0,0,z_0)$. Dieser Punkt wird auch als *Fluchtpunkt* bezeichnet.

Diese theoretischen Berechnungen belegen den bekannten Effekt, dass sich bei einer perspektivischen Projektion vom Betrachter fort verlaufende, parallele Geraden in einem Punkt, dem Fluchtpunkt, schneiden. Abbildung 5.11 zeigt ein typisches Beispiel eines Fluchtpunktes: eigentlich parallel verlaufende Eisenbahnschienen, die zusammenzulaufen scheinen.

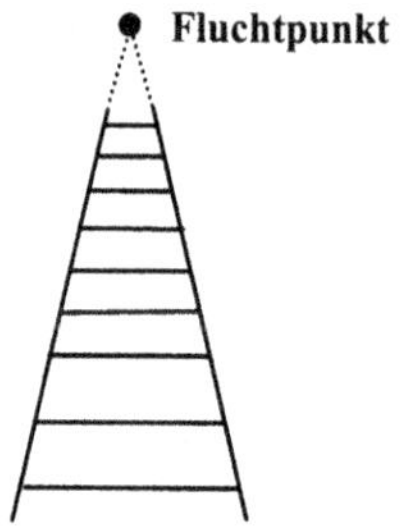

Abbildung 5.11 Fluchtpunkt bei perspektivischer Projektion

Nur für die nach hinten verlaufenden Linien bleibt Parallelität bei dieser perspektivischen Projektion nicht erhalten. Linien, die Parallel zur x- oder y-Achse sind, bleiben auch nach der Projektion parallel. Wenn eine Projektionsebene gewählt wird, die mehr als nur eine Koordinatenachse schneidet, ergeben sich mehrere Fluchtpunkte. Schneidet die Projektionsebene zwei oder sogar alle drei Koordinatenachsen, erhält man zwei bzw. drei Fluchtpunkte. Man spricht dann von *Zwei-* bzw. *Dreipunktperspektive*. Abbildung 5.12 verdeutlicht die Effekte bei der Darstellung eines Würfels, wenn ein, zwei oder drei Fluchtpunkte vorhanden sind.

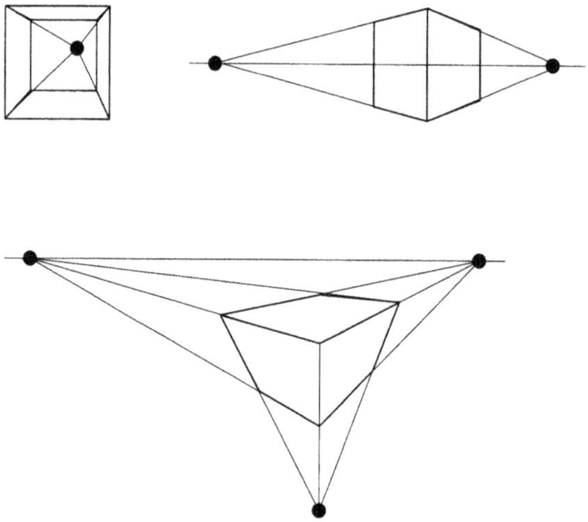

Abbildung 5.12 Ein-, Zwei- und Dreipunktperspektive

Es wurde gezeigt, dass sich jede beliebige Projektion einer Szene immer als eine Transformation mit anschließender Parallelprojektion auf die x/y-Ebene darstellen lässt. Eine Änderung des Betrachterstandpunktes entspricht somit einer

Änderung der Transformation, die vor der Parallelprojektion auf die x/y-Ebene durchgeführt wird. In diesem Sinne lässt sich eine Bewegung des Betrachters auch so interpretieren, dass der Betrachter unverändert bleibt, und zwar unendlich weit entfernt, da eine Parallelprojektion angewendet wird. Statt der Betrachterbewegung wird die gesamte Szene einer Transformation unterzogen, die genau der inversen Bewegung des Betrachters entspricht. Zur Modellierung von Bewegungen des Betrachters muss daher nur die Transformationsgruppe der gesamten Szene um eine entsprechende Transformation angereichert werden. Beispielsweise wird eine Drehung des Betrachters nach links durch eine Drehung der Gesamtszene nach rechts realisiert.

5.8.1 Projektionen in Java 3D

In Java 3D wird standardmäßig eine perspektivische Projektion zur Darstellung der Szene verwendet. Soll stattdessen eine Parallelprojektion durchgeführt werden, kann dies durch die folgende Ergänzung im Konstruktor unserer jeweiligen Java 3D Klasse erzielt werden:

```
simpUniv.getViewer().getView().setProjectionPolicy(
                                View.PARALLEL_PROJECTION);
```

In der Klasse `ViewParallelProjection.java` wird die bereits besprochene statische Szene mit dem Hubschrauber mittels Parallelprojektion statt perspektivischer Projektion dargestellt.

Die für das `SimpleUniverse` verwendete Methode

```
simpUniv.getViewingPlatform().setNominalViewingTransform();
```

bewirkt, dass der Betrachter so positioniert wird, dass er im Koordinatenursprung den Bereich von -1 bis 1 auf der x- und der y-Achse sehen kann. Man kann selbst eine Positionierung des Betrachters vornehmen, indem man eine entsprechende Instanz `vt` der Klasse `Transform3D` erzeugt und dann die Methode

```
simpUniv.getViewingPlatform().getViewPlatformTransform().
                                        setTransform(vt);
```

aufruft.

Soll der Betrachter eine fest vorgegebene Bewegung ausführen, so kann dies in Java 3D entweder durch die inverse Bewegung realisiert werden, die man auf die gesamte Szene anwendet, oder direkt in der `BranchGroup` der `ViewPlatform`. Soll die Betrachterbewegung interaktiv über Maussteuerung erfolgen, kann dazu das bereits zu Beginn des Abschnitts 5.5 vorgestellte `OrbitBehavior` verwendet werden. Im Abschnitt 9.10 wird als Alternative noch das Navigieren durch die Szene mittels Cursor-Tasten beschrieben.

5.9 Übungsaufgaben

Aufgabe 5.1: Zeichnen Sie einen Szenengraphen für den Stuhl aus Abbildung 5.2. Konstruieren Sie den Stuhl mit Hilfe der elementaren Objekte `box(x,y,z)`, das einen Quader mit Breite $2x$, Höhe $2y$ und Tiefe $2z$ mit Mittelpunkt im Koordinatenursprung erzeugt, und `cylinder(r,h)`, das einen Zylinder mit Radius r der Höhe h mit Mittelpunkt im Koordinatenursprung erzeugt. Geben Sie in jedem Blattknoten des Baumes das jeweils zu konstruierende Objekt an und spezifizieren Sie zu jedem Knoten eine geeignete Transformation. Der Stuhl steht auf der x/z-Ebene mittig über dem Koordinatenursprung mit der Lehne nach hinten gerichtet und hat folgende Abmessungen:

- Beine der Höhe 1.0 mit quadratischer Grundfläche mit Seitenlänge 0.1
- Eine quadratische Sitzfläche mit Seitenlänge 0.8 und Dicke 0.2
- Eine zylinderförmige Lehne mit Radius 0.4 und Dicke 0.2

Aufgabe 5.2: Erweitern Sie das Programm `SimpleAnimation3d.java`, indem Sie den Hubschrauber zusätzlich mit einem Heckrotor versehen, der sich ebenfalls dreht.

Aufgabe 5.3: Schreiben Sie ein Programm, in dem die Einzelteile des Stuhls aus Abbildung 5.2 zunächst nebeneinander positioniert sind und der Stuhl dann als Animation zusammengesetzt wird.

Aufgabe 5.4: Die perspektivische Projektion auf die Ebene mit dem Normalenvektor $(\frac{\sqrt{3}}{3}, \frac{\sqrt{3}}{3}, \frac{\sqrt{3}}{3})^\top$ durch den Punkt $(1,2,3)$ und dem Koordinatenursprung als Projektionszentrum soll auf eine Parallelprojektion auf die x/y-Ebene zurückgeführt werden. Geben Sie die erforderliche Transformation als Hintereinanderschaltung elementarer geometrischer Transformationen und der Transformation aus Gleichung (5.7) an.

6 Modellierung dreidimensionaler Körper

Im vorhergehenden Kapitel wurden Objekte der virtuellen Welt aus den elementaren geometrischen Körpern Quader, Kugel, Zylinder und Kegel zusammengesetzt. Für realistische Darstellung von Szenen reichen diese Körper jedoch nicht aus. In diesem Kapitel sollen daher verschiedene Techniken zur Modellierung dreidimensionaler Körper besprochen werden.

6.1 Dreidimensionale Körper und deren Oberflächen

Zunächst sollte geklärt werden, was in der Computergrafik unter einem dreidimensionalen Körper zu verstehen ist. Grundsätzlich könnte man jede Teilmenge des $\mathbb{R}^3$ als dreidimensionalen Körper auffassen. Dies würde allerdings bedeuten, dass auch einzelne Punkte, Kanten oder Flächen als dreidimensionale Körper betrachtet werden. Man könnte zwar sagen, dass ein Blatt Papier einer zweidimensionalen Fläche entspricht. Tatsächlich ist ein Blatt Papier aber ein dreidimensionaler Körper in Form eines Quaders, wenn auch mit einer extrem kleinen Höhe. Abbildung 6.1 zeigt Beispiele dafür, wie dreidimensionale Körper nicht aussehen sollten. Isolierte oder baumelnde Kanten und Flächen, wie sie in der Abbildung zu sehen sind, sollten vermieden werden.

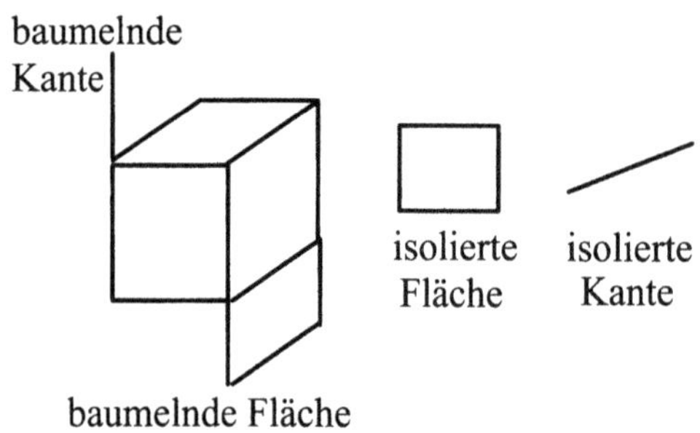

Abbildung 6.1 Isolierte und baumelnde Kanten und Flächen

Für die Darstellung eines Körpers ist seine Oberfläche maßgebend und nicht die Menge der Punkte, aus denen er besteht. Ausnahmen hiervon können transparente Körper sein. In der Computergrafik werden daher meistens Oberflächen und nicht Mengen von Punkten im $\mathbb{R}^3$ modelliert. In Anwendungen, wo Objekte mit 3D-Scannern vermessen werden oder z.B. bei Tomographiedaten wird keine explizite Beschreibung der Oberfläche der Objekte geliefert. In diesen Fällen wird das Objekt daher häufig zuerst als dreidimensionale Punktmenge beschrieben, um daraus anschließend die Oberfläche des Objekts zu berechnen.

Für die Modellierung von Oberflächen stehen zwar komplexere Formen zur Verfügung, die eine Repräsentation gekrümmter Flächen ermöglichen. Für die Darstellung einer Szene werden diese gekrümmten Flächen jedoch durch viele, ebene Polygone – in der Regel Dreiecke – angenähert, um die Berechnungen von Beleuchtungseffekten zu vereinfachen. Für beliebige gekrümmte Flächen könnte allein schon die erforderliche Berechnung der Projektion nicht immer analytisch und erst recht nicht effizient gelöst werden. Hingegen lässt sich der Schnittpunkte einer Geraden, die die Projektionsrichtung repräsentiert, mit einer ebenen Fläche einfach und schnell bestimmen. Die Annäherung gekrümmter Flächen durch ebene Polygone nennt man Oberflächen-*Tesselierung*. Das für die ebenen Polygone häufig nur Dreiecke verwendet werden, stellt keine echte Einschränkung dar. Jedes Polygon lässt sich triangulieren, d.h. in Dreiecke aufteilen. Abbildung 6.2 zeigt unter Verwendung gestrichelter Linien eine Triangulation eines Polygons. Der Vorteil der Dreiecke liegt darin begründet, dass effiziente Algorithmen für die in der Computergrafik durchzuführenden Berechnungen zur Verfügung stehen, die größtenteils direkt auf der Grafikkarte eines Rechners implementiert sind.

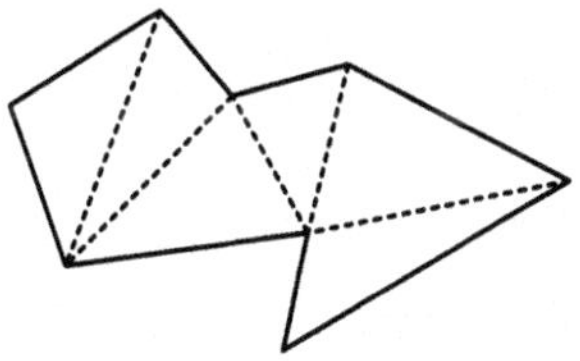

Abbildung 6.2 Triangulation eines Polygons

Die einzelnen Dreiecke oder Polygone zur Modellierung einer Oberfläche werden üblicherweise orientiert, um festzulegen, welche Seite des Dreiecks auf der Körperoberfläche nach außen zeigt. Die Orientierung wird dadurch gegeben, dass man die Reihenfolge der Eckpunkte des Polygons so wählt, dass sie entgegen dem Uhrzeigersinn durchlaufen werden, wenn man von außen auf die Oberfläche blickt.

In der Abbildung 6.3 bedeutet dies, dass das Dreieck mit den Ecken 0,1,2 auf den Betrachter zeigt, das heißt, der Betrachter schaut von vorne auf die entsprechende Oberfläche. Dagegen bliebe das gleiche Dreieck mit der umgekehrten Orientierung 0,2,1 aus dieser Perspektive für den Betrachter unsichtbar, da er von hinten auf die Oberfläche blickt. Sofern das Dreieck Teil der Oberfläche eines dreidimensionalen Körpers ist, muss das Dreieck mit der Orientierung 0,2,1 von einem anderen Oberflächendreieck, das auf den Betrachter zeigt, verdeckt werden.

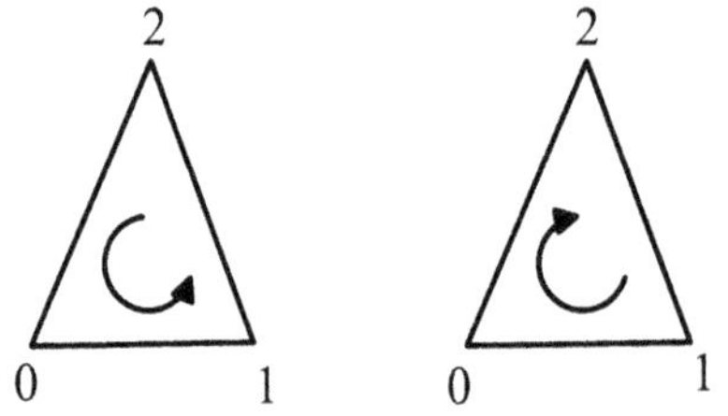

Abbildung 6.3 Orientierung von Polygonen

Aus diesem Grund sollten isolierte oder baumelnde Flächen vermieden werden. Aus Effizienzgründen werden vom Betrachter wegzeigende Flächen bei der Berechnung der Projektion nicht berücksichtigt. Bei einem dreidimensionalen Körper ist diese Vereinfachung auch zulässig, da ein Betrachter nur die Teile der Oberfläche eines Körper sehen kann, die auf ihn zuzeigen. Bei einer isolierten Fläche tritt der Effekt auf, dass die Fläche von hinten unsichtbar, von vorne aber sichtbar wäre.

Abbildung 6.4 zeigt einen Tetraeder mit den Eckpunkten $\mathbf{P}_0$,$\mathbf{P}_1$,$\mathbf{P}_2$,$\mathbf{P}_3$. Die vier zugehörigen Dreiecksflächen setzen sich dann aus den Punkten

- $\mathbf{P}_0$,$\mathbf{P}_3$,$\mathbf{P}_1$,
- $\mathbf{P}_0$,$\mathbf{P}_2$,$\mathbf{P}_3$,
- $\mathbf{P}_0$,$\mathbf{P}_1$,$\mathbf{P}_2$ bzw.
- $\mathbf{P}_1$,$\mathbf{P}_3$,$\mathbf{P}_2$

zusammen. Bei der Spezifikation der Dreiecke wurde die Reihenfolge der Punkte jeweils so gewählt, dass die Punkte entgegen dem Uhrzeigersinn durchlaufen werden, wenn man auf die entsprechende Außenfläche des Tetraeders blickt.

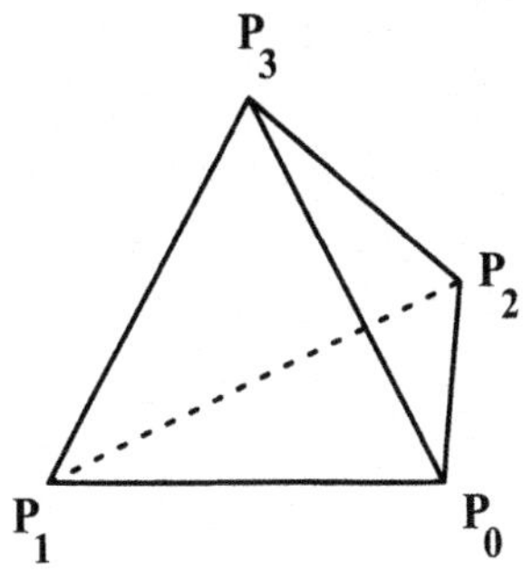

Abbildung 6.4 Ein Tetraeder

6.2 Topologische Begriffe

In diesem Abschnitt werden grundlegende Begriffe aus der Topologie wiederholt, die zum Verständnis dreidimensionaler Körper und deren Oberflächen hilfreich sind. Die Definitionen werden für den allgemeinen Fall $\mathbb{R}^p$ angegeben, auch wenn sie hier nur für den Fall $p = 3$ benötigt werden. Zur Veranschaulichung dient der Fall $p = 2$. Das Äquivalent zu Körpern im Dreidimensionalen sind Flächen in der zweidimensionalen Ebene.

In der Abbildung 6.5 ist links eine Punktmenge M in der Ebene dargestellt, die sowohl baumelnde als auch isolierte Kanten besitzt. Mit den im Folgenden eingeführten topologischen Begriffen lässt sich erklären, wie man von einer derartigen Punktmenge zu ihrer rechts in der Abbildung dargestellten Regularisierung ohne isolierte oder baumelnde Kanten gelangt.

Abbildung 6.5 Eine Punktmenge $M \subset \mathbb{R}^2$, sowie Inneres, Rand, Abschluss und Regularisierung von M

Um die notwendigen topologischen Begriffe zu erklären, wird im Folgenden eine Menge $M \subset \mathbb{R}^p$ betrachtet. Eine Menge $U \subset \mathbb{R}^p$ heißt *Umgebung* des Punktes $x_0 \in \mathbb{R}^p$, wenn ein $\varepsilon > 0$ existiert mit:

$$\{x \in \mathbb{R}^P \mid \| x - x_0 \| < \varepsilon\} \subseteq U$$

Im Zwei- und Dreidimensionalen bedeutet dies, dass eine Umgebung eines Punktes zumindest einen kleinen Kreis bzw. eine kleine Kugel um den Punkt herum enthalten muss. Ein Punkt $x \in M$ heißt *innerer Punkt* von M, wenn es eine Umgebung U von x mit $U \subseteq M$ gibt. Für den zwei- und dreidimensionalen Fall heißt das, dass um einen inneren Punkt x der Fläche bzw. des Körpers M ein kleiner Kreis bzw. eine kleine Kugel existieren muss, die ganz in M enthalten ist.

Die Menge

$$\mathsf{in}(M) = \{x \in M \mid x \text{ ist innerer Punkt von } M\}$$

aller inneren Punkte von M nennt man das *Innere* oder den *Kern* von M. Abbildung 6.5 zeigt neben der Menge M ihr Inneres.

Ein Punkt x heißt *Randpunkt* von M, wenn jede Umgebung von x sowohl einen nichtleeren Schnitt mit M als auch mit dem Komplement von M aufweist. Die Menge

$$\mathsf{bound}(M) = \{x \in M \mid x \text{ ist Randpunkt von } M\}$$

aller Randpunkte von M bezeichnet man als den *Rand* von M, der in der Mitte der Abbildung 6.5 veranschaulicht ist. Das Innere einer Menge kann auch als die Menge ohne ihren Rand definiert werden:

$$\mathsf{in}(M) = M \backslash \mathsf{bound}(M)$$

Die Menge M heißt *offen*, wenn sie gleich ihrem Inneren ist, d.h. $\mathsf{in}(M) = M$.

Die Vereinigung einer Menge M mit ihrem Rand

$$\mathsf{cl}(M) = M \cup \mathsf{bound}(M)$$

ist der *Abschluss* von M, der als Vorletztes in der Abbildung 6.5 veranschaulicht ist.

M heißt *abgeschlossen*, wenn der Abschluss von M wiederum M selbst ist, d.h. $\mathsf{cl}(M) = M$. Die *Regularisierung* von M ist der Abschluss des Inneren von M:

$$\mathsf{reg}(M) = \mathsf{cl}(\mathsf{in}(M))$$

Durch die Regularisierung einer Menge lassen sich sowohl isolierte als auch baumelnde Kanten und Flächen entfernen, wie in Abbildung 6.5 rechts zu sehen ist.

Die Menge M wird *regulär* genannt, wenn $\mathsf{reg}(M) = M$ gilt, das heißt, wenn sie gleich ihrer Regularisierung ist.

Neben der Regularisierung sollten dreidimensionale Körper für die Darstellung gegebenenfalls *entkernt* werden. Unter Entkernung versteht man die Entfernung von inneren, nicht sichtbaren Hohlräumen. Für die Darstellung eines dreidimensionalen Körpers spielt die nach innen zum Hohlraum orientierte Oberfläche keine Rolle, da sie niemals sichtbar wird, es sei denn, man schneidet den Körper auf. Zur effizienteren Berechnung sollten solche inneren Oberflächen nicht in die Modellierung für die Darstellung in der Computergrafik mit aufgenommen werden.

6.3 Modellierungstechniken

Eine sehr einfache Technik zur Modellierung dreidimensionaler Körper bieten die *Voxel*. Der dreidimensionale Raum wird in ein Gitter kleiner, gleich großer Würfeln (Voxeln) aufgeteilt. Ein Körper wird durch die Menge der Voxel definiert, die in seinem Inneren liegen. Voxel eignen sich beispielsweise für die Modellierung von Körpern unter Benutzung von Tomographiedaten, mit denen Informationen über Gewebedichten im inneren des vermessenen Objekts oder Körpers gewonnen werden können. Sollen beispielsweise Knochen dargestellt werden, wird man die Voxel den Knochen zuordnen, in denen Messpunkte liegen, die auf eine entsprechend hohe Gewebedichte hinweisen.

Die Abbildung 6.6 veranschaulicht die Darstellung eines Körpers mit Hilfe von Voxeln.

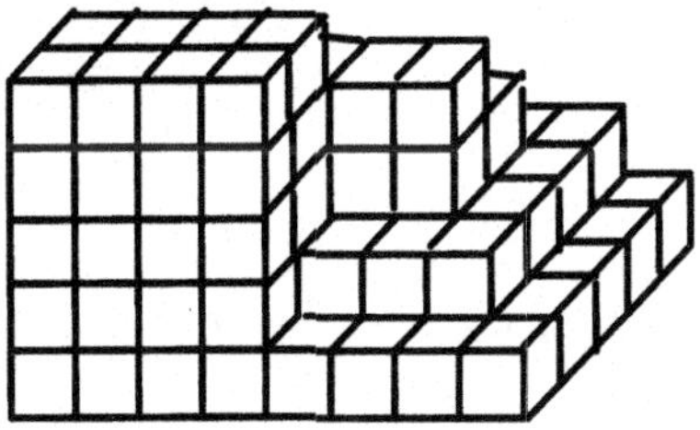

Abbildung 6.6 Modellierung eines Körper mit Hilfe von Voxeln

Der Speicher- und Rechenaufwand wächst bei Voxeln sehr schnell ins Unermessliche. Die Aufteilung des dreidimensionalen Raumes in Voxel ist in gewisser Weise analog zur Unterteilung einer zweidimensionalen Ebene in Pixel, wenn die Pixel als kleine Quadrate interpretiert werden. Der Speicher- und Rechenaufwand nimmt exponentiell mit der Anzahl der Dimensionen zu. Bei einer Auflösung von 1000 Pixeln in jeder Dimension, müssen im Zweidimensionalen

1000×1000, d.h. eine Million Pixel verwaltet und berechnet werden, was ungefähr der Auflösung heute gängiger Monitore entspricht. Im Dreidimensionalen erfordert diese Auflösung aber bereits $1000 \times 1000 \times 1000$, d.h. eine Milliarde Voxel.

Eine effizientere Form der Modellierung bieten die *Oktalbäume*, die mit Voxeln unterschiedlicher Größe arbeiten. Der darzustellende Körper wird zuerst in einen hinreichend großen Würfel eingeschlossen. Dieser Würfel wird dann in acht gleich große Teilwürfel aufgeteilt. Teilwürfel, die vollständig innerhalb oder vollständig außerhalb des Körpers liegen, werden mit *in* bzw. *off* markiert und nicht weiter verfeinert. Alle anderen Teilwürfel, d.h. die, die zumindest einen Teil des Randes des Körpers enthalten, werden als *on* markiert und wieder in acht gleich große Teilwürfel zerlegt. Mit diesen kleineren Teilwürfeln wird entsprechend verfahren. Es wird bestimmt, welche kleineren Teilwürfel *in*, *off* bzw. *on* sind. Diese Unterteilung wird so lange fortgesetzt, bis sich keine neuen Teilwürfel mit der Markierung *on* ergeben oder bis eine maximale Auflösung erreicht ist, das heißt bis die immer kleiner werdenden Teilwürfel eine Minimalgröße unterschritten haben.

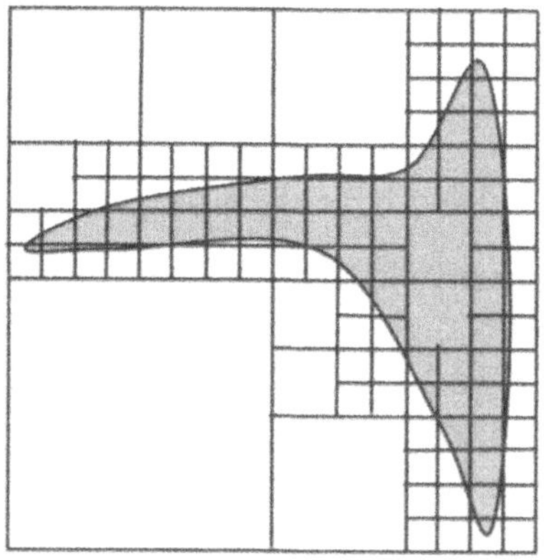

Abbildung 6.7 Rekursive Zerlegung einer Fläche in Quadrate

Zur Veranschaulichung der Oktalbäume wird hier deren zweidimensionales Pendant betrachtet, die *Quadtrees*. Anstelle der Annäherung eines dreidimensionalen Körpers durch Würfel, soll jetzt eine Fläche mit Quadraten approximiert werden. Abbildung 6.7 zeigt eine Fläche, die in ein Quadrat eingeschlossen ist, das rekursiv in immer kleinere Quadrate zerlegt wurde. Ein kleineres Quadrat wird nicht weiter unterteilt, wenn es keinen Teil des Randes der zu approximierenden Fläche enthält oder die vorgegebene Minimalgröße für Quadrate erreicht wurde. Der zugehörige Quadtree ist in Abbildung 6.8 dargestellt. Oktalbäume ähneln Quadtrees mit dem Unterschied, dass an die Stelle von vier jeweils acht Nachfolgeknoten treten.

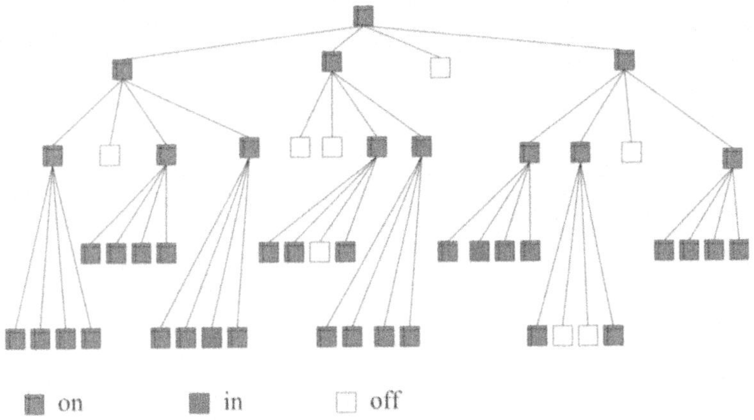

Abbildung 6.8 Der Quadtree zur Abbildung 6.7

Das Voxelmodell und die Oktalbäume bieten eine Möglichkeit, mit bestimmten Messverfahren erfasste Objekte anzunähern. Für eine realistische Darstellung in einer Szene können diese Modelle allerdings nicht verwendet werden. Für Beleuchtungseffekte wie Reflexionen an der Objektoberfläche spielt die Neigung der Oberfläche eine wesentliche Rolle. Die beim Voxelmodell und bei den Oktalbäumen verwendeten Würfel besitzen jedoch keine geneigten Oberflächen. Die Oberflächen der Würfel zeigen immer in Richtung der Koordinatenachsen. Daher sollten die Oberflächen von Objekten, die mit Voxeln oder Oktalbäumen modelliert wurden, nachträglich durch Freiformflächen, mit denen sich Abschnitt 6.7 beschäftigt, angenähert werden.

Das Voxelmodell und Oktalbäume sind eher auf das Erzeugen von Modellen auf der Basis von Messdaten zugeschnitten. Als direktes Entwurfs- und Modellierungswerkzeug werden andere Techniken verwendet. Zu diesen Techniken zählt das *CSG-Schema*, wobei CSG für Constructive Solid Geometry steht. Das CSG-Schema basiert auf einer Sammlung geometrischer Grundobjekte, aus denen mit Hilfe von Transformationen und regularisierten mengentheoretischen Operationen neue Objekte erzeugt werden können. Die Generierung neuer Objekte mit Hilfe mengentheoretischer Operationen wie Vereinigung, Durchschnitt oder Differenz wurde bereits im Abschnitt 2.3 für zweidimensionale Objekte eingeführt. Abbildung 6.9 zeigt links ein Objekt, das aus den Grundobjekten Quader und Zylinder zusammengesetzt wurde. Rechts in der Abbildung sind die an den jeweiligen Stellen verwendeten Grundobjekte und die anzuwenden mengentheoretischen Operationen dargestellt. Die erforderlichen Transformationen sind nicht angegeben. Beispielsweise wird das Mittelstück des dargestellten Objekts aus einem Quader gebildet, von dem ein Zylinder so abgezogen wird, dass eine halbkreisförmige Ausbuchtung entsteht.

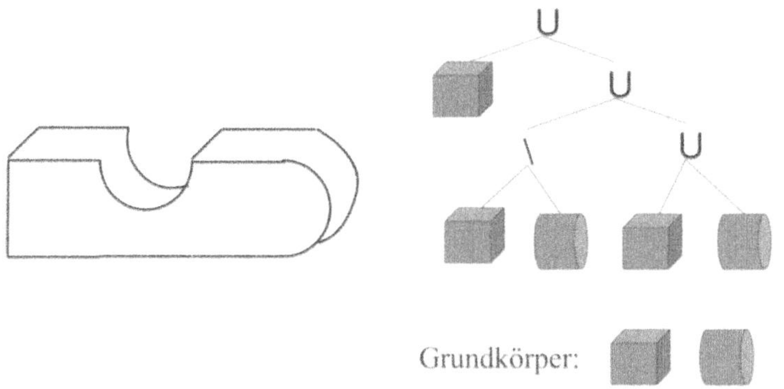

Abbildung 6.9 Ein Objekt, das durch das CSG-Schema mit den rechts dargestellten Grundobjekten und mengentheoretischen Operationen erzeugt wurde

Eine weitere Modellierungstechnik bildet die *Verschiebegeometrie*. Dreidimensionale Körper werden dabei aus Flächen erzeugt, die entlang eines Pfades verschoben werden. Beispielsweise entsteht die Hufeisenform links in der Abbildung 6.10 durch Verschieben eines Rechtecks entlang eines Bogens. Entsprechend ergibt sich die Zeltform rechts in der Abbildung, indem man ein Dreieck entlang eines Geradensegments verschiebt.

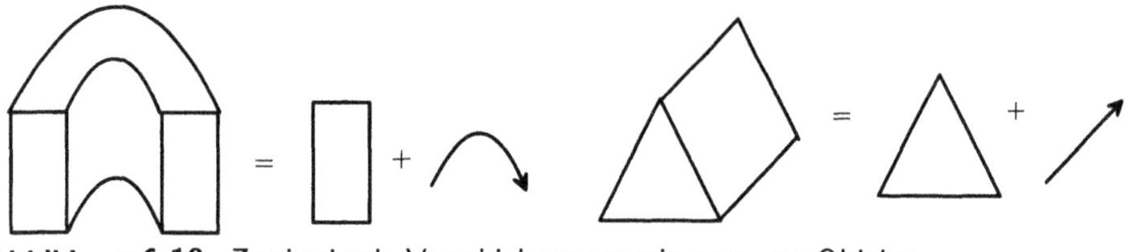

Abbildung 6.10 Zwei mittels Verschiebegeometrie erzeugte Objekte

Die wohl wichtigste Modellierungstechnik, die im Abschnitt 6.7 genauer behandelt wird, basiert auf Freiformflächen, die mittels parametrischer Kurven berechnet werden. Für die Darstellung in der Computergrafik werden – wie bereits erwähnt – die Oberflächen der Objekte mit ebenen Polygonen angenähert. Die Beschreibung der Oberfläche eines Objekts mit Polygonen erfordert eine Liste von Punkten, eine Liste von ebenen Polygonen, die aus diesen Punkten zusammengesetzt werden, Farb- oder Texturinformationen, sowie die Angabe von Normalenvektoren auf die Oberfläche. Die Normalenvektoren werden dazu benötigt, um Lichtreflexionen zu berechnen. Bei der Approximation einer gekrümmten Fläche durch ebene Polygone werden daher nicht nur die entsprechenden Eckpunkte und die daraus zu bildenden Polygone abgespeichert, sondern in der Regel auch die Normalenvektoren der gekrümmten Oberfläche in den Eckpunkten.

Auch die elementaren geometrischen Formen, die für die Darstellung der Hubschrauberszene in Abbildung 5.3 auf Seite 124 verwendet wurden, werden für die Darstellung durch Dreiecke angenähert. Abbildung 6.11 zeigt die zugrunde liegende Tesselierung.

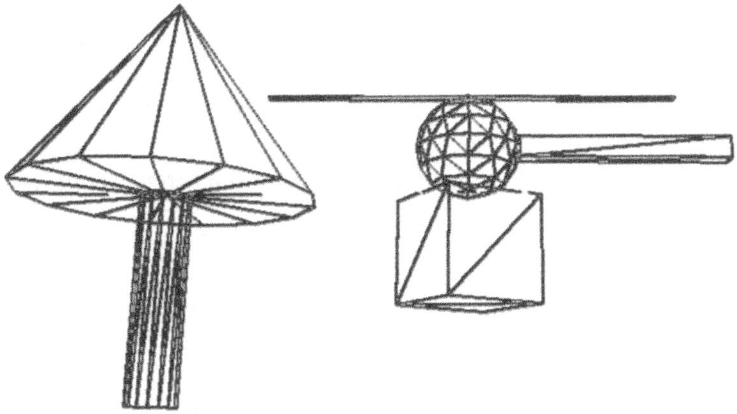

Abbildung 6.11 Tesselierung der Hubschrauberszene aus Abbildung 5.3

Je größer die Anzahl der Dreiecke zur Approximation einer Oberfläche gewählt wird, desto genauer kann die Oberfläche angenähert werden. Abbildung 6.12 zeigt eine Kugel, die von links nach rechts mit immer mehr Dreiecken approximiert wurde. Der Rechenaufwand erhöht sich dabei mit wachsender Anzahl der Dreiecke nicht nur bei der Bestimmung der Dreiecke, was vor dem Rendern der Szene geschehen kann. Auch die Berechnungen der Lichtreflexion an der Oberfläche, welche Objekte verdeckt oder sichtbar sind und eventuelle Kollisionsbetrachtungen, das heißt, ob sich bewegende Objekte miteinander kollidieren, werden komplexer. In der Regel steigt der Rechenaufwand quadratisch mit der Auflösung, da beispielsweise eine Verdopplung der Auflösung zur Darstellung einer (Ober-)Fläche eine Verdopplung in zwei Dimensionen und somit eine Vervierfachung der Anzahl der Dreiecke zur Folge hat.

Teilweise wird daher ein Objekt in einer Szene in verschiedenen Detaillierungsstufen im Szenengraph hinterlegt. Sieht man beispielsweise einen Wald in der Ferne, genügt es, die Bäume nur durch ein grob gerastertes Gittermodell anzunähern.

Abbildung 6.12 Darstellung einer Kugel mit unterschiedlicher Tesselierung

Die Approximation jedes einzelnen Baums mit Tausenden von Dreiecken würde den Rechenaufwand enorm erhöhen. Bei der Darstellung der Szene würde ein einzelnes Dreiecke eventuell nicht einmal ein Pixel füllen. Begibt sich der Betrachter jedoch in den Wald, müssen die Bäume in seiner Umgebung deutlich feiner aufgelöst dargestellt werden, unter Umständen bis hin zu einzelnen Blattstrukturen, wenn der Betrachter direkt vor einem Ast eines Baums steht.

6.4 Oberflächenmodellierung mit Polygonen in Java 3D

Auch bei Java 3D basiert die Darstellung einer Szene auf einer Tesselierung der Objekte. Die elementaren geometrischen Objekte in Java 3D, die im Abschnitt 5.4 eingeführt wurden, werden durch Dreiecke angenähert. Die Abbildung 6.11 zeigt die Tesselierung, die der Umsetzung der elementaren geometrischen Objekte im Programm `StaticSceneExample.java` zugrunde liegt. Eine Darstellung des *Drahtgittermodells* wie in Abbildung 6.11 erreicht man in Java 3D durch das Setzen der `PolygonAttributes` der jeweiligen `Appearance myApp`:

```
PolygonAttributes polygAttr = new PolygonAttributes();
polygAttr.setPolygonMode(PolygonAttributes.POLYGON_LINE);
myApp.setPolygonAttributes(polygAttr);
```

Abbildung 6.11 wurde mit dem Programm `TesselationBWExample.java` erzeugt. Dazu wurde auf Farben verzichtet, alle Objekte mit derselben schwarzen `Appearance` dargestellt, bei der die `PolygonAttributes` wie oben angegeben gesetzt wurden. Im Programm `TesselationExample.java` wurden die ursprünglichen Farben der Szene beibehalten und die `PolygonAttributes` nur für die grüne `Appearance` gesetzt, so dass nur die Kabine und das Heck des Hubschraubers sowie die Baumkrone als Drahtgittermodell gezeichnet werden.

Bei den elementaren geometrischen Objekten, außer beim Quader, kann bei Java 3D angegeben werden, mit welchem Detailierungsgrad die Oberflächen angenähert werden sollen. Da die Oberfläche eines Quaders immer aus sechs Rechtecken besteht und jedes der Rechtecke durch jeweils zwei Dreiecke exakt repräsentiert werden kann, bringt eine feinere Aufteilung der Dreiecke keine Vorteile.

Mit dem Konstruktor

```
Sphere s =
        new Sphere(r,Sphere.GENERATE_NORMALS,res,sphereApp);
```

wird eine Kugel mit Radius r und der `Appearance` `sphereApp` erzeugt, deren Oberfläche mit jeweils `res` Dreiecken im Gesamtumfang angenähert wird. Dieser Konstruktor wurde in dem Programm `TesselationResolution.java` mit unterschiedlichen Werten für die Auflösung `res` verwendet, um Abbildung 6.12 zu erstellen.

Mit den Konstruktoren

```
Cylinder c =
  new Cylinder(r,h,Cylinder.GENERATE_NORMALS,xres,yres,app);
```

und

```
Cone c = new Cone(r,h,Cone.GENERATE_NORMALS,xres,yres,app);
```

wird ein Zylinder bzw. Kegel mit Radius r, Höhe h und der `Appearance` `app` erzeugt. Zur Annäherung der Oberflächen werden um den Umfang herum `xres` und in der Höhe `yres` Dreiecke verwendet. Für eine gute Approximation sollte der Wert `xres` größer gewählt werden, während für `yres` oft schon der Wert 2 ausreicht.

Java 3D bietet vielfältige Möglichkeiten, die Oberflächen geometrischer Objekte mit Hilfe von Polygonen zu definieren. Es soll hier nur ein sehr einfaches Verfahren unter Verwendung von Dreiecken besprochen werden. In der Regel wird man bei komplexeren Oberflächen die Dreiecke nicht mühselig einzeln angeben, sondern ein entsprechendes Programmierwerkzeug verwenden. Bei vorliegenden Messdaten der Oberfläche werden geeignete Approximationsverfahren eingesetzt, für die freie Modellierung von Oberflächen stehen professionelle CAD-Programme und Design-Werkzeuge zur Verfügung. Wie man Objekte bzw. Dateien, die mit solchen Programmen erstellt werden, in Java 3D einbindet, wird nach dieser kurzen Einführung der direkten oder händischen Dreiecksmodellierung mit der Klasse `GeometryArray` erläutert.

Um eine Oberfläche mit Dreiecken zu beschreiben, müssen zunächst die Eckpunkte der Dreiecke in einem Array abgelegt werden:

```
Point3f[] vertexCoordinates =
            {
              new Point3f(x0,y0,z0),
              ...
            };
```

Die Koordinaten der Punkte werden dabei als `float`-Werte angegeben. Für den Tetraeder aus Abbildung 6.4 auf Seite 155 müsste dieses Array vier Instanzen der Klasse `Point3f` enthalten. Außerdem muss in einem Integer-Array festgelegt werden, welche drei Punkte jeweils eine Dreiecksfläche bilden. Die Dreieckspunkte werden dabei als Indizes der Punkte im obigen `Point3f`-Array spezifiziert. Für den Tetraeder aus Abbildung 6.4 hätte dieses Array die folgenden Einträge:

```
int triangles[] = {
                    0,3,1,
                    0,2,3,
                    0,1,2,
                    1,3,2
                  };
```

Die Anzahl der Eckpunkte und die Anzahl der Dreiecke stimmen nur zufällig beim Tetraeder überein. In der Regel wird dies nicht der Fall sein. Die Beschreibung eines Würfels würde beispielsweise acht Eckpunkte und zwölf Dreiecke – zwei für jede Seite – erfordern. Es ist notwendig, die Punkte für jedes Dreieck in der richtigen Reihenfolge anzugeben. Wenn man von außen auf die Fläche schaut, müssen die Eckpunkte entgegen dem Uhrzeigersinn durchlaufen werden.

Mit dem folgenden Programmstück erzeugt man sich eine Instanz ga der Klasse `GeometryArray` aus den Eckpunkten und den Dreiecken:

```
GeometryInfo gi =
              new GeometryInfo(GeometryInfo.TRIANGLE_ARRAY);
gi.setCoordinates(vertexCoordinates);
gi.setCoordinateIndices(triangles);
NormalGenerator ng = new NormalGenerator();
ng.generateNormals(gi);
GeometryArray ga = gi.getGeometryArray();
```

Danach kann mit dem `GeometryArray` ga eine Instanz der Klasse `Shape3D` mit einer vorher definierten `Appearance` app generiert werden:

```
Shape3D myShape = new Shape3D(ga,app);
```

Dieses `Shape3D`-Objekt kann dann in Szenen genauso verwendet werden wie die elementaren geometrischen Objekte Quader, Kugel, Zylinder und Kegel.

In der Klasse `GeomArrayExample.java` wird ein Tetraeder auf diese Weise erzeugt. Man kann auch ausprobieren, was passiert, wenn man ein Dreieck falsch orientiert, indem man beispielsweise für das erste Dreieck die Punkte mit 0,1,3 statt mit 0,3,1 angibt. Durch diese falsche Reihenfolge wird die Vorderseite des Tetraeders nach innen orientiert.

Obwohl es grundsätzlich möglich ist, Oberflächen komplexer Objekte beliebig gut mit Dreiecken anzunähern, wäre es zu aufwendig, alle Dreiecke von Hand anzugeben. Java 3D bietet die Möglichkeit, verschiedene Dateiformate zur Beschreibung geometrischer Objekte in der Computergrafik einzubinden. Auf diese Weise lassen sich bereits vorgefertigte Objekte oder mit geeigneten Modellierungswerkzeugen selbst erstellte Objekte in Szenen einbinden. Exemplarisch soll hier die Einbindung eines Dateiformates, dem *Wavefront Object* Format, erläutert werden. Im Anhang A finden sich Verweise auf Quellen mit fertigen Objekten im Wavefront Object Format und auf Programme, mit denen dreidimensionale Objekte erzeugt und in diesem Format abgespeichert werden können.

Dateien im Wavefront Object Format sind ASCII Dateien, die unter anderem folgende Informationen enthalten. Kommentare werden mit dem Zeichen # eingeleitet. Die zur Modellierung des dreidimensionalen Objekts verwendeten Ecken werden jeweils mit dem Buchstaben `v` für Vertex gefolgt von den drei Werten für die x-, y- und z-Koordinate des Punktes definiert. Die auftretenden Normalenvektoren werden mit `vn` (vertex normals) gekennzeichnet. Außerdem können Punkte für das Aufbringen von Texturen mit `vt` (texture vertices) spezifiziert werden. Mit dem Buchstaben `f` (face) werden die Polygone definiert. Dazu werden die Nummern der Eckpunkte und der Normalenvektoren angegeben. Eine wichtige Rolle spielt noch der Buchstabe g (group), mit dem die einzelnen Polygone zu Gruppen zusammengefasst werden können. Diesen Gruppen, die Teilobjekte wie beispielsweise die Kabine, das Heck oder den Rotor eines Hubschraubers repräsentieren sollten, kann ein Name zugewiesen werden. Auf diese Weise kann in Java 3D auf Teilobjekte zugegriffen werden, um diese dann z.B. individuell zu färben.

Das folgende Programmstück ermöglicht das Laden einer Datei `filename.obj` im Wavefront Object Format:

```
ObjectFile f = new ObjectFile(ObjectFile.RESIZE);
Scene s = null;
try
{
  s = f.load("filename.obj");
}
catch (Exception e)
{
  System.out.println("File loading failed:" + e);
}
```

Danach kann das geladene Objekt einer Transformationsgruppe `tg` wie üblich mit der Methode `addChild` unter Verwendung von `getSceneGroup` zugeordnet werden.

```
tg.addChild(s.getSceneGroup());
```

Mit der Methode `getNamedObjects` erhält man einen `Hashtable`, aus dem man die Namen aller in der geladenen Datei definierten Gruppen, d.h. Teilobjekte herauslesen kann. Mit dem folgenden Programmstück werden die Namen aller Teilobjekte ausgegeben:

```
Hashtable namedObjects = s.getNamedObjects();
Enumeration enum = namedObjects.keys();
String name;
while (enum.hasMoreElements())
{
  name = (String) enum.nextElement();
  System.out.println("Name: "+name);
}
```

Besitzt beispielsweise eines der Teilobjekte den Namen `partName` und soll dieses Teilobjekt mit der `Appearance` app gefärbt werden, leisten dies die folgenden beiden Programmzeilen:

```
Shape3D part = (Shape3D) namedObjects.get("partName");
part.setAppearance(app);
```

Man kann auf diese Weise auch Teile eines Objekts in eine Szene verwenden, ohne das gesamte Objekt selbst in der Szene auftauchen zu lassen. Nach dem Laden des Objekts fügt man es nicht der Transformationsgruppe `tg` hinzu, sondern nur das Teilobjekt `partName` mit der `Appearance app`, indem man folgende Programmzeilen verwendet:

```
Shape3D part = (Shape3D) namedObjects.get("partName");
Shape3D extractedPart = (Shape3D) part.cloneTree();
extractedPart.setAppearance(app);
tg.addChild(extractedPart);
```

In dem Programm `Load3DExample.java` wird ein Objekt aus einer Datei im Wavefront Object Format geladen, die Namen aller Teilobjekte ausgegeben, ein Teilobjekt Blau gefärbt und das gesamte geladene Objekt dargestellt. In der Datei `Extract3DExample.java` wird nur das gefärbte Teilobjekt allein ohne das Gesamtobjekt dargestellt.

6.5 Flächen als Funktionen in zwei Variablen

Eine prinzipielle Möglichkeit zur Modellierung von Flächen im dreidimensionalen Raum besteht darin, die Flächen in impliziter Form durch eine Gleichung

$$F(x,y,z) \;=\; 0 \tag{6.1}$$

zu beschreiben. Dies hätte jedoch diverse Nachteile. Die Wahl einer geeigneten impliziten Gleichung, die die gewünschte Form als Fläche liefert, ist in der Regel extrem schwierig. Selbst wenn eine die gewünschte Fläche beschreibende implizite Gleichung gefunden werden kann, ist die Berechnung der Fläche selbst, d.h. die Bestimmung der Lösungen der Gleichung (6.1), in den meisten Fällen nur numerisch und nicht analytisch möglich.

Eine bessere Alternative bietet die Darstellung einer Fläche als explizite Funktionsgleichung in der Form

$$z \;=\; f(x,y). \tag{6.2}$$

In Abbildung 6.13 ist exemplarisch die Funktion

$$z \;=\; f(x,y) \;=\; x\sin(7x)\cos(4y) \qquad (-1 \leq x,y \leq 1)$$

dargestellt.

Mit einer einzelnen Funktion lässt sich zwar kein abgeschlossener Körper modellieren. Gegebenenfalls kann aber ein abgeschlossener Körper aus mehreren einzelnen Funktionen zusammengesetzt werden.

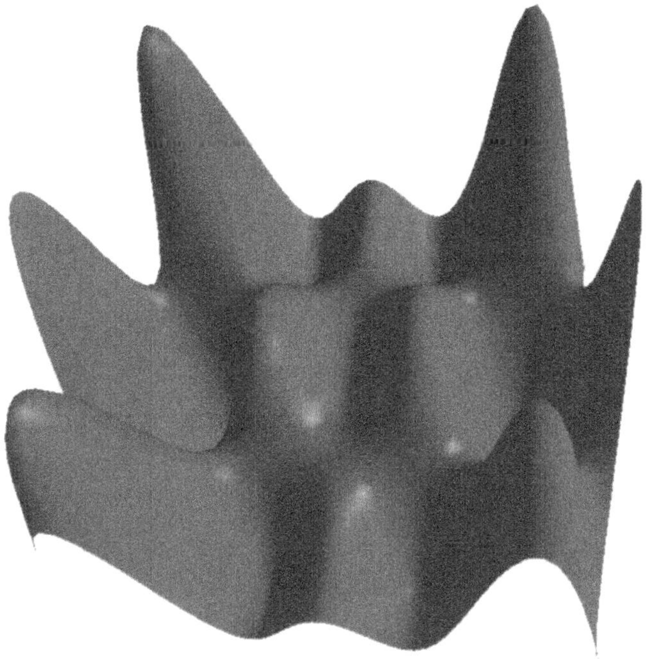

Abbildung 6.13 Die durch die Funktion $z = x\sin(7x)\cos(4y)$ erzeugte Fläche

Die durch die Funktion (6.1) definierte Oberfläche muss für die Darstellung wiederum durch Dreiecke angenähert werden. Der einfachste Ansatz besteht darin, den gewünschten Bereich in der x/y-Ebene durch ein Rechteckgitter aufzuteilen. Für die Gitterpunkte (x_i,y_j) werden die Funktionswerte $z_{ij} = f(x_i,y_j)$ berechnet. Die Punkte (x_i,y_j,z_{ij}) werden dann zur Definition der Dreiecke zur Annäherung der Oberfläche verwendet. Über jedem Rechteck des Gitters in der x/y-Ebene werden zwei Dreiecke definiert. Über dem Rechteck, das durch die beiden Punkte (x_i,y_j) und (x_{i+1},y_{j+1}) in der x/y-Ebene festgelegt ist, werden die Dreiecke

- $(x_i,y_j,f(x_i,y_j))$, $(x_{i+1},y_j,f(x_{i+1},y_j))$, $(x_i,y_{j+1},f(x_i,y_{j+1}))$ und
- $(x_{i+1},y_j,f(x_{i+1},y_j))$, $(x_{i+1},y_{j+1},f(x_{i+1},y_{j+1}))$, $(x_i,y_{j+1},f(x_i,y_{j+1}))$

definiert. Abbildung 6.14 veranschaulicht diese Vorgehensweise.

Wie gut die Funktion bzw. die Oberfläche durch die Dreiecke angenähert wird, hängt davon ab, wie stark das Krümmungsverhalten der Fläche ist und wie fein das Gitter gewählt wird. Eine sehr engmaschiges Gitter führt zwar zu einer

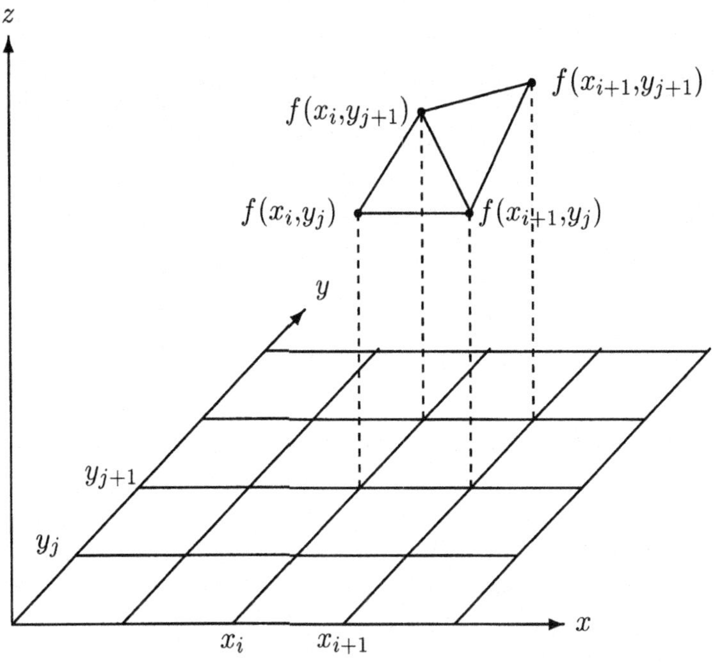

Abbildung 6.14 Annäherung einer durch eine Funktion definierte Fläche durch Dreiecke

besseren Approximationsgüte, hat aber eine sehr große Anzahl von Dreiecken und somit einen hohen Rechenaufwand beim Rendering zur Folge. Es bietet sich daher an, eine ähnliche Technik wie die Quadtrees anzuwenden, die bereits im Abschnitt 6.3 vorgestellt wurden.

Ist die Funktion auf einem rechteckigen Bereich definiert, wird sie zunächst nur durch zwei Dreiecke angenähert, die sich durch die Aufteilung des Rechtecks ergeben. Ist der maximale Fehler der Annäherung durch das Dreieck – im einfachsten Fall kann man hier den absoluten Fehler in z-Richtung bestimmen – genügend klein, d.h. unterschreitet er einen vorgegebenen Wert $\varepsilon > 0$, wird das Rechteck nicht weiter in Teilrechtecke unterteilt. Andernfalls wird das Rechteck in vier gleichgroße Teilrechtecke aufgeteilt. Mit jedem dieser Teilrechtecke wird dann genauso verfahren wie mit dem ursprünglichen Rechteck. Ist der Fehler der Annäherung der Funktion auf einem Teilrechteck durch zwei Dreiecke genügend klein, werden die entsprechenden Dreiecke auf dem Teilrechteck zur Approximation der Funktion verwendet, andernfalls wird das Teilrechteck weiter rekursiv in vier kleinere Teilrechtecke unterteilt. Man sollte zusätzlich eine maximale Rekursionstiefe oder eine minimale Größe der Teilrechtecke vorgeben, damit der

Teilungsalgorithmus auch bei unstetigen Funktionen oder Funktionen mit einem Pol terminiert.

Für beliebige Funktionen ist die Berechnung des maximalen Fehlers auf einem Teilrechteck nicht unbedingt analytisch möglich. Es empfiehlt sich daher, ein genügend feines Gitter – beispielsweise das Gitter, das sich aus den kleinsten zulässigen Rechtecken ergeben würde – zu verwenden und den Fehler nur an den Gitterpunkten innerhalb des jeweiligen Teilrechtecks zu betrachten.

6.5.1 Darstellung von Landschaften

Gekrümmte Flächen werden in der Regel nicht durch beliebige Funtionen der Form $z = f(x,y)$ beschrieben, sondern aus Polynomen niedrigen Grades oder rationalen Funktionen zusammengesetzt, die eine intuitive und leichter verständliche Modellierung ermöglichen als mit beliebigen Funktionen. Diese Art der Modellierung wird in Abschnitt 6.7 genauer besprochen.

Die Technik zur Darstellung von Funktionen der Form $z = f(x,y)$, wie sie hier eingeführt wurde, kann allerdings für die Modellierung von Landschaften zum Beispiel bei Flugsimulatoren verwendet werden. Zum einen können künstliche Landschaften mit Hügeln, Bodenwellen und ähnlichen Eigenschaften durch geeignete Funktionen relativ einfach erzeugt werden. Zum anderen können reale Landschaften durch eine geeignete Modifikation der Darstellung für Funktionen zur Animation nachgebildet werden. Zunächst soll nur die reine Geometrie oder Topologie der Landschaft betrachtet werden und nicht das konkrete Aussehen im Detail wie etwa Grasfläche, Straße, Steinwüste oder ähnliches. Für reale Landschaften liegen in der Regel Höheninformationen über einem ausreichend feinem Raster oder Gitter vor. Das bedeutet, dass etwa in einer Datei für jeden Kreuzungspunkte eines Gitternetzes, das über die Landschaft gelegt wird, die geografische Höhe abgelegt ist. Anstatt die Funktion $z = f(x,y)$ an den entsprechenden Gitterpunkten (x_i,y_j) auszuwerten, wird der Wert $z_{ij} = f(x_i,y_j)$ durch den Höhenwert h_{ij} an der entsprechenden Stelle der zu modellierenden Landschaft ersetzt.

Bei einer größeren Landschaft würde eine gleichmäßige Aufteilung in Dreiecke oder eine Aufteilung in Abhängigkeit von der Landschaftsstruktur dazu führen, dass bei einem weiten Blick in die Landschaft sehr viele Dreiecke bei der Darstellung berücksichtigt werden müssten, selbst für die Teile der Landschaft, die in weiter Ferne vom Betrachter liegen. Es ist daher günstiger, das Rendering der Landschaft bzw. ihre Aufteilung in Dreiecke abhängig von der Entfernung des Betrachters zu machen. Sehr nahe Teile der Landschaft werden sehr fein aufgeteilt und je weiter Teile die Landschaftsteile vom Betrachter entfernt sind, desto gröber wird die Unterteilung in Dreiecke vorgenommen (s. [34], Kapitel 2). Abbildung 6.15 veranschaulicht dieses Prinzip der *Clipmaps*. Dabei wurde die Höheninformation in der Darstellung weggelassen.

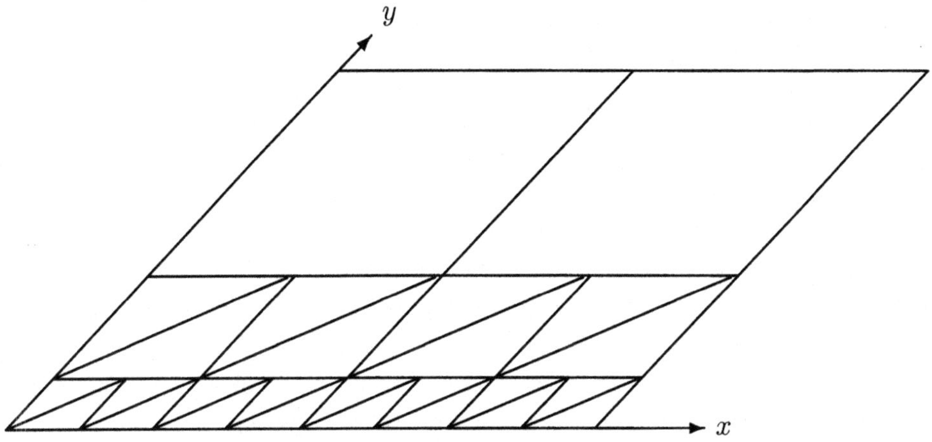

Abbildung 6.15 LOD-Aufteilung einer Landschaft mittels Clipmaps

Derartige Techniken, bei denen die Anzahl der Dreiecke zur Darstellung einer Fläche von der Entfernung des Betrachters abhängt, werden in der Computergrafik nicht nur bei Landschaften, sondern auch für andere Objekte bzw. Oberflächen eingesetzt, die aus vielen Dreiecken bestehen. Ist der Betrachter näher am Objekt, wird eine höhere Anzahl Dreiecke für die Darstellung der Oberfläche verwendet und bei größerer Entfernung begnügt man sich mit wenigen Dreiecken. Man bezeichnet dies auch als *LOD* (*Level of Detail*). Die Implementierung der LOD-Technik in Java 3D wird im Abschnitt 9.11 erläutert.

Die in diesem Abschnitt beschriebenen Methoden ermöglichen die rein geometrische oder topologische Modellierung von Landschaften. Anschließend müssen auf die Landschaft noch Texturen aufgebracht werden, um die unterschiedlichen Bodenbeschaffenheiten wie Gras oder Straßen wiedergeben zu können. Texturen werden allgemein im Abschnitt 8.8 behandelt.

6.5.2 Darstellung von Funktionen in Java 3D

Die Darstellungen von Landschaften und Funktionen in zwei Variablen in Java 3D kann mit Hilfe der bereits im Abschnitt 6.4 vorgestellten Klasse `GeometryArray` direkt realisiert werden. Im einfachsten Fall eines zugrunde liegenden Rechteckrasters müssen nur die Gitterpunkte des Rasters mit den zugehörigen Höhenkoordinaten der Funktion bzw. der Landschaft als Punkte für das `GeometryArray` verwendet werden. Die einzelnen Rechtecke des Gitters werden jeweils in zwei Dreiecke aufgeteilt und liefern so die Dreiecke für das `GeometryArray`.

Die Darstellung der Funktion $z = x\sin(7x)\cos(4y)$ in Abbildung 6.13 auf Seite 168 wurde mit Hilfe der Klasse `SurfaceExample.java` erstellt. In dieser Klasse wurde die Methode `createSurface` implementiert, die ein `GeometryArray` für eine gegebene Funktion in zwei Variablen liefert. Aus dem `GeometryArray` lässt sich dann ein `Shape` erzeugen, der in einen Szenengraphen eingefügt werden kann. Die Methode `createSurface` benötigt eine Reihe von Parametern.

- Die darzustellende Funktion wird in Form einer Implementierung des Interfaces[1] IFunctionInTwoVariables realisiert. Das Interface muss in einer konkreten Klasse implementiert werden. Als Beispiel ist die Funktion $z = x\sin(7x)\cos(4y)$ in der Klasse `FunctionInTwoVariablesExample` realisiert.
- Die folgenden vier Werte geben den Bereich $[x_{\mathsf{min}}, x_{\mathsf{max}}] \times [x_{\mathsf{min}}, x_{\mathsf{max}}]$ an, über dem die Funktion ausgwertet werden soll. Mit den darauf folgenden beiden Werten können die Funktionswerte, d.h. die z-Werte, begrenzt werden. Sollen die Funktionswerte auf diese Weise begrenzt werden, d.h. zu kleine bzw. zu große Werte werden abgeschnitten, muss der nächste boolesche Wert auf `true` gesetzt werden. Ansonsten wird der gesamte Wertebereich der Funktion über dem betrachteten Rechteck verwendet.
- Die folgenden sechs Parameter definieren einen Quader, in dem die Funktion innerhalb der dreidimensionalen Darstellung bzw. der Transformationsgruppe dargestellt wird. Dieser Quader sollte in der Regel um den Koordinatenursprung gelegt werden, selbst wenn die Funktion beispielsweise im Bereich $[1000,2000] \times [1000,2000]$ ausgewertet werden soll.

[1] Ein Interface in Java kann dazu benutzt werden, um Methoden festzulegen, die eine Klasse enthalten muss. Im Falle der reellen Funktion in zwei Variablen verlangt das Interface nur, dass eine Methode `evaluateAt` implementiert sein muss, die für ein Paar von Werten x und y den Funktionswert $z = f(x,y)$ zurückliefert. Das Interface muss dann von einer Klasse implementiert werden, in der die geforderten Methoden zu programmieren sind. Im Fall der Funktionsauswertung ist eine konkrete reelle Funktion in zwei Variablen zu berechnen.

- Die letzten beiden Parametern geben an, wie viele Gitterpunkte in x- bzw. y-Richtung bei der Annäherung durch Dreiecke verwendet werden sollen.

6.6 Text in dreidimensionalen Darstellungen

Text kann in einer dreidimensionalen Szene entweder zweidimensional, d.h. flach, oder dreidimensional sein. Zweidimensionale Buchstaben werden in der Regel auf Oberflächen in Form von Texturen, wie sie im Abschnitt 8.8 behandelt werden, aufgebracht. Sie können z.B. als Aufschriften von Plakaten in einer Szene dienen. Dreidimensionale Buchstaben sind eigene geometrische Objekte. Buchstaben, wie sie in der Leuchtreklame vorkommen, wären eine mögliche Anwendung.

Eine andere Anwendung von Texten ist die Beschriftung von Grafiken, wie sie etwa bei der dreidimensionalen Darstellung einer Funktion in zwei Variablen vorgenommen wird. Hierbei treten zwei wesentliche Probleme auf, wenn der Betrachter die Möglichkeit hat, in der Szene zu navigieren, sich beispielsweise eine Funktion in zwei Variablen aus verschiedenen Blickwinkeln anzusehen. Zum einen können die Beschriftungen zu klein werden, um noch lesbar zu sein, wenn der Betrachter sehr weit aus der Szene herauszoomt. Zum anderen sind die Beschriftungen nicht mehr oder kaum lesbar, wenn der Betrachter sie von der Seite oder von hinten ansieht.

Um dies zu vermeiden, kann man auf die Beschriftungen geeignete Transformationen anwenden, so dass sie immer zum Betrachter hin orientiert sind und ggf. auch in der richtigen Größe erscheinen.

6.6.1 Text in Java 3D

Java 3D bietet die Klassen `Text2D` und `Text3D` für die Darstellung von zwei- bzw. dreidimensionalen Texten in einer Szene. `Text2D` bringt den Text als Textur auf ein virtuelles Rechteck auf. Der Text ist nur von vorne zu sehen. Mit `Text3D` können dreidimensionale Buchstaben erzeugt werden, die zwar von allen Seiten sichtbar sind, aber nicht unter jedem Blickwinkel vernünftig lesbar sind. Exemplarisch soll hier nur die Klasse `Text3D` behandelt werden. `Text2D` wird ganz analog verwendet.

Um einen dreidimensionalen Text darzustellen, muss zunächst eine Schriftart im Form eines `Font f`, wie in Abschnitt 4.4 beschrieben, definiert werden. Mit den folgenden Zeilen wird ein Text aus dreidimensionalen Zeichen erzeugt.

```
Font3D f3d = new Font3D(f, new FontExtrusion());
Text3D t3d = new Text3D(f3d,s,p);
Shape3D textShape = new Shape3D(t3d,app);
```

Zunächst wird aus dem gewöhnlichen Font f der dreidimensionale Font3D f3d erzeugt. Das Objekt FontExtrusion legt fest, wie der dreidimensionale Zeichensatz aus dem zweidimensionalen generiert wird. Anschließend wird ein Objekt Text3D t3d erzeugt, das den eigentlichen Text in Form eines Strings s enthält und außerdem eine Position zur Textpositionierung mittels eines Point3f p benötigt. Schließlich kann mit diesem Text3D-Objekt zusammen mit einer Appearance app ein Shape3D-Objekt generiert werden, das dann in einem Szenengraphen oder einer Transformationsgruppe verwendet werden kann.

Wenn ein Text oder allgemeiner ein beliebiges Objekt oder eine Transformationsgruppe immer zum Betrachter hin ausgerichtet sein soll, kann man dies durch die Verwendung eines Billboard-Behaviours erreichen. Dazu muss zunächst eine Instanz der Klasse Billboard erzeugt werden, der im Konstruktor die Transformationsgruppe tgBBGroup zugeordnet wird, die immer zum Betrachter hin ausgerichtet sein soll. Außerdem muss in einer Konstanten angegeben werden, durch welche Art der Transformation – im folgenden Beispiel durch eine Punktrotation festgelegt durch die Konstante Billboard.ROTATE_ABOUT_POINT – dies erreicht werden soll. Schließlich muss noch der Punkt in Form eines Point3f p definiert werden, um den rotiert werden soll:

```
Billboard bb = new Billboard(tgBBGroup,
                             Billboard.ROTATE_ABOUT_POINT,
                             p);
bb.setSchedulingBounds(bounds);
tgBBGroup.addChild(bb);
tgBBGroup.setCapability(TransformGroup.ALLOW_TRANSFORM_WRITE);
```

Dem Billboard-Behaviour muss ein Gültigkeitsbereich, z.B. in Form einer BoundingSphere bounds zugewiesen. Außerdem muss das Billboard-Behaviour der entsprechenden Transformationsgruppe tgBBGroup zugeordnet werden. Für diese Transformationsgruppe muss das Verändern der Transformation erlaubt werden, damit das Billboard-Behaviour die Transformationsgruppe zum Betrachter hin ausrichten kann.

In dem Programm Text3DExample.java wurde die Funktionsdarstellung aus dem Programm SurfaceExample.java um ein Koordinatensystem mit Achsenbezeichnungen erweitert. Nur für die Beschriftung der y-Achse wurde ein Billboard-Behaviour verwendet. Abbildung 6.16 zeigt das Ergebnis, nachdem die Ansicht rotiert wurde. Die Beschriftungen der x- und der z-Achse sind nicht zum Betrachter hin orientiert, während der Buchstabe Y durch das `Billboard`-Behaviour genau auf den Betrachter ausgerichtet ist.

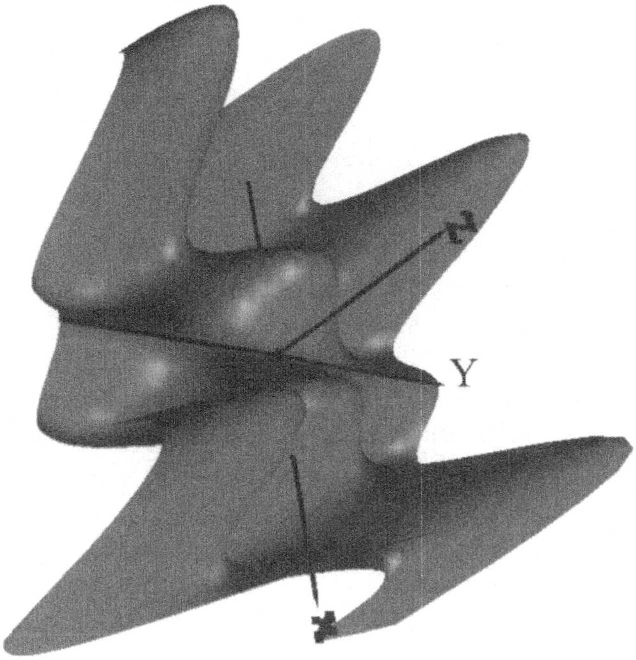

Abbildung 6.16 Achsenbeschriftung: Nur für den Buchstaben Y wurde ein `Billboard`-Behaviour verwendet

6.7 Parametrische Kurven und Freiformflächen

Für die Darstellung einer Szene werden die Oberflächen der einzelnen Objekte zwar durch Dreiecke angenähert, für die Modellierung von Objekten eignet sich diese Repräsentation jedoch nicht. Stattdessen werden *Freiformflächen* verwendet. Ähnlich wie bei der Beschreibung von Kurven in der Ebene aus Abschnitt 2.3 werden bei Freiformflächen Punkte im Raum vorgegeben, die durch eine gekrümmte Fläche angenähert werden. Eine Speicherung dieser Kurven ermöglicht das Arbeiten mit unterschiedlichen Auflösungen bei der Darstellung der Fläche. Die Anzahl der Dreiecke zur Annäherung der Fläche kann je nach gewünschter Genauigkeit der Darstellung unterschiedlich gewählt werden. Außerdem werden die für die Lichtreflexionseffekte benötigten Normalenvektoren nicht aus den Dreiecken berechnet, sondern direkt aus der ursprünglichen gekrümmten Fläche.

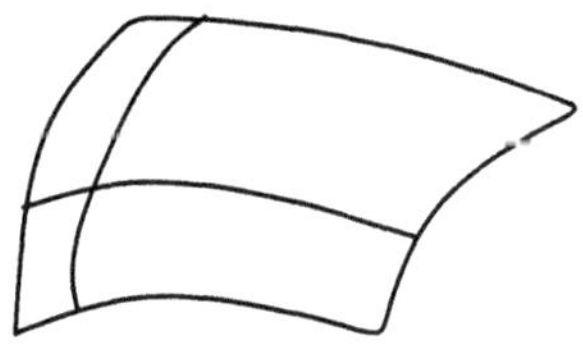

Abbildung 6.17 Zwei Kurven, die man erhält, wenn man eine gekrümmte Fläche entlang einer Achse abtastet.

Die Modellierung gekrümmter Oberflächen basiert auf parametrischen Kurven. Tastet man entlang einer Achsenrichtung eine gekrümmte Fläche ab, erhält man eine Kurve im Raum. Abbildung 6.17 veranschaulicht diesen Sachverhalt. Die Grundlagen parametrischer Kurven im Raum sind daher wesentlich zum Verständnis gekrümmter Flächen, so dass hier zunächst die Modellierung von Kurven betrachtet werden soll.

6.7.1 Parametrische Kurven

Soll eine Kurve im Raum oder in der Ebene durch eine Reihe von Punkten – so genannten *Kontrollpunkten* – spezifiziert werden, sind folgende Eigenschaften wünschenswert, um eine leichte Handhabung bei der Modellierung einer Kurve zu ermöglichen:

Kontrollierbarkeit: Der Einfluss der Parameter auf den Kurvenverlauf ist für den Benutzer intuitiv verständlich. Soll ein Kurvenverlauf geändert werden, muss für den Benutzer einfach erkennbar sein, welche Parameter er wie ändern sollte.

Lokalitätsprinzip: Es muss die Möglichkeit geben, die Kurve lokal zu verändern. Wird beispielsweise ein Kontrollpunkt der Kurve verändert, sollte dies nach Möglichkeit nur Auswirkungen in der Nähe des Kontrollpunktes haben.

Glattheit: Die Kurve sollte gewisse Glattheitseigenschaften besitzen. Das bedeutet, sie sollte nicht nur stetig sein, das heißt, keine Lücken oder Sprünge aufweisen, sondern auch keine Knicke besitzen. Letzteres bedeutet, dass die Kurve zumindest einmal stetig differenzierbar sein muss. In manchen Fällen kann es auch erforderlich sein, dass höhere Ableitungen existieren. Außerdem sollte die Kurve in gewisser Weise von beschränkter Variation sein.

Damit ist gemeint, dass sie nicht nur nahe an den Kontrollpunkten vorbeiläuft, sondern sich auch zwischen den Kontrollpunkten nicht beliebig weit von ihnen entfernt.

Wenn die Kurve exakt durch die Kontrollpunkte verläuft, spricht man von *Interpolation*, während *Approximation* nur verlangt, dass die Kurve die Punkte möglichst gut annähert. Durch $(n+1)$ Kontrollpunkte lässt sich zwar immer ein Interpolationspolynom höchstens n-ten Grades legen. Trotzdem eignen sich Interpolationspolynome nicht für die Modellierung in der Computergrafik. Neben der Problematik, dass bei einer hohen Anzahl von Kontrollpunkten auch der Grad des Polynoms und somit der Rechenaufwand sehr groß wird, genügen Interpolationspolynome nicht dem Lokalitätsprinzip. Wird ein Kontrollpunkt geändert, wirkt sich dies in der Regel auf alle Koeffizienten des Polynoms und damit auf die gesamte Kurve aus. Das Clipping wird wesentlich erleichtert, wenn der Bereich, in dem de Kurve verläuft, sehr leicht direkt aus den Kontrollpunkten zu ermitteln ist. Dies ist bei Polynomen nicht gegeben. Außerdem neigen hochgradige Interpolationspolynome zum Schwingen. Das bedeutet, dass sie teilweise zwischen den Kontrollpunkten stark schwanken.

Abbildung 6.18 zeigt ein Interpolationspolynom 5. Grades durch sechs Kontrollpunkte, die alle bis auf einen auf der x-Achse liegen. Das Polynom schwingt um die Kontrollpunkte herum und schießt über den höchsten Kontrollpunkt hinaus. Es bleibt nicht innerhalb der konvexen Hülle der Kontrollpunkte.

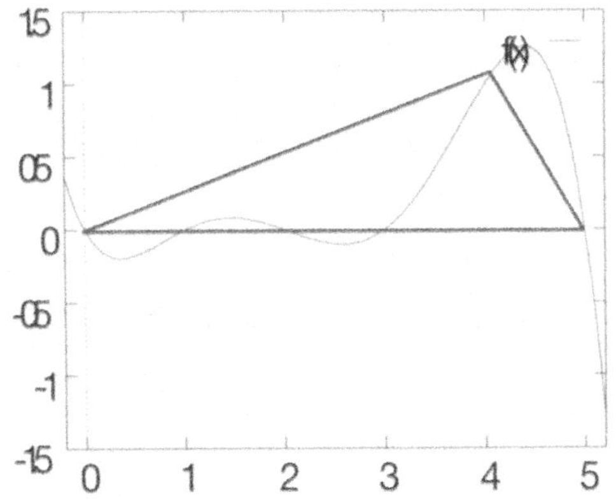

Abbildung 6.18 Interpolationspolynom 5. Grades durch die Kontrollpunkte (0,0), (1,0), (2,0), (3,0), (4,1), (5,0)

Wenn man darauf verzichtet, dass die Polynome die Kontrollpunkte interpolieren müssen, und sich mit der Approximation der Kontrollpunkte begnügt, können die unangenehmen Eigenschaften der Interpolationspolynome vermieden werden.

Man kann dazu *Bernstein-Polynome* n-ten Grades verwenden, die folgendermaßen definiert sind. Das i-te Bernstein-Polynome n-ten Grades ($i \in \{0,\ldots,n\}$) ist durch die Gleichung

$$B_i^{(n)}(t) \;=\; \binom{n}{i} \cdot (1-t)^{n-i} \cdot t^i \qquad (t \in [0,1])$$

gegeben. Die Bernstein-Polynome besitzen zwei wichtige Eigenschaften:

$$B_i^{(n)}(t) \in [0,1] \qquad \text{für alle } t \in [0,1]$$

Das heißt, im Bereich des Einheitsintervalls $[0,1]$ nehmen sie nur Werte zwischen Null und Eins an. Diese und die zweite, folgende Eigenschaft werden später benötigt, um Kurven zu konstruieren, die innerhalb der konvexen Hülle der Stützstellen verlaufen:

$$\sum_{i=0}^{n} B_i^{(n)}(t) \;=\; 1 \qquad \text{für alle } t \in [0,1]$$

An jeder Stelle im Einheitsintervall addieren sich die Bernstein-Polynome zu Eins auf.

Bézier-Kurven verwenden Bernstein-Polynome n-ten Grades zur Approximation von $(n+1)$ Stützstellen $\mathbf{b}_0,\ldots,\mathbf{b}_n \in \mathbb{R}^p$. Für die Computergrafik sind nur die Fälle der Ebene mit $p = 2$ und des dreidimensionalen Raums mit $p = 3$ von Bedeutung. Die Kontrollpunkte werden auch *Bézier-Punkte* genannt. Die durch diese Punkte definierte Kurve

$$\mathbf{x}(t) \;=\; \sum_{i=0}^{n} \mathbf{b}_i \cdot B_i^{(n)}(t) \qquad (t \in [0,1]) \tag{6.3}$$

heißt *Bézier-Kurve* vom Grad n.

Die Bézier-Kurve interpoliert den Anfangs- und den Endpunkt, das heißt, es gilt $\mathbf{x}(0) = \mathbf{b}_0$ und $\mathbf{x}(1) = \mathbf{b}_n$. Die anderen Kontrollpunkte liegen im Allgemeinen nicht auf der Kurve. Die Tangentialvektoren an die Bézier-Kurve im Anfangs- und im Endpunkt lassen sich folgendermaßen berechnen:

$$\begin{aligned}\dot{\mathbf{x}}(0) &= n \cdot (\mathbf{b}_1 - \mathbf{b}_0)\\ \dot{\mathbf{x}}(1) &= n \cdot (\mathbf{b}_n - \mathbf{b}_{n-1})\end{aligned}$$

Das bedeutet, dass die Tangente im Anfangspunkt in Richtung des Punktes $\mathbf{b}_1$ verläuft, die Tangente im Endpunkt kommt aus der Richtung des Punktes $\mathbf{b}_{n-1}$. Dieses Prinzip lag bereits der Definition kubischer Kurven in Abbildung 2.7 auf Seite 14 zugrunde.

Hält man in der Gleichung (6.3) den Wert t fest, erhält man aufgrund der Eigenschaften der Bernsteinpolynome $\mathbf{x}(t)$ als Konvexkombination der Kontrollpunkte $\mathbf{b}_0, \ldots, \mathbf{b}_n$. Somit verläuft die Bézier-Kurve innerhalb der konvexen Hülle der Kontrollpunkte.

Wendet man auf alle Kontrollpunkte eine affine Transformation an, stimmt die Bézier-Kurve aus den transformierten Punkten mit der Transformation der ursprünglichen Bézier-Kurve überein. Bézier-Kurven sind somit invariant unter affinen Abbildungen wie Rotation, Verschiebung oder Skalierung. Bézier-Kurven sind außerdem symmetrisch in den Kontrollpunkten, das heißt, die Kontrollpunkte $\mathbf{b}_0, \ldots, \mathbf{b}_n$ und $\mathbf{b}_n, \ldots, \mathbf{b}_0$ ergeben dieselbe Kurve, nur die Durchlaufrichtung ändert sich.

Verwendet man als Kontrollpunkte eine Konvexkombination zweier Sätze von Kontrollpunkten, ergibt sich als Bézier-Kurve die Konvexkombination der entsprechenden Bézier-Kurven:

- Definieren die Kontrollpunkte $\tilde{\mathbf{b}}_0, \ldots, \tilde{\mathbf{b}}_n$ die Bézier-Kurve $\tilde{\mathbf{x}}(t)$ und
- die Kontrollpunkte $\hat{\mathbf{b}}_0, \ldots, \hat{\mathbf{b}}_n$ die Bézier-Kurve $\hat{\mathbf{x}}(t)$,
- dann definieren die Kontrollpunkte $\alpha\tilde{\mathbf{b}}_0 + \beta\hat{\mathbf{b}}_0, \ldots, \alpha\tilde{\mathbf{b}}_n + \beta\hat{\mathbf{b}}_n$ die Bézier-Kurve $\mathbf{x}(t) = \alpha\tilde{\mathbf{x}}(t) + \beta\hat{\mathbf{x}}(t)$, falls $\alpha + \beta = 1$, $\alpha,\beta \geq 0$ gilt.

Liegen alle Kontrollpunkte auf einer Geraden oder einer Parabel, ergibt sich als Bézier-Kurve ebenfalls die entsprechende Gerade bzw. Parabel. Bézier-Kurven erhalten außerdem gewisse Formeigenschaften wie Monotonie oder Konvexität der Kontrollpunkte.

Trotz der vielen günstigen Eigenschaften der Bézier-Kurven sind sie für größere Anzahlen von Kontrollpunkten ungeeignet, da sich ein zu hoher Polynomgrad ergibt. Bei $(n+1)$ Kontrollpunkten ist die Bézier-Kurve in der Regel ein Polynom n-ten Grades. Daher werden statt der Bézier-Kurven eher *B-Splines* verwendet, um eine Kurve zu einer gegebenen Menge von Kontrollpunkten zu definieren. B-Splines werden aus mehreren Bézier-Kurven niedrigeren Grades – üblicherweise dritten oder vierten Grades – zusammengesetzt. Dazu wird für jeweils n aufeinander folgende Punkte eine Bézier-Kurve berechnet und der letzte Kontrollpunkt der vorhergehenden Bézier-Kurve bildet den ersten Kontrollpunkt der nachfolgenden Bézier-Kurve. Dadurch interpolieren B-Splines die Kontrollpunkte, an denen die einzelnen Bézier-Kurven jeweils aneinander gefügt werden. Diese Nahtstellenpunkte werden als *Knotenpunkte* bezeichnet. Die anderen Kontrollpunkte heißen *innere Bézier-Punkte*. Abbildung 6.19 zeigt einen B-Spline, der aus zwei Bézier-Kurven dritten Grades zusammengefügt wird.

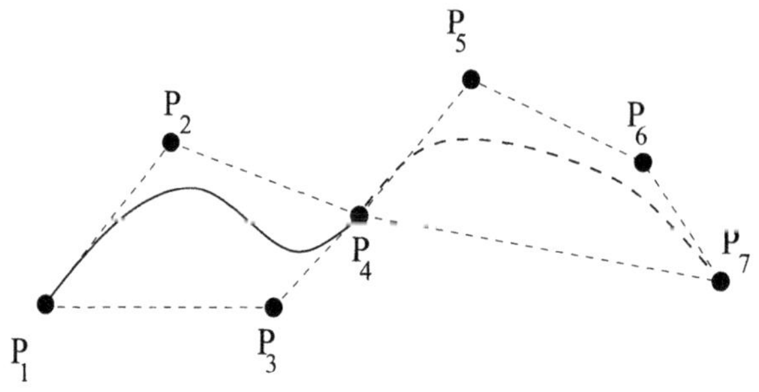

Abbildung 6.19 B-Spline mit Knotenpunkten P_1,P_4,P_7 und inneren Bézier-Punkten P_2,P_3,P_5,P_6

Damit keine Knicke an den Nahtstellen entstehen, was gleichbedeutend mit der Nicht-Differenzierbarkeit der Kurve ist, müssen der jeweilige Knotenpunkt, der direkt davor und der direkt dahinter liegende innere Bézier-Punkt kollinear sein. Diese Eigenschaft zur Vermeidung von Knicken wurde bereits in der Abbildung 2.8 auf Seite 15 dargestellt. Mit B-Splines n-ten Grades lassen sich durch geeignete Wahl der inneren Bézier-Punkte Kurven erzeugen, die $(n-1)$-mal stetig differenzierbar sind. Mit kubischen B-Splines, die Polynome dritten Grades verwenden, muss für die zweimalige Differenzierbarkeit neben der Kollinearitätsbedingung eine weitere Bedingung an die benachbarten inneren Bézier-Punkte gestellt werden. Der in Abbildung 6.20 dargestellte B-Spline setzt sich aus zwei Bézier-Kurven dritten Grades zusammen und wird durch die Knotenpunkte P_1,P_4,P_7 und die inneren Bézier-Punkte P_2,P_3,P_5,P_6 definiert. Um zweimalige Differenzierbarkeit sicherzustellen, müssen die eingezeichneten Tangentenabschnitte im gleichen Verhältnis zueinander stehen.

B-Splines erben die positiven Eigenschaften der Bézier-Kurven. Sie verlaufen in der konvexen Hülle der Kontrollpunkte, sind invariant unter affinen Abbildungen, symmetrisch in den Kontrollpunkten, interpolieren Anfangs- und Endpunkt der Kontrollpunkte und genügen dem Lokalitätsprinzip.

Ein B-Spline setzt sich stückweise aus Bézier-Kurven zusammen. Diese lassen sich in homogenen Koordinaten in der Form

$$\begin{pmatrix} P_x(t) \\ P_y(t) \\ P_z(t) \\ 1 \end{pmatrix}$$

schreiben. Dabei sind $P_x(t)$,$P_y(t)$,$P_z(t)$ Polynome in t. Wendet man auf diese Darstellung eine perspektivische Projektion in Form der Matrix aus Gleichung (5.6) an, erhält man:

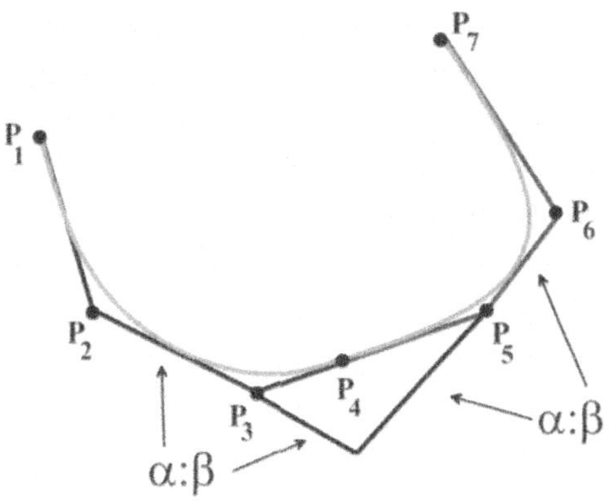

Abbildung 6.20 Bedingung an die inneren Bézier-Punkte für zweimal stetig differenzierbare kubische B-Splines

$$\begin{pmatrix} 1 & 0 & 0 & 0 \\ 0 & 1 & 0 & 0 \\ 0 & 0 & 0 & 0 \\ 0 & 0 & \frac{1}{z_0} & 1 \end{pmatrix} \cdot \begin{pmatrix} P_x(t) \\ P_y(t) \\ P_z(t) \\ 1 \end{pmatrix} = \begin{pmatrix} P_x(t) \\ P_y(t) \\ 0 \\ \frac{P_z(t)}{z_0} + 1 \end{pmatrix}$$

In kartesischen Koordinaten ergibt sich somit als Projektion einer Bézier-Kurve eine parametrische Kurve, die in den einzelnen Koordinaten rationale Funktionen aufweist:

$$\begin{pmatrix} \frac{P_x(t)}{\frac{P_z(t)}{z_0}+1} \\ \frac{P_y(t)}{\frac{P_z(t)}{z_0}+1} \\ 0 \end{pmatrix}$$

Wenn sich bei der perspektivischen Projektion von B-Splines bzw. Bézier-Kurven in der Regel sowieso rationale Funktionen ergeben, kann man im Grunde auch schon bei der Modellierung im Dreidimensionalen mit rationalen Funktionen arbeiten. Die perspektivische Projektion einer rationalen Funktion ist wiederum eine rationale Funktion. Statt B-Splines werden daher häufig die allgemeineren *NURBS* (non-uniform rational B-splines) verwendet, deren Grundlage auf rationale Funktionen erweiterte Bézier-Kurven der Form

$$\mathbf{x}(t) = \frac{\sum_{i=0}^{n} w_i \cdot \mathbf{b}_i \cdot B_i^{(n)}(t)}{\sum_{i=0}^{n} w_i \cdot B_i^{(n)}(t)}$$

sind. Die frei wählbaren Gewichte w_i bezeichnet man als *Formparameter*. Ein größeres Gewicht w_i erhöht den Einfluss des Kontrollpunktes $\mathbf{b}_i$ auf die Kurve.

Im Sinne dieser Interpretation und um Singularitäten zu vermeiden, setzt man üblicherweise voraus, dass die Gewichte w_i positiv sein müssen.

6.7.2 Effiziente Polynomberechnung

Um eine parametrische Kurve darzustellen, müssen Polynome ausgewertet werden. Dies gilt ebenso für die Darstellung von Freiformflächen. In der Regel verwendet man Polynome dritten Grades. In diesem Abschnitt wird ein effizientes Auswertungsschema von Polynomen vorgestellt, das auf einem ähnlichen Prinzip beruht, wie die bereits im Rahmen des Bresenham-Algorithmus im Abschnitt 3.2 eingeführten inkrementellen Berechnungen. Man kann auf diese Weise bei den Polynomen zwar nicht auf die Fließkommaarithmetik verzichten. Zumindest kann jedoch die wiederholte Berechnung von Multiplikationen vermieden werden.

Um eine kubischen Kurve darzustellen, wird die parametrische Kurve in der Regel an äquidistanten Stellen des Parameters t ausgewertet, die entsprechenden Punkte berechnet und jeweils durch Geradenstücke verbunden. Das gilt ebenso, wenn eine Freiformfläche mit ebenen Polygonen angenähert werden soll. Um ein Polynom $f(t)$ an den Stellen t_0, $t_1 = t_0+\delta$, $t_2 = t_0+2\delta, \ldots$ mit der Schrittweite $\delta > 0$ auszuwerten, nutzt man Vorwärtsdifferenzen. Dazu entwickelt man ein Verfahren zur direkten Berechnung der Änderung

$$\Delta f(t) = f(t+\delta) - f(t),$$

so dass das Polynom $f(t)$ ausgewertet wird, indem man den Startwert $f(t_0) = f_0$ an der Stelle t_0 explizit berechnet und danach mit der Formel

$$f(t+\delta) = f(t) + \Delta f(t)$$

oder

$$f_{n+1} = f_n + \Delta f_n$$

fortfährt. Für ein Polynom dritten Grades $f(t) = at^3 + bt^2 + ct + d$ ergibt sich somit:

$$\Delta f(t) = 3at^2\delta + t(3a\delta^2 + 2b\delta) + a\delta^3 + b\delta^2 + c\delta$$

Auf diese Weise hat man die Auswertung eines Polynoms dritten Grades auf die Addition von Δ-Werten zurückgeführt, die eine Auswertung eines Polynoms zweiten Grades erfordern. Auch für dieses Polynom zweiten Grades lassen sich Vorwärtsdifferenzen ausnutzen:

$$\begin{aligned}\Delta^2 f(t) &= \Delta(\Delta f(t)) = \Delta f(t+\delta) - \Delta f(t) \\ &= 6a\delta^2 t + 6a\delta^3 + 2b\delta^2\end{aligned}$$

$t_0 = 0$		$t_0 + \delta$		$t_0 + 2\delta$		$t_0 + 3\delta$	...
f_0	$\rightarrow$	$+$	$\rightarrow$	$+$	$\rightarrow$	$+$	...
Δf_0	$\nearrow$ $\rightarrow$	$+$	$\nearrow$ $\rightarrow$	$+$	$\nearrow$ $\rightarrow$	$+$	...
$\Delta^2 f_0$	$\nearrow$ $\rightarrow$	$+$	$\nearrow$ $\rightarrow$	$+$	$\nearrow$ $\rightarrow$	$+$	...
$\Delta^3 f_0$	$\nearrow$ $\rightarrow$	$\Delta^3 f_0$	$\nearrow$ $\rightarrow$	$\Delta^3 f_0$	$\nearrow$ $\rightarrow$	$\Delta^3 f_0$	...

Tabelle 6.1 Differenzenschema für Polynome dritten Grades

Die Δ-Werte für das ursprüngliche Polynom dritten Grades werden somit durch die Formel

$$\Delta f_n = \Delta f_{n-1} + \Delta^2 f_{n-1}$$

bestimmt. Für die Berechnung der Δ^2-Werte ist immer noch eine Multiplikation auszuführen. Wendet man das Schema der Vorwärtsdifferenzen noch ein letztes Mal an, erhält man:

$$\Delta^3 f(t) = \Delta^2 f(t+\delta) - \Delta^2 f(t) = 6a\delta^3$$

Damit sind nur für die Berechnung der Initialisierungswerte für $t_0 = 0$ Multiplikationen erforderlich:

$$\begin{aligned} f_0 &= d \\ \Delta f_0 &= a\delta^3 + b\delta^2 + c\delta \\ \Delta^2 f_0 &= 6a\delta^3 + 2b\delta^2 \\ \Delta^3 f_0 &= 6a\delta^3 \end{aligned}$$

Alle weiteren Werte lassen sich allein durch Additionen ermitteln. Tabelle 6.1 verdeutlicht dieses Prinzip des Differenzenschemas. Tabelle 6.2 enthält die Auswertung des Differenzenschemas für das Beispielpolynom $f(t) = t^3 + 2t + 3$, d.h. $a = 1$, $b = 0$, $c = 2$, $d = 3$, mit der Schrittweite $\delta = 1$.

6.7.3 Freiformflächen

Wie bereits zu Beginn des Abschnitt 6.7 erwähnt, sind Freiformflächen eng mit parametrischen Kurven verwandt. Bei Kurven wird ein Parameter t durchlaufen, während bei Flächen zwei Parameter benötigt werden. Hält man einen dieser beiden Parameter fest, ergibt sich jeweils eine Kurve auf der Fläche wie in Abbildung 6.21 dargestellt.

Bézier-Flächen setzen sich aus Bézier-Kurven zusammen, die jeweils in den Parametern s und t durchlaufen werden:

$t=0$		$t=1$		$t=2$		$t=3$		$t=4$	...
3	→	6	→	15	→	36	→	75	...
3	↗ →	9	↗ →	21	↗ →	39	↗ →	63	...
6	↗ →	12	↗ →	18	↗ →	24	↗ →	30	...
6	↗ →	6	↗ →	6	↗ →	6	↗ →	6	...

Tabelle 6.2 Differenzenschema für das Polynom $f(t) = t^3+2t+3$ mit der Schrittweite $\delta = 1$

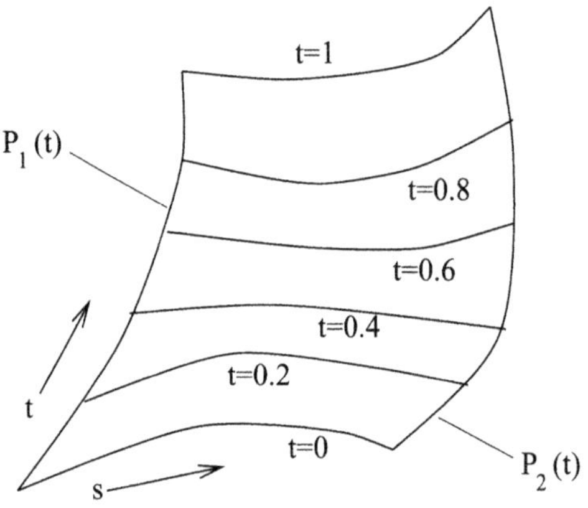

Abbildung 6.21 Parametrische Freiformfläche

$$\mathbf{x}(s,t) \;=\; \sum_{i=0}^{n}\sum_{j=0}^{m} \mathbf{b}_{ij} \cdot B_i^{(n)}(s) \cdot B_j^{(m)}(t) \qquad (s,t \in [0,1])$$

In der Regel beschränkt man sich auch hier auf Bézier-Kurven dritten Grades, das heißt, man wählt $m = n = 3$. Zur Festlegung einer derartigen Bézier-Fläche müssen $(m+1)\cdot(n+1)$ Bézier-Punkte $\mathbf{b}_{ij}$, d.h. 16 im Falle kubischer Bézier-Kurven, angegeben werden. Abbildung 6.22 veranschaulicht, wie dieses Netz von Bézier-Punkten die Bézier-Fläche definiert.

Bézier-Flächen besitzen ähnlich günstige Eigenschaften wie Bézier-Kurven. Die vier Eckpunkte $\mathbf{b}_{00},\mathbf{b}_{0m},\mathbf{b}_{n0},\mathbf{b}_{nm}$ liegen auf der Fläche, für die anderen Kontrollpunkte gilt dies in der Regel nicht. Die Fläche bleibt innerhalb der konvexen Hülle der Kontrollpunkte. Die Kurven mit konstantem Wert $s = s_0$ sind Bézier-Kurven bezüglich der Kontrollpunkte

$$\mathbf{b}_j \;=\; \sum_{i=0}^{n} \mathbf{b}_{ij} \cdot B_j^{(n)}(s_0)$$

Entsprechendes gilt für die Kurven mit konstantem Parameter $t = t_0$.

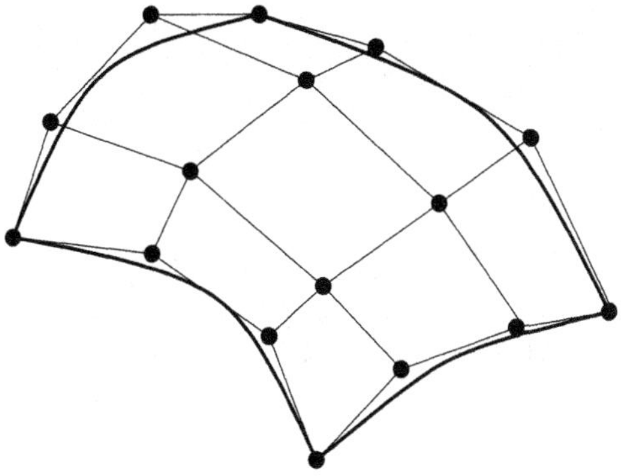

Abbildung 6.22 Netz von Bézier-Punkten zur Definition einer Bézier-Fläche

Da in der Computergrafik Oberflächen üblicherweise mit Dreiecken und nicht mit Vierecken approximiert werden, verwendet man teilweise Bézier-Flächen vom Grad n, meistens $n = 3$, über einem Dreiecksgitter, die folgendermaßen definiert sind:

$$\mathbf{x}(t_1,t_2,t_3) = \sum_{i,j,k \geq 0:\, i+j+k=n} \mathbf{b}_{ijk} \cdot B_{ijk}^{(n)}(t_1,t_2,t_3)$$

Die entsprechenden Bernsteinpolynome sind durch

$$B_{ijk}^{(n)}(t_1,t_2,t_3) = \frac{n!}{i!j!k!} \cdot t_1^i \cdot t_2^j \cdot t_3^k$$

gegeben mit $t_1 + t_2 + t_3 = 1$, $t_1,t_2,t_3 \geq 0$ und $i + j + k = n$ (für $i,j,k \in \mathbb{N}$). Das entsprechende Dreiecksnetz ist in Abbildung 6.23 dargestellt.

6.8 Normalenvektoren an Oberflächen

Zur realistischen Wiedergabe eine Szene müssen Beleuchtungseffekte wie Reflexionen berücksichtigt werden. Reflexionen hängen von den Winkeln ab, in denen Lichtstrahlen auf eine Oberfläche treffen. Zur Berechnung dieser Winkel werden Normalenvektoren der Oberfläche benötigt. Beleuchtungseffekte und Reflexionen werden im Detail im Kapitel 8 besprochen. An dieser Stelle soll es zunächst nur um die Bestimmung der Normalenvektoren an eine Oberfläche gehen.

Bei einem Dreieck, das eine ebene Fläche repräsentiert, zeigen die Normalenvektoren alle in dieselbe Richtung, entsprechend dem Normalenvektor zur Ebene

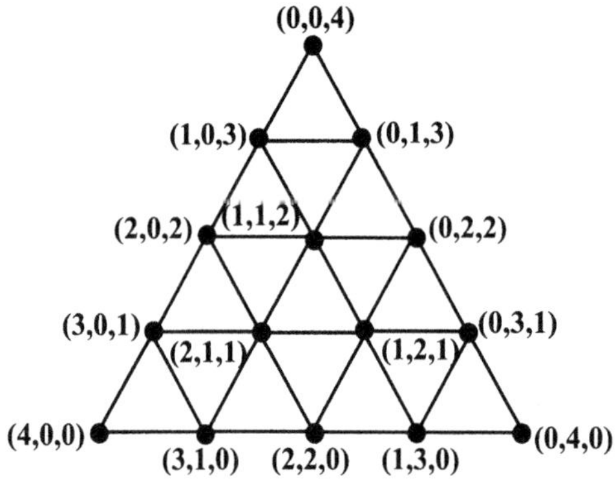

Abbildung 6.23 Dreiecksnetz, über dem eine Bézier-Fläche definiert werden kann

$$Ax + By + Cz + D = 0, \tag{6.4}$$

die durch das Dreieck induziert wird. Der Vektor $(A,B,C)^\top$ ist der nicht-normierte Normalenvektor zu dieser Ebene. Dies sieht man leicht anhand folgender Überlegung: Ist $\mathbf{n} = (n_x,n_y,n_z)^\top$ ein nicht-normierter Normalenvektor an die Ebene und $\mathbf{v} = (v_x,v_y,v_z)^\top$ ein Punkt in der Ebene, so liegt der Punkt $(x,y,z)^\top$ genau dann in der Ebene, wenn der Verbindungsvektor zwischen $\mathbf{v}$ und $(x,y,z)^\top$ in der Ebene liegt, das heißt, wenn er senkrecht zum Normalenvektor steht. Es muss also Folgendes gelten:

$$0 = \mathbf{n}^\top \cdot \left((x,y,z)^\top - \mathbf{v}\right) = n_x \cdot x + n_y \cdot y + n_z \cdot z - \mathbf{n}^\top \cdot \mathbf{v}$$

Setzt man $A = n_x$, $B = n_y$, $C = n_z$ und $D = \mathbf{n}^\top \cdot \mathbf{v}$, erhält man genau die Ebenengleichung (6.4).

Ist ein Dreieck durch die drei nicht-kollinearen Punkte $\mathbf{P}_1,\mathbf{P}_2,\mathbf{P}_3$ gegeben, so lässt sich der Normalenvektor zu diesem Dreieck mittels des Kreuzproduktes berechnen:

$$\mathbf{n} = (\mathbf{P}_2 - \mathbf{P}_1) \times (\mathbf{P}_3 - \mathbf{P}_1)$$

Das Kreuzprodukt zweier Vektoren $(x_1,y_1,z_1)^\top$ und $(x_2,y_2,z_2)^\top$ ist definiert durch:

$$\begin{pmatrix} x_1 \\ y_1 \\ z_1 \end{pmatrix} \times \begin{pmatrix} x_2 \\ y_2 \\ z_2 \end{pmatrix} = \begin{pmatrix} y_1 \cdot z_2 - y_2 \cdot z_1 \\ z_1 \cdot x_2 - z_2 \cdot x_1 \\ x_1 \cdot y_2 - x_2 \cdot y_1 \end{pmatrix}$$

Das Kreuzprodukt ist null, falls die beiden Vektoren kollinear sind.

Auf diese Weise erhält man den nicht-normierten Normalenvektor der Ebene aus Gleichung (6.4). Der Wert D in dieser Gleichung kann dann durch Einsetzen eines der Punkte des Dreiecks, d.h. der Ebene, bestimmt werden:

$$D = \mathbf{n}^\top \cdot \mathbf{P}_1$$

Wird eine Oberfläche durch eine Freiformfläche beschrieben, ermittelt man den Normalenvektor in einem Punkt $\mathbf{x}(s_0,t_0)$ der Fläche als Normalenvektor zur Tangentialebene in diesem Punkt. Die Tangentialebene wird durch die beiden Tangentenvektoren an die parametrischen Kurven $\mathbf{p}(s) = \mathbf{x}(s,t_0)$ und $\mathbf{q}(t) = \mathbf{x}(s_0,t)$ an der Stelle $x(s_0,t_0)$ bestimmt:

$$\begin{aligned}\left(\frac{\partial}{\partial s}\mathbf{x}(s,t_0)\right)_{s=s_0} &= \left(\frac{\partial}{\partial s}\sum_{i=0}^{n}\sum_{j=0}^{m}\mathbf{b}_{ij}\cdot B_i^{(n)}(s)\cdot B_j^{(m)}(t_0)\right)_{s=s_0}\\ &= \sum_{j=0}^{m}B_j^{(m)}(t_0)\cdot\sum_{i=0}^{n}\mathbf{b}_{ij}\cdot\left(\frac{\partial B_i^{(n)}(s)}{\partial s}\right)_{s=s_0}\end{aligned}$$

$$\begin{aligned}\left(\frac{\partial}{\partial t}\mathbf{x}(s_0,t)\right)_{t=t_0} &= \left(\frac{\partial}{\partial t}\sum_{i=0}^{n}\sum_{j=0}^{m}\mathbf{b}_{ij}\cdot B_i^{(n)}(s_0)\cdot B_j^{(m)}(t)\right)_{t=t_0}\\ &= \sum_{i=0}^{n}B_i^{(n)}(s_0)\cdot\sum_{j=0}^{m}\mathbf{b}_{ij}\cdot\left(\frac{\partial B_j^{(m)}(t)}{\partial t}\right)_{t=t_0}\end{aligned}$$

Diese beiden Tangentenvektoren verlaufen parallel zur Oberfläche an der Stelle (s_0,t_0) und spannen somit die Tangentialebene an die Fläche in diesem Punkt auf. Das Kreuzprodukt der beiden Tangentenvektoren ergibt damit den Normalenvektor an die Fläche im Punkt $\mathbf{x}(s_0,t_0)$.

Wenn eine gekrümmte Fläche in Form einer Freiformfläche durch Dreiecke angenähert wird, sollten die Normalenvektoren für die Dreiecke nicht erst nach der Approximation durch die Dreiecke bestimmt werden, sondern direkt aus den Normalenvektoren der Oberfläche. Es ist natürlich nicht möglich, den Normalenvektoren in jedem Punkt der Oberfläche zu speichern. Wenigstens zu den Punkten, die zur Definition der Dreiecke verwendet werden, sollten die Normalenvektoren der gekrümmten Fläche berechnet und abgespeichert werden. Auf diese Weise können einem Dreieck drei verschiedene Normalenvektoren zugeordnet sein, die alle nicht mit dem Normalenvektor der durch das Dreieck definierten Ebene übereinstimmen, so wie es in Abbildung 6.24 zu sehen ist.

6.8.1 Normalenvektoren in Java 3D

Für die elementaren geometrischen Objekte Quader, Kugel, Zylinder und Kegel werden die Normalenvektoren automatisch berechnet. Bei Objekten, die aus ei-

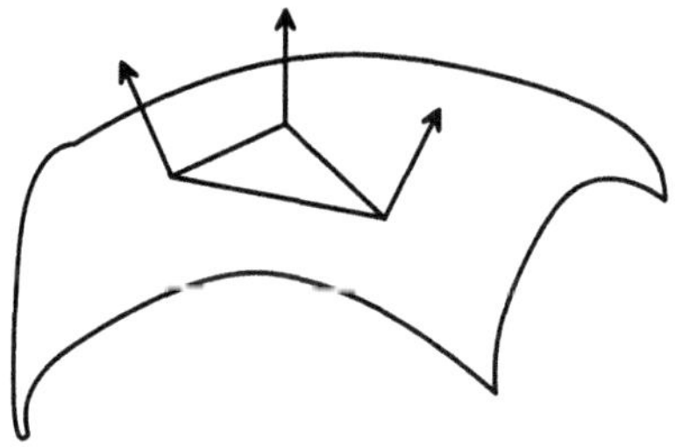

Abbildung 6.24 Normalenvektoren der Originalfläche in den Eckpunkten eines approximierenden Dreiecks

ner Datei z.B. im Wavefront Object Format geladen werden, stehen die benötigten Normalenvektoren ebenfalls in der Datei. Werden Objekte direkt in Java 3D mittels Dreiecken definiert, können die Normalenvektoren auch direkt angegeben werden. Dies wird man in der Praxis jedoch kaum benötigen, da man selten komplexe Objekte direkt mit Dreiecken modellieren wird, sondern eher ein entsprechendes 3D-Modellierungswerkzeug zu Hilfe nehmen wird. Trotzdem soll an dieser Stelle eine Methode beschrieben werden, mit der sich die Berechnung der Normalenvektoren in der Klasse `GeometryArray` steuern lässt.

Bei der Erstellung eines Objekts aus Dreiecken in Java 3D mittels der Klasse `GeometryArray` muss, wie auf Seite 164 beschrieben, eine Instanz `ng` der Klasse `NormalGenerator` erzeugt werden. Man kann vor der Erzeugung der Normalenvektoren mit der Methode `ng.generateNormals(gi)` für das `GeometryInfo`-Objekt `gi` noch die Methode

```
ng.setCreaseAngle(angle);
```

aufrufen. Der Winkel `angle` gibt an, bis zu welchem Winkel die Normalenvektoren benachbarter Dreiecke interpoliert werden sollen. Man geht davon aus, dass benachbarte Dreiecke, die fast in einer Ebene liegen, das heißt, zwischen denen ein kleiner Winkel liegt, dazu dienen, eine gekrümmte Fläche ohne Kanten oder Knicke anzunähern. Der zwischen den Dreiecken entstehende Knick ist eigentlich nicht erwünscht und nur durch die Approximation erzwungen. Deswegen sollten die Normalenvektoren in den Ecken der Dreiecke nicht individuell für jedes Dreieck als Normalenvektoren der jeweilgen Dreiecksebene bestimmt werden. Statt dessen mittelt man in den Ecken die Normalenvektoren aller benachbarten Dreiecke, die einen entsprechend kleinen Winkel mit dem betrachteten Dreieck bilden. Diese Vorgehensweise ist in der Abbildung 6.25 links veranschaulicht. Der

Winkel zwischen den beiden Dreiecken ist relativ klein[2], so dass für die Normalenvektoren an den beiden gemeinsamen Eckpunkten der Vektor verwendet wird, der sich durch Mittlung aus den beiden tatsächlichen Normalenvektoren an die Ebenen ergibt, die durch die Dreiecke induziert werden. Rechts in der Abbildung liegt eine echte Kante zwischen den Dreiecken vor, die nicht zufällig durch die ungenaue Approximation entstanden ist. Daher werden die Normalenvektoren nicht interpoliert.

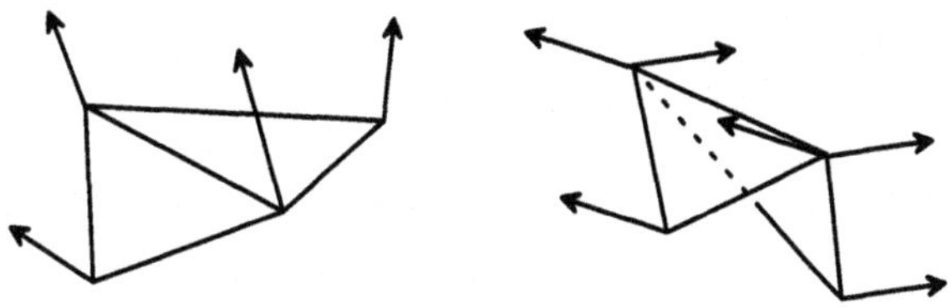

Abbildung 6.25 Interpolierte und nicht interpolierte Normalenvektoren

Mit dem Standardkonstruktor `new NormalGenerator()` wird der Winkel auf den Wert Null gesetzt, so dass keine Interpolation von Normalenvektoren stattfindet. Mit der Methode `setCreaseAngle` kann der Winkel auf einen anderen Wert gesetzt werden, so dass im Extremfall sogar bei Dreiecken die Normalenvektoren gemittelt werden, die eine sehr scharfe Kante bilden. Im Programm `NormalsForGeomArrays.java` wird der gleiche Tetraeder wie im Programm `GeomArrayExample.java` erzeugt mit dem Unterschied, dass der Winkel zur Interpolation der Normalenvektoren auf π, d.h. 180° gesetzt wurde, so dass die Normalenvektoren benachbarter Dreiecke immer interpoliert werden. Die vorher deutlich sichtbaren, scharfen Kanten des Tetraeders werden auf diese Weise fast unsichtbar.

[2] Ein kleiner Winkel meint hier einen flachen, d.h. stumpfen Winkel. Der Winkel bezieht sich nicht auf den Winkel zwischen den Dreiecken, sondern wie weit eines der beiden Dreiecke gedreht werden müsste, damit sie in einer Ebene liegen.

6.9 Übungsaufgaben

Aufgabe 6.1: Die Oberfläche des dargestellten Körpers soll mit Dreiecken modelliert werden. Geben Sie geeignete Koordinaten für die sechs Knotenpunkte an sowie entsprechende Dreiecke, die aus diesen Knotenpunkten zu bilden sind. Achten Sie darauf, dass die Dreiecke so orientiert sind, dass die entgegen dem Uhrzeigersinn orientierte Fläche nach außen zeigt. Der Körper ist zwei Einheiten hoch, eine Einheit tief und fünf Einheiten breit. Schreiben Sie anschließend ein Programm, um den Körper darzustellen. Verwenden Sie dazu die in Abschnitt 6.4 vorgestellte Technik.

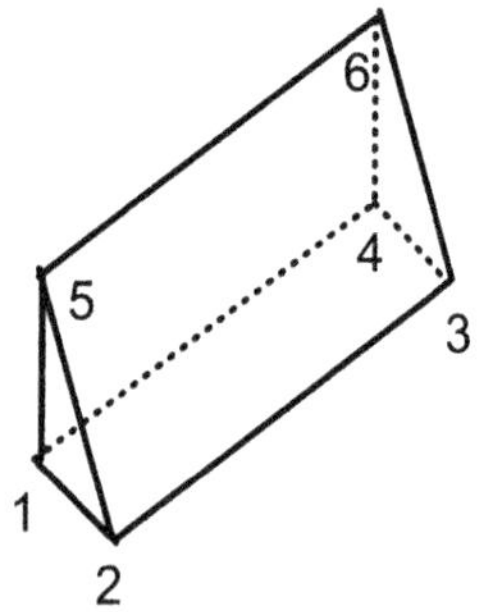

Aufgabe 6.2: Zeichnen Sie den QuadTree für das nebenstehende Dreieck bis einschließlich zur Tiefe 2. Die Wurzel (Ebene 0) des QuadTrees entspricht dem gestrichelten Quadrat.

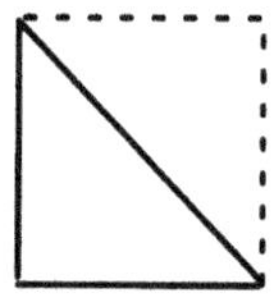

Aufgabe 6.3: Stellen Sie die Kugeln aus Abbildung 6.12, die mit dem Programm `TesselationResolution.java` erzeugt wurden, als Drahtgittermodell dar.
Stellen Sie ebenfalls das Schiff, das im Programm `Load3DExample.java` geladen wird, als Drahtgittermodell dar.

Aufgabe 6.4: Zeichnen Sie mit Java 2D eine zweimal stetig differenzierbare geschlossene Kurve, indem Sie die Bedingungen in Abbildung 6.20 ausnutzen.

7 Visibilitätsbetrachtungen

Für die Darstellung eines Ausschnitts einer dreidimensionalen Modellwelt muss ebenso wie im Zweidimensionalen bestimmt werden, welche Objekte überhaupt in dem darzustellenden Bereich liegen. Nur für diese Objekte muss das Rendering durchgeführt werden. Bei dreidimensionalen Szenen muss zusätzlich zu diesen Clippingberechnungen das Problem der Verdeckung von Objekten oder Objektteilen durch andere Objekte der Szene gelöst werden. Dieses Kapitel gibt eine Einführung in das dreidimensionale Clipping und Verfahren zur Bestimmung der in einer Szene sichtbaren Objekte.

7.1 Das Clippingvolumen

Die Darstellung des Ausschnitts einer dreidimensionalen Modellwelt, den ein Betrachter sehen kann, erfordert eine Reihe von Angaben darüber, wie der Betrachter in die Modellwelt blickt. Die Koordinaten des Punktes, in dem sich der Betrachter befindet, und die Richtung, in die er schaut, müssen spezifiziert werden. Diese Informationen reichen jedoch noch nicht aus. Die Projektionsebene muss festegelegt werden. Sie entspricht der Ebene des Darstellungsmediums, in der Regel die Ebene des Bildschirms, mit dem der Betrachter die Szene wie durch ein Fenster sieht. Der Bildschirm oder das Darstellungsfenster auf dem Bildschirm können nur einen endlichen Ausschnitt der Projektionsebene wiedergeben. Üblicherweise ist dieser Ausschnitt rechteckig. Anstatt ein korrespondierendes Rechteck auf der Projektionsebene zu spezifizieren, wird häufig ein Winkel angegeben, der das Sichtfeld des Betrachters festlegt. Dieser Winkel definiert, wie weit sich das Blickfeld des Betrachters nach links und rechts öffnet. Daraus ergibt sich eine Breite auf der Projektionsebene, die der Breite des Darstellungsfensters auf dem Bildschirm entspricht. Die Höhe des Bereichs auf der Projektionsebene wird proportional zur Höhe des Darstellungsfensters gewählt. Abbildung 7.1 zeigt eine Draufsicht auf das Sichtfeld des Betrachters.

Prinzipiell reichen diese Angaben zur Clippingberechnung aus. Der dreidimensionale Clippingbereich – das *Clippingvolumen* – entspricht einer Pyramide unendlicher Höhe im Fall perspektivischer Projektion bzw. einem sich einer Richtung

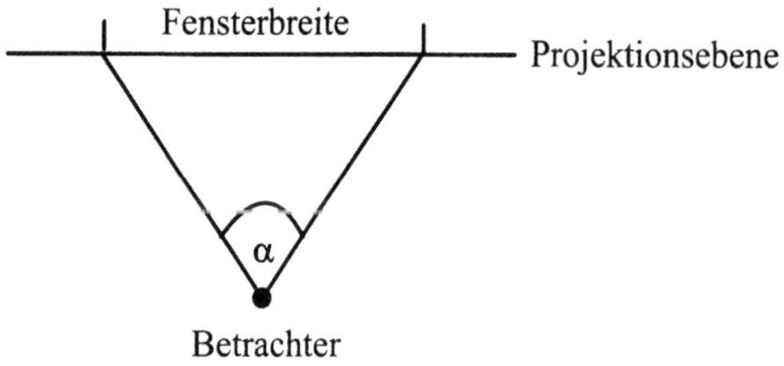

Abbildung 7.1 Der Sichtfeldwinkel α bestimmt den Bereich auf der Projektionsebene, der der Fensterbreite entspricht.

unendlich ausdehnenden Quader bei einer Parallelprojektion. Folgende Betrachtungen schränken das Clippingvolumen jedoch weiter ein.

Die Sichtweite eines Menschen ist zwar theoretisch nahezu unbegrenzt. Man kann sowohl Lichtjahre entfernte Sterne als auch das Gestell einer Brille direkt vor den Augen sehen. Beim Sehen werden die Augen jedoch auf eine Entfernung fokussiert, so dass es nicht möglich ist, gleichzeitig ein ganz nahes und ein sehr weit entferntes Objekt scharf zu sehen. Fixiert man beispielsweise ein weit entferntes Objekt und hält dann einen Finger relativ nahe vor ein Auge, sieht man diesen Finger fast nicht. Umgekehrt nimmt man beim Lesen eines Buches nicht wahr, wie ein Vogel in der Ferne vorbeifliegt. Der in einem Augenblick scharf sichtbare Bereich erstreckt sich daher üblicherweise von einer bestimmten minimalen bis zu einer bestimmten maximalen Entfernung. Diese Eigenschaft modelliert man in der Computergrafik, indem man eine *vordere* und eine *hintere Clippingebene* definiert. Bei einer perspektivischen Projektion nimmt das Clippingvolumen so die Form eines Pyramidenstumpfes an, während eine Parallelprojektion einen Quader als Clippingvolumen liefert. Die Projektionsebene liegt in der Entfernung, auf die die Augen des Betrachters optimal fokussiert sind. Die vordere und hintere Clippingebene entsprechen dem kleinsten bzw. größten Abstand, bei dem der Betrachter bei der Fokussierung auf die Projektionsebene Objekte noch scharf wahrnehmen kann. Die Projektionsebene liegt üblicherweise zwischen der vorderen und hinteren Clippingebene. Bei Objekten, die vor der Projektionsebene liegen, sollte für den Betrachter der Eindruck entstehen, dass sie sich vor dem Bildschirm befinden. Dieser Effekt ist jedoch nur mit Techniken zu erzielen, die stereoskopisches Sehen unterstützen, die im Kapitel 9 behandelt werden. Der Zusammenhang zwischen Clippingvolumen, vorderer und hinterer Clippingebene, Projektionsebene und Projektionsart ist in Abbildung 7.2 dargestellt.

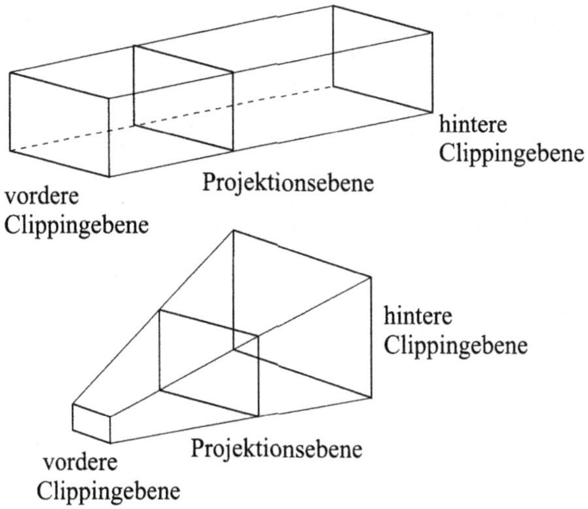

Abbildung 7.2 Das Clippingvolumen bei Parallelprojektion (oben) und bei perspektivischer Projektion (unten)

Im Abschnitt 5.8 wurde bereits erläutert, wie sich jede Projektion in eine Transformation T und eine anschließende Parallelprojektion auf die x/y-Ebene zerlegen lässt. Das dreidimensionale Clipping kann daher auf folgende Weise einfach und effizient durchgeführt werden. Zuerst wird auf alle Objekte die Transformation T angewendet. Da die so transformierten Objekte mittels Parallelprojektion auf die x/y-Ebene abgebildet werden, entspricht das transformierte Clippingvolumen einem Quader, dessen Kanten parallel zur den Koordinatenachsen verlaufen. Dieser Quader kann durch zwei diagonal gegenüberliegende Ecken $(x_{\mathsf{min}},y_{\mathsf{min}},z_{\mathsf{min}})$ und $(x_{\mathsf{max}},y_{\mathsf{max}},z_{\mathsf{max}})$ definiert werden. Um festzustellen, ob ein Objekt innerhalb dieses Clippingvolumens liegt, muss nur überprüft werden, ob mindestens ein Punkt (p_x,p_y,p_z) des Objekts innerhalb des Quaders liegt. Dies ist genau dann der Fall, wenn

$$x_{\mathsf{min}} \leq p_x \leq x_{\mathsf{max}} \quad \text{und} \quad y_{\mathsf{min}} \leq p_y \leq y_{\mathsf{max}} \quad \text{und} \quad z_{\mathsf{min}} \leq p_z \leq z_{\mathsf{max}}$$

gilt. Für ein ebenes Polygon müssen diese Vergleiche daher nur für alle Ecken durchgeführt werden, um festzustellen, ob das Polygon im Clippingvolumen liegt.

7.1.1 Clipping in Java 3D

Durch die Verwendung der Klasse `SimpleUniverse` werden die zum Clipping erforderlichen Parameter auf Standardwerte gesetzt. Wie man die Position des Betrachters verändert, wurde bereits im Abschnitt 5.8.1 vorgestellt.

Um den Sichtfeldwinkel oder die Clippingebenen zu modifizieren, muss man auf den `View` des `SimpleUniverse` zugreifen, den man folgendermaßen erhält.

```
View v = simpUniv.getViewer().getView();
```

Mit der Methode

```
v.setFieldOfView(angle);
```

wird der Sichtfeldwinkel auf den Wert `angle` (im Bogenmaß) gesetzt. Zur Festlegung des Abstands der vorderen und hinteren Clippingbene zum Betrachter dienen die Methoden:

```
v.setFrontClipDistance(fcdist);
v.setBackClipDistance(bcdist);
```

Durch

```
v.getPhysicalBody().setNominalEyeOffsetFromNominalScreen(
                                                   distance);
```

kann der Abstand der Projektionsebene zum Betrachter verändert werden.

In der Klasse `ClippingPlanes.java` wird der Sichtfeldwinkel auf 30° Grad gegenüber dem Standardwert von 45° verengt. Außerdem wird die vordere Clippingebene weiter nach hinten und die hintere weiter nach vorn verschoben, so dass sich ein kleineres Clippingvolumen ergibt. Mit diesen veränderten Einstellungen wird die in Abbildung 5.3 auf Seite 124 gezeigte Hubschrauberszene aus dem ursprünglichen Programm `StaticSceneExample.java` noch einmal wiedergegeben. Durch die Einengung des Clippingvolumens werden Teile der Szene nicht mehr dargestellt.

7.2 Grundlagen der Visibilitätsverfahren

Durch das Clipping wird bestimmt, welche Objekte einer im Computer modellierten dreidimensionalen Welt zumindest teilweise im Clippingvolumen liegen. Diese Objekte sind Kandidaten für die in der Szene darzustellenden Objekte. In der Regel werden aber nicht all diese Objekte sichtbar sein, da weiter hinten liegende Objekte von weiter vorne liegenden eventuell verdeckt werden. *Visibilitätsverfahren*[1] bezeichnen Techniken zum Zeichnen der Objekte, die tatsächlich vom Betrachter gesehen werden, das heißt, die nicht durch andere Objekte verdeckt werden.

Da sich Projektionen durch das vorherige Ausführen einer geeigneten Transformation immer auf eine Parallelprojektion auf die x/y-Ebene zurückführen lassen, werden die Visibilitätsbetrachtungen in diesem Kapitel – sofern nicht anders angegeben – auf diesen Spezialfall der Parallelprojektion eingeschränkt.

7.2.1 Bildraum- und Objektraumverfahren

Ein einfacher Algorithmus zum Zeichnen der tatsächlich sichtbaren Objekte einer Szene könnte folgendermaßen vorgehen. Man denkt sich das Pixelraster auf die Projektionsebene gezeichnet und legt durch jedes Pixel einen Strahl in der Projektionsrichtung, d.h. parallel zur z-Achse. Ein Pixel ist so einzufärben, wie das Objekt, auf das sein zugehöriger Strahl zuerst trifft. Diese Technik wird als *Bildraumverfahren* bezeichnet, da sie die Pixelstruktur des zu konstruierenden Abbildes benutzt. Ein Bildraumverfahren hat bei p Pixeln und n Objekten einen Rechenaufwand von $n \cdot p$ Schritten. Bei einer üblichen Bildschirmauflösung kann man von ungefähr einer Millionen Pixeln ausgehen. Die Anzahl der Objekte kann je nach Szene sehr stark schwanken. Unter Objekten sind hier die Dreiecke zu verstehen, mit denen die Oberflächen der komplexeren Objekte angenähert werden. Aus diesem Grund sind vier- oder fünfstellige Anzahlen von Objekten, d.h. Dreiecken, bei aufwendigeren Szenen keine Seltenheit.

Im Gegensatz zu den Bildraumverfahren gehen die *Objektraumverfahren* nicht von den Pixeln aus, sondern bestimmen direkt für die Objekte, d.h. die Dreiecke, welche Objekte andere zumindest teilweise verdecken. Nur die sichtbaren Teile eines Objektes werden dann projiziert. Objektraumverfahren müssen die Objekte paarweise auf gegenseitige Verdeckung testen, so dass bei n Objekten ein Rechenaufwand von ca. n^2, d.h. ein quadratischer Aufwand entsteht. Es gilt zwar

[1] Im Englischen spricht man von Hidden Line und Hidden Surface Algorithmen.

im Allgemeinen, dass die Anzahl der Objekte deutlich kleiner als die Anzahl der Pixel, so dass $n^2 \ll n \cdot p$ folgt, das heißt, die Objektraumverfahren müssen eine weitaus geringere Anzahl von Schritten als die Bildraumverfahren durchführen. Dafür sind die Einzelschritte bei den Objektraumverfahren wesentlich aufwendiger. Ein Vorteil der Objektraumverfahren besteht darin, dass sie unabhängig von der Bildauflösung berechnet werden können, da sie für die Visibilitätsbetrachtungen nicht auf die Pixel zugreifen. Erst bei der anschließenden Projektion der sichtbaren Objekte spielt die Bildauflösung eine Rolle.

7.2.2 Rückseitenentfernung

Unabhängig davon, welches Visibilitätsverfahren bevorzugt wird, sollte man vor der Anwendung die Anzahl der Objekte, d.h. der Dreiecke oder allgemeiner der ebenen Polygone durch *Rückseitenentfernung*[2] verringern. Mit Rückseiten sind Flächen gemeint, die vom Betrachter wegzeigen und die er somit nicht sehen kann. Diese Flächen können bei den Visibilitätsbetrachtungen vernachlässigt werden.

Durch die im Abschnitt 6.1 beschriebene Orientierung der Flächen können die Normalenvektoren zu den Flächen so ausgerichtet werden, dass sie immer zur Flächenaußenseite zeigen. Zeigt ein so orientierter Normalenvektor vom Betrachter weg, sieht der Betrachter auf die Rückseite der Fläche und sie muss bei den Visibilitätsbetrachtungen nicht berücksichtigt werden. Bei der hier betrachteten Parallelprojektion auf die x/y-Ebene verläuft die Projektionsrichtung parallel zur z-Achse. Der Betrachter sieht in diesem Fall auf die Rückseite einer Fläche, wenn der Normalenvektor der Fläche mit der z-Achse einen stumpfen Winkel bildet, das heißt, wenn er ungefähr in die entgegengesetzte Richtung der z-Achse zeigt.

Abbildung 7.3 verdeutlicht diesen Sachverhalt anhand zweier Seiten eines Tetraeders. Die beiden parallelen Vektoren entsprechen der Projektionsrichtung und zeigen somit in Richtung der z-Achse. Die anderen beiden Vektoren sind die Normalenvektoren an die Vorder- bzw. Rückseite des Tetraeders. Man sieht, dass der Normalenvektor der sichtbaren Vorderseite in einem spitzen Winkel zur Projektionsrichtung steht, während der Normalenvektor der unsichtbaren Rückseite einen stumpfen Winkel mit der Projektionsrichtung bildet.

Wenn ein stumpfer Winkel zwischen dem Normalenvektor einer Fläche und der Projektionsrichtung vorliegt, bedeutet dies, dass der Winkel größer als $90°$ ist. Berechnet man das Skalarprodukt des Normalenvektors $\mathbf{n} = (n_x, n_y, n_z)^\top$ mit

[2] Englisch: Back Face Culling

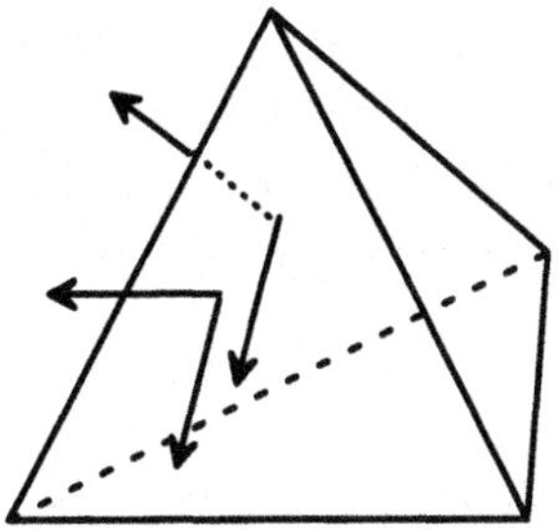

Abbildung 7.3 Eine vordere Fläche, deren Normalenvektor einen spitzen Winkel mit der z-Achse bildet, und eine hintere, deren Normalenvektor eine stumpfen Winkel ergibt, so dass die Fläche bei der Darstellung vernachlässigbar ist.

dem Projektionsrichtungsvektor, d.h. mit dem Einheitsvektor $\mathbf{e}_z = (0{,}0{,}1)^\top$ in z-Richtung, ergibt sich:

$$\mathbf{e}_z^\top \cdot \mathbf{n} \;=\; \cos(\varphi)\cdot \parallel \mathbf{e}_z \parallel \cdot \parallel \mathbf{n} \parallel \qquad (7.1)$$

Dabei ist φ der Winkel zwischen den beiden Vektoren und $\parallel \mathbf{v} \parallel$ bezeichnet die Länge des Vektors $\mathbf{v}$. Die Längen der beiden Vektoren auf der rechten Seite der Gleichung sind immer positiv. Damit wird die rechte Seite genau dann negativ, wenn $\cos(\varphi) < 0$, d.h. $\varphi > 90°$ gilt. Das Vorzeichen des Skalarprodukts (7.1) gibt somit an, ob die Seite mit dem Normalenvektor $\mathbf{n}$ bei den Visibilitätsbetrachtungen zu berücksichtigen ist. Alle Seiten, bei denen das Skalarprodukt negativ ist, können vernachlässigt werden. Da hier das Skalarprodukt mit einem Einheitsvektor berechnet wird, reduziert es sich zu:

$$\mathbf{e}_z^\top \cdot \mathbf{n} \;=\; (0{,}0{,}1)\cdot \begin{pmatrix} n_x \\ n_y \\ n_z \end{pmatrix} \;=\; n_z$$

Zur Bestimmung des Vorzeichens des Skalarprodukts müssen daher weder Multiplikationen noch Additionen durchgeführt werden, es muss lediglich das Vorzeichen der z-Komponente des Normalenvektors betrachtet werden.

Rückseitenentfernung besteht im Falle der Parallelprojektion auf die x/y-Ebene somit darin, dass alle ebenen Polygone bei den Visibilitätsbetrachtungen außer Acht gelassen werden, die einen Normalenvektor mit negativer z-Komponente haben.

7.2.3 Partitionierende Verfahren

Rückseitenentfernung verringert den Rechenaufwand bei den Visibilitätsbetrachtungen. *Räumliche Partitionen* dienen ebenfalls dazu, den Aufwand weiter zu reduzieren. Das Clippingvolumen wird dazu in disjunkte Teilbereiche, z.B. in acht gleichgroße Teilquader aufgeteilt. Die Objekte werden den Teilquadern zugeordnet, mit denen sie einen nicht-leeren Schnitt aufweisen. Ein Objekt, das über die Grenze eines Teilquaders hinaus geht, wird so mehreren Teilquadern zugeordnet.

Bei Verwendung eines Objektraumverfahrens für die Visibilitätsbetrachtungen müssen dann nur die Objekte innerhalb eines Teilquaders miteinander verglichen werden, um zu entscheiden, welche Objekte sichtbar sind. Bei hintereinander liegenden Teilquadern werden die Objekte der hinteren zuerst projiziert und danach die der vorderen, so dass sie die hinteren Objekte gegebenenfalls durch die vorderen überschrieben werden. Bei einer Aufteilung des Clippingvolumens in k Teilquader erreicht man bei n Objekten im Idealfall eine Reduktion des Rechenaufwands von n^2 auf $k \cdot \left(\frac{n}{k}\right)^2 = \frac{n^2}{k}$. Dies gilt jedoch nur, falls jedes Objekt in genau einem Teilquader liegt und sich die Objekte gleichmäßig auf die Teilquader verteilen, so dass in jedem Teilquader $\frac{n}{k}$ Objekte zu betrachten sind. Bei einer größeren Anzahl von Teilquadern wird diese Annahme allerdings nicht einmal annähernd gelten.

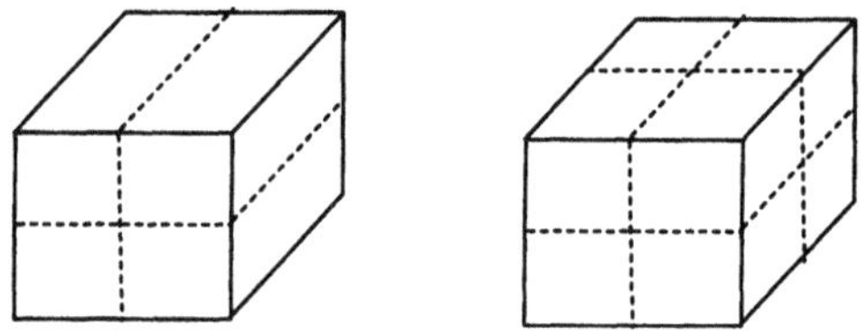

Abbildung 7.4 Aufteilung des Clippingvolumens für Bildraum- (links) und Objektraumverfahren

Bei Bildraumverfahren kann es vorteilhaft sein, das Clippingvolumen, wie in Abbildung 7.4 links dargestellt, zu partitionieren. Dazu wird die Projektionsebene in Rechtecke unterteilt und jedes dieser Rechteck induziert einen Quader innerhalb des Clippingvolumens. Für ein Pixel müssen bei den Visibilitätsbetrachtungen so nur die Objekte berücksichtigt werden, die im selben Teilquader wie das Pixel liegen.

Bei *rekursiven Teilungsalgorithmen* wird das betrachtete Gebiet so lange rekursiv in immer kleinere Bereiche unterteilt, bis in den kleineren Gebieten der Sichtbarkeitsentscheid getroffen werden kann. Die Bildauflösung begrenzt die maximale Rekursionstiefe. Bei den Area-Subdivision-Verfahren wird die Projektionsfläche unterteilt. Sie sind daher Bildraumverfahren. Oktalbaum-Verfahren partitionieren das Clippingvolumen und zählen zu den Objektraumverfahren.

7.3 Bildraumverfahren

In diesem Abschnitt werden drei Bildraumverfahren vorgestellt. Dabei spielen der Tiefenpuffer-Algorithmus und seine Varianten in der praktischen Anwendung die wichtigste Rolle.

7.3.1 Der Tiefenpuffer-Algorithmus

Der *Tiefen-* oder *z-Puffer-Algorithmus* ist das am weitesten verbreitete Verfahren zur Bestimmung, welche Objekte in einer Szene sichtbar sind. Der Tiefenpuffer-Algorithmus ist ein Bildraumverfahren, das nach dem folgenden Prinzip arbeitet: Es wird ein Farbpuffer verwendet, in dem die Färbung für jedes Pixel gespeichert wird. Die Objekte werden in einer beliebigen Reihenfolge projiziert und in den Farbpuffer eingetragen. Mit dieser Strategie allein wäre das zufällig zuletzt eingetragene Objekt sichtbar, das in Regel aber nicht das am weitesten vorne liegende sein wird. Aus diesem Grund prüft man vor dem Eintragen eines Objekts in den Farbpuffer, ob an dieser Stelle bereits ein Objekt steht, das näher an dem Betrachter liegt. Dann darf dieses Objekt nicht von dem weiter hinten liegenden Objekt überschrieben werden. Um festzustellen, ob bereits ein weiter vorne liegendes Objekt in dem Farbpuffer eingetragen wurde, verwendet man einen zweiten Puffer, den Tiefen- oder z-Puffer. Dieser Puffer wird zu Beginn mit der z-Koordinate der hinteren Clippingebene initialisiert. Da hier wieder nur eine Parallelprojektion auf die x/y-Ebene betrachtet wird, kann kein im Clippingvolumen liegendes Objekt eine größere z-Koordinate haben. Wenn ein Objekt projiziert wird, trägt man nicht nur die Farbwerte der Pixel in den Farbpuffer ein, sondern auch die zugehörigen z-Werte in den Tiefenpuffer. Bevor ein Wert in den Farbpuffer und den Tiefenpuffer eingetragen wird, überprüft man, ob im Tiefenpuffer bereits ein kleinerer Wert steht. Wenn dies der Fall ist, bedeutet das, dass an der entsprechenden Stelle bereits ein weiter vorne liegendes Objekt eingetragen wurde, so dass das aktuell betrachtete Objekt die bisherigen Werte im Farb- und Tiefenpuffer nicht überschreiben darf.

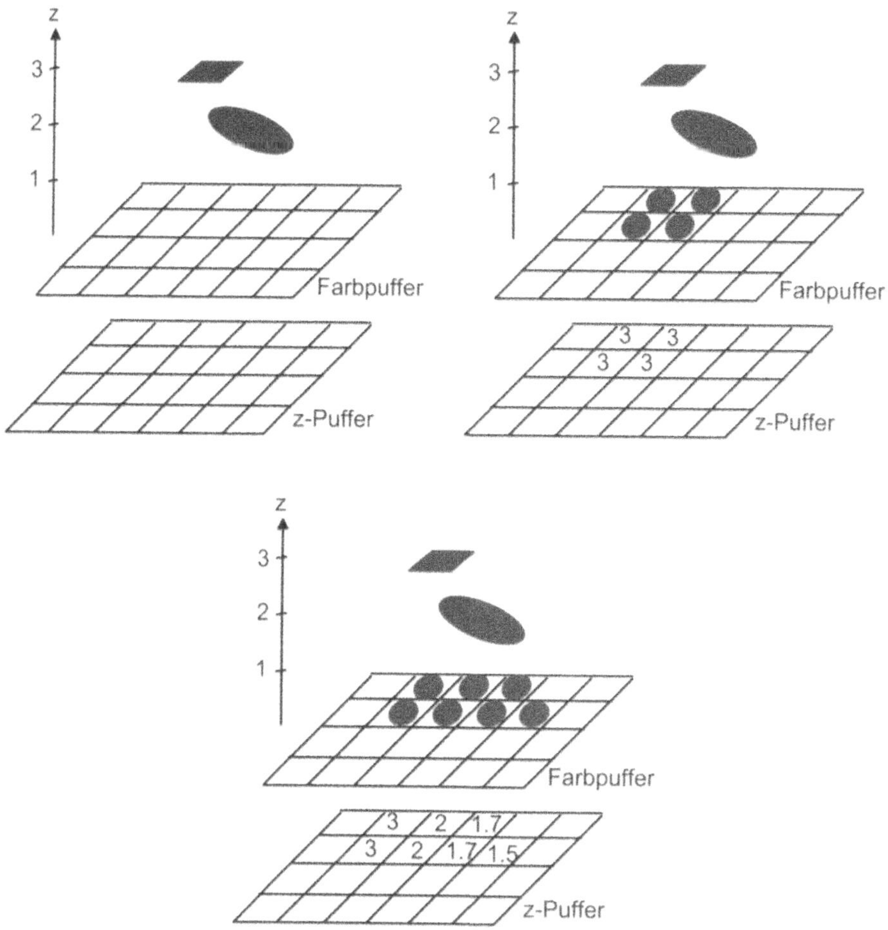

Abbildung 7.5 Arbeitsweise des Tiefenpuffer-Algorithmus

Die Arbeitsweise des Tiefenpuffer-Algorithmus ist in Abbildung 7.5 veranschaulicht. Es sind zwei Objekte zu projizieren, ein Rechteck und eine Ellipse. Der Betrachter schaut von unten auf die Szene. Der Farbpuffer wird mit der Hintergrundfarbe initialisiert, der Tiefenpuffer mit dem z-Wert der hinteren Clippingebene. Zur besseren Übersichtlichkeit wurden diese Einträge im Tiefenpuffer in der Abbildung leer gelassen. Es wird zunächst das Rechteck projiziert. Da es innerhalb des Clippingvolumens liegt und seine z-Werte somit kleiner als der überall bisher im Tiefenpuffer stehende z-Wert der hinteren Clippingebne sind, werden die entsprechenden Farbwerte der Projektion in den Farbpuffer und die z-Werte in den Tiefenpuffer eingetragen. Bei der anschließenden Projektion der Ellipse stellt man fest, dass alle an den entsprechenden Stellen bisher stehenden

z-Werte größer sind, so dass die Ellipse in den Farb- und Tiefenpuffer eingetragen wird und somit das bereits projizierte Rechteck teilweise überschreibt.

Hätte man zuerst die Ellipse projiziert und würde danach das Rechteck bearbeiten, würde man feststellen, dass an zwei der zu projizierenden Pixel des Rechtecks bereits ein kleinerer z-Wert im Tiefenpuffer steht, die daher nicht vom Rechteck überschrieben werden dürfen. Auch in dieser Projektionsreihenfolge ergäbe sich am Ende der gleiche korrekte Farbpuffer, der im unteren Teil der Abbildung 7.5 angegeben ist.

Man beachte, dass die z-Werte eines Objekts in Regel nicht konstant sind und dass für jedes projizierte Pixel eines Objekts individuell entschieden werden muss, ob es in den Farb- und Tiefenpuffer einzutragen ist.

Der Tiefenpuffer-Algorithmus lässt sich auch sehr effizient bei Animationen einsetzen, bei denen sich der Betrachterstandpunkt nicht ändert. Die sich in der Animation nicht bewegenden Objekte bilden den Hintergrund der Szene. Sie müssen nur einmal in den Farb- und den Tiefenpuffer eingetragen werden, die für die Berechnung jedes Bildes wieder mit diesen Werten initialisiert werden. Nur die sich bewegenden Objekte müssen erneut eingetragen werden. Wenn sich ein bewegendes Objekt hinter ein in der Szene statisches Objekt begibt, wird dies anhand des z-Wertes im Tiefenpuffer festgestellt und das sich bewegende Objekt wird korrekt von dem statischen Objekt verdeckt.

Um ein ebenes Polygons in den Farb- und den Tiefenpuffer einzutragen, wendet man ein Scan-Linien-Verfahren an, bei dem die Pixel in der Projektionsebene zeilenweise abgetastet werden. Die durch das Polygon induzierte Ebene sei durch die Gleichung

$$A \cdot x + B \cdot y + C \cdot z + D \;=\; 0 \qquad (7.2)$$

gegeben. Der z-Wert innerhalb einer Scan-Linie lässt sich in der Form

$$z_{\mathsf{neu}} \;=\; z_{\mathsf{alt}} + \Delta z$$

berechnen, da sich die z-Werte über einer Ebene entlang der Scan-Linie linear ändern. Für das Pixel (x,y) sei die entsprechende z-Koordinate des Polygons z_{alt}. Für z-Koordinate z_{neu} des Pixels $(x+1,y)$ gilt mit der Ebenengleichung (7.2) und unter Ausnutzung, dass der Punkt (x,y,z_{alt}) auf der Ebene liegt:

$$\begin{aligned}
0 &= A \cdot (x+1) + B \cdot y + C \cdot z_{\mathsf{neu}} + D \\
&= A \cdot (x+1) + B \cdot y + C \cdot (z_{\mathsf{alt}} + \Delta z) + D \\
&= \underbrace{A \cdot x + B \cdot y + C \cdot z_{\mathsf{alt}} + D}_{=0} + A + C \cdot \Delta z \\
&= A + C \cdot \Delta z
\end{aligned}$$

Daraus erhält man die gesuchte Änderung der z-Koordinate entlang der Scan-Linie:

$$\Delta z = -\frac{A}{C}$$

7.3.2 Scan-Linien-Verfahren

Beim Tiefenpuffer-Algorithmus wird die Projektion einzelner Polygone mittels Scan-Linien-Verfahren durchgeführt. Alternativ können auch die Kanten aller Objekte projiziert werden, um dann über ein Scan-Linien-Verfahren festzustellen, welche Objekte darzustellen sind. Bei diesem Scan-Linien-Verfahren geht man davon aus, dass die zu projizierenden Objekte ebene Polygone sind. Die Koordinatenachsen des Darstellungsfensters – bzw. des entsprechenden rechteckigen Bereichs in der Projektionsebene – werden mit u und v bezeichnet.

Das Scan-Linien-Verfahren arbeitet mit drei Tabellen. Die Kantentabelle enthält alle nicht horizontal verlaufenden Kanten und hat folgende Struktur:

v_{min}	$u(v_{\text{min}})$	v_{max}	Δu	Polygon-Nummern

v_{min} ist dabei der kleinste v-Wert der Kante, $u(v_{\text{min}})$ der zugehörige u-Wert zum v_{min}-Wert der Kante. Entsprechend bezeichnet v_{max} den größten v-Wert der Kante. Δu gibt die Steigung der Kante an. In der Spalte Polygonnummern wird die Liste der Polygone eingetragen, zu denen die Kante gehört. Die Kanten werden aufsteigend nach den Werten v_{min} und bei gleichen Werten aufsteigend nach $u(v_{\text{min}})$ sortiert.

Die zweite Tabelle beim Scan-Linien-Verfahren ist die Polygontabelle. Sie enthält Informationen über die Polygone in der folgenden Form:

Polygon-Nr.	A	B	C	D	Farbe	In-Flag

Die Polygonnummer dient zur Identifikation des Polygons. Die Koeffizienten A,B,C,D definieren die zum Polygon gehörende Ebenengleichung:

$$Ax + By + Cz + D = 0$$

In der Spalte Farbe wird die Farbe oder Farbinformation für das Polygon eingetragen. Die Voraussetzung, dass man dem Polygon eine eindeutige Farbe zuordnen kann, schränkt die Anwendbarkeit des Scan-Linien-Verfahrens wesentlich ein. Günstiger, aber aufwendiger wäre es, die Farbinformationen direkt aus dem Polygon punktweise auszulesen. Das In-Flag zeigt an, ob die momentan betrachtete Position auf der Scan-Linie innerhalb oder außerhalb des Polygons liegt.

Die letzte Tabelle enthält die Liste aller aktiven Kanten. Die aktiven Kanten sind diejenigen, die die aktuell betrachtete Scan-Linie schneiden. Sie werden aufsteigend nach den u-Komponenten der Schnittpunkte sortiert. Die Länge der Tabelle der aktiven Kante ändert sich für jede Scan-Linie bei der Berechnung. Die Längen und die Einträge der anderen beiden Tabellen bleiben bis auf das In-Flag während der gesamten Berechnung unverändert.

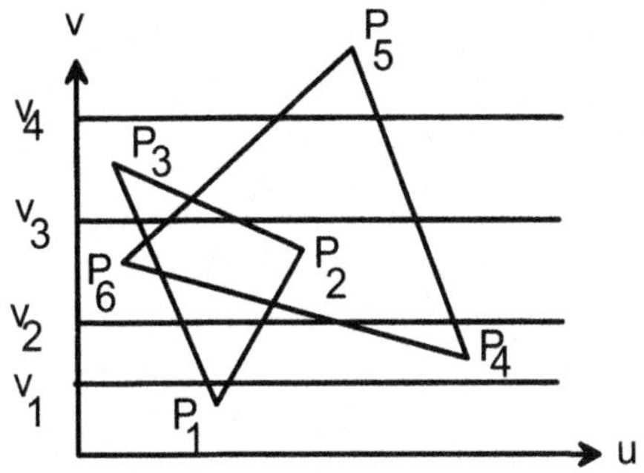

Abbildung 7.6 Bestimmung der aktiven Kanten bei den Scan-Linien v_1,v_2,v_3,v_4

Für die Konfiguration, die in Abbildung 7.6 dargestellt ist, ergeben sich die folgenden aktiven Kanten für die Scan-Linien v_1,v_2,v_3,v_4:

$$
\begin{aligned}
v_1 &: P_3P_1,\ P_1P_2 \\
v_2 &: P_3P_1,\ P_1P_2,\ P_6P_4,\ P_5P_4 \\
v_3 &: P_3P_1,\ P_6P_5,\ P_3P_2,\ P_5P_4 \\
v_4 &: P_6P_5,\ P_5P_4
\end{aligned}
$$

Betrachtet man eine Scan-Linie, werden nach der Bestimmung der aktiven Kanten zunächst alle In-Flags auf Null gesetzt. Danach läuft man die Scan-Linie ab. Beim Überschreiten einer aktiven Kante werden die In-Flags der Polygone aktualisiert. Die In-Flags der Polygone, zu denen die Kante gehört, müssen invertiert werden, da man beim Überschreiten der Kante in das Polygon eintritt bzw. heraustritt. An jedem Pixel muss das sichtbare Polygon unter den aktiven Polygonen mit In-Flag=1 bestimmt werden. Dazu muss nur der z-Wert jedes Polygons aus der zugehörigen Ebenengleichung ermittelt werden. Das Polygon mit dem kleinsten z-Wert ist an der entsprechenden Stelle sichtbar. Der zugehörige z-Wert eines Polygons kann wie schon beim Tiefenpuffer-Algorithmus inkrementell bestimmt werden.

7.3.3 Strahlverfolgung

Strahlverfolgung[3] ist ein weiteres Bildraumverfahren zur Visibilitätsbestimmung. Für jedes Pixel des darzustellenden Fensters auf der Projektionsebene wird ein Strahl berechnet und bestimmt, welches Objekt der Strahl zuerst schneidet, und damit die Farbe des Pixels festgelegt. Strahlverfolgung eignet sich sowohl für Parallelprojektionen, kann aber auch direkt im Falle perspektivischer Projektion angewendet werden, ohne die perspektivische Projektion durch eine Transformation in eine Parallelprojektion umzuwandeln. Bei einer Parallelprojektion verlaufen die Strahlen parallel zur Projektionsrichtung durch die Pixel, bei einer perspektivischen Projektion folgen die Strahlen den Verbindungslinien zwischen dem Projektionszentrum und den Pixeln. Abbildung 7.7 veranschaulicht die Technik der Strahlverfolgung. Die Pixel entsprechen in der Abbildung den Mittelpunkten der Quadrate auf der Projektionsebene.

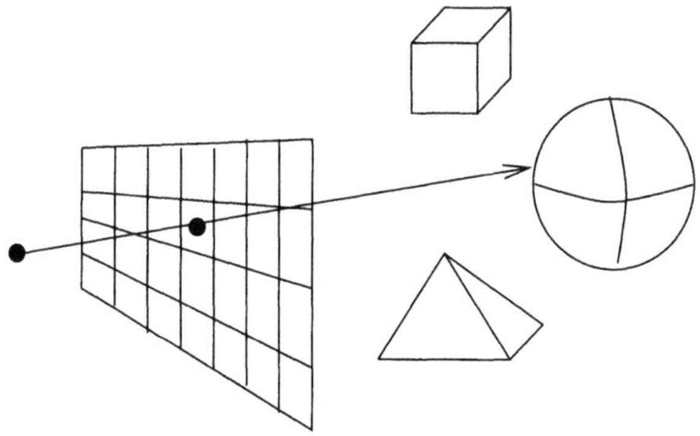

Abbildung 7.7 Strahlverfolgung

Bei einer perspektivischen Projektion mit Projektionszentrum im Punkt (x_0,y_0,z_0) lässt sich der Strahl zum Pixel mit den Koordinaten (x_1,y_1,z_1) wie folgt parametrisieren:

$$x = x_0 + t \cdot \Delta x, \qquad y = y_0 + t \cdot \Delta y, \qquad z = z_0 + t \cdot \Delta z \tag{7.3}$$

mit

$$\Delta x = x_1 - x_0, \qquad \Delta y = y_1 - y_0, \qquad \Delta z = z_1 - z_0$$

Für Werte $t < 0$ befindet sich der Strahl hinter dem Projektionszentrum, für $t \in [0,1]$ zwischen Projektionszentrum und Projektionsebene, für $t > 1$ hinter der Projektionsebene.

[3] Im Englischen unterscheidet man zwischen Ray Casting, mit dem die hier vorgestellte Technik gemeint ist, und dem Ray Tracing für Beleuchtungseffekte, das in Abschnitt 8.11 eingeführt wird.

Um festzustellen, ob und, wenn ja, wo der Strahl ein ebenes Polygon schneidet, wird zunächst der Schnittpunkt des Strahls mit der Ebene $Ax + By + Cz + D = 0$, die das Polygon aufspannt, bestimmt. Danach wird überprüft, ob der Schnittpunkt mit der Ebene innerhalb des Polygons liegt.

Setzt man den Strahl (7.3) in die Ebenengleichung ein, erhält man für t den Wert:

$$t = -\frac{Ax_0 + By_0 + Cz_0 + D}{A\Delta x + B\Delta y + C\Delta z}$$

Der Nenner kann – sofern die Gleichung $Ax + By + Cz + D = 0$ tatsächlich eine Ebene beschreibt – nur Null werden, wenn der Strahl parallel zur Ebene verläuft. In diesem Fall spielt die Ebene für das betrachtete Pixel, durch das der Strahl gelegt wurde, keine Rolle.

Um zu klären, ob der Schnittpunkt innerhalb des Polygons liegt, projiziert man das Polygon und den Schnittpunkt in eine der Koordinatenebenen durch Weglassen einer der drei Koordinaten. Man wählt in der Regel die Ebene zur Projektion aus, die am ehesten parallel zum Polygon liegt. Dazu muss auf die Ebene projiziert werden, die senkrecht auf der Koordinate mit dem betragsmäßig größten Koeffizienten des Normalenvektors (A,B,C) der Ebene steht. Nach der Projektion kann mit der Odd-Parity-Regel festgestellt werden, ob der Punkt innerhalb des Polygons liegt. Abbildung 7.8 verdeutlicht diese Vorgehensweise.

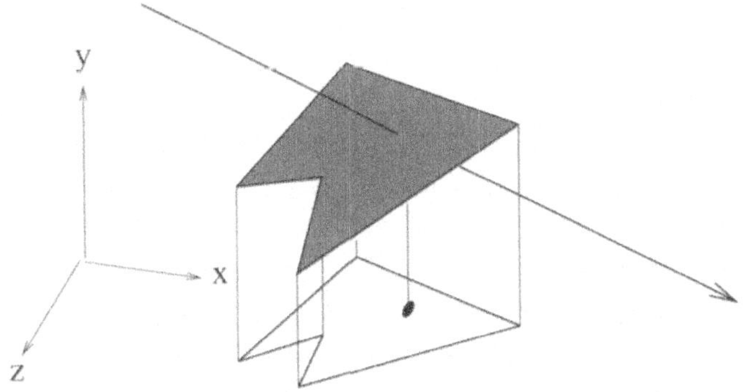

Abbildung 7.8 Projektion eines Polygons zur Bestimmung, ob ein Punkt innerhalb des Polygons liegt.

Strahlverfolgung sollte mittels *Kohärenzbetrachtungen* möglichst effizient durchgeführt werden. Unter Kohärenzbetrachtungen versteht man die Ausnutzung von Überlegungen wie etwa den Folgenden:

- Benachbarte Pixel erhalten ihre Färbung meistens vom selben Polygon.
- Schneidet der Strahl ein Polygon, brauchen Schnittpunkte mit weiter hinten liegenden Polygonen nicht berechnet zu werden.

Ohne Kohärenzbetrachtungen müssen z.B. bei einer Auflösung von 1000×1000 Pixeln und 100 Objekten insgesamt $1000 \cdot 1000 \cdot 100$, d.h. 100 Millionen Schnittpunkttests durchgeführt werden. Kohärenzbetrachtungen könnten etwa folgendermaßen zu einer Verringerung des Rechenaufwands führen. Hat man für ein Pixel bestimmt, durch welches Polygon es gefärbt wird, sollte man für Nachbarpixel zuerst dieses Polygon auf einen Schnittpunkt mit dem entsprechenden Strahl testen. Wenn der neue Strahl das Polygon ebenfalls schneidet, müssen Schnittpunkttests mit weiter hinten liegenden Polygonen nicht mehr durchgeführt werden.

Durch die Strahlverfolgung können Aliasing-Effekte auftreten, wenn die hintere Clippingebene sehr weit entfernt liegt. Der Hintergrund ergibt sich aus mehr oder wenig zufällig von Strahlen getroffenen Objekten, so dass man bei sehr weit entfernten Objekten nicht mehr davon ausgehen kann, dass benachbarte Pixel dieselbe Farbe erhalten. Zur Vermeidung dieses Effekts kann *Supersampling* eingesetzt werden. Dazu werden für ein Pixel wie in Abbildung 7.9 mehrere Strahlen berechnet und der – gegebenenfalls gewichtete – Mittelwert der entsprechenden Farben verwendet.

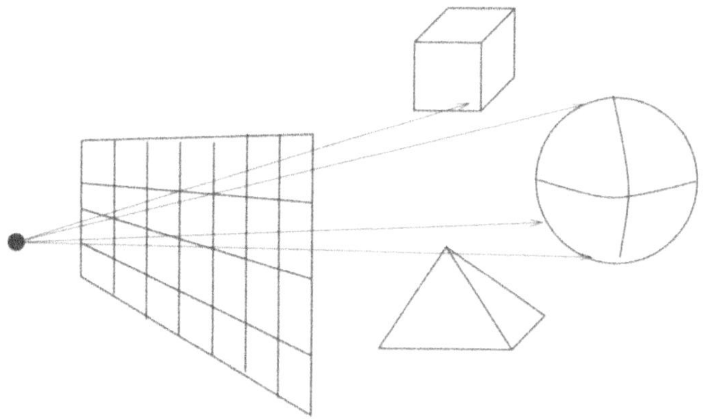

Abbildung 7.9 Supersampling

Der Rechenaufwand steigt dadurch nur geringfügig, da die zusätzlich berechneten Strahlen gleichzeitig für mehrere Pixel verwendet werden. In der Abbildung 7.9, wo vier Strahlen die Färbung eines Pixels bestimmen, müssen bei einer

$m \times n$-Pixelmatrix $(m+1) \cdot (n+1)$ anstatt $m \cdot n$ Strahlen betrachtet werden. Der Mehraufwand beträgt daher nur:

$$(m+1) \cdot (n+1) - m \cdot n \;=\; m + n + 1$$

Bei einer Auflösung von 1000×1000 Pixeln steigt der Aufwand der Strahlenberechnungen um ungefähr 0.2%.

7.4 Prioritätsalgorithmen

Beim Tiefenpuffer-Algorithmus spielt die Reihenfolge, in der die Objekte projiziert werden, keine Rolle. Durch die Ausnutzung der Informationen im z-Puffer wird das Überschreiben von weiter vorne liegenden Objekten durch weiter hinten liegende verhindert. Das Ziel bei *Prioritätsalgorithmen* besteht darin, die Projektionsreihenfolge der Objekte so zu wählen, dass weiter vorne liegende Objekte erst projiziert werden, nachdem alle hinter ihnen liegende Objekte bereits projiziert wurden. Durch diese Projektionsreihenfolge kann auf den z-Puffer verzichtet werden. Außerdem ist die Bestimmung der Reihenfolge unabhängig von der Auflösung, so dass Prioritätsalgorithmen zur Klasse der Objektraumverfahren gehören.

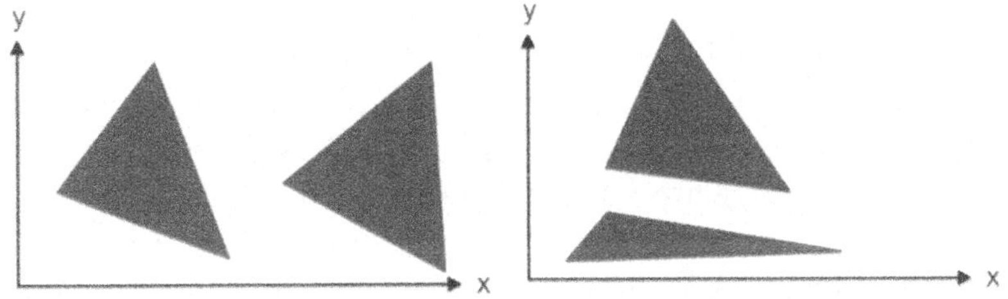

Abbildung 7.10 Keine Überlappung der x- bzw. y-Koordinaten

Im Folgenden soll für zwei Objekte, d.h. für zwei ebene Polygone P und Q entschieden werden, in welcher Reihenfolge sie zu projizieren sind, damit das gegebenenfalls weiter hinten liegende Polygon das vordere nicht überschreibt. Falls sich die z-Koordinaten der beiden Polygone nicht überlappen, wird das Objekt mit den größeren z-Koordinaten zuerst gezeichnet. Bei einer Überlappung der z-Koordinaten müssen weitere Untersuchungen vorgenommen werden. Wenn sich die x- oder die y-Koordinaten von P und Q nicht überlappen, spielt die Reihenfolge, in der sie projiziert werden, keine Rolle, da sie für den Betrachter neben- bzw. übereinander liegen, wie es in Abbildung 7.10 zu sehen ist.

Zur Überprüfung, ob sich die Polygone in einer Koordinate überlappen, müssen nur die Werte der entsprechenden Koordinate der Eckpunkte des einen Polygons mit denen des anderen verglichen werden. Sind alle Werte des einen Polygons kleiner als die des anderen oder umgekehrt, kann eine Überlappung in der entsprechenden Koordinate ausgeschlossen werden.

Wenn in allen Koordinaten Überlappungen auftreten, wird untersucht, ob ein Polygon vollständig hinter oder vor der Ebene des anderen liegt. Diese beiden Möglichkeiten sind in Abbildung 7.11 dargestellt. Links in der Abbildung müsste das Polygon zuerst projiziert werden, das hinter der Ebene des anderen liegt. Rechts in der Abbildung müsste das Polygon zuletzt gezeichnet werden, das vollständig vor der Ebene des anderen liegt.

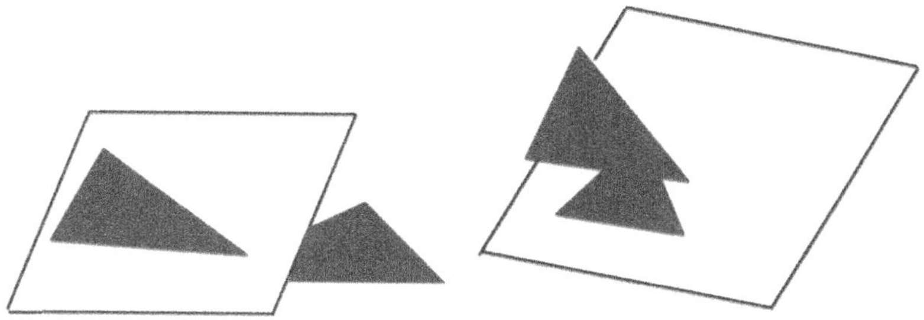

Abbildung 7.11 Liegt ein Polygon vollständig hinter oder vor der Ebene des anderen?

Diese beiden möglichen Fälle lassen sich mit Hilfe eines geeignet orientierten Normalenvektors zur Ebene lösen. Exemplarisch soll dies hier für den Fall rechts in der Abbildung 7.11 gezeigt werden. Man benutzt dazu den Normalenvektor zur Ebene, die von dem einen Polygon induziert wird. Der Normalenvektor sollte in Richtung des Betrachters orientiert sein. Anderenfalls wäre das Polygon bereits bei der Rückseitenentfernung aus der Liste der zu betrachtenden Polygone gestrichen worden. Wählt man einen beliebigen Punkt in der Ebene, so müssen die Verbindungsvektoren dieser Punkte zu den Eckpunkten des anderen Polygons einen Winkel kleiner als $90°$ mit dem Normalenvektor bilden. Dies ist äquivalent dazu, dass das Skalarprodukt jedes dieser Vektoren mit dem Normalenvektor positiv ist. Wenn dies erfüllt ist, liegt das eine Polygon vollständig vor der Ebene, die durch das andere Polygon induziert wird. Abbildung 7.12 veranschaulicht diesen Sachverhalt: Die Winkel, die der Normalenvektor mit den Vektoren zu den drei Ecken des Polygons bildet, sind alle kleiner als $90°$.

Leider reichen diese Kriterien nicht aus, um eine korrekte Projektionsreihenfolge der Objekte zu konstruieren. Es gibt Fälle wie in Abbildung 7.13, in denen es unmöglich ist, die Objekte nacheinander zu projizieren, so dass am Ende eine korrekte Darstellung entsteht. Wenn keines der obigen Kriterien greift, ist es bei

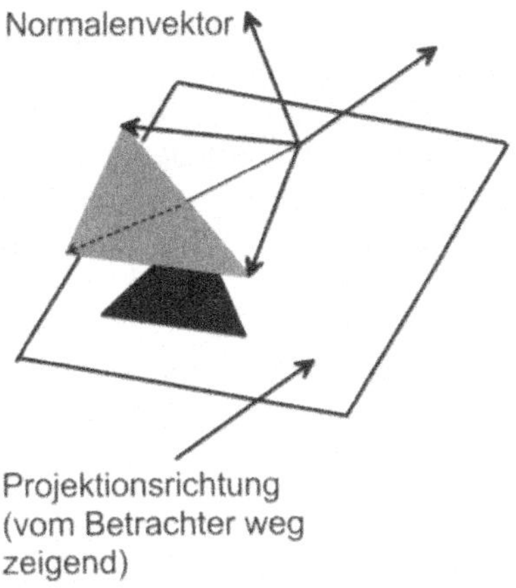

Abbildung 7.12 Bestimmung, ob ein Polygon vollständig vor der Ebene des anderen liegt

Prioritätsalgorithmen erforderlich, die beteiligten Polygone feiner zu unterteilen, um eine korrekte Projektionsreihenfolge zu ermöglichen. Auch wenn diese Fälle eher selten auftreten, kann die Bestimmung einer geeigneten feineren Unterteilung der Polygone sehr aufwendig sein.

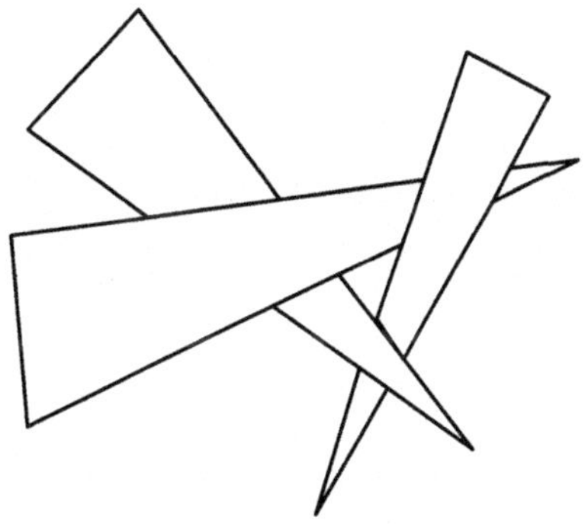

Abbildung 7.13 Ein Fall, in dem es keine korrekte Projektionsreihenfolge der Objekte gibt

7.5 Übungsaufgaben

Aufgabe 7.1: Ändern Sie das Clippingvolumen in dem Programm `TesselationResolution.java` so, dass man nur die mittleren beiden Kugeln sieht und zusätzlich ein Teil ihrer vorderen Kappen abgeschnitten ist.

Aufgabe 7.2: Wenn man in Abbildung 7.8 nicht von beliebigen ebenen Polygonen, sondern von Dreiecken ausgeht, ist die Projektion und die Anwendung der Odd-Parity-Regel nicht erforderlich, um festzustellen, ob der Schnittpunkt innerhalb des Dreiecks liegt. Geben Sie ein Verfahren an, wie man die Entscheidung für Dreiecke einfacher treffen kann.

Aufgabe 7.3: Geben Sie ein Verfahren an, um zu testen, ob der linke Fall in Abbildung 7.11 vorliegt. Gehen Sie dabei ähnlich vor wie in Abbildung 7.12.

8 Beleuchtungsmodelle und Schattierung

Im Abschnitt 5.8 wurden bereits Projektionen besprochen, die zur Darstellung einer dreidimensionalen Szene benötigt werden. Projektionen wurden dabei als spezielle Abbildungen des dreidimensionalen Raums auf eine Ebene betrachtet. In diesem Sinne beschreiben Projektionen nur, wo ein Punkt oder ein Objekt auf der Projektionsebene zu zeichnen ist. Auch bei den Visibilitätsbetrachtungen im Kapitel 7 ging es nur darum, bei der Projektion der Objekte sicherzustellen, dass vordere Objekte nicht von hinteren überdeckt werden. Allein die Information, wo ein Objekt auf der Projektionsebene zu zeichnen ist, das heißt, welche Pixel dieses Objekt einnimmt, reicht nicht für eine realistische Darstellung aus. Abbildung 8.1 zeigt die Projektionen einer grauen Kugel und eines grauen Würfels in jeweils zwei Varianten. Die erste Darstellung färbt die Projektion der Kugel bzw. des Würfels in der grauen Grundfarbe der Objekte. Es entstehen einheitlich gefärbte flache Strukturen ohne dreidimensionale Informationen. Die Projektion der Kugel ist ein gleichmäßig grauer Kreis, für das Quadrat ergibt sich ein grau gefülltes Sechseck.

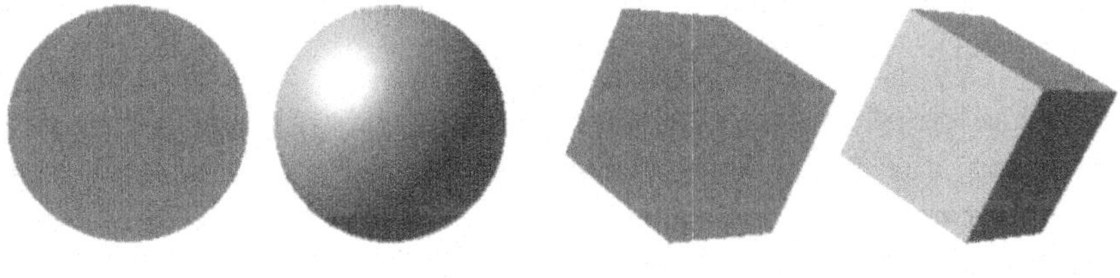

Abbildung 8.1 Objekte mit und ohne Beleuchtungseffekte

Erst die Berücksichtigung von Beleuchtung und Reflexion, die zu unterschiedlichen Schattierungen der Objektoberflächen und damit auch der Projektionen führt, ergibt den dreidimensionalen Eindruck der zweiten Kugel und des Würfels rechts in der Abbildung. Die Farb- oder Helligkeitsmodifikation einer Objektoberfläche aufgrund von Beleuchtungseffekten nennt man *Schattierung* oder *Shading*. Die dazu erforderlichen Grundlagen und Techniken werden in diesem Kapitel vorgestellt.

Die in den folgenden Abschnitten erläuterten Berechnungen zum Shading müssten theoretisch für jede Wellenlänge des Lichts separat durchgeführt werden. In der Computergrafik beschränkt man sich auf die Bestimmung der drei RGB-Werte für Rot, Grün und Blau.

8.1 Lichtquellen

Zu einer dreidimensionalen Szene gehören neben den Objekten und dem Betrachter auch Informationen über die Beleuchtung, die von unterschiedlichen Lichtquellen stammen kann. Zu jeder Beleuchtungsart gehört die Farbe des Lichts. In der Regel wird man weißes Licht verwenden, kann davon aber abweichen etwa bei gefärbten Lampen oder bei dem rötlichen Licht eines Sonnenuntergangs. Die Farbe des Lichts einer Lichtquelle wird über einen RGB-Wert definiert.

Die einfachste Form des Lichts ist das *ambiente* oder *Streulicht*. Es geht nicht von einer speziellen Lichtquelle aus, sondern repräsentiert das Licht, das durch mehrfache Reflexionen an verschiedenen Oberflächen nahezu überall vorhanden ist. In einem Raum mit einer Lampe über einem Tisch, wird unter dem Tisch nicht völlige Dunkelheit herrschen, auch wenn das Licht der Lampe dort nicht direkt hinscheinen kann. Das Licht wird an der Tischoberfläche, der Decke und den Wänden reflektiert und gelangt so auch unter den Tisch, wenn auch mit einer geringeren Intensität. Streulicht kommt nicht aus einer bestimmten Richtung, sondern aus allen Richtungen mit gleicher Intensität.

Parallel einfallendes oder *direktionales Licht* hat neben einer Farbe zusätzlich eine Richtung, aus der es kommt. Direktionales Licht wird von einer nahezu unendlich weit entfernten Lichtquelle wie der Sonne erzeugt. Die Lichtstrahlen verlaufen parallel.

Eine Lampe wird durch eine *punktförmige Lichtquelle* modelliert. Zusätzlich zur Farbe muss einer punktförmigen Lichtquellen eine Position im Raum zugeordnet werden. Die Lichtstrahlen verbreiten sich von dieser Position aus in alle Richtungen. Die Intensität des Lichts nimmt mit der Entfernung von der Lichtquelle ab. Diesen Effekt nennt man *Dämpfung*[1]. Die folgende Überlegung zeigt, dass die Intensität des Lichts quadratisch mit der Entfernung abnimmt. Dazu stellt man sich eine punktförmige Lichtquelle vor, die sich im Zentrum einer Kugel mit Radius r befindet. Die gesamte Energie des Lichts wird somit gleichmäßig auf die Innenseite der Kugeloberfläche verteilt. Betrachtet man dieselbe Situation,

[1] Im Englischen: Attenuation

nur mit einer Kugel mit einem größeren Radius R, wird dieselbe Lichtenergie auf eine größere Fläche verteilt. Das Verhältnis der beiden Kugelflächen beträgt:

$$\frac{4\pi r^2}{4\pi R^2} = \left(\frac{r}{R}\right)^2$$

Bei einem Verhältnis von $r/R = 1/2$ erhält jeder Punkt auf der Innenseite der größeren Kugel daher nur ein Viertel der Energie eines Punktes der kleineren Kugel.

Theoretisch müsste man daher die Intensität des Lichts einer punktförmigen Lichtquelle mit dem Faktor $1/d^2$ multiplizieren, wenn es auf ein Objekt in der Entfernung d trifft. Die Intensität der Lichtquelle fällt auf diese Weise sehr schnell auf einen Wert nahe Null, so dass man bei einer gewissen Entfernung kaum noch Unterschiede der Lichtintensität wahrnehmen kann. Dafür ergeben sich sehr nah an der Lichtquelle extreme Schwankungen in der Intensität. Die Intensität kann beliebig groß werden und erreicht den Wert Unendlich im Punkt der Lichtquelle. Zur Vermeidung dieser Effekte verwendet man einen Dämpfungsfaktor in der Form

$$f_{\text{att}} = \min\left\{\frac{1}{c_1 + c_2 d + c_3 d^2}, 1\right\} \tag{8.1}$$

mit vom Anwender zu wählenden Konstanten c_1,c_2,c_3. Dabei ist d die Entfernung zur Lichtquelle. Zunächst wird in dieser Formel verhindert, dass Intensitäten größer als Eins auftreten können. Durch das quadratische Polynom im Nenner kann eine Parabelform definiert werden, die moderatere Dämpfungseffekte erzeugt. Außerdem dient der lineare Term mit dem Koeffizienten c_2 zur Modellierung der *atmosphärischen Dämpfung*. Die quadratische Abnahme der Lichtintensität ergibt sich aus der Verteilung der Lichtenergie auf eine größere Fläche bei wachsender Entfernung. Zusätzlich wird das Licht durch die Atmosphäre, d.h. die Lufttrübung gedämpft. Feiner Staub in der Luft absorbiert einen Teil des Lichts. Dies führt offenbar zu einer linearen Abnahme der Lichtintensität mit der Entfernung. Wenn ein Lichtstrahl die doppelte Entfernung zurücklegt, muss er auf seinem Weg doppelt so viele Staubteilchen passieren, die jeweils einen bestimmten Wert seiner Energie absorbieren.

Eine weitere häufig verwendete Form einer Lichtquelle sind *Scheinwerfer* oder *Spotlights*. Ein Scheinwerfer unterscheidet sich von einer punktförmigen Lichtquelle darin, dass er das Licht nur in eine Richtung abstrahlt, das sich dann kegelförmig ausbreitet. Ein Scheinwerfer wird durch seine Lichtfarbe, seine Position, die Richtung, in die er strahlt, und den Öffnungswinkel seines Lichtkegels charakterisiert. Ebenso wie bei einer punktförmigen Lichtquelle wird bei einem Scheinwerfer Dämpfung im Sinne der Gleichung (8.1) berücksichtigt. Der quadratische Anteil der Dämpfung ergibt sich aus ähnlichen Überlegungen wie bei punktförmigen Lichtquellen. In Abbildung 8.2 erkennt man, dass sich die Energie des Scheinwerfers auf die Fläche eines Kreises verteilt. Der Radius des Kreises wächst nach dem Strahlensatz proportional mit der Entfernung, so dass die Kreisfläche quadratisch zu- und die Lichtenergie damit quadratisch abnimmt.

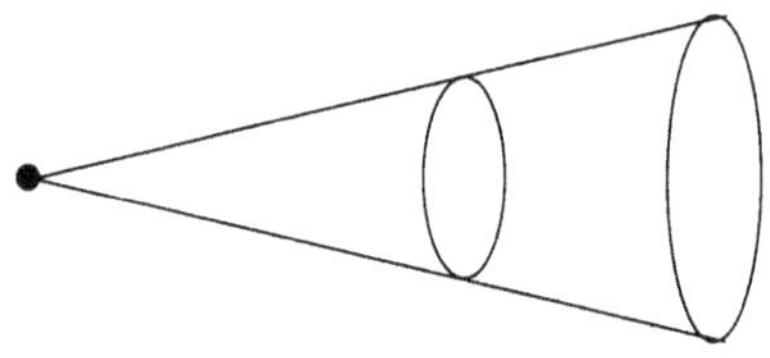

Abbildung 8.2 Lichtkegel eines Scheinwerfers

Um ein realistischeres Modell eines Scheinwerfers zu erhalten, sollte berücksichtigt werden, dass die Intensität des Lichts zum Rand des Kegels abnimmt. Dazu kann das *Warn-Modell* [52] verwendet werden. Die Abnahme der Lichtintensität zum Rand des Kegels wird ähnlich wie bei der Spiegelreflexion gesteuert. Ist $\mathbf{l}$ der Vektor, der von einem Punkt einer Oberfläche in Richtung des Scheinwerfers zeigt, und $\mathbf{l}_S$ die Achse des Kegels, ergibt sich die Lichtintensität in dem betrachteten Punkt aus:

$$I = I_S \cdot f_{\text{att}} \cdot (\cos\gamma)^p = I_S \cdot f_{\text{att}} \cdot \left(-\mathbf{l}_S^\top \cdot \mathbf{l}\right)^p \qquad (8.2)$$

Dabei ist I_S die Intensität des Scheinwerfers, f_{att} die entfernungsabhängige Dämpfung aus Gleichung (8.1) und γ der Winkel zwischen der Kegelachse und der Verbindungslinie vom Punkt auf der Oberfläche zum Scheinwerfer. Der Wert p steuert, wie stark der Scheinwerfer fokussiert. Für $p = 0$ verhält sich der Scheinwerfer wie eine punktförmige Lichtquelle. Mit zunehmendem Wert von p konzentriert sich die Intensität des Scheinwerfers auf einen immer engeren Bereich um die Kegelachse. Der Cosinus in der Gleichung (8.2) kann wieder über das Skalarprodukt der Vektoren $\mathbf{l}$ und $-\mathbf{l}_S$ berechnet werden, sofern diese normiert sind. Abbildung 8.3 veranschaulicht die Berechnung beim Warn-Modell.

8.2 Lichtquellen in Java 3D

Java 3D stellt alle im vorigen Abschnitt vorgestellten Lichtquellen zur Verfügung. Zunächst erzeugt man sich genau wie für die Objekte der Szene eine eigene `BranchGroup bgLight`, in die alle Lichter eingetragen werden. Diese `BranchGroup` muss mit der Methode `addBranchGraph` zum `SimpleUniverse` hinzugefügt werden.

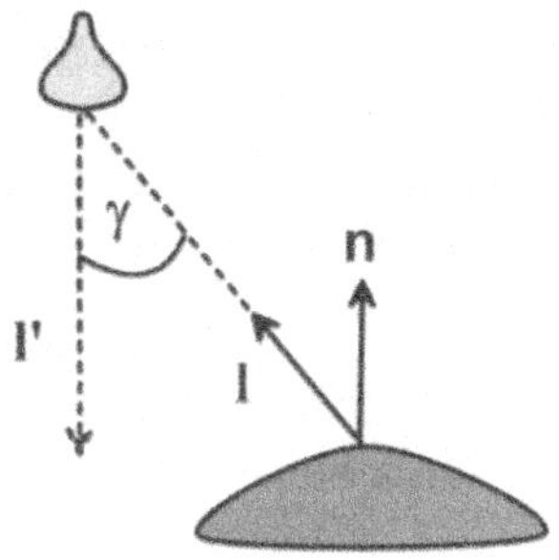

Abbildung 8.3 Das Warn-Modell für Scheinwerfer

Für jede Art von Licht muss zunächst eine Farbe mit drei `float`-Werten zwischen Null und Eins für die RGB-Anteile festgelegt werden:

```
Color3f lightColour = new Color3f(r,g,b);
```

Die Farbe kann für jede Lichtquelle unterschiedlich gewählt werden. Genau wie bei den Bewegungen aus Abschnitt 5.7 muss auch jeder Lichtquelle ein Wirkungsbereich zugeordnet werden. Dazu erzeugt man sich, wie bereits auf Seite 140 beschrieben, eine Instanz `bs` der Klasse `BoundingSphere`.

Ambientes oder Streulicht wird dann folgendermaßen mit der Klasse `AmbientLight` erzeugt:

```
AmbientLight ambLight = new AmbientLight(lightColour);
ambLight.setInfluencingBounds(bs);
bgLight.addChild(ambLight);
```

Die Farbe des Streulicht ist in der Regel ein Grauton, das heißt, man wählt den gleichen Wert für den Rot-, Grün- und Blauanteil. Dieser Wert sollte deutlich kleiner als Eins sein. Die Methoden `setInfluencingBounds` und `addChild` müssen genauso bei jeder andere Lichtart angewendet werden, um den Wirkungsbereich der Lichtquelle festzulegen und die Lichtquelle der `BranchGroup` für das Licht zuzuordnen.

Für direktionales Licht steht die Klasse `DirectionalLight` zur Verfügung. Hier muss zusätzlich zu der Farbe die Richtung der parallelen Lichtstrahlen in Form eines Vektors $(x,y,z)^\top$ aus drei `float`-Werten angegeben werden. Dies geschieht über ein Objekt der Klasse `Vector3f`:

```
Vector3f lightDir  = new Vector3f(x,y,z);
DirectionalLight dirLight =
                 new DirectionalLight(lightColour,lightDir);
```

Für punktförmige Lichtquellen werden zusätzlich zur Farbe zwei Instanzen `location` und `attenuation` der Klasse `Point3f` benötigt, die analog wie `Vector3f` mit drei Werten initialisiert werden.

```
PointLight pLight =
           new PointLight(lightColour,location,attenuation);
```

Die Instanz `location` bestimmt die Position der punktförmigen Lichtquelle. Die drei Werte von `attenuation` legen die drei Koeffizienten aus Gleichung (8.1) für die Dämpfung fest.

Die Klasse `SpotLight` modelliert Scheinwerfer:

```
SpotLight spLight =
        new SpotLight(lightColour,location,attenuation
                      direction,angle,concentration);
```

Dazu sind dieselben Angaben wie bei punktförmigen Lichtquellen, d.h. Farbe, Position und Dämpfung, erforderlich. Außerdem muss die Richtung, in die der Scheinwerfer strahlt, durch einen `Vector3f direction` spezifiziert werden. Der `float`-Wert `angle` definiert den halben Öffnungswinkel des Lichtkegels, außerhalb dessen die Lichtintensität Null ist. Der `float`-Wert `concentration` zwischen 0 und 120 gibt an, wie stark die Intensität des Lichtes zum Rand des Kegels abfällt. Bei Null nimmt die Lichtintensität bis zum Rand des Kegels nicht ab, um dann abrupt auf Null zu sinken. Der Wert 120 liefert einen Scheinwerfer, dessen Lichtstrahl sehr stark in der Mitte des Lichtkegels konzentriert ist.

Man kann in der `BranchGroup` für das Licht beliebig viele Lichtquellen gleichen oder unterschiedlichen Typs verwenden. Wenn man, wie oben beschrieben, die Lichtquellen direkt der `BranchGroup` für das Licht zuordnet, bleiben die Lichtquellen statisch dort, wo sie positioniert wurden. Wenn sich Lichtquellen selbst bewegen sollen, kann dies in der `BranchGroup bgLight` genauso realisiert werden, wie es für Bewegungen von Objekten in der `BranchGroup theScene` im Abschnitt 5.7 beschrieben wurde. Man erzeugt eine Transformationsgruppe mit einer entsprechenden Bewegung, ordnet die Lichtquelle nicht der `BranchGroup bgLight` direkt, sondern der Transformationsgruppe zu und diese Transformationsgruppe wiederum der `BranchGroup bgLight`. Man kann Lichtquellen auch direkt in der `BranchGroup` `theScene` oder innerhalb einer Transformationsgruppe von `theScene` verwenden, wenn sie beispielsweise an ein Objekt gebunden sein sollen.

In der Klasse `MovingLight.java` ist exemplarisch eine Bewegung für ein direktionales Licht realisiert. Weitere Beispielprogramme, die unterschiedliche Typen von Lichtquellen verwenden, werden im Zusammenhang mit dem Shading im Abschnitt 8.4 vorgestellt.

Lichtquellen selbst sind grundsätzlich unsichtbar, sie senden ihr Licht lediglich an Objekte der Szene. Positioniert man beispielsweise nur eine punktförmige Lichtquelle in eine Szene ohne Objekte, ist die Lichtquelle selbst nicht zu sehen, auch wenn der Betrachter direkt in ihre Richtung schaut. Soll eine Lichtquelle als heller Schein sichtbar sein, muss man zusätzlich ein leuchtendes Objekt mit einer entsprechend hellen Färbung erzeugen. Wie man selbstleuchtende Objekte erzeugt, wird im Abschnitt 8.4 beschrieben.

8.3 Reflexion

Um Beleuchtungseffekte wie in Abbildung 8.1 auf Seite 211 zu erzielen, muss spezifiziert werden, wie die Oberflächen der Objekte das in der Szene vorhandene Licht reflektieren. Das Licht, das ein Objekt reflektiert, wird bei der Berechnung der Reflexionen anderer Objekte nicht explizit bestimmt, sondern als allgemeines Streulicht in der Szene berücksichtigt. Das in Abschnitt 8.10 vorgestellte, aufwendigere Radiosity-Modell versucht die gegenseitige Beleuchtung der Objekte explizit zu berechnen.

Für das Modell der Lichtreflexionen an Objektoberflächen, mit dem sich dieser Abschnitt beschäftigt, wird ein Punkt einer Oberfläche betrachtet, der unter Berücksichtigung des Lichts in der Szene korrekt eingefärbt werden soll. Die im Folgenden vorgestellten Einzeleffekte treten in der Regel in Kombination auf. Für jeden einzelnen Effekt wird ein RGB-Wert bestimmt, der den Reflexionsanteil dieses Effekts modelliert. Für die Bestimmung der Färbung des Punktes auf der Oberfläche müssen die RGB-Werte der Einzeleffekte aufsummiert werden. Dabei ist zu berücksichtigen, dass die Gesamtintensität für den R-, G- und B-Anteil jeweils maximal den Wert Eins annehmen kann.

Ein sehr einfacher Beitrag zur Färbung eines Pixels leistet ein Objekt, das unabhängig von anderen Lichtquellen eine eigene Leuchtkraft besitzt, die durch einen RGB-Wert charakterisiert wird. Die Beleuchtungsgleichung für die Intensität eines Pixels durch das Eigenleuchten des Objekts i beträgt somit:

$$I = k_i$$

Diese Gleichung ist für jede der drei Farben Rot, Grün und Blau separat zu betrachten. Korrekterweise müsste es daher heißen:

$$I^{(\text{rot})} = k_i^{(\text{rot})} \qquad I^{(\text{grün})} = k_i^{(\text{grün})} \qquad I^{(\text{blau})} = k_i^{(\text{blau})}$$

Da die Struktur der Beleuchtungsgleichung bei allen Reflexionsarten für jede der drei Farben immer gleich ist, wird im Folgenden jeweils nur eine Intensitätsgleichung angegeben, auch wenn die Berechnung separat für Rot, Grün und Blau durchgeführt werden muss.

Ein selbstleuchtendes Objekt wird nicht als Lichtquelle in der Szene angesehen. Es leuchtet nur für den Betrachter, erhellt aber keine anderen Objekte. Selbstleuchtende Objekte können in Verbindung mit Lichtquellen sinnvoll eingesetzt werden. Eine leuchtende Lampe wird durch eine punktförmige Lichtquelle modelliert, um die anderen Objekte in der Szene zu beleuchten. Damit die Lampe selbst als leuchtendes Objekt zu erkennen ist, wird zusätzlich ein selbstleuchtendes Objekt beispielsweise in Form einer Glühlampe generiert. Ein selbstleuchtendes Objekt erzeugt auf diese Weise keinen dreidimensionalen Eindruck seiner Oberfläche. Es ergeben sich bei der Projektion gleichmäßig gefärbte Flächen, wie sie in der Abbildung 8.1 auf Seite 211 ganz links und als zweites von rechts zu sehen sind.

Alle folgenden Beleuchtungseffekte resultieren durch Reflexionen von in der Szene vorhandenem Licht. Die Beleuchtungsgleichung ist dabei von der Form:

$$I = I_{\text{Lichtquelle}} \cdot f_{\text{Pixel}}$$

$I_{\text{Lichtquelle}}$ ist dabei die Intensität des von der betrachteten Lichtquelle stammenden Lichts. f_{Pixel} ist ein Faktor, der von verschiedenen Parametern abhängt: Der Farbe und Art der Oberfläche, der Entfernung der Lichtquelle im Falle von Dämpfung und dem Winkel, in dem das Licht im dem betrachteten Pixel auf die Oberfläche trifft.

Bei ambientem oder Streulicht erhält man die Beleuchtungsgleichung:

$$I = k_a \cdot I_S$$

I_S ist dabei die Intensität des Streulichts, k_a der Reflexionskoeffizient der Oberfläche für Streulicht. Wie bei selbstleuchtenden Objekten ergeben sich durch Streulicht bei der Projektion gleichmäßig gefärbte Flächen, ohne einen dreidimensionalen Eindruck zu erzeugen. Erst wenn dem Licht eine Richtung zugeordnet werden kann – im Gegensatz zum Streulicht, das aus allen Richtungen kommt – ensteht eine nicht-homogene *Schattierung* auf der Objektoberfläche. An matten Oberflächen wird ein auftreffender Lichtstrahl gleichmäßig in alle Richtungen reflektiert. Wie viel Licht reflektiert wird, hängt von der Intensität des eintreffenden Lichts, vom Reflexionskoeffizienten der Oberfläche und vom Einfallswinkel des Lichtstrahls ab. Welchen Einfluss der Einfallswinkel hat, verdeutlicht Abbildung 8.4. Dieselbe Lichtenergie, die auf den senkrecht zur Achse des Lichtkegels stehenden Kreis trifft, verteilt sich auf eine größere Fläche, wenn der Kreis schräg zur Achse steht. Je schräger der Kreis steht, das heißt, um so flacher der Auftreffwinkel des Lichts ist, desto geringer ist die in einem Punkt auftreffende Lichtenergie.

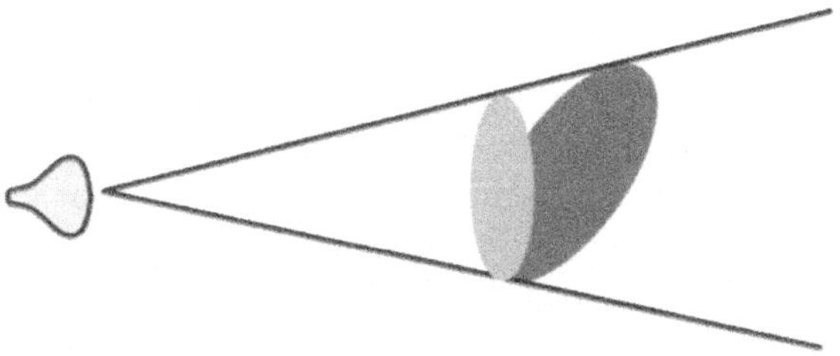

Abbildung 8.4 Lichtintensität in Abhängigkeit vom Auftreffwinkel

Dieser Effekt ist ebenfalls dafür verantwortlich, dass es auf der Erde am Äquator, wo die Sonnenstrahlen zumindest im Frühjahr und Herbst senkrecht auftreffen, wärmer ist als an den Polen. Auch Sommer und Winter entstehen durch diesen Effekt, da sich die Erdachse während eines Jahres im Verhältnis zur Sonne unterschiedlich neigt. In der Zeit von Mitte März bis Mitte September ist die Nord-, im Rest des Jahres die Südhalbkugel der Sonne zugeneigt.

Nach dem Lambertschen Reflexionsgesetz für derartige *diffuse Reflexion* berechnet sich die Intensität I des reflektierten Lichts nach der folgenden Beleuchtungsgleichung:

$$I = I_L \cdot k_d \cdot \cos\theta \tag{8.3}$$

Dabei ist I_L die Intensität des auftreffenden Lichts, $0 \leq k_d \leq 1$ der materialabhängige Reflexionskoeffizient der Oberfläche und θ der Winkel zwischen dem Normalenvektor $\mathbf{n}$ an die Oberfläche im betrachteten Punkt und dem Vektor $\mathbf{l}$, der in die Richtung zeigt, aus der das Licht kommt. Abbildung 8.5 veranschaulicht diese Situation.

Die Beleuchtungsgleichung für diffuse Reflexion gilt nur für Winkel θ zwischen $0°$ und $90°$. Ansonsten trifft der Lichtstrahl von hinten auf die Oberfläche, so dass keine Reflexion entsteht. Die Intensität des auftreffenden Lichts hängt von der Art der Lichtquelle ab. Bei direktionalem Licht, das von einer unendlich weit

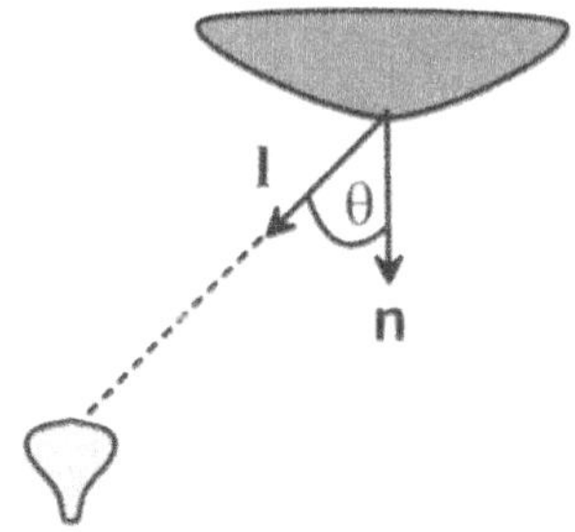

Abbildung 8.5 Diffuse Reflexion

entfernten Lichtquelle stammt, hat I_L überall den gleichen Wert, entsprechend der Intensität, die für das direktionale Licht angegeben wurde. Im Fall einer punktförmigen Lichtquelle ist I_L die Intensität der Lichtquelle, multipliziert mit dem entfernungsabhängigen Dämpfungsfaktor aus Gleichung (8.1). Bei einem Scheinwerfer wird der Lichtstrahl zusätzlich zur Dämpfung noch weiter abgeschwächt, je nachdem wie weit er von der Mittelachse des Lichtkegels abweicht.

Da die Reflexionsberechnungen für jedes Pixel durchgeführt werden, müsste der Cosinus in Gleichung (8.3) sehr häufig ausgewertet werden. Sind der Normalenvektor $\mathbf{n}$ der Fläche und der Vektor in Richtung der Lichtquelle $\mathbf{l}$ normalisiert, d.h. auf die Länge Eins normiert, kann der Cosinus des Winkels zwischen den beiden Vektoren durch ihr Skalarprodukt bestimmt werden, so dass sich Gleichung (8.3) zu

$$I = I_L \cdot k_d \cdot (\mathbf{n}^\top \cdot \mathbf{l})$$

vereinfacht.

Bei direktionalem Licht und einer ebenen Oberfläche ändern sich die Vektoren $\mathbf{l}$ und $\mathbf{n}$ nicht. In diesem Fall wird eine Oberfläche gleichmäßig schattiert. Man sieht dies beim rechten Würfel in der Abbildung 8.1 auf Seite 211, der mit direktionalem Licht beleuchtet wurde. Durch ihre unterschiedliche Neigung werden die einzelnen Flächen des Würfels zwar verschieden schattiert, jede einzelne Fläche erhält jedoch eine konstante Schattierung.

Neben der diffusen Reflexion, die an matten Oberflächen stattfindet und das Licht gleichmäßig in alle Richtungen reflektiert, gibt es noch die *Spiegelreflexion*. Bei glatten oder glänzenden Oberflächen wird ein Teil des Lichts wie bei einem Spiegel nur in eine Richtung reflektiert, die nach dem Gesetzt „Einfallswinkel = Ausfallswinkel“ bestimmt wird. Der einfallende Lichtstrahl und der reflektierte Strahl bilden denselben Winkel mit dem Normalenvektor an die Oberfläche. Der Unterschied zwischen diffuser und Spiegelreflexion ist in Abbildung 8.6 veranschaulicht.

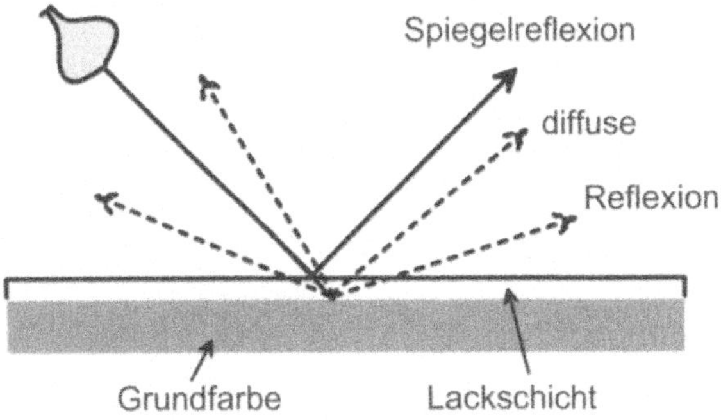

Abbildung 8.6 Diffuse und Spiegelreflexion

Glatte Oberflächen haben meistens eine dünne, transparente Oberflächenschicht, wie beispielsweise lackierte Flächen. Licht, das durch die Lackschicht dringt, wird diffus in der Farbe des Objekts reflektiert. Dagegen findet Spiegelreflexion direkt an der Lackschicht statt, so dass das Licht seine Farbe bei der Reflexion nicht verändert. Dieser Effekt ist auch in Abbildung 8.1 auf Seite 211 am zweiten Objekt von links zu sehen. Der helle Fleck auf der Kugeloberfläche entsteht durch Spiegelreflexion. Obwohl die Kugel selbst grau ist, erscheint der Punkt im Zentrum des hellen Flecks weiß. Schattierung, die durch diffuse Reflexion zustande kommt, wird nur vom Einfallswinkel des Lichts und dem Reflexionskoeffizienten bestimmt. Dabei spielt der Betrachterstandpunkt keine Rolle. Wo ein Betrachter Spiegelreflexion sieht, hängt dagegen vom Betrachterstandpunkt ab. Bei einer ebenen Oberfläche, auf die eine Lichtquelle scheint, ist Spiegelreflexion idealerweise nur in einem Punkt zu sehen. Dies gilt jedoch nur für perfekte Spiegel. An mehr oder weniger glänzenden Oberflächen gilt für die Spiegelreflexion das abgeschwächte Gesetz „Einfallswinkel ungefähr gleich Ausfallswinkel". Auf diese Weise entsteht auch der helle Fleck anstelle eines einzelnen Punktes auf der oben erwähnten grauen Kugel. Bevor Ansätze zur Modellierung dieses Effekts der nicht-idealen Spiegelreflexion vorgestellt werden, soll zunächst erklärt werden, wie die Richtung der Spiegelreflexion berechnet wird.

In Abbildung 8.7 bezeichnet $\mathbf{l}$ den Vektor, der in die Richtung zeigt, aus der das Licht auf den betrachteten Punkt der Oberfläche eintrifft. $\mathbf{n}$ ist der Normalenvektor zur Oberfläche im betrachteten Punkt. Der Vektor $\mathbf{v}$ zeigt in die Richtung des Betrachters, d.h. in die Projektionsrichtung. $\mathbf{r}$ ist die Richtung, in der die Spiegelreflexion zu sehen ist. Der Normalenvektor $\mathbf{n}$ bildet mit $\mathbf{l}$ und $\mathbf{r}$ denselben Winkel.

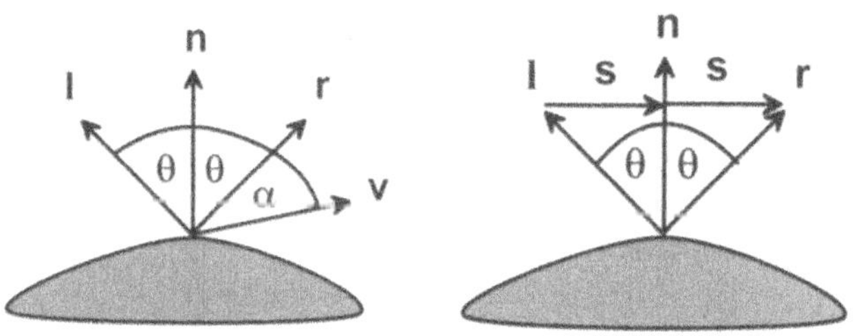

Abbildung 8.7 Berechnung der Spiegelreflexion

Um die Spiegelreflexionsrichtung $\mathbf{r}$ für gegebene, normierte Vektoren $\mathbf{n}$ und $\mathbf{l}$ zu bestimmen, wird der Hilfsvektor $\mathbf{s}$ wie in Abbildung 8.7 rechts eingeführt. Die Projektion von $\mathbf{l}$ auf $\mathbf{n}$ entspricht dem bis zum Vektor $\mathbf{s}$ verkürzten Vektor $\mathbf{n}$ in der Abbildung. Wegen der Normierung von $\mathbf{n}$ und $\mathbf{l}$ ist diese Projektion der Vektor $\mathbf{n} \cdot \cos\theta$. Für den gesuchten Vektor $\mathbf{r}$ gilt:

$$\mathbf{r} = \mathbf{n} \cdot \cos(\theta) + \mathbf{s} \tag{8.4}$$

Der Hilfsvektor $\mathbf{s}$ lässt sich aus $\mathbf{l}$ und der Projektion von $\mathbf{l}$ auf $\mathbf{n}$ bestimmen:

$$\mathbf{s} = \mathbf{n} \cdot \cos(\theta) - \mathbf{l}$$

Setzt man $\mathbf{s}$ in Gleichung (8.4) ein, erhält man:

$$\mathbf{r} = 2 \cdot \mathbf{n} \cdot \cos(\theta) - \mathbf{l}$$

Wie bei der diffusen Reflexion kann der Cosinus des Winkels zwischen $\mathbf{n}$ und $\mathbf{l}$ über das Skalarprodukt berechnet werden: $\mathbf{n}^\top \cdot \mathbf{l} = \cos\theta$. Daraus ergibt sich für die Richtung der Spiegelreflexion:

$$\mathbf{r} = 2 \cdot \mathbf{n}(\mathbf{n}^\top \cdot \mathbf{l}) - \mathbf{l}$$

Dabei wird wiederum vorausgesetzt, dass die Fläche nicht von hinten beleuchtet wird, das heißt, dass $0° \leq \theta < 90°$ gilt, was genau dann erfüllt ist, wenn das Skalarprodukt $\mathbf{n}^\top \cdot \mathbf{l}$ positiv ist.

Nur bei einem idealen Spiegel findet die Spiegelreflexion allein in Richtung des Vektors $\mathbf{r}$ statt. In der Regel sieht man Spiegelreflexion mit abnehmender Intensität auch noch bei anderen Winkeln als dem Ausfallswinkel. Das *Beleuchtungsmodell von Phong* [35] berücksichtigt diese Tatsache, indem die Intensität, die der Betrachter aufgrund der Spiegelreflexion sieht, vom Betrachterwinkel α abhängt und mit zunehmenden α geringer wird:

$$I = I_L \cdot W(\theta) \cdot (\cos(\alpha))^n \qquad (8.5)$$

I_L ist die Intensität des auftreffenden Lichtstrahls, in der gegebenenfalls die entfernungsabhängige Dämpfung bei einer punktförmigen Lichtquelle und zusätzlich die Abweichung von der Achse des Lichtkegels bei einem Scheinwerfer berücksichtig ist. Der Wert $0 \leq W(\theta) \leq 1$ ist der Anteil des Lichts, der Spiegelreflexion beim Einfallswinkel θ unterliegt. In der Regel wird $W(\theta) = k_{\mathsf{sr}}$ als konstanter *Spiegelreflexionskoeffizient* der Oberfläche angenommen. n ist der *Spiegelreflexionsexponent* der Oberfläche. Bei einem perfekten Spiegel würde $n = \infty$ gelten. Je kleiner n gewählt wird, desto stärker streut die Spiegelreflexion. Abbildung 8.8 zeigt den Wert der Funktion[2] $f(\alpha) = (\cos(\alpha))^n$ für verschiedene Spiegelreflexionsexponenten n. Für $n = 64$ fällt die Funktion schon bei sehr kleinem Winkel α auf einen Wert nahe Null ab, so dass Spiegelreflexion fast nur in Richtung des Ausfallswinkels sichtbar ist. Dagegen fällt die reine Cosinus-Funktion mit dem Spiegelreflexionsexponenten $n = 1$ relativ langsam ab und erzeugt eine sichtbare Spiegelreflexion in einem größeren Bereich. Je glänzender und glatter eine Oberfläche ist, desto größer sollte man den Spiegelreflexionsexponenten wählen.

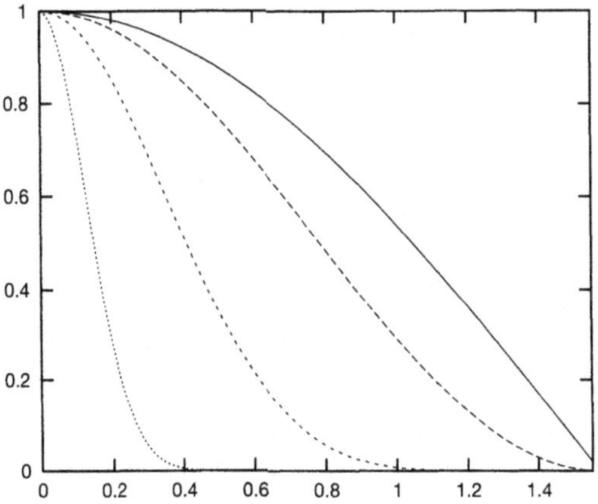

Abbildung 8.8 Die Funktionen $(\cos\alpha)^{64}$, $(\cos\alpha)^8$, $(\cos\alpha)^2$, $\cos\alpha$

Die Berechnung der Cosinus-Funktion in Gleichung (8.5) kann wiederum auf das Skalarprodukt der normierten Vektoren $\mathbf{n}$ und $\mathbf{r}$ zurückgeführt werden: $\cos\alpha = \mathbf{r}^\top \cdot \mathbf{v}$. Der Vektor $\mathbf{r}$ ist automatisch normiert, wenn die Vektoren $\mathbf{l}$ und $\mathbf{n}$ normiert sind.

[2] α ist im Bogenmaß angegeben.

Das Phongsche Beleuchtungsmodell basiert nicht auf physikalischen Berechnungen, sondern auf rein heuristischen Überlegungen. Trotzdem liefert es recht realistische Effekte für die Spiegelreflexion. Teilweise wird auch ein modifiziertes Phongsches Modell verwendet. Der Winkel α im Phongschen Modell gibt die Abweichung der Betrachterrichtung von der idealen Spiegelreflexionsrichtung an. Eine andere Art, diese Abweichung zu messen, liefert die folgende Überlegung. Wenn der Betrachter genau in der Richtung der Spiegelreflexion liegt, bildet der Normalenvektor $\mathbf{n}$ die Winkelhalbierende zwischen $\mathbf{l}$ und $\mathbf{v}$. Der in Abbildung 8.9 dargestellte Winkel β zwischen dem Normalenvektor $\mathbf{n}$ und der Winkelhalbierenden $\mathbf{h}$ von $\mathbf{l}$ und $\mathbf{v}$ bietet sich daher ebenfalls als Maß für die Abweichung von der idealen Spiegelreflexion an.

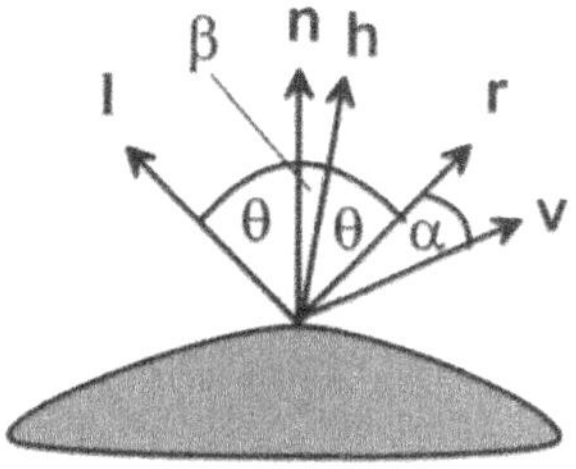

Abbildung 8.9 Die Winkelhalbierende $\mathbf{h}$ in Phongs Modell

Im modifizierten Phongschen Modell wird daher anstelle des Terms $\cos\alpha$ in Gleichung (8.5) der Term $\cos\beta$ verwendet, der sich wiederum über ein Skalarprodukt ermitteln lässt:

$$\cos\beta = \mathbf{n}^\top \cdot \mathbf{h}$$

Dabei wird die normierte Winkelhalbierende $\mathbf{h}$ durch die Formel

$$\mathbf{h} = \frac{\mathbf{l}+\mathbf{v}}{\| \mathbf{l}+\mathbf{v} \|}$$

berechnet. Bei direktionalem Licht und einem unendlich weit entfernten Betrachter, d.h. bei Parallelprojektion, ändert sich $\mathbf{h}$ im Gegensatz zum Vektor $\mathbf{r}$ im ursprünglichen Phongschen Modell nicht, so dass sich für diesen Fall eine Effizienzsteigerung bei der Berechnung ergibt.

Die Überlegungen in diesem Abschnitt haben sich immer auf eine Lichtquelle, einen Punkt auf einer Oberfläche und eine der drei Grundfarben bezogen. Wenn mehrere Lichtquellen, sowie Streulicht $I_{\text{Streulicht}}$ und eventuelles Eigenleuchten $I_{\text{Eigenleuchten}}$ der Oberfläche berücksichtigt werden sollen, müssen die einzeln berechneten Intensitätswerte addiert werden, so dass man insgesamt die Beleuchtungsgleichung

$$
\begin{aligned}
I &= I_{\text{Eigenleuchten}} + I_{\text{Streulicht}} \cdot k_a \\
&\quad + \sum_j I_j \cdot f_{\text{att}} \cdot g_{\text{Kegel}} \cdot \left(k_d \cdot (\mathbf{n}^\top \cdot \mathbf{l}_j) + k_{\text{sr}} \cdot (\mathbf{r}_j^\top \cdot \mathbf{v})^n\right)
\end{aligned}
\tag{8.6}
$$

erhält. k_a ist dabei der Reflexionskoeffizient für Streulicht, der in der Regel identisch ist mit dem Reflexionskoeffizienten k_d für diffuse Reflexion. I_j ist die Grundintensität der j-ten Lichtquelle. Bei direktionalem Licht sind die beiden Faktoren f_{att} und g_{Kegel} gleich Eins, bei einer punktförmigen Lichtquelle modelliert der erste Faktor die entfernungsabhängige Dämpfung des Lichts und bei einem Scheinwerfer sorgt der zweite Faktor für die zusätzliche Abnahme der Lichtintensität zum Rand des Lichtkegels. $\mathbf{n}$, $\mathbf{l}$, $\mathbf{v}$ und $\mathbf{r}$ sind die bereits verwendeten Vektoren aus den Abbildungen 8.7 bzw. 8.5. In dieser Gleichung wurde das ursprüngliche Phongsche Modell für die Spiegelreflexion zugrunde gelegt. Der Reflexionskoeffizient k_{sr} für die Spiegelreflexion ist in der Regel verschieden von k_d bzw. k_a.

Die Anwendung der Gleichung (8.6) auf die drei Grundfarben Rot, Grün und Blau bedeutet keinen großen zusätzlichen Rechenaufwand, da sich bei den unterschiedlichen Farben nur die Koeffizienten $I_{\text{Eigenleuchten}}$, $I_{\text{Streulicht}}$, I_j, k_a, k_d und k_{sr} ändern, die direkt abgelesen werden können und nicht berechnet werden müssen. Dagegen erfordern die übrigen Werte aufwendige Berechnungen für jeden Punkt, d.h. für jedes Pixel, und für jede Lichtquelle.

Eine neuere Technik, die bei mehreren Lichtquellen zu einer Beschleunigung führen kann, ist das *Deferred Shading* [47], das auf dem Tiefenpuffer-Algorithmus beruht. Der Nachteil beim Tiefenpuffer-Algorithmus besteht darin, dass die aufwendigen Berechnungen auch für jene Objekte durchgeführt werden, die nicht sichtbar sind und im späteren Verlauf des Algorithmus durch andere, weiter vorne in der Szene liegende Objekte überschrieben werden. Beim Deferred Shading wird daher zunächst ein Durchlauf des Tiefenpuffer-Algorithmus durchgeführt, in dem nur die Werte in den z-Puffer eingetragen werden. Erst beim zweiten Durchlauf mit bereits gefülltem z-Puffer werden die Farben eingetragen. Dadurch müssen die aufwendigen Berechnungen zur Beleuchtung nur noch für die sichtbaren Objekte ausgeführt werden.

8.4 Shading in Java 3D

In Java 3D wird jedem Objekt eine Appearance zugeordnet, die das Erscheinungsbild der Oberfläche bestimmt. In Abschnitt 6.4 wurde die Appearance bereits genutzt, um Objekte als Drahtgittermodell darzustellen. Ein wichtiges Attribut einer Appearance ist das Material. Mit dem Konstruktor

```
Material ma = new Material(ambientColour,emissiveColour,
                           diffuseColour,specularColour,
                           shininessValue);
```

werden folgende Eigenschaften des Materials festgelegt. Die ersten vier Parameter sind Farben, die mit der bereits im Abschnitt 5.4 verwendeten Klasse Color3f definiert werden. Die Farbe ambientColour gibt an, wie viel Streulicht das Material reflektiert. Hat man, wie in Abschnitt 8.2 beschrieben, Streulicht mit der Klasse AmbientLight zur Szene hinzugefügt, wird der Farbbeitrag des Streulicht folgendermaßen berechnet: Sind die RGB-Anteile von ambientColour (r_a, g_a, b_a) und die des Streulichts (r_l, g_l, b_l), ergibt sich für das reine Streulicht eine Intensität von $(r_a \cdot r_l, g_a \cdot g_l, b_a \cdot b_l)$. Dazu kommen die Eigenleuchtkraft emissiveColour und die Anteile, die durch diffuse und Spiegelreflexion entstehen. Wie stark Licht dabei reflektiert wird, spezifizieren die Farben diffuseColour und specularColour. Diese Farben entsprechen den Intensitäten k_d bzw. k_{sr} in der Gleichung (8.6). Sie werden entsprechend mit dem Licht der Lichtquellen der Klassen DirectionalLight, PointLight und SpotLight verrechnet. Der letzte Parameter shininessValue ist ein float-Wert zwischen 1 und 128, der angibt, wie glänzend die Oberfläche ist. Je größer dieser Wert ist, desto glänzender ist die Oberfläche. Der Wert shininessValue entspricht dem Spiegelreflexionsexponenten im Phongschen Beleuchtungsmodell.

Nachdem auf diese Weise ein Material ma erzeugt wurde, generiert man eine Appearance, der mit der Methode setMaterial die Reflexionseigenschaften des Materials zugewiesen werden:

```
Appearance app = new Appearance();
app.setMaterial(ma);
```

Diese Appearance kann dann bei der Erzeugung von Objekten verwendet werden, um die Objekte mit den entsprechenden Farb- und Reflexionseigenschaften auszustatten.

Es ist zwar zulässig, dass die vier Farben zur Definition eines Materials alle unterschiedlich sind. In der Regel wird man aber für die Eigenleuchtkraft Schwarz wählen, so dass das Objekt nicht von sich aus leuchtet. Die Farben für die diffuse und die Streulichtreflexion sollten identisch sein oder die Streulichtfarbe könnte gegenüber der Farbe für diffuse Reflexion etwas abgedämpft werden. Die Farbe für die Spiegelreflexion ist normalerweise weiß, ein heller Grauwert oder eine etwas hellere Form der Farbe für die diffuse Reflexion.

Im Programm `LightingExample.java` werden zwei Objekte, eine glänzende Kugel und ein matter Würfel, von allen vier Arten von Lichtquellen beleuchtet, durch ambientes und direktionales Licht sowie von einer punktförmigen Lichtquelle und einem Scheinwerfer. Um die Beleuchtungseffekte besser zu verstehen, sei dem interessierten Leser empfohlen, die Parameter der verwendeten Instanzen der Klasse `Material` zu ändern. Auch einzelne Lichtquellen lassen sich einfach im Programm ausblenden, indem man nur die entsprechende Zeile auskommentiert, in der die Lichtquelle mit der Methode `addChild` zur `BranchGroup` `bgLight` hinzugefügt wird.

Das Programm `LightingExample2.java` zeigt mit Hilfe einer sich bewegenden Lichtquelle, welche Effekte entstehen, wenn die vier Farben im Konstruktorvon `Material` völlig verschieden gewählt werden. Das Programm `MovingSpotLight.java` verdeutlicht, wie ein Scheinwerfer mit am Rand des Lichtkegels abrupt endender Lichtintensität zu unrealistischer Beleuchtung führt. Ändert man in dem Programm den letzten Parameter im Konstruktor von `SpotLight` von 0 auf 1, verschwindet der Effekt.

8.5 Shading

Bei den Berechnungen zur Reflexion von Licht an einer Oberfläche im Abschnitt 8.3 wurde davon ausgegangen, dass der Normalenvektor in jedem Punkt der Oberfläche bekannt ist. Zur korrekten Färbung eines Pixels in der Projektionsebene muss nicht nur bestimmt werden, welche Objektoberfläche dort sichtbar ist, sondern auch, wo der durch dieses Pixel gelegte Strahl die Oberfläche trifft. Für mit kubischen Freiformflächen modellierte Oberflächen würde dies bedeuten, dass man ein Gleichungssystem lösen müsste, dessen Unbekannte in der dritten Potenz auftreten, was einen enormen Rechenaufwand zur Folge hätte. Daher verwendet man bei der Berechnung der Reflexion nicht die Freiformflächen selbst, sondern ihre Approximation durch ebene Polygone. Was bedeutet dies für die Normalenvektoren? Im einfachsten Fall ignoriert man, dass die Normalenvektoren eigentlich für die gekrümmte Originalfläche berechnet werden müssten, und bestimmt stattdessen den Normalenvektor des jeweiligen Polygons.

Bei der *konstanten Schattierung*[3] wird die Färbung eines Polygons nur an einer Stelle berechnet, das heißt, man verwendet pro Polygon einen Normalenvektor und einen Punkt für die Schattierung. Das Polygon wird gleichmäßig mit der so bestimmten Farbe schattiert. Diese Vorgehensweise wäre dann korrekt, wenn folgende Voraussetzungen zuträfen:

- Die Lichtquelle ist unendlich weit entfernt, so dass $\mathbf{n}^\top \cdot \mathbf{l}$ konstant ist.
- Der Betrachter ist unendlich weit entfernt, so dass $\mathbf{n}^\top \cdot \mathbf{v}$ konstant ist.
- Das Polygon repräsentiert die tatsächliche Oberfläche des Objekts und ist nicht nur eine Approximation einer gekrümmten Fläche.

Unter diesen Annahmen lässt sich die Schattierung zwar relativ einfach und schnell berechnen, sie führt allerdings zu unrealistischen Darstellungen. Abbildung 8.10 zeigt dieselbe Kugel wie bereits in Abbildung 6.12 auf Seite 162, ebenfalls mit unterschiedlicher Tesselierung. In Abbildung 8.10 wurde jedoch eine konstante Schattierung verwendet. Selbst bei der sehr feinen Approximation durch Dreiecke ganz rechts in der Abbildung ist die Facettenstruktur auf der Kugeloberfläche noch deutlich zu erkennen, während in der Abbildung auf Seite 162 die Facettenstruktur bereits bei der mittleren Auflösung optisch fast nicht mehr wahrnehmbar ist.

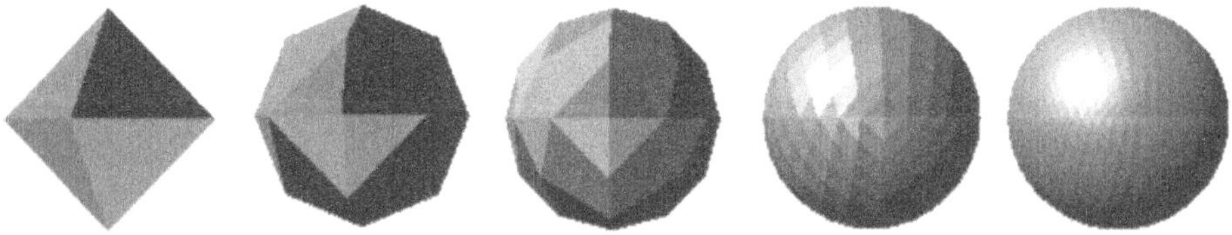

Abbildung 8.10 Eine Kugel, dargestellt mit konstanter Schattierung und unterschiedlicher Tesselierung

Um die Facetten bei konstanter Schattierung verschwinden zu lassen, ist eine enorme Erhöhung der Auflösung erforderlich. Das liegt zum Teil auch daran, dass beim menschlichen Sehen eine automatische Vorverarbeitung stattfindet, die Kanten, d.h. Kontraste verstärkt, so dass selbst kleine Knicke erkannt werden.

[3] Englisch: Flat Shading

Anstelle der konstanten Schattierung verwendet man daher *interpolierte Schattierung*. Dazu werden die Normalenvektoren an die Originalfläche in den Ecken des Polygons benötigt. Auf diese Weise werden einem Dreieck, das einen Teil einer gekrümmten Oberfläche annähert, drei Normalenvektoren zugeordnet, die alle nicht mit dem Normalenvektor übereinstimmen müssen, der zur Dreiecksebene gehört. Falls die Dreiecke nicht automatisch zur Approximation einer gekrümmten Fläche berechnet, sondern manuell erstellt wurden, kann man unterschiedlich Normalenvektoren in der Eckpunkten eines Dreiecks dadurch erzeugen, dass man die Normalenvektoren aller Dreiecke, die in diesem Eckpunkt zusammentreffen, mittelt. Diese Technik wurde bereits im Abschnitt 6.8.1 beschrieben.

Geht man von Dreiecken aus, die die Oberfläche eines Objekts approximieren, bestimmt man bei der *Gouraud-Schattierung* [19] die Schattierung in jedem Eckpunkt des Dreiecks unter Verwendung der unterschiedlichen Normalenvektoren in den Eckpunkten. Die Schattierung der Punkte im Inneren des Dreiecks erfolgt durch Farbinterpolation über die Färbungen der drei Eckpunkte. Daraus ergibt sich ein linearer Verlauf der Farbintensität über dem Dreieck. In Abbildung 8.11 ist die Farbintensität als Funktion über der Dreiecksfläche dargestellt.

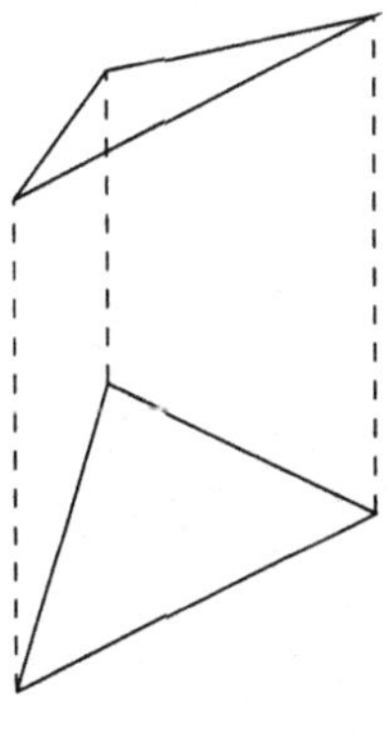

Abbildung 8.11 Die Farbintensität als Funktion über der Dreiecksfläche bei der Gouraud-Schattierung

Die effektive Berechnung der Intensitäten innerhalb des Dreiecks erfolgt mittels eines Scan-Linien-Verfahrens. Dazu werden für eine Scan-Linie y_s zunächst die Intensitäten I_a und I_b auf den beiden Kanten bestimmt, die die Scan-Linie schneidet. Dies geschieht durch entsprechende Interpolation der Intensitäten der jeweiligen beiden Ecken. Die Intensität ändert sich linear entlang der Scan-Linie mit dem Startwert I_a bis zum Endwert I_b. Abbildung 8.12 verdeutlicht diese Vorgehensweise. Die Intensitäten werden mit den folgenden Formeln ermittelt:

$$I_a = I_1 - (I_1 - I_2)\frac{y_1 - y_s}{y_1 - y_2}$$

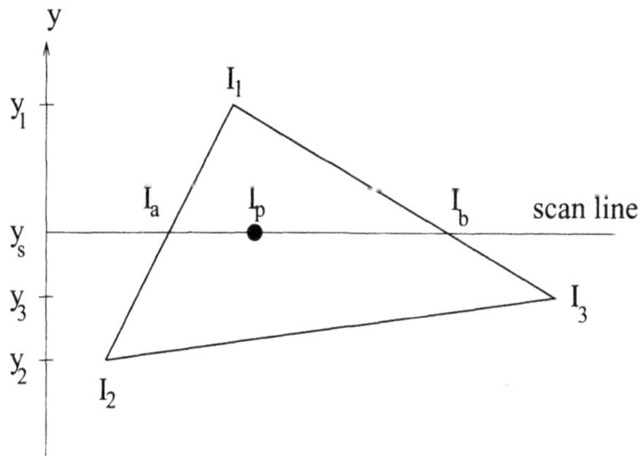

Abbildung 8.12 Scan-Linien-Verfahren zur Berechnung der Gouraud-Schattierung

$$I_b = I_1 - (I_1 - I_3)\frac{y_1 - y_s}{y_1 - y_3}$$

$$I_p = I_b - (I_b - I_a)\frac{x_b - x_p}{x_b - x_a}$$

Die zu berechnenden Intensitäten sind ganzzahlige Farbwerte zwischen 0 und 255. In der Regel wird der Intensitätsunterschied auf dem Dreieck nicht sehr groß sein, so dass die Steigung des linearen Intensitätsverlaufs auf der Scan-Linie vom Betrag her fast immer kleiner als Eins sein wird. In diesem Fall kann der Mittelpunktalgorithmus zur Bestimmung der diskreten Intensitätswerte entlang der Scan-Linie verwendet werden.

Der Facetteneffekt wird durch die Gouraud-Schattierung zwar deutlich abgemildert. Trotzdem kann bei der Gouraud-Schattierung die maximale Intensität innerhalb eines Dreiecks aufgrund der linearen Interpolation immer nur in den Ecken angenommen werden, so dass es immer noch vorkommen kann, dass die Ecken der Dreiecke etwas hervorstechen. Die *Phong-Schattierung* [35] verfährt ähnlich wie die Gouraud-Schattierung, anstelle der Intensitäten werden jedoch die Normalenvektoren interpoliert. Dadurch kann sich die maximale Intensität auch im Inneren des Dreiecks ergeben, je nachdem, in welchem Winkel Licht auf das Dreieck fällt. Abbildung 8.13 zeigt eine gekrümmte Fläche und ein Dreieck, das einen Teil der Fläche approximiert. Die Normalenvektoren in den Ecken des Dreiecks sind die Normalenvektoren an die gekrümmte Fläche in diesen drei Punkten. Innerhalb des Dreiecks werden die Normalenvektoren als Konvexkombination dieser drei Normalenvektoren berechnet.

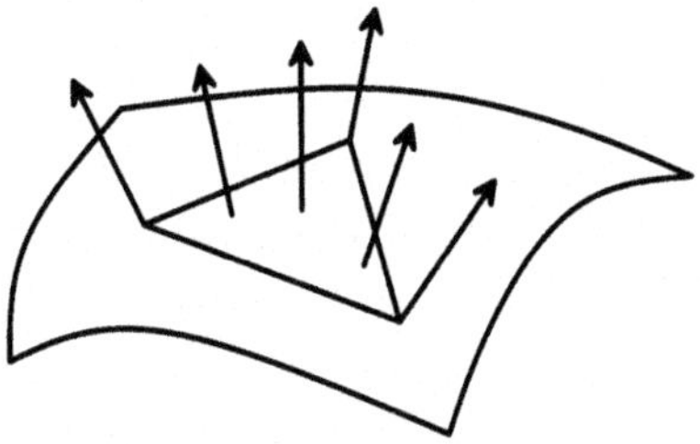

Abbildung 8.13 Interpolierte Normalenvektoren bei der Phong-Schattierung

Gouraud- und Phong-Schattierung liefern nur sehr gute Approximationen der tatsächlichen Schattierung einer gekrümmten Fläche. Korrekt wäre es, für jeden Dreieckspunkt den entsprechenden Normalenvektor auf der gekrümmten Originalfläche zu bestimmen und damit die Intensität in dem Punkt zu ermitteln. Dies würde aber bedeuten, dass bei der Darstellung einer Szene die Informationen zu den Dreiecken inklusive Normalenvektoren in den Eckpunkten nicht ausreichen und dass bei der Berechnung der Szene immer direkt auf die gekrümmten Flächen zugegriffen werden müsste, was zu einem inakzeptablen Rechenaufwand führen würde.

8.5.1 Konstante und Gouraud-Schattierung in Java 3D

In Java3D wird standardmäßig die Gouraud-Schattierung verwendet. Alternativ kann man auch über die entsprechende `Appearance` eines Objekts auf konstante Schattierung umschalten. Dies geschieht unter Verwendung der Klasse `ColoringAttributes`, bei der man mit der Methode `setShadeModel` das gewünschte Schattierungsmodell auswählen kann:

```
ColoringAttributes ca = new ColoringAttributes();
ca.setShadeModel(ColoringAttributes.SHADE_FLAT);
app.setColoringAttributes(ca);
```

Dabei ist app eine vorher definierte `Appearance`. Mittels

```
ca.setShadeModel(ColoringAttributes.SHADE_GOURAUD);
```

wird die Standardeinstellung bei Java 3D hergestellt. Mit dem Programm `ShadingExample.java` wurde unter Verwendung der konstanten Schattierung die Abbildung 8.10 auf Seite 228 erzeugt.

8.6 Schatten

Ein wichtiger Aspekt, der bisher noch nicht bei der Schattierung betrachtet wurde, sind *Schatten*. Im Kapitel 7 wurden Methoden vorgestellt, um festzustellen, welche Objekte für den Betrachter einer Szene sichtbar sind. Bei den bisherigen Überlegungen zur Schattierung der sichtbaren Oberflächen kann mit Hilfe des Winkels zwischen Normalenvektor und dem Vektor, der in Richtung der Lichtquelle zeigt, bzw. deren Skalarprodukt entschieden werden, ob die Lichtquelle das Objekt von hinten beleuchtet und somit keine Auswirkungen auf die Darstellung der Oberfläche hat. Dabei wurde bisher nicht berücksichtigt, ob eine Lichtquelle, deren Licht in Richtung eines Objekts strahlt, dieses Objekt tatsächlich erhellt oder ob eventuell ein anderes Objekt als Hindernis auf dem Weg von der Lichtquelle zum Objekt liegt, so dass das Objekt im Schatten der Lichtquelle liegt. Abbildung 8.14 zeigt, wie ein Schatten auf einem Objekt entsteht, wenn es von einer Lichtquelle von oben beleuchtet wird und dazwischen ein anderes Objekt liegt.

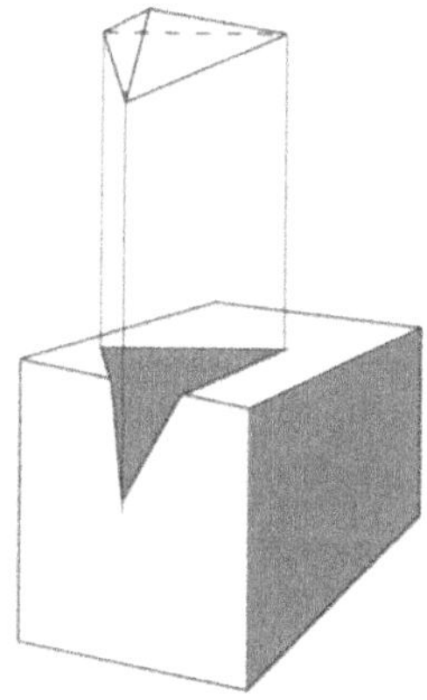

Abbildung 8.14 Schatten auf einem Objekt

Schatten bedeutet keine Schwärzung der Oberfläche, sondern nur, dass das Licht der entsprechenden Lichtquelle nicht – oder höchstens in Form des separat modellierten Streulichts – zur Beleuchtung des Objekts beiträgt. Festzustellen, ob das Licht einer Lichtquelle die Oberfläche eines Objekts erreicht, ist gleichwertig dazu, dass das Objekt von der Lichtquelle aus sichtbar ist. Die Frage der Sichtbarkeit eines Objekts wurde bereits im Kapitel 7 behandelt, allerdings vom Betrachterstandpunkt aus gesehen. Diesen Zusammenhang zwischen Sichtbarkeit und Schatten nutzt der *Zweipass-z-* oder *Zweipass-Tiefenpuffer-Algorithmus* aus.

Im ersten Durchgang wird der Tiefenpuffer-Algorithmus mit der Lichtquelle als Betrachterstandpunkt durchgeführt. Bei direktionalem Licht bedeutet dies eine Parallelprojektion in entgegengesetzter Richtung zu den Lichtstrahlen, bei einer punktförmigen Lichtquelle oder einem Scheinwerfer eine perspektivische Projektion mit der Lichtquelle im Projektionszentrum. Für den Tiefenpuffer-Algorithmus muss diese Projektion mittels einer Transformation T_L auf eine Parallelprojektion auf die x/y-Ebene zurückgeführt werden. In diesem ersten Durchlauf des Tiefenpuffer-Algorithmus wird nur der z-Puffer Z_L und kein Farbpuffer verwendet. Der zweite Durchgang entspricht dem normalen Tiefenpuffer-Algorithmus aus der Sicht des Betrachters mit der folgenden Modifikation.

Auch hier ist eine Transformation T_V notwendig, die die perspektivische Projektion mit dem Betrachter im Projektionszentrum auf eine Parallelprojektion auf die x/y-Ebene zurückführt. Wenn bei diesem zweiten Durchlauf ein Objekt bzw. ein Punkt auf dessen Oberfläche in den z-Puffer Z_V für den Betrachter eingetragen wird, überprüft man vor der Berechnung des Wertes für den Farbpuffer, ob der Punkt im Schatten eines anderen Objekts liegt. Hat der Punkt bei der Parallelprojektion auf die x/y-Ebene die Koordinaten (x_V, y_V, z_V), erhält man durch die Anwendung der Transformation

$$\begin{pmatrix} x_L \\ y_L \\ z_L \end{pmatrix} = T_L \cdot T_V^{-1} \cdot \begin{pmatrix} x_V \\ y_V \\ z_V \end{pmatrix}$$

die Koordinaten des Punktes aus der Sicht der Lichtquelle. Dabei ist T_V^{-1} die inverse Transformation, d.h. die inverse Matrix, zu T_V. Man vergleicht dann den Wert z_L mit dem Eintrag im z-Puffer Z_L der Lichtquelle an der Stelle (x_L, y_L). Steht im z-Puffer Z_L ein kleinerer Wert an dieser Stelle, gibt es offenbar ein Objekt, das näher an der Lichtquelle liegt als der betrachtete Punkt. Somit liegt der Punkt im Schatten der Lichtquelle. Andernfalls erreicht das Licht der Lichtquelle den Punkt. Beim Eintrag des Punktes in den Farbpuffer F_V für den Betrachter kann so berücksichtigt werden, ob die Lichtquelle zur Beleuchtung des Punktes beiträgt oder nicht. Im Falle einer Lichtquelle würde man, wenn der Punkt im Schatten liegt, bei seiner Einfärbung nur das Streulicht einbeziehen. Bei mehreren Lichtquellen muss der erste Durchlauf des Zweipass-Tiefenpuffer-Algorithmus für jede Lichtquelle separat berechnet werden. Beim zweiten Durchlauf wird nach dem Eintrag eines Wertes in den z-Puffer Z_V des Betrachters für jede Lichtquelle überprüft, ob sie den Punkt beleuchtet. Dies wird dann bei der Bestimmung des Wertes für den Farbpuffer entsprechend berücksichtigt.

8.7 Transparenz

Transparenz bedeutet, dass man teilweise durch ein Objekt oder eine Fläche hindurchschauen kann wie beispielsweise durch eine gefärbte Glasscheibe. Transparenz einer Fläche meint hier, dass zwar nur ein Teil des Lichtes eines dahinterliegenden Objekts durchgelassen wird, dass aber keine weitere Verzerrung stattfindet wie etwa bei einer Milchglasscheibe, die Licht durchlässt, hinter der aber keine Konturen zu erkennen sind. Dieser Milchglaseffekt wird *Transluzenz* genannt, der hier nicht betrachtet werden soll, genauso wenig wie Transparenz in Verbindung mit Lichtbrechung.

Um zu erklären, wie Transparenz sich Transparenz modellieren lässt, wird eine Fläche F_2 betrachtet, die hinter der transparenten Fläche F_1 liegt. Beim Modell der *interpolierten* oder *gefilterten Transparenz* muss ein *Transmissionskoeffizient* $k_{\text{transp}} \in [0{,}1]$ angegeben werden, der angibt, welchen Anteil an Licht die transparente Fläche F_1 durchlässt. Für $k_{\text{transp}} = 1$ ist die Fläche völlig transparent, d.h. durchsichtig. Bei $k_{\text{transp}} = 0$ ist die Fläche überhaupt nicht transparent. Die Farbintensität I_P eines Punktes P auf der transparenten Fläche F_1 wird dann folgendermaßen berechnet:

$$I_P = (1 - k_{\text{transp}}) \cdot I_1 + k_{\text{transp}} \cdot I_2 \qquad (8.7)$$

Dabei ist I_1 die Intensität des Punktes, die sich allein aus der Betrachtung der Fläche F_1 ergäbe, wenn sie nicht transparent wäre. I_2 ist die Intensität des dahinterliegenden Punktes, die sich allein aus der Betrachtung der Fläche F_2 ergäbe, wenn F_1 nicht vorhanden wäre. Der transparenten Fläche wird mit den Intensitäten I_1 für Rot, Grün und Blau eine Farbe zugeordnet. Auf diese Weise kann der Eindruck gefärbter Glasscheiben erzeugt werden, auch wenn diese korrekterweise als Filter modelliert werden müssten.

Transparente Flächen erschweren die Berechnungen bei den Visibilitätsbetrachtungen. Hier soll exemplarisch der Tiefenpuffer-Algorithmus betrachtet werden. Wenn eine transparente Fläche in den z- und den Farbpuffer eingetragen werden soll, ergeben sich folgende Probleme:

- Welcher z-Wert sollte im z-Puffer gespeichert werden? Behält man den alten Wert des hinter der transparenten Fläche liegenden Objekts O, würde ein Objekt, das zwischen O und der transparenten Fläche liegt und später eingetragen wird, den Farbpuffer aufgrund der kleineren z-Koordinate vollständig überschreiben, obwohl es hinter der transparenten Fläche liegt. Verwendet man stattdessen den z-Wert der transparenten Fläche, würde ein derartiges Objekt überhaupt nicht in den Farbpuffer eingetragen, obwohl es zumindest hinter der transparenten Fläche sichtbar sein müsste.

- Welcher Wert sollte in den Farbpuffer übernommen werden? Wenn man die interpolierte Transparenz nach Gleichung (8.7) verwendet, geht die Information über den Wert I_1 für spätere Objekte direkt hinter der transparenten Fläche verloren. Allein der Wert I_1 würde aber auch nicht reichen. Es gibt die unzureichende Möglichkeit, *Alpha-Blending* zu nutzen. Da die übliche Speicherung von RGB-Farben drei Byte belegt und im Rechner Blöcke von zwei oder vier Byte besser zu verwalten sind, wird bei RGB-Werten häufig noch ein vierter, mit Alpha bezeichneter Wert zur Verfügung gestellt. Dieser Alpha-Wert enthält den Transmissionskoeffizienten k_{transp} für die Transparenz. Aber selbst bei Verwendung dieses Alpha-Wertes ist nicht klar, bei welchem Objekt hinter der transparenten Fläche das Alpha-Blending, d.h. die Gleichung (8.7), angewendet werden sollte.

Zur Darstellung von Transparenz sollten daher beim Tiefenpuffer-Algorithmus alle nicht-transparenten Flächen eingetragen werden. Erst danach werden die transparenten Flächen mit Alpha-Blending hinzugefügt. Hierbei kann es wiederum zu Problemen kommen, wenn mehrere transparente Flächen hintereinanderliegen. Es muss dafür gesorgt werden, dass die transparenten Flächen in der korrekten Reihenfolge, d.h. von hinten nach vorne eingetragen werden. Üblicherweise sortiert man sie dazu nach ihren z-Koordinaten.

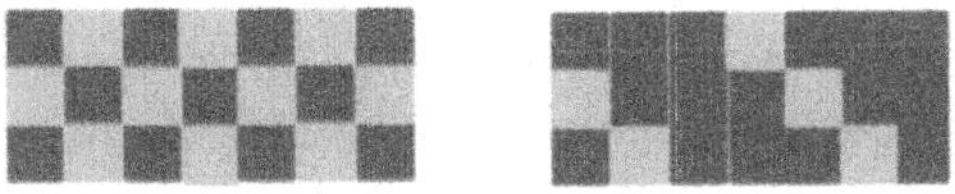

Abbildung 8.15 50% (links) und 25% (rechts) Screen-Door-Transparenz

Eine alternative Lösung für dieses Problem bietet die *Screen-Door-Transparenz*, die auf einem ähnlichen Prinzip beruht, wie die in Abschnitt 4.5 vorgestellten Halbtonverfahren. Die in Gleichung (8.7) beschriebene Mischung der Intensität der transparenten Fläche mit der des dahinter liegenden Objekts wird durch anteilige Färbung der Pixel simuliert. Bei einem Transmissionskoeffizienten von $k_{\text{transp}} = 0.25$ würde jedes vierte Pixel mit der Farbe des dahinter liegenden Objekts gefärbt werden, alle anderen Pixel mit der Farbe der transparenten Fläche. Abbildung 8.15 zeigt dieses Prinzip anhand stark vergrößerter Pixel. Die dunklere Farbe ist der transparenten Fläche, die hellere dem dahinterliegenden Objekt zugeordnet. Links in der Abbildung wurde $k_{\text{transp}} = 0.5$ verwendet, rechts $k_{\text{transp}} = 0.25$.

Die Screen-Door-Transparenz eignet sich sehr gut für den Tiefenpuffer-Algorithmus. Man würde in den z-Puffer den Wert eintragen, von dem die Färbung stammt. Bei $k_{\text{transp}} = 0.25$ würden also Dreiviertel der Punkte den z-Wert der vorderen, transparenten Fläche und ein Viertel den z-Wert der dahinterliegenden Fläche erhalten. Ein später betrachtetes Objekt vor der transparenten Fläche würde korrekterweise alles überschreiben. Ein Objekt hinter dem bereits eingetragenen nicht-transparenten Objekt würde gar nicht eingetragen werden. Ein Objekt zwischen der transparenten Fläche und dem vorher eingetragenen Objekt wird genau den Anteil der Pixel überschreiben, die dem hinteren Objekt zugeordnet waren, das heißt, man erhielte wieder den gleichen Anteil von Pixeln für das neue Objekt, das hinter der transparenten Fläche liegt.

Auch wenn die Screen-Door-Transparenz schneller im Zusammenspiel mit dem Tiefenpuffer-Algorithmus zu berechnen ist, führt sie, wie die Halbtonverfahren, nur bei genügend großer Auflösung zu zufriedenstellenden Ergebnissen. Bei Transmissionskoeffizienten nahe 50% sind die Resultate dann kaum von der interpolierten Transparenz zu unterscheiden. Bei sehr schwacher oder sehr starker Transparenz neigt die Screen-Door-Transparenz zur Bildung von Punktmustern.

8.7.1 Transparenz in Java 3D

In Java 3D wird die Klasse `TransparencyAttributes` genutzt, um Transparenz zu definieren. Mit der Methode `setTransparencyMode` wird die Art der Transparenz, d.h. interpolierte oder Screen-Door-Transparenz, festgelegt. Den Transparenzkoeffizienten definiert man mit der Methode `setTransparency` als `float`-Wert zwischen 0 und 1. Die so erzeugte Instanz der Klasse `TransparencyAttributes` muss dann einer `Appearance` app mit der Methode `setTransparencyAttributes` zugeordnet werden:

```
TransparencyAttributes ta = new TransparencyAttributes();
ta.setTransparencyMode(TransparencyAttributes.BLENDED);
ta.setTransparency(transpCoeff);
app.setTransparencyAttributes(ta);
```

In der zweiten Zeile wird durch die Angabe `BLENDED` interpolierte Transparenz definiert. Für Screen-Door-Transparenz muss `BLENDED` durch `SCREEN_DOOR` ersetzt werden. Im Programm `TransparencyExample.java` werden die beiden Arten der Transparenz verwendet.

8.8 Texturen

Texturen sind Bilder oder Grafiken, die man auf die Oberfläche eines Objekts aufbringt. Im einfachsten Fall dienen Texturen dazu, anstelle einer einzelnen Farbe einen Farbverlauf oder ein Muster zu verwenden. Beispielsweise würde man für eine gemusterte Tapete eine entsprechende Textur verwenden, die man auf die Wände legt. In diesem Fall würde die Textur mehrfach aufgetragen werden, um die Wände zu füllen. Ein einzelnes Bild, das an einer Wand hängt, könnte ebenfalls durch eine Textur realisiert werden, die aber nur einmal aufgetragen wird.

Texturen werden häufig auch dazu verwendet, um Maserungen oder Strukturen darzustellen. Eine Raufasertapete erhält ihr Aussehen dadurch, dass sie im Gegensatz zu einer glatten Tapete eine zwar feine, aber fühl- und sichtbare dreidimensionale Struktur besitzt. Gleiches gilt für die Rinde eines Baums, eine mit Backsteinen gemauerte Wand oder den Faltenwurf auf einem Kleidungsstück. Theoretisch könnte man derartige winzige dreidimensionale Strukturen auch durch noch kleinere Detailpolygone annähern. Der Modellierungsaufwand und der Rechenaufwand bei der Darstellung der Szene wären aber inakzeptabel.

Abbildung 8.16 Verwendung einer Textur

Eine Textur ist ein Bild, das wie in Abbildung 8.16 auf eine Objektoberfläche aufgebracht wird. Dazu wird eine *Texture-Map* T_I definiert, die Eckpunkte oder das Raster der Oberfläche auf die Eckpunkte bzw. das Raster der Textur abbildet. Fasst man ein Pixel des Bildschirms, d.h. der Projektionsebene, als kleines Quadrat auf, korrespondiert dieses Quadrat zu einem Flächenabschnitt auf der Objektoberfläche. Dieser Flächenabschnitt wird durch die Texture-Map auf die Textur abgebildet, so dass abgelesen werden kann, welche *Texel* – die Pixel der Textur – zur Färbung des Bildschirmpixels beitragen. Auf diese Weise erhält man an der betrachteten Stelle die Grundfarbe der Oberfläche, die durch die Textur induziert wird. Dieser Wert muss dann noch mit der Beleuchtung verrechnet werden. Dabei kann man zusätzlich berücksichtigen, ob die Textur glänzend oder matt sein soll.

Texturen haben vielfältige weitere Anwendungen. Man kann eine Hintergrundtextur definieren, beispielsweise um eine Himmelskuppel zu erzeugen. Aufwendigere, realistischere Beleuchtungstechniken, wie das Radiosity-Modell, das in Abschnitt 8.10 vorgestellt wird, eignen sich bisher noch nicht für interaktive Echtzeitdarstellungen. Mit ihnen kann aber unter bestimmten Umständen zumindest diffuse Reflexion vorberechnet werden und als Textur – als so genannte *Light Map* – auf die Oberflächen aufgebracht werden, so dass anschließend nur noch Spiegelreflexion berücksichtigt werden muss.

Das *Environment-* oder *Reflection-Mapping* ist ein Verfahren zur Darstellung spiegelnder Oberflächen, beispielsweise glatte Wasseroberflächen oder Wandspiegel. Dazu wird der Betrachter an der Ebene, die durch die spiegelnde Oberfläche definiert wird, gespiegelt. Dieser Punkt wird als neues Projektionszentrum für eine Projektion auf die Spiegelebene verwendet. Das sich so ergebende Bild wird als Textur auf den Spiegel aufgetragen, um dann die Szene mit dem ursprünglichen Betrachterstandpunkt als Projektionszentrum zu projizieren. Abbildung 8.17 veranschaulicht diese Vorgehensweise.

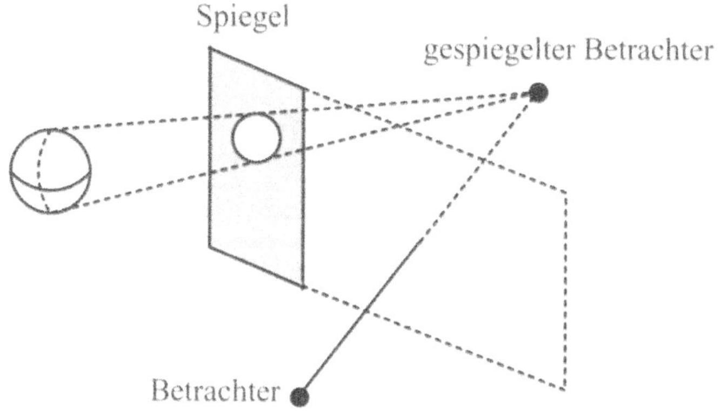

Abbildung 8.17 Darstellung eines Spiegels mittels Reflection-Mapping

Wenn Texturen dazu verwendet werden, um reliefartige Strukturen darzustellen, wirken die Reliefs insbesondere bei Beleuchtung durch eine prägnante Lichtquelle flach, da keine dreidimensionalen Informationen in der Textur enthalten sind. Um einen besseren dreidimensionalen Effekt einer solchen Textur zu erzeugen, werden *Bump-Mappings* [3] eingeführt. Die Oberfläche, auf die die Textur aufgetragen wird, bleibt zwar weiterhin eben. Zusätzlich zur Farbinformation der Textur werden in der Bump-Map Information zu den Normalenvektoren gespeichert, die zur Oberfläche der Reliefstruktur gehören. Beim Bump-Mapping wird an jedem Texturpunkt ein Störwert $B(i,j)$ definiert, der den korrespondierenden Punkt auf der Oberfläche, auf die die Textur aufgetragen wird, in Richtung des Normalenvektors verschiebt. Ist die Fläche in parametrisierter Form gegeben und der zu modifizierende Punkt $P = P(x(s,t), y(s,t), z(s,t))$, ergibt sich der nicht-normalisierte Normalenvektor bei P aus dem Kreuzprodukt der partiellen Ableitungen nach s und t:

$$\mathbf{n} = \frac{\partial P}{\partial s} \times \frac{\partial P}{\partial t}$$

Ist $B(T(P)) = B(i,j)$ der entsprechende Bump-Wert, erhält man

$$P' = P + B(T(P)) \cdot \frac{\mathbf{n}}{\| \mathbf{n} \|}$$

als den verschobenen Punkt auf der Oberfläche. Eine gute Annäherung für den neuen Normalenvektor in diesem Punkt liefert dann:

$$\mathbf{n}' = \frac{\mathbf{n} + \mathbf{d}}{\| \mathbf{n} + \mathbf{d} \|} \quad \text{mit} \quad \mathbf{d} = \frac{\frac{\partial B}{\partial u} \cdot \left(\mathbf{n} \times \frac{\partial P}{\partial t}\right) - \frac{\partial B}{\partial v} \cdot \left(\mathbf{n} \times \frac{\partial P}{\partial s}\right)}{\| \mathbf{n} \|}$$

Durch das Bump-Mapping können auf diese Weise variierende Normalenvektoren auf eine ansonsten flache oder glatte Ebene übertragen werden. Abbildung 8.18 veranschaulicht, wie die Normalenvektoren, die zu einer kleinen Mulde gehören, auf eine ebene Fläche übertragen werden.

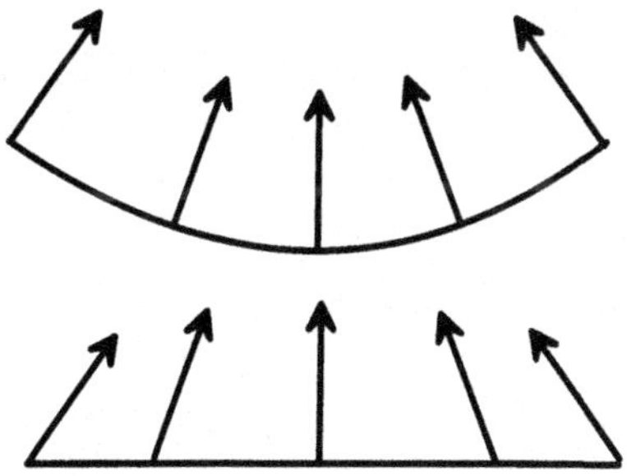

Abbildung 8.18 Bump-Mapping

8.9 Texturen in Java 3D

Java 3D stellt eine Reihe von Möglichkeiten zur Verfügung, Texturen auf Oberflächen aufzubringen. Man kann beispielsweise im Detail angeben, wie die Textur zu einzelnen Ecken einer durch Dreiecke modellierten Oberfläche zugeordnet werden soll. Die Details dazu würden den Rahmen dieses Buches sprengen, so dass hier zur Einführung nur gezeigt werden soll, wie man eine Textur allgemein auf eine Oberfläche aufträgt, ohne sich um die Details der Positionierung zu kümmern.

Zunächst muss die Textur als Bild aus einer Datei geladen und dann in eine `ImageComponent2D` mittels `getScaledImage` umgewandelt werden. Dabei findet eine Skalierung auf die vorgegebene Breite w und Höhe h statt. Die Werte w und h müssen Zweierpotenzen sein, also aus der Menge $\{1,2,4,8,16,32,64,\ldots\}$ stammen.

```
TextureLoader textureLoad =
                        new TextureLoader("image.jpg",null);
ImageComponent2D textureIm =
                        textureLoad.getScaledImage(w,h);
```

Dannach wird eine `Textur2D` erzeugt, die anschließend einer `Appearance` zugeordnet wird.

```
Texture2D myTexture =
          new Texture2D(Texture2D.BASE_LEVEL,Texture2D.RGB,
                         textureIm.getWidth(),
                         textureIm.getHeight());
myTexture.setImage(0,textureIm);
Appearance textureApp = new Appearance();
```

Die Zuordnung zur `Appearance textureApp` erfolgt durch folgende Programmzeilen:

```
textureApp.setTexture(myTexture);
TextureAttributes textureAttr = new TextureAttributes();
textureAttr.setTextureMode(TextureAttributes.REPLACE);
textureApp.setTextureAttributes(textureAttr);
Material mat = new Material();
mat.setShininess(shininess);
textureApp.setMaterial(mat);
```

```
TexCoordGeneration tcg =
    new TexCoordGeneration(TexCoordGeneration.OBJECT_LINEAR,
                    TexCoordGeneration.TEXTURE_COORDINATE_2);
textureApp.setTexCoordGeneration(tcg);
```

Die Appearance textureApp kann dann einem Objekt zugeordnet werden. Die Textur wird gegegebenenfalls mehrfach auf die Objektoberfläche aufgetragen, um sie vollständig zu füllen. Im Programm TextureExample.java wird eine aus einer Bilddatei geladene Textur auf eine Kugel gelegt.

In Java 3D können Texturen sehr einfach als Hintergrund verwendet werden. Die Möglichkeit, einen Hintergrund einer festen Farbe zu definieren, wurde bereits implizit in mehreren erwähnten Programmen genutzt, z.B. im Programm StaticSceneExample.java. Dazu dient der Konstruktor der Klasse Background, dem als Argument die gewünschte Farbe übergeben werden kann. Dem so erzeugten Hintergrund muss mit der Methode setApplicationBounds ein Wirkungsbereich, beispielsweise in Form einer BoundingSphere bounds zugeordnet werden. Schließlich muss der Hintergrund mit addChild zur Szene hinzugefügt werden:

```
Background bg = new Background(new Color3f(r,g,b));
bg.setApplicationBounds(bounds);
theScene.addChild(bg);
```

Soll ein Bild aus einer Datei image.jpg geladen und als Hintergrund verwendet werden, muss die Datei zuerst mit einem TextureLoader geladen werden. Danach wird dem Konstruktor anstelle der Farbe das Bild übergeben, indem man es mit getImage aus dem TextureLoader holt:

```
TextureLoader textureLoad =
                    new TextureLoader("image.jpg",null);
Background bgImage = new Background(textureLoad.getImage());
```

Die Festlegung des Wirkungsbereichs und die Zuordnung zur Szene erfolgt wie bei einem einfarbigen Hintergrund. In dem Programm BackgroundExample.java wird ein aus einer Datei geladenes Bild als Hintergrund für eine Szene verwendet.

8.10 Das Radiosity-Modell

Bei der Behandlung von Reflexionen an Oberflächen im Abschnitt 8.3 wurde bereits erwähnt, dass Objekte, die eine eigene Leuchtkraft haben, nicht als Lichtquelle in der Szene betrachtet werden, außer man fügt zusätzlich eine Lichtquelle an der Position des Objekts hinzu. Diese Vereinfachung ist ein Spezialfall der Grundannahme bei der Reflexionsberechnung, dass das Licht, das von einem Objekt durch Eigenleuchten oder durch Reflexion abgestrahlt wird, nicht zur Beleuchtung anderer Objekte beiträgt. Durch das Hinzufügen konstanten Streulichts zur Szene soll der Effekt modelliert werden, dass Objekte nicht nur durch direkt von Lichtquellen stammendes Licht beleuchtet werden. Die Folge dieser vereinfachenden Modellierung sind zum Teil sehr scharfe Kanten und Kontraste. Wenn beispielsweise eine helle und eine dunkle Wand eine Ecke bilden, wird die helle Wand Licht auf die dunkle abstrahlen. Dieser Effekt ist insbesondere dort zu sehen, wo die helle Wand auf die dunkle trifft, d.h. an der Kante zwischen den beiden Wänden. Mit den Beleuchtungsmodellen für Lichtquellen aus Abschnitt 8.1 und für Reflexion aus Abschnitt 8.3 wird die Interaktion des Lichts zwischen einzelnen Objekten vernachlässigt. Daraus ergibt sich eine Darstellung der beiden Wände, wie sie in Abbildung 8.19 links zu sehen ist. Es entsteht eine sehr scharfe Kante zwischen den beiden Wänden. Im rechten Teil der Abbildung wurde berücksichtigt, dass die helle Wand Licht auf die dunkle abstrahlt. Die dunkle Wand wirkt dadurch in der Nähe der Ecke etwas heller und die Kante zwischen beiden Wänden ist weniger scharf.

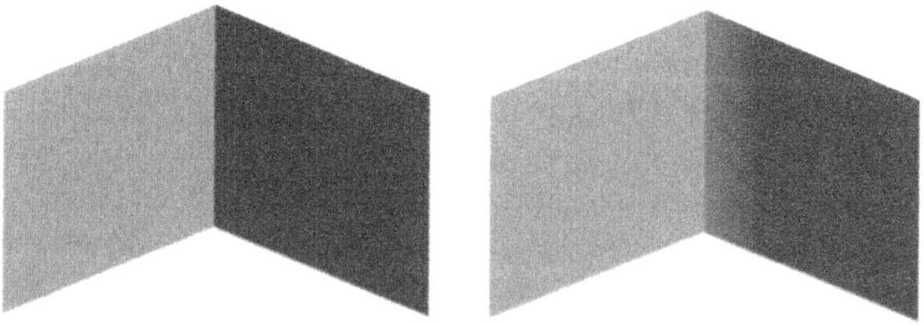

Abbildung 8.19 Lichtabstrahlung eines Objekts auf ein anderes

Ein einfacher Ansatz, diesen Effekt zu berücksichtigen, besteht in der Anwendung der im Abschnitt 8.8 erwähnten Environment-Mappings. Man verwendet die Environment-Mappings allerdings nicht als Texturen, sondern um das Licht zu berechnen, das andere Objekte auf ein bestimmtes Objekt abstrahlen. Dazu wird die Schattierung der Szene zunächst wie im Abschnitt 8.3 berechnet, ohne die Interaktion zwischen den Objekten zu berücksichtigen. Danach wird für jedes Objekt die zugehörige Environment-Map bestimmt. Der Farbwert, der sich dadurch in jedem Pixel ergibt, wird so behandelt, als ob er von einer zusätzlichen Lichtquelle stammt und entsprechend der Reflexionseigenschaften der Objektoberfläche zu den vorher berechneten Intensitäten addiert.

Theoretisch müsste man mit diesen modifizierten Intensitäten die Environment-Maps der Objekte erneut bestimmen, denn die Environment-Maps sollen ja das Licht wiedergeben, das die andere Objekte abstrahlen. Genau das wurde mit den Environment-Maps neu berechnet. Dieser Neuberechnungsprozess müsste so lange wiederholt werden, bis sich keine oder vernachlässigbar kleine Änderungen ergeben. Dies würde aber zu einem völlig inakzeptablen Rechenaufwand führen. Wenn überhaupt, wird diese Technik des Environment-Mapping nur einmal angewendet. Selbst dabei ist der Rechenaufwand sehr hoch, da die Szene aus der Sicht jedes Objekts als Betrachter neu gerendert werden muss.

Das *Radiosity-Modell* [18, 30] umgeht diese rekursiven Berechnungen. Unter der Radiosity B_i versteht man die Rate der Energie, die die Oberfläche O_i in Form von Licht abgibt. Diese Rate setzt sich aus folgenden Einzelwerten zusammen, wenn nur diffuse Reflexion betrachtet wird:

- Die Eigenleuchtkraft E_i der Oberfläche. Dieser Term ist nur für die Lichtquellen innerhalb der Szene ungleich Null.
- Das reflektierte Licht, das von anderen Oberflächen auf die Oberfläche O_i strahlt. Ist beispielsweise O_i ein Flächenabschnitt der dunklen Wand in Abbildung 8.19 und O_j ein Flächenabschnitt der hellen Wand, berechnet sich die Energie des Lichts, die O_i von dem von O_j abgestrahlten Licht reflektiert, folgendermaßen:

  $$\varrho_i \cdot B_j \cdot F_{ji}$$

  ϱ_i ist der Reflexionskoeffizient der Oberfläche O_i, B_j die noch zu bestimmende Energie, die O_j abstrahlt. F_{ji} ist ein dimensionsloser Form- oder Konfigurationsfaktor, der den Anteil des vom Flächenstück O_j abgestrahlten Lichts spezifiziert, der O_i trifft. In F_{ji} wird die Form, die Größe und die relative Orientierung der beiden Flächenstücke zueinander berücksichtigt. Wenn die beiden Flächenstücke beispielsweise in einem senkrechten Winkel zueinander stehen, wird weniger Licht vom einen zum anderen gelangen, als wenn sie diametral gegenüber liegen. Die genaue Bestimmung der *Formfaktoren* wird später erläutert.
- Bei transparenten Flächen muss zusätzlich noch die Energie des Lichts berücksichtigt werden, das von hinten durch die Fläche hindurch scheint. Aus Gründen der Vereinfachung wird Transparenz hier nicht berücksichtigt.

Die Gesamtenergie des Lichts, die die Oberfläche O_i abstrahlt, ergibt sich aus der Summe dieser Einzelenergien. Bei n Oberflächen – einschließlich der Lichtquellen – in der Szene erhält man:

$$B_i = E_i + \varrho_i \cdot \sum_{j=1}^{n} B_j \cdot F_{ji} \tag{8.8}$$

Daraus resultiert das folgende lineare Gleichungssystem mit den Unbekannten B_i:

$$\begin{pmatrix} 1-\varrho_1 F_{1,1} & -\varrho_1 F_{1,2} & \dots & -\varrho_1 F_{1,n} \\ -\varrho_2 F_{2,1} & 1-\varrho_2 F_{2,2} & \dots & -\varrho_2 F_{2,n} \\ \vdots & \vdots & \vdots & \vdots \\ -\varrho_n F_{n,1} & -\varrho_n F_{n,2} & \dots & 1-\varrho_n F_{n,n} \end{pmatrix} \cdot \begin{pmatrix} B_1 \\ B_2 \\ \vdots \\ B_n \end{pmatrix} = \begin{pmatrix} E_1 \\ E_2 \\ \vdots \\ E_n \end{pmatrix} \tag{8.9}$$

Dieses Gleichungssystem muss für jede der drei Grundfarben Rot, Grün und Gelb gelöst werden. Die Anzahl der Gleichungen ist gleich der Anzahl der betrachteten Flächenstücke, d.h. in der Regel die Anzahl der Dreiecke in der Szene plus Lichtquellen. Die Anzahl der Lichtquellen wird aber im Verhältnis zu den Dreiecken vernachlässigbar sein. Es handelt sich somit um ein Gleichungssystem mit Hunderten oder Tausenden von Gleichungen und Unbekannten. Für typische Szenen wird es sich um ein dünn besetztes Gleichungssystem handeln. Für die meisten Flächen wird der Formfaktor $F_{ij} = 0$ sein, da sie entweder im falschen Winkel zueinander stehen oder zu weit voneinander entfernt liegen.

Zur Berechnung des Formfaktors von der Fläche A_i zur Fläche A_j zerlegt man die beiden Flächen in infinitesimal kleine Flächenstücke dA_i und dA_j und summiert, d.h. integriert über diese Flächenstücke auf. Falls das Flächenstück dA_j von dA_i aus sichtbar ist, ergibt sich der differentielle Formfaktor mit den Bezeichnungen aus Abbildung 8.20:

$$dF_{d_i,d_j} = \frac{\cos(\theta_i) \cdot \cos(\theta_j)}{\pi \cdot r^2} \cdot dA_j$$

Er nimmt entsprechend der Dämpfung quadratisch mit dem Abstand der beiden Flächenstücke ab. Außerdem spielt der Winkel, in dem die beiden Flächenstücke zueinander stehen, eine wichtige Rolle. Wenn sich die Flächenstücke einander gegenüberstehen, ist der Formfaktor am größten, da dann die Normalenvektoren der Flächenstücke parallel zur Verbindungsachse der Mittelpunkte der Flächenstücke stehen. Mit zunehmendem Winkel wird der Formfaktor kleiner, bis er bei einem Winkel von 90° auf Null sinkt. Bei Winkeln über 90° beleuchten sich die Flächenstücke nicht gegenseitig. Der Cosinus würde negative Werte annehmen. Um diesen Fall auszuschließen, wird der Faktor

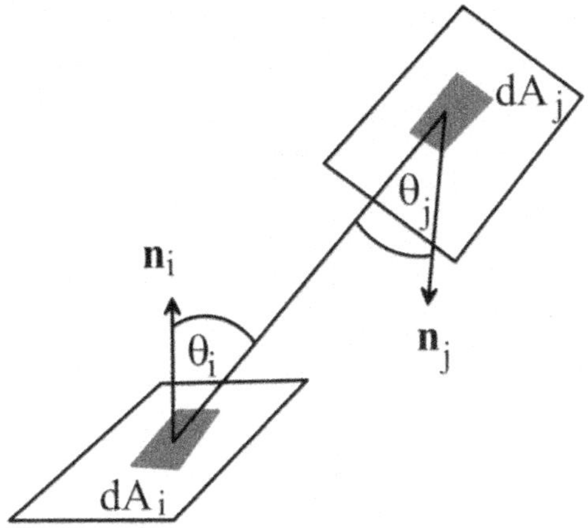

Abbildung 8.20 Bestimmung des Formfaktors

$$H_{ij} = \begin{cases} 1 & \text{falls } dA_j \text{ von } dA_i \text{ aus sichtbar ist} \\ 0 & \text{sonst} \end{cases}$$

eingeführt, so dass sich

$$dF_{d_i,d_j} = \frac{\cos(\theta_i)\cdot\cos(\theta_j)}{\pi\cdot r^2}\cdot H_{ij}\cdot dA_j$$

für den differentiellen Formfaktor ergibt. Durch Integration erhält man den Formfaktor von der differentiellen Fläche dA_i zur Fläche A_j:

$$dF_{d_i,j} = \int_{A_j}\frac{\cos(\theta_i)\cdot\cos(\theta_j)}{\pi\cdot r^2}\cdot H_{ij}\,dA_j$$

Durch nochmalige Integration erhält man schließlich den Formfaktor von der Fläche A_i zur Fläche A_j:

$$F_{i,j} = \frac{1}{A_i}\int_{A_i}\int_{A_j}\frac{\cos(\theta_i)\cdot\cos(\theta_j)}{\pi\cdot r^2}\cdot H_{ij}\,dA_j\,dA_i$$

Für kleine Flächenstücke lässt sich der Formfaktor näherungsweise berechnen, indem man um den Schwerpunkt der Fläche eine Halbkugel legt. Der Formfaktor zur Bestimmung, wie viel eine Fläche A_i durch ihr Licht zur Beleuchtung des betrachteten Flächenstücks beiträgt, ergibt sich aus der Projektion von A_i auf die Halbkugel und der anschließenden Projektion auf die Kreisfläche um den Halbkugelmittelpunkt. Der Anteil der projizierten Fläche in dem Kreis entspricht dem Formfaktor. Diese Vorgehensweise ist in Abbildung 8.21 dargestellt. Der

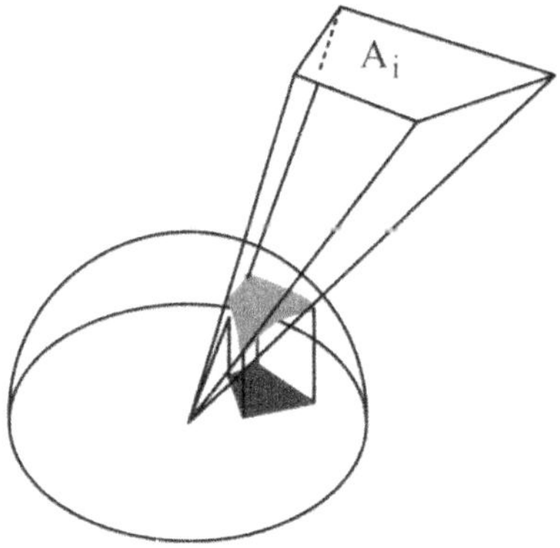

Abbildung 8.21 Bestimmung des Formfaktors nach Nusselt

Anteil der dunkelgrauen Fläche an der Kreisfläche ergibt den Formfaktor. Eine einfacher zu berechnende, aber gröbere Näherung für den Formfaktor wurde von Cohen und Greenberg [11] vorgeschlagen. Dabei wird die Halbkugel durch eine Würfelhälfte ersetzt.

Auch für die Lösung des Gleichungssystems (8.9) zur Bestimmung der Radiosity-Werte B_i werden Techniken angewendet, die schnell zu guten Näherungslösungen gelangen. Die *schrittweise Verfeinerung* [10] berechnet mit Hilfe von Gleichung (8.8) iterativ die Werte B_i, indem man die Gleichungen schrittweise aktualisiert. Dazu werden zunächst alle Werte $B_i = E_i$ gesetzt, das heißt, alle Werte bis auf die Lichtquellen werden mit Null initialisiert. Zu Beginn wird auch für die Änderungen $\Delta B_i = E_i$ definiert. Danach wird die Oberfläche O_{i_0} ausgewählt, für die der Wert ΔB_{i_0} am größten ist. Im ersten Schritt wäre dies die hellste Lichtquelle. Damit werden alle B_i neu berechnet:

$$B_i^{(\text{neu})} = B_i^{(\text{alt})} + \varrho_i \cdot F_{i_0 i} \cdot \Delta B_{i_0} \tag{8.10}$$

Die ΔB_i werden ebenfalls aktualisiert:

$$\Delta B_i^{(\text{neu})} = \begin{cases} \Delta B_i^{(\text{alt})} + \varrho_i \cdot F_{i_0 i} \cdot \Delta B_{i_0} & \text{falls } i \neq i_0 \\ 0 & \text{falls } i = i_0 \end{cases} \tag{8.11}$$

Das Licht der Oberfläche bzw. der Lichtquelle O_{i_0} wurde somit auf die anderen Oberflächen verteilt. Danach wird wiederum die Oberfläche mit dem größten Wert ΔB_{i_0} ausgewählt und die Berechnungen (8.10) und (8.11) durchgeführt. Dieses Verfahren wird so lange wiederholt, bis sich nur noch minimale Änderungen ergeben oder bis eine Maximalanzahl von Iterationsschritten erreicht wurde.

Der Vorteil der schrittweisen Verfeinerung besteht darin, dass sie jeder Zeit abgebrochen werden kann und – je nach Anzahl der Iterationen – eine mehr oder weniger gute Näherungslösung liefert.

Das Radiosity-Modell führt zwar zu deutlich realistischeren Ergebnissen bei der Beleuchtung, ist aber zur Zeit noch so rechenaufwendig, dass es praktisch nur bei vorberechneten Animationen, d.h. bei statischen Bildern oder bei Filmsequenzen eingesetzt wird. Die schnell voranschreitende Technik bei den Grafikkarten wird aber vielleicht schon bald einfache Radiosity-Berechnungen etwa in Form der schrittweisen Verfeinerung für Echtzeitanwendungen ermöglichen. Auch heute können Radiosity-Modelle schon durch gewisse Vorberechnungen in Echtzeitanwendungen nutzbringend eingesetzt werden. Die hier vorgestellten Radiosity-Modelle, die ausschließlich diffuse Reflexion berücksichtigen, können unabhängig von der Position des Betrachters durchgeführt werden. Bei festen Lichtquellen und keinen oder nur wenigen bewegten Objekten können die Radiosity-Werte vorberechnet werden und als Texturen in Light Maps gespeichert werden, die auf die Objekte aufgebracht werden. Die Echtzeitberechnungen beschränken sich dann auf die Darstellung der Texturen, Spiegelreflexion und die Schattierung der sich bewegenden Objekte.

8.11 Ray-Tracing

Das im Abschnitt 7.3.3 vorgestellte Ray Casting für Visibilitätsberechnungen ist ein einfaches Strahlverfolgungsverfahren, dessen Prinzip auch für die Schattierung genutzt werden kann. Dazu sendet man vom Betrachter ausgehende Strahlen bzw. bei Parallelprojektion parallele Strahlen durch das Pixelraster. Ein Strahl wird verfolgt, bis er auf das erste Objekt trifft. Dort werden zunächst die üblichen Berechnungen für die Schattierung durchgeführt. In der Abbildung 8.22 trifft der Strahl zunächst auf eine Pyramide. In diesem Punkt wird die in der Szene vorhandene Lichtquelle berücksichtigt, die zu einer diffusen Reflektion beiträgt. Der Strahl wird dann wie bei Spiegelreflexion weiter verfolgt, nur in entgegengesetzer Richtung vom Betrachter und nicht von der Lichtquelle ausgehend. Wenn er auf ein weiteres Objekt trifft, wird wiederum die Spiegelreflexion „rückwärts" verfolgt, bis eine maximale Rekursionstiefe erreicht ist, eine Lichtquelle oder kein weiteres Objekt getroffen wird. Am Ende müssen noch die Lichtanteile bei der Beleuchtung des zuerst getroffenen Objekts berücksichtigt werden, die durch Spiegelreflexion an den anderen Objekten entlang des weiter verfolgten Strahls entstehen.

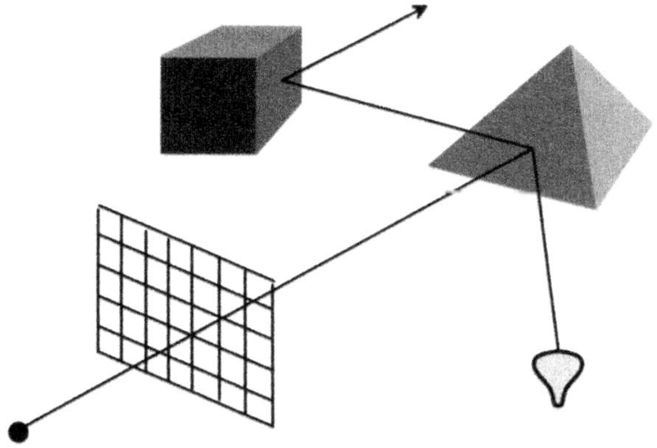

Abbildung 8.22 Rekursives Ray-Tracing

Diese Art der *Strahlverfolgung* wird im Gegensatz zur einfachen Strahlverfolgung *Ray Tracing* genannt. Aufgrund des hohen Rechenaufwands wird diese Technik bei Echtzeitanwendungen kaum eingesetzt.

8.12 Übungsaufgaben

Aufgabe 8.1: Definieren Sie in Java 3D Scheinwerfer in den Farben Rot, Grün und Blau. Richten Sie die drei Scheinwerfer so auf die Vorderseite eines weißen Würfels, dass sich in der Mitte der Fläche eine weiße Färbung ergibt und an den Rändern die unterschiedlichen Farben der Scheinwerfer zu erkennen sind.

Aufgabe 8.2: Ein Betrachter befindet sich im Punkt $(2{,}1{,}4)$ und sieht auf die $(y{,}z)$-Ebene, die von einer unendlich weit entfernten, punktförmigen Lichtquelle bestrahlt wird. Die Lichtquelle liegt in Richtung des Vektors $(1{,}2{,}3)$. An welchem Punkt der Ebene sieht der Betrachter Spiegelreflexion?

Aufgabe 8.3: Modellieren Sie eine Lampe als Objekt und ordnen Sie ihr gleichzeitig eine Lichtquelle zu. Bewegen Sie die Lampe mit der Lichtquelle durch die Szene. Die Lampe sollte der Transformationsgruppe des Objekts in der `BranchGroup theScene` und nicht zur `BranchGroup bgLight` zugeordnet werden.

Aufgabe 8.4: Verwenden Sie ein eigenes Bild im JPEG-Format als Textur für mehrere Zylinder unterschiedlicher Größe und für das Schiff aus dem Programm `Load3DExample.java`.

Aufgabe 8.5: Ein Bild, das als Hintergrund verwendet wird, bleibt unverändert, auch wenn sich der Betrachter bewegt. Legen Sie ein Hintergrundbild auf die Vorderfläche eines weit entfernten, großen Würfels, damit der Betrachter bei einer Bewegung zumindest in gewissen Grenzen eine Änderung des Hintergrunds erfährt.

Aufgabe 8.6: Sollte man beim Radiosity-Modell die Rückseitenentfernung anwenden, bevor man die Beleuchtungsgleichung (8.9) aufstellt?

9 Spezialeffekte und virtuelle Realität

In diesem letzten Kapitel werden neben ausgewählten Spezialthemen die Grundlagen vorgestellt, die für *Virtual Reality* Anwendungen erforderlich sind. Virtual Reality beinhaltet mehr als nur eine Darstellung einer Szene oder Bildsequenz auf dem Bildschirm. Stereoskopisches Sehen, durch das echte dreidimensionale Eindrücke entstehen können, gehört zur Virtual Reality. Neben den optischen Eindrücken, die in einer virtuellen Welt erzeugt werden, gehören in der Regel zumindest akustische Reize dazu. Mit bestimmten Datenhandschuhen können sogar taktile Reize übermittelt werden. Wesentlich bei Virtual Reality Anwendungen ist auch, dass der Mensch mit der virtuellen Welt möglichst uneingeschränkt interagieren kann. Dazu zählt, dass er sich mehr oder weniger frei in der Szene bewegen kann. Dies erfordert Positionssensoren, eventuell Eye-Tracking-Systeme, mit denen die Blickrichtung erfasst werden kann. Interaktion bedeutet auch, dass Gegenstände in der Szene beeinflusst, z.B. verschoben werden können. Auch ohne die erforderliche technische Ausstattung für Virtual Reality Anwendungen lassen sich die zugrundeliegenden Prinzipien am herkömmlichen Monitor nachvollziehen. Das freie Navigieren in einer Szene erfordert letztendlich nur die Änderung der Betrachterposition, was bereits im Rahmen der Projektionen im Abschnitt 5.8 besprochen und in allen Beispielprogrammen bereits ermöglicht wurde. Zwar muss dazu die Maus verwendet werden, anstatt sich frei zu bewegen. Die Berechnungstechniken unterscheiden sich jedoch nicht. Gleiches gilt für Interaktion mit Objekten der Szene. Auch ohne Datenhandschuh kann die Interaktion mit der Maus simuliert werden. Und akustische Eindrücke mit Stereoeffekten können auch am normalen PC vermittelt werden.

9.1 Nebel

Nebel hat eine ähnliche, aber nicht die gleiche Wirkung wie atmosphärische Dämpfung. Bei der atmosphärischen Dämpfung wird das Licht durch feine Staubpartikel in der Luft absorbiert. Nebel besteht dagegen aus feinen Wassertröpfchen, die das Licht nicht absorbieren, sondern streuen. Durch diese Reflexionen hat Nebel eine helle Farbe. Genau wie bei der atmosphärischen Dämpfung nimmt die Sichtbarkeit von Objekten mit der Entfernung ab. Im Gegensatz zur reinen Dämpfung wird bei Nebel dadurch eine helle Hintergrundfarbe erzeugt. Mit zunehmendem Abstand wird die Objektfarbe mit der Nebelfarbe überblendet. Lichtdämpfung entspricht somit schwarzem Nebel.

Bei der Verwendung von Nebel wird eine monoton wachsende Überblendungsfunktion $b : \mathbb{R}_0^+ \to [0,1]$ mit $b(0) = 0$ und $\lim_{d\to\infty} b(d) = 1$ benötigt. Ist d der Abstand des Objekts vom Betrachter, I_{Objekt} die Farbintensität des Objekts und I_{Nebel} die Farbintensität des Nebels, ergibt sich die Farbintensität des im Nebel liegenden Objekts aus einer Gleichung analog zur interpolierten Transparenz:

$$b(d) \cdot I_{\text{Nebel}} + (1 - b(d)) \cdot I_{\text{Objekt}}$$

Da sich $b(d)$ mit wachsender Distanz d dem Wert Eins nähert, dominiert in größerer Entfernung die Farbe des Nebels.

Für die Überblendungsfunktion wählt man in der Regel eine Funktion mit einem linearen oder exponentiellen Anstieg. Bei *linearem Nebel* findet keine Sichteinschränkung bis zum Abstand $d = d_0$ statt und ab der Distanz $d = d_1$ dominiert der Nebel vollständig, so dass ab der Entfernung d_1 keine Objekte mehr erkennbar sind. Zwischen d_0 und d_1 nimmt der Nebel linear zu. Man erreicht dies durch folgende Überblendungsfunktion:

$$b(d) = \begin{cases} 0 & \text{falls } d \leq d_0 \\ \frac{d-d_0}{d_1-d_0} & \text{falls } d_0 < d < d_1 \\ 1 & \text{falls } d_1 \leq d \end{cases} \tag{9.1}$$

Der realistischere *exponentielle Nebel* basiert dagegen auf einer exponentiellen Zunahme des Nebels mit dem Faktor $\alpha > 0$ und verwendet die folgende Überblendungsfunktion:

$$b(d) = 1 - e^{-\alpha \cdot d} \tag{9.2}$$

Je größer der Wert α, desto dichter ist der Nebel.

Abbildung 9.1 zeigt links ein Beispiel für linearen, rechts für exponentiellen Nebel. Es ist empfehlenswert, als Hintergrundfarbe die Farbe des Nebels zu wählen.

9.2 Nebel in Java 3D

Java 3D stellt Klassen für linearen und exponentiellen Nebel zur Verfügung. Von der entsprechenden Klasse muss nur eine Instanz erzeugt und ihr Wirkungsbereich festgelegt werden. Abschließend muss sie noch mit der Methode `addChild`

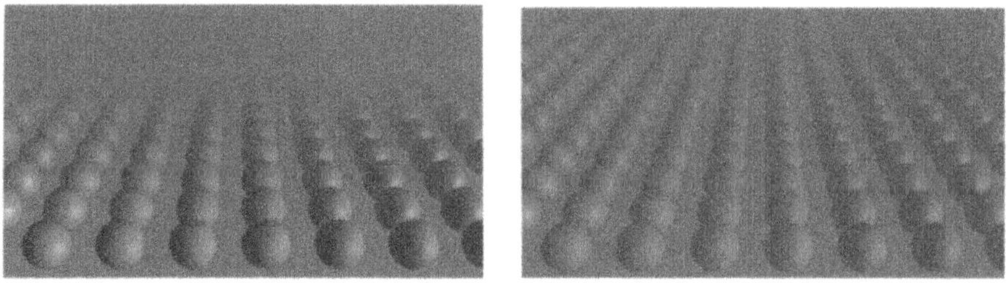

Abbildung 9.1 Linearer und exponentieller Nebel

zur Szene hinzugefügt werden. Mit der Klasse LinearFog generiert man folgendermaßen linearen Nebel:

```
LinearFog fog = new LinearFog(colour,d_0,d_1);
fog.setInfluencingBounds(bounds);
theScene.addChild(fog);
```

Dabei ist colour eine Farbe der Klasse Color3f. d_0 und d_1 sind die beiden Parameter d_0 bzw. d_1 der Überblendungsfunktion (9.1). Der Wirkungsbereich des Nebels wird durch eine Instanz bounds der Klasse BoundingSphere oder BoundingBox festgelegt. Exponentieller Nebel wird analog erzeugt. Man muss dazu nur die Klasse ExponentialFog verwenden:

```
ExponentialFog fog = new ExponentialFog(colour,alpha);
```

Der Parameter alpha ist der Exponent α in der exponentiellen Überblendungsfunktion (9.2).

Die beiden Bilder in Abbildung 9.1 wurden mit den Programmen LinFogExample.java bzw. ExpFogExample.java erstellt. Die Programme zeigen identische Kugeln, die auf einem Gitter positioniert sind. Um zu vermeiden, eine große Anzahl der gleichen Kugeln im Programm zu erzeugen, wurde die Klasse Link verwendet. Ein Kugel ist noch ein sehr einfaches Objekt. Insbesondere bei komplexeren Objekten, beispielsweise den Reifen eines Autos oder Zimmertüren in einem Haus, sollte das Objekt nur einmal definiert werden, um es dann an mehreren Stellen im Szenengraph zu benutzen. Dadurch wird auch erreicht, dass bei einer Änderung des mehrfach vorkommenden Objekts nicht an mehreren Stellen im Programmcode Modifikationen vorgenommen werden müssen. Soll die Transformationsgruppe tgMult in einem Szenengraphen mehrfach verwendet werden, erreicht man dies mit Hilfe der Klassen SharedGroup und Link. Man erzeugt sich eine SharedGroup und ordnet die Transformationsgruppe tgMult dieser SharedGroup mittels addChild zu.

```
SharedGroup sgMult = new SharedGroup();
sgMult.addChild(tgMult);
```

Danach kann die `SharedGroup sgMult` beliebig oft im Szenengraphen als `Link` in den Transformationsgruppen `tg1`, `tg2`,... verwendet werden:

```
tg1.addChild(new Link(sgMult));
tg2.addChild(new Link(sgMult));
...
```

Die Klassen `Link` und `SharedGroup` wurden in den Programmen `LinFogExample.java` und `ExpFogExample.java` verwendet, um dieselbe Kugel mehrfach in die Szene zu integrieren.

9.3 Partikelsysteme

Linearer und exponentieller Nebel modellieren einen Nebel kontinuierlicher Dichte. Einzelne, in der Luft hängende Nebelschwaden tauchen dabei nicht auf. Solche und verwandte Effekte wie beispielsweise Rauch werden durch *Partikelsysteme* [39, 40] nachgebildet. Ein Partikelsystem besteht aus sehr vielen kleinen Teilchen, die nicht individuell, sondern durch wenige Parameter eines in bestimmter Weise kontrollierten Zufallsmechanismus gesteuert werden. Den einzelnen Partikeln ist ein grundlegendes Verhaltensmuster zugeordnet, das durch den Zufallsmechanismus individuell variiert. Ein Partikelsystem wird häufig durch folgende Charakteristika definiert, die in der Regel durch einen Zufallsmechanismus gesteuert werden. Als Beispiel soll hier eine Wunderkerze, wie sie in Abbildung 9.2 schematisch zu sehen ist, dienen, deren Funken durch ein Partikelsystem modelliert werden.

- Der Entstehungsort eines Partikels. Bei der Wunderkerze wäre dies ein zufälliger Punkt auf der Oberfläche.
- Die Anfangsgeschwindigkeit eines Partikels.
- Die Richtung, in die sich ein Partikel bewegt. Bei der Wunderkerze würde man eine mehr oder weniger zufällige Richtung weg von der Oberfläche wählen.
- Die Lebensdauer eines Partikels. Bei der Wunderkerze entspricht dies der Zeit, wie lange ein Funke glüht.

Abbildung 9.2 Die Funken einer Wunderkerze als Partikelsystem

- Die Intensität der Partikelemission, d.h. die Dauer zwischen der Erzeugung zweier aufeinander folgender Partikel.
- Das Aussehen der Partikel. In vielen Fällen sind Partikel sehr kleine Teile wie etwa die Funken der Wunderkerze. Das bedeutet aber nicht, dass notwendigerweise jedes Partikel einzeln als Objekt modelliert werden muss. Würde man beispielsweise bei einen Sandsturm jedes Sandkorn als einzelnes Partikel bzw. Objekt darstellen, wäre die Anzahl der Partikel so groß, dass die Berechnungen der Bewegungen und das gesamte Rendering viel zu lange dauern würden. Stattdessen werden derartige Partikel häufig in Gruppen zusammengefasst. Oft verwendet man dazu ein größeres Partikel in Form einer einfachen Fläche – etwa ein Rechteck oder Dreieck, auf das eine passende, eventuell zum Teil transparente Textur gelegt wird [15]. Bei der Wunderkerze könnte eine transparente Textur mit einzelnen hellen Leuchtpunkten verwendet werden, die Funken darstellen. Beim Sandsturm würde man ein passendes semitransparentes Sandmuster als Textur verwenden. Auf diese Weise kann die Anzahl der nun gröberen Partikel deutlich reduziert werden.

In ein Partikelsystem können weitere Aspekte einbezogen werden. Partikel können beispielsweise die Möglichkeit haben, sich aufzuspalten. Häufig wird auch eine Kraft berücksichtigt, die die Flugbahn der Partikel beeinflusst. Im einfachsten Fall könnte dies die Erdanziehungskraft sein. Bei einem Springbrunnen, der als Partikelsystem modelliert werden könnte, müsste die Erdanziehungskraft einbezogen werden. In diesem Fall könnte die Flugbahn eines Partikels bei seiner Entstehung aus der Anfangsgeschwindigkeit und seiner Richtung – sowie einem hypothetischen Gewicht – als Wurfparabel berechnet werden. Wenn dynamische

Kräfte, z.B. nicht konstanter Wind, berücksichtigt werden sollen, müssen die Flugbahnen der Partikel während der Animation stückweise immer wieder neu berechnet werden. Für solche Berechnungen werden in der Regel *Physik-Engines* [33] verwendet, die speziell die Berechnungen für physikalische Simulationen, insbesondere Bewegungen und Deformationen, übernehmen.

Schwarmverhalten [42], wie es z.B. für die Modellierung von Vogel- oder Fischschwärmen verwendet wird, ist verwandt mit den Partikelsystemen. Jedoch spielt bei einem Schwarm Koordination der Individuen eine große Rolle. Die Individuen bewegen sich zwar nicht vollständig synchron, zumindest aber ungefähr mit gleicher Geschwindigkeit in die gleiche Richtung und Kollisionen zwischen Individuen werden vermieden. Für das Schwarmverhalten werden daher oft Techniken aus dem Bereich der künstlichen Intelligenz eingesetzt.

Für Wolken wurde in [13] ein recht realistisches Animationsmodell entwickelt, das den Himmel zunächst in Voxel aufteilt, wobei die einzelnen Voxel die Zellen eines zellulären Automaten bilden. Je nachdem, wie die Zustandsübergänge dieses Automaten definiert sind, lassen sich verschiedene Arten von Wolken simulieren. Abhängig von ihrem Zustand wird jeder einzelnen Zelle eine Kugel bestimmter Farbe zugeordnet und die sich so ergebende Struktur auf eine Himmelstextur abgebildet.

9.4 Eine einfache Realisierung eines Partikelsystems in Java 3D

An dieser Stelle wird exemplarisch die Implementierung eines einfachen Partikelsystems in Java 3D beschrieben. Dabei sollen nicht alle Aspekte von Partikelsystemen berücksichtigt werden. Eine wichtige Technik, die für das Partikelsystem benötigt wird, ist die dynamische Änderung des Szenengraphen zur Laufzeit. Diese Technik ist auch für diverse andere, insbesondere interaktive Anwendungen nützlich.

Hier wird exemplarisch die in Abbildung 9.2 dargestellte Wunderkerze mit Hilfe des einfachen Partikelsystems realisiert. Mit anderen Parametereinstellungen lassen sich auch andere Effekte modellieren. Die Wunderkerze ist in dem Programm `ParticleSystemExample.java` implementiert.

Alle Klassen, die das einfache Partikelsystem benötigt, sind in dem Java-Package `simpleParticleSystemPackage` zusammengefasst, dessen zentrale Klasse `SimpleParticleSystem` ist. Im Konstruktor dieser Klasse müssen die Steuerungsparameter für das Partikelsystem übergeben werden:

- Eine Transformationsgruppe, die in den aktuellen Szenengraphen an einer geeigneten Stelle integriert ist. Das Partikelsystem wird dieser Transformationsgruppe zugeordnet. Diese Transformationsgruppe kann z.B. in der Szene positioniert oder bewegt werden. Im Falle der Wunderkerze ist die Transformationsgruppe für das Partikelsystem der Transformationsgruppe für die Wunderkerze, die sich in der Szene bewegt, zugeordnet.

  Es ist wichtig, dass für die Transformationsgruppe `tgParticleSystem`, die dem Partikelsystem übergeben wird, folgende Einstellungen vorgenommen werden:

```
tgParticleSystem.setCapability(
                    TransformGroup.ALLOW_TRANSFORM_WRITE);
tgParticleSystem.setCapability(
                    TransformGroup.ALLOW_CHILDREN_EXTEND);
```

- Eine Wartezeit in Millisekunden in Form eines `long`-Wertes, wann das Partikelsystem nach Start der Animation beginnen soll. Die Wunderkerze beginnt nicht sofort, Funken zu sprühen, sondern erst nach einigen Sekunden.

- Eine Dauer in Millisekunden in Form eines `long`-Wertes, wie lange das Partikelsystem laufen soll. Die Wunderkerze ist nach einigen Sekunden abgebrannt und sprüht dann keine Funken mehr.

Die weiteren Steuerungsparameter des Partikelsystems sind in Form von Java-Interfaces realisiert. Diese Interfaces müssen durch konkrete Klassen implementiert werden.

- Das Interface `ISimpleParticleCreator` dient dazu, einzelne Partikel zu generieren. Es muss die Methode `getNextParticle` implementieren, die ein Partikel in Form einer Transformationsgruppe zurückliefert. Im Fall der Wunderkerze besteht diese Transformationsgruppe aus eine Gruppe von zehn Funken in Form von Dreiecken, die zufällig entlang eines Zylinders der Länge der Wunderkerze erzeugt werden. Es werden hier gleichzeitig zehn Funken zu einem Partikel zusammengefasst, um den Rechenaufwand geringer zu halten. Die Funken werden gemeinsam bewegt. Das Interface ist in der Klasse `LineOfSparksCreator` implementiert. Der Konstruktor dieser Klasse benötigt als Parameter die Größe der Funken, eine `Appearance` für die Funken, die Anzahl der Funken in einer Gruppe (einem Partikel), die Höhe und den Radius des Zylinders, innerhalb dessen die Funken erzeugt werden sollen.

Grundsätzlich kann das Interface auch dazu genutzt werden, um beispielsweise sich änderndes Aussehen der Partikel zu realisieren. Man könnte z.B. die Farbe der Funken über den Zeitverlauf ändern.

- Mit dem ersten Interface des Typs `ILongCreator` wird die Wartezeit zwischen der Generierung zweier aufeinander folgender Partikel definiert. `getNextLong` ist die einzige Methode in diesem Interface. Sie gibt die Wartezeit in Millisekunden bis zur Erzeugung des nächsten Partikels an. Die Klasse `ConstantLongCreator` implementiert dieses Interface für die Wunderkerze. Die Wartezeit zwischen der Erzeugung zweier Partikel ist in diesem Fall immer konstant. Natürlich könnte man auch zufällige Wartezeiten erzeugen oder zu Beginn und am Ende des Funkensprühens längere Wartezeiten – d.h. eine geringere Funkenintensität – modellieren als in im mittleren zeitlichen Verlauf.

- Das zweite `ILongCreator`-Interface dient zur Erzeugung der Lebensdauer für jedes Partikel. Für die Wunderkerze wird eine zufällige Lebensdauer zwischen einer Mindest- und Höchstdauer bestimmt. Die Klasse `RandomLongCreator` implementiert das Interface `ILongCreator` entsprechend.

- Das Interface `IFloatCreator` sieht genauso aus wie das Interface `ILongCreator`, nur dass es für die Erzeugung von `float`-Werten zuständig ist. Mit dem entsprechenden `float`-Wert wird die Geschwindigkeit eines Partikels festgelegt. Für die Wunderkerze wird das Interface durch die Klasse `ConstantFloatCreator` implementiert, die immer den gleichen Wert für die Geschwindigkeit liefert.

- Das Interface `IVector3fCreator` dient zur Erzeugung von `Vector3f`-Objekten, mit denen jeweils die Anfangsposition eines Partikels festgelegt wird. Für die Wunderkerze wird dieses Interface durch die Klasse `ConstantVector3fCreator` implementiert. Da jedes Partikel bereits aus mehreren Funken entlang der Wunderkerze besteht, wird hier immer dieselbe Anfangsposition erzeugt.

- Schließlich dient das Interface `IDirectionCreator` der Festlegung der Richtung mit Hilfe zweier Winkel, in die ein Partikel fliegt. Für die Wunderkerze wurde dieses Interface in der Klasse `RandomDirectionCreator2` realisiert. Der Winkel senkrecht zur Wunderkerze wird dabei völlig zufällig bestimmt, während die zufällige Abweichung der Richtung von der Senkrechten zur Wunderkerze eher klein gewählt wurde.

Nachdem das Partikelsystem mit Hilfe dieser Parameter erzeugt wurde, muss es noch mit der Methode `activateParticleSystem` aktiviert werden. Die Realisierung des Partikelsystems erfolgt über `Threads`[1].

In der Methode `activateParticleSystem` wird der `Thread` `SimpleParticleSystemRunner` gestartet. In diesem `Thread` wird eine `BranchGroup bgParticleSystem` erzeugt. Dieser `BranchGroup` werden die einzelnen Partikel mit ihren Bewegungen zugeordnet. Es wird hier eine `BranchGroup` verwendet, da das dynamische Hinzufügen und Löschen von Untergruppen nicht für Transformationsgruppen zulässig ist. Damit das Hinzufügen und Löschen der Partikel möglich ist, müssen folgende Einstellungen vorgenommen werden:

```
bgParticleSystem.setCapability(BranchGroup.ALLOW_DETACH);
bgParticleSystem.setCapability(
                              BranchGroup.ALLOW_CHILDREN_WRITE);
bgParticleSystem.setCapability(
                              BranchGroup.ALLOW_CHILDREN_EXTEND);
bgParticleSystem.setCapability(
                              BranchGroup.ALLOW_CHILDREN_READ);
```

In einer Schleife werden mit Hilfe der Klasse `SimpleSingleParticleCreator` die einzelnen Partikel erzeugt, zur `BranchGroup bgParticleSystem` hinzugefügt und nach Ablauf ihrer jeweiligen Lebensdauer mit der Methode `removeChild` wieder entfernt.

9.5 Dynamische Oberflächen

Wenn Bewegungen von Objekten beschrieben wurden, waren die Anwendung von Transformationen auf die Objekte die Grundlage für die Modellierung der Bewegung. Die Transformationen beschreiben in der Regel nur die Bewegung der Objekte, nicht aber ihre Deformationen. Bei einem starren Objekt wie einem Fahrzeug oder einem Kran reicht dieser Ansatz aus, um Bewegungen geeignet beschreiben zu können. Bewegen sich dagegen Menschen oder Tiere, die Haut und Muskeln haben, führt beispielsweise die Anwendung der Technik für Kranbewegungen auf Arme zu einem roboterhaften Eindruck. Daher werden für Oberflächen, die eine Bewegung in einer eher flexiblen Weise vollziehen, andere

[1] `Threads` sind Java-Klassen zur Realisierung von parallelen Prozessen bzw. Nebenläufigkeit.

Modelle verwendet. Es wäre allerdings in den meisten Fällen viel zu aufwendig, die Bewegung der flexiblen Oberfläche direkt im Detail zu beschreiben.

Ein Ansatz zur Realisierung dynamischer Oberflächen besteht darin, dass man die Oberfläche in einer Anfangs- sowie einer Endposition und gegebenenfalls in mehreren Zwischenpositionen modelliert und zur Animation eine Interpolation zwischen den einzelnen Oberflächenmodellen vorgenommen wird. Man kann das Verfahren, das in Abschnitt 2.11 zur Umwandlung des Buchstaben D in den Buchstaben C vorgestellt wurde, und die auf Triangulation basierende Methode aus Abschnitt 4.7 auf dreidimensionale Strukturen übertragen. Das Prinzip dieser Verfahren basiert darauf, dass man zwei geometrische Objekte durch einander entsprechende Punkte und aus diesen Punkten gebildeten, einander entsprechenden Strukturen definiert und Konvexkombination der Paare definierender Punkte berechnet, um die Interpolation durchzuführen. In Abschnitt 2.11 waren die auf Basis der Punkte gebildeten Strukturen Geradensegmente, quadratische oder kubische Kurven, in Abschnitt 4.7 waren es Dreiecke. Wichtig ist in jedem Fall, dass es eine Eins-zu-Eins-Zuordnung der Punkte der beiden Objekte gibt und dass die die zugehörigen Strukturen in den beiden Objekten jeweils durch korrespondierende Punkte definiert werden.

Im Dreidimensionalen kann man so zwei Oberflächen jeweils durch Dreiecke modellieren. Dabei ist darauf zu achten, dass die Anzahl der Punkte in beiden Objekten übereinstimmt und die Dreiecke jeweils aus den einander entsprechenden Punkten aufgebaut werden. Abbildung 9.3 zeigt die Zwischenschritte (Konvexkombinationen für $\alpha = 0,\ 0.2,\ 0.4,\ 0.6,\ 0.8,\ 1$) bei der Interpolation zweier Flächen, die durch einander entsprechende Dreiecke definiert wurden.

Anstatt mehrere Zwischenzustände für die dynamische Oberfläche zu definieren, kann man eine Bewegung auch anhand weniger wichtiger Punkte beschreiben. Betrachtet man z.B. einen menschlichen Arm, wird die Bewegung im Wesentlichen durch die Knochen und die Gelenke eingeschränkt. Der Oberarmknochen kann sich mehr oder weniger frei im Schultergelenk drehen, der Unterarm kann nur im Ellenbogengelenk genickt, aber nicht gedreht werden. Allein durch diese Tatsachen lassen sich schon wichtige Informationen für die Modellierung von Armbewegungen ableiten. Wenn man zunächst nur an die Bewegung der Knochen denkt und vereinfacht von einem Oberarm- und einem Unterarmknochen ausgeht, lässt sich eine annähernd realistische Bewegung der Knochen folgendermaßen erreichen. Wenn die Hand des Arms zu einer bestimmten Position geführt werden soll, wird die Hand dorthin bewegt und die Armknochen werden nur im Rahmen ihrer Bewegungsfreiheit nachgeführt. Eine Schwenkbewegung muss daher automatisch mit dem Oberarm im Schultergelenk ausgeführt werden, da das Ellenbogengelenk keine Drehungen zulässt. Die Knochen selbst sind jedoch nicht sichtbar, so dass ihre Bewegung noch auf die Oberfläche, d.h. die

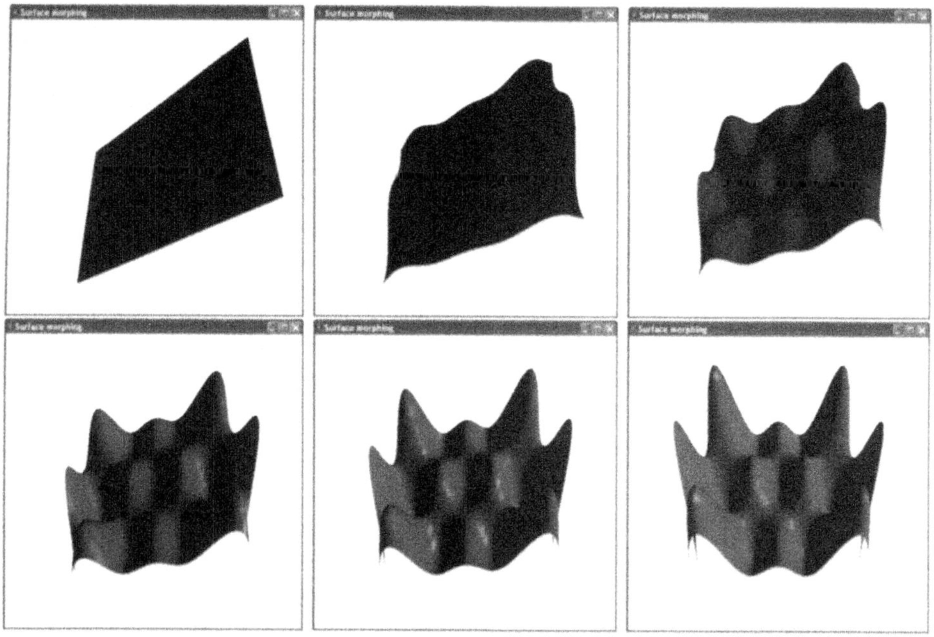

Abbildung 9.3 Zwischenschritte bei der Interpolation zweier Flächen, die durch einander entsprechende Dreiecke definiert wurden.

Haut übertragen werden muss. Die Position der Armknochen lässt sich durch drei Skelettpunkte – das Schulter-, Ellenbogen- und Handgelenk – eindeutig bestimmen.

Ist die Oberfläche des Arms durch Freiformkurven modelliert oder mit Dreiecken approximiert worden, ordnet man jedem Knotenpunkt der Freiformkurven bzw. der Dreiecke eine Gewichtung bezüglich der drei Skelettpunkte zu. Dieses Gewicht wird üblicherweise für den Skelettpunkt am größten sein, der am nächsten zu dem Knotenpunkt liegt. Knotenpunkte, die ungefähr in der Mitte zwischen zwei Skelettpunkten liegen, erhalten jeweils ein Gewicht von 50% für beide Skelettpunkte. Abbildung 9.4 zeigt ein derartiges *Skelett*, wie es für einen Arm verwendet werden könnte.

Das Skelett ist gestrichelt dargestellt, die drei Skelettpunkte sind durch Quadrate markiert. Der Grauton der Knotenpunkte des sehr groben Dreiecksgitters, das die Haut modellieren soll, zeigt an, wie die Gewichte der Knotenpunkte gewählt sind. Der Knotenpunkt ganz rechts unten erhält ein Gewicht von Eins des rechten Skelettpunktes. Die Gewichte für die beiden Punkte daneben enthalten sowohl Anteile vom rechten als auch vom mittleren Skelettpunkt.

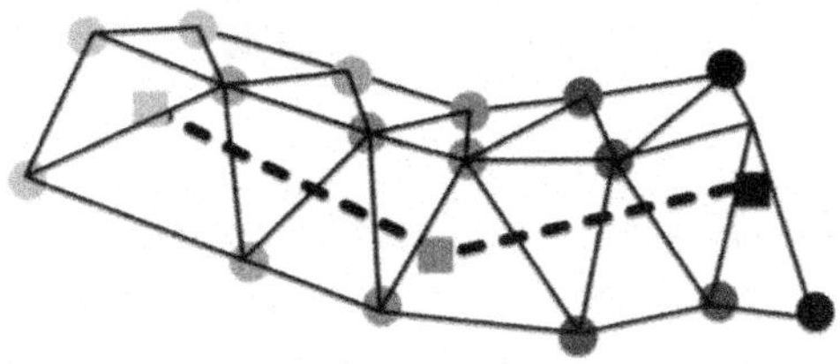

Abbildung 9.4 Skelette und Skinning

Bei einer Bewegung des Skeletts werden die Skelettpunkte unterschiedlichen Transformationen unterliegen. Bei drei Skelettpunkten $\mathbf{s}_1, \mathbf{s}_2, \mathbf{s}_3$, die durch die Transformationen T_1, T_2 bzw. T_3 bewegt werden, würde ein Knotenpunkt $\mathbf{p}$ der Oberfläche mit den Gewichten $w_1^{(\mathbf{p})}$, $w_2^{(\mathbf{p})}$, $w_3^{(\mathbf{p})}$ der Transformation

$$T_{\mathbf{p}} = w_1^{(\mathbf{p})} \cdot T_1 + w_2^{(\mathbf{p})} \cdot T_2 + w_3^{(\mathbf{p})} \cdot T_3$$

unterliegen. Dabei wird vorausgesetzt, dass die Gewichte eine Konvexkombination bilden, d.h. $w_1^{(\mathbf{p})}, w_2^{(\mathbf{p})}, w_3^{(\mathbf{p})} \in [0,1]$ und $w_1^{(\mathbf{p})} + w_2^{(\mathbf{p})} + w_3^{(\mathbf{p})} = 1$.

Dieser Ansatz impliziert, dass die Oberfläche im Wesentlichen dem Skelett wie eine flexible Hülle folgt. Wenn eine deutliche Muskelbewegung modelliert werden soll, ergibt sich durch das An- und Entspannen der Muskeln eine zusätzliche Eigenbewegung der Oberfläche. In diesem Fall empfiehlt es sich, die Oberfläche des Objekts in verschiedenen Grundpositionen zu beschreiben – beispielsweise bei gestrecktem und gebeugtem Arm – und die Positionen der Knotenpunkte über Konvexkombinationen der Grundpositionen zu berechnen.

Anstelle derartiger Heuristiken kann auch versucht werden, ein mathematisches Modell der Oberflächenbewegung zu erstellen. Beispielsweise wird in [50] der Faltenwurf von Stoff für eine virtuelle Kleidungsanprobe mit der Methode der finiten Elemente berechnet. Für die meisten Anwendungen erfordert dies jedoch einen zu hohen Aufwand.

9.6 Dynamische Oberflächen in Java 3D

Zumindest für den Fall, dass eine Interpolation zwischen zwei Oberflächen stattfinden soll, die durch einander entsprechende Dreiecke definiert wurden, bietet Java 3D eine einfache Lösung mit der Klasse `Morph` an. Ein `Morph` ist ein Knoten in einem Szenengraphen, dem ein Array von `GeometryArray`-Objekten zugeordnet ist. Das Objekt, das durch einen `Morph` modelliert wird, ist eine Konvexkombination der `GeometryArray`-Objekte im zugeordneten Array. Einem `Morph` ist daher auch noch ein Array von Gewichten zugeordnet, mit dem die Konvexkombination festgelegt wird. Das Array von `GeometryArray`-Objekten und das Array mit den Gewichten müssen dieselbe Länge haben. Im einfachsten Fall haben beide nur die Länge Zwei, wenn man zwischen einem Anfangs- und einem Endzustand interpolieren will. Mit der Methode

```
theMorph.setWeights(weights);
```

werden die Gewichte für den `Morph` `theMorph` definiert. Die Gewichte müssen sich zu eins aufaddieren und dürfen nicht negativ sein.

Für eine dynamische Änderung der Gewichte kann ein eigenes `Behavior` geschrieben werden. Die zu schreibende Klasse muss die Klasse `Behavior` erweitern. Als Attribute sollte die Klasse folgende Objekte enthalten:

- Das entsprechende `Morph`-Objekt, das animiert werden soll.
- Ein `Alpha`-Objekt, mit dem das Morphing zeitlich gesteuert wird.
- Ein Array für die Gewichte.
- Außerdem muss ein `Behavior` Aufweckbedingungen enthalten, die das Ausführen des `Behaviors` anstoßen. In diesem Fall gibt es keine spezielle Bedingung, die zur Ausführung des `Behaviors` erfüllt sein muss. Später, im Abschnitt 9.10, werden konkrete Aufweckbedingungen im Rahmen der Kollisionserkennung eingeführt.

Neben dem Konstruktor muss das `Behavior` die Methode `initialize` überschreiben, in der die Aufweckbedingungen definiert werden. Außerdem ist es noch erforderlich, die Methode `processStimulus` zu überschreiben. In dieser Methode findet die eigentliche Ausführung des `Behaviors` statt. Hier ist es nur erforderlich, die Gewichte für die Konvexkombination auf der Basis des aktuellen `Alpha`-Wertes zu bestimmen und die Gewichte entsprechend im `Morph`-Objekt zu ändern. Die folgende Klasse realisiert dies alles:

```
public class SimpleMorphBehaviour extends Behavior
{
   private Morph theMorph;
   private Alpha theAlpha;

   private double[] weights;
   private WakeupCondition trigger =
                                  new WakeupOnElapsedFrames(0);

   public SimpleMorphBehaviour(Morph targetMorph, Alpha alpha)
   {
     theMorph = targetMorph;
     theAlpha = alpha;
     weights = new double[2];
   }

   public void initialize()
   {
     wakeupOn(trigger);
   }

   public void processStimulus(Enumeration criteria)
   {
     weights[0] = 1 -  theAlpha.value();
     weights[1] = 1 -  weights[0];

     theMorph.setWeights(weights);
     wakeupOn(trigger);
  }
}
```

Es muss eine Instanz dieser Klasse erzeugt und zum Szenengraphen hinzugefügt werden. Vorher müssen Instanzen der Klassen `Morph` und `Alpha` generiert werden, die im Konstruktor an das `Behavior` übergeben werden. In dem Programm `DynamicSurfaceExample.java` ist ein Beispiel für das Morphing einer Oberfläche realisiert, mit der auch die Zwischenschritte in Abbildung 9.3 erzeugt wurden. Mit Hilfe der im Abschnitt 6.5.2 beschriebenen Technik werden aus den beiden Funktionen

$$z = f(x,y) = x\sin(7x)\cos(4y)$$
$$z = f(x,y) = x$$

eine wellige Oberfläche und eine Ebene als `GeometryArrays` erzeugt, in ein Array geschrieben und dem `Morph`-Objekt in der Szene zugeordnet. In der Animation wird die wellige Oberfläche langsam geglättet und anschließend die Ebene wieder in die wellige Oberfläche transformiert.

Die Technik des Skinnings lässt sich auf ähnliche Weise umsetzen. Allerdings kann die Klasse `Morph` nicht mehr verwendet werden. In der `processStimulus`-Methode des `SimpleMorphBehaviours` muss die neue Position der Skelettpunkte bestimmt werden, um daraus die Konvexkombinationen der Knotenpunkte zu berechnen. Aus diesen neuen Knotenpunkten muss zuerst ein neues `GeometryArray`-Objekt und daraus ein in eine `BranchGroup` eingebetteter `Shape3D` erzeugt werden. Die alte `BranchGroup` mit dem vorhergehenden `Shape3D` muss aus dem Szenengraphen gelöscht und die neue eingefügt werden.

9.7 Interaktion

Die einfachste Form der Interaktion des Betrachters mit der im Rechner modellierten dreidimensionalen Welt besteht in der freien Navigation. Aus der Position des Betrachters, die entweder manuell durch Maussteuerung verändert wird oder durch Bewegungen, wenn in einer Virtual Reality Anwendung Positionssensoren verwendet werden, muss eine Projektion berechnet werden mit der entsprechenden Betrachterposition als Projektionszentrum. Dieses Thema wurde bereits im Abschnitt 5.8 behandelt.

Wenn der Betrachter mit Objekten in der Szene interagieren soll, müssen zunächst Möglichkeiten zur Verfügung gestellt werden, welche Objekte und wie diese angesprochen werden können. Im Szenengraphen sollte kenntlich gemacht werden, welche Objekte auf welcher Ebene auswählbar sind und welche Konsequenzen eine Auswahl hat. Im einfachsten Fall soll das dreidimensionale Modell im Computer nur als Lernumgebung dienen, in der der Benutzer ein komplexes technisches Objekt, z.B. ein Flugzeug, erkunden kann und ihm bei Auswahl eines Teils der entsprechende Name und die Funktion angezeigt wird. Soll der Betrachter dagegen durch Auswahl bestimmter Objekte, z.B. eines Hebels, dynamische Veränderungen in der Szene auslösen, müssen die entsprechenden Bewegungen initiiert und ausgeführt werden.

Wenn die Objektauswahl durch die Maus vorgenommen werden soll, muss das Problem gelöst werden, welches Objekt durch den Punkt auf der Projektionsebene, den die Maus markiert, im dreidimensionalen Raum referenziert wird. Dafür eignet sich die in Abschnitt 7.3.3 vorgestellte Technik des Ray Casting.

9.8 Interaktion in Java 3D

Java 3D stellt mit der Klasse Behavior und ihren Unterklassen diverse Möglichkeiten zur Verfügung, dynamisch mit der Szene zu interagieren. Das OrbitBehavior wurde bereits in allen hier vorgestellten Beispielprogrammen benutzt, um die Navigation durch die Szene mittels Maussteuerung zu ermöglichen.

Die Klasse PickMouseBehavior dient dazu, Objekte in der Szene mit der Maus auswählen zu können. In der Szene selbst sind dazu folgende Ergänzungen vorzunehmen. Die auswählbaren Objekte sollten entweder elementare Objekte der Klasse Primitive, d.h. Box, Sphere, Cylinder oder Cone sein oder vom Typ Shape3D. Man kann auch einen auswählbaren Bereich definieren, indem man dort beispielsweise eine völlig transparente Kugel platziert, die zwar nicht sichtbar, aber auswählbar ist.

Die Methode setUserData dient dazu, einem auswählbaren Objekt Informationen zuzuordnen, die z.B. bei der Identifikation helfen, wenn das Objekt ausgewählt wurde. Als Argument dieser Methode darf ein beliebiges Java-Objekt mit komplexer Struktur verwendet werden, auch wenn in den Beispielprogrammen zum Buch nur Namen in Form eins String auftauchen. Beispielsweise würde man für eine in der Szene definierte grüne Kugel greenSphere der Klasse Sphere

```
greenSphere.setUserData("gruene Kugel");
```

definieren. Wenn bestimmte Objekte, beispielsweise eine rote Kugel redSphere, nicht auswählbar sein sollen, erreicht man dies durch:

```
redSphere.setPickable(false);
```

Um festzulegen, welche Aktionen bei der Auswahl von Objekten durchzuführen sind, muss eine Klasse MyPickingBehaviour geschrieben werden, die die Klasse PickMouseBehavior erweitert. Der Aufbau dieser Klasse wird im Anschluss erläutert. Diese Klasse muss in der Szene instantiiert und der Szene mittels addChild zugeordnet werden.

```
MyPickingBehaviour mpb =
          new MyPickingBehaviour(myCanvas3D,theScene,bs,...);
theScene.addChild(mpb);
```

Bei der Instantiierung, das heißt beim Aufruf des Konstruktors von MyPickingBehaviour, sollten als Argumente mindestens der Canvas3D, auf den gezeichnet wird, die Szene theScene und ein Wirkungsbereich bs, beispielsweise in Form einer BoundingSphere, verwendet werden. Weitere Argumente können dazu dienen, um bestimmte Ereignisse in der Szene zu steuern. Ein Beispiel mit weiteren Argumenten wird am Ende dieses Abschnitts folgen.

Die Definition der Klasse MyPickingBehaviour mit ihrem Konstruktor ist folgendermaßen aufgebaut:

```
public class MyPickingBehaviour extends PickMouseBehavior
{

  ...
  public MyPickingBehaviour(Canvas3D myCanvas,
                            BranchGroup theScene,
                            Bounds bs,...)
  {
    super(myCanvas,theScene,bs);
    setSchedulingBounds(bs);
    ...
  }
  ...
}
```

Je nach Bedarf können in dieser Klasse Attribute definiert und im Konstruktor mit Werten vorbelegt werden. Für diese Vorbelegung können dem Konstruktor weitere Argumente übergeben werden.

In der Klasse MyPickingBehaviour muss außerdem die Methode updateScene überschrieben werden. Dort wird festgelegt, was geschehen soll, wenn ein Objekt ausgewählt wird. Zunächst muss das ausgewählte Objekt identifiziert werden. Exemplarisch wird hier gezeigt, wie man den mit der Methode setUserData abgelegten String des ausgewählten Objekts ausgibt:

```
public void updateScene(int xpos, int ypos)
{
  Primitive pickedShape = null;
  pickCanvas.setShapeLocation(xpos,ypos);
  PickResult pResult = pickCanvas.pickClosest();
  if (pResult != null)
  {
    pickedShape =
         (Primitive) pResult.getNode(PickResult.PRIMITIVE);
  }

  if (pickedShape != null)
  {
    System.out.println("Es wurde das Objekt "
                       +pickedShape.getUserData()
                       +" ausgewaehlt.");
  }
  else
  {
    System.out.println("Es wurde kein Objekt ausgewaehlt.");
  }
}
```

Die Methode pickClosest, die auf das Attribut pickCanvas der Superklasse PickMouseBehavior angewendet wird, liefert das Objekt zurück, auf das man mittels Strahlverfolgung, ausgehend von der Mausposition, zuerst trifft. Alternativ können auch die Methoden pickAll oder pickAllSorted genutzt werden, die ein Array aller auf dem zu verfolgenden Strahl liegenden Objekte zurückliefern. Die Methode pickAny gibt das zuerst gefundene, nicht notwendigerweise zum Betrachter am nächsten liegende Objekt auf dem Strahl zurück.

Das Programm InteractionTest.java demonstriert diese einfache Anwendung des Auswählens mit der Maus. Es nutzt dabei eine Variante der hier beschriebenen Klasse MyPickingBehaviour in Form des Programms PickingTest.java.

Wenn durch die Auswahl eines Objekts nicht nur dessen Name ausgegeben, sondern eine Bewegung ausgelöst werden soll, kann dies folgendermaßen realisiert werden. Für jedes auswählbare Objekt wird die gewünschte Bewegung in der Szene definiert. In der Szene selbst wird die Wartezeit, bis die Bewegung beginnen soll, auf die längst mögliche Zeit gesetzt. Dies erreicht man, indem man die Methode setStartTime auf das der Bewegung zugeordnete Alpha delayedAlpha mit dem Wert Long.MAX_VALUE anwendet:

```
delayedAlpha.setStartTime(Long.MAX_VALUE);
```

Alle Instanzen der Klasse Alpha, die durch Auswahl der zugehörigen Objekte eine entsprechende Bewegung steuern sollen, werden in einem Array dem Konstruktor der Klasse MyPickingBehaviour übergeben. Diese Klasse sollte als Attribut ein Array alphas von Alpha-Objekten haben, das mit diesem übergebenen Array initialisiert wird. In der Methode updateScene muss dann nur jeweils dort, wo der Befehl System.out.println aufgerufen wird, die Startzeit des dem ausgewählten Objekt zugeordneten Alpha-Objekts neu gesetzt werden. Da die Startzeit angibt, wie lange nach dem Start der Animation bis zur Ausführung der Bewegung gewartet werden soll, muss sie als die Differenz der aktuellen Rechnerzeit und dem Beginn der Animation definiert werden.

```
alphas[i].setStartTime(
      System.currentTimeMillis()-alphas[i].getTriggerTime());
```

Dabei ist alphas[i] das Alpha-Objekt, dessen zugehörige Bewegung initiiert werden soll.

In dem Programm InteractionExample.java ist diese Vorgehensweise exemplarisch implementiert. Eine Szene enthält einen Würfel und eine Kugel. Klickt man den Würfel an, rotiert er. Die Kugel schrumpft und wächst abwechselnd beim Anklicken. Dadurch werden für die Kugel zwei Alpha-Objekte benötigt, so dass das Array alphas zusammen mit der Würfelbewegung drei Elemente enthält. Außerdem wird ein boolscher Wert verwendet, um zwischen Wachsen und Schrumpfen der Kugel umzuschalten. Die Klasse MyPickingBehaviour wurde hier in Form des Programms PickingExample.java realisiert.

9.9 Kollisionsdetektion

Kollisionsdetektion bedeutet, bei sich bewegenden Objekten festzustellen, ob sie miteinander kollidieren, das heißt, ob es Überschneidungen der Körper gibt. Ohne Kollisionsdetektion können sich Objekte gegenseitig durchdringen. Ein Auto könnte in der virtuellen Welt frontal auf eine Wand zufahren und ohne Behinderung durch sie hindurchfahren. Kollisionsdetektion bedeutet für komplex geformte Objekte einen enormen Rechenaufwand, wenn man versucht, auf der Ebene der Dreiecke, mit denen die Objektoberflächen approximiert werden, festzustellen, ob eine Kollision, d.h. eine Überlappung der Objekte vorliegt. Bei nur zwei Objekten, die aus jeweils 100 Dreiecken bestehen, müssten, sofern man keine zusätzlichen Informationen über die Verteilung der Dreiecke nutzt, $100 \cdot 100 = 10.000$ Überschneidungstests für die Dreiecke durchgeführt werden.

Aus diesem Grund werden in der Regel *begrenzende Volumen* eingeführt, die die Objekte umschließen. Die begrenzenden Volumen sind einfache geometrische Formen wie Kugeln oder Quader, für die die Entscheidung, ob eine Kollision vorliegt, einfach zu treffen ist.

Ist ein Objekt durch eine endliche Menge von Knotenpunkten gegeben und liegt es innerhalb der konvexen Hülle dieser Knotenpunkte, kann ein umschließender Quader dadurch definiert werden, dass man die kleinste und die größte x-, y- und z-Koordinate aller Punkte bestimmt. Auf diese Weise erhält man zwei Punkte $(x_{\min}, y_{\min}, z_{\min})$ und $(x_{\max}, y_{\max}, z_{\max})$, die zwei diagonal gegenüberliegende Ecken des umschließenden Quaders repräsentieren. Die Entscheidung, ob sich zwei Quader überschneiden, insbesondere wenn die Objekte bewegt wurden und die Quader nicht mehr achsenparallel sind, ist dafür etwas aufwendiger zu berechnen.

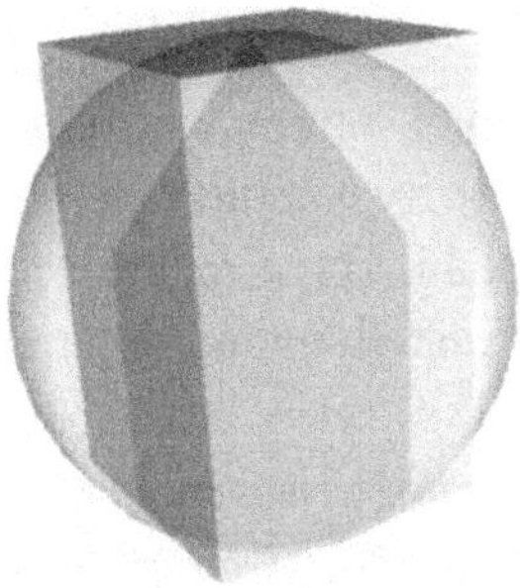

Abbildung 9.5 Begrenzendes Volumen in Form eines Quaders und einer Kugel

Bei einer umschließenden Kugel ist es genau umgekehrt. Die Definition einer möglichst kleinen umschließenden Kugel ist für ein asymmetrisches Objekt relativ schwierig. Abbildung 9.5 zeigt einen Körper, der aus einem Zylinder mit einem aufgesetzten Kegel als Spitze besteht. Der umschließende Quader ist sehr einfach zu bestimmen, während es nicht ohne weiteres klar ist, wie der Mittelpunkt und der Radius der umschließenden Kugel möglichst günstig gewählt werden. Hingegen lässt es sich für zwei Kugeln leicht entscheiden, ob sie sich überschneiden. Genau dann, wenn der Abstand der Kugelmittelpunkte größer ist als die Summe der beiden Radien, liegt keine Kollision der Kugeln vor.

In der Regel begnügt man sich in der Computergrafik damit, die Kollisionsdetektion mittels begrenzender Volumen durchzuführen. Bei dynamischen Oberflächen, wie sie im Abschnitt 9.5 beschrieben wurden, lässt sich diese einfache Strategie der Kollisionsdetektion nicht anwenden. Es kann vorkommen, dass sich die dynamische Oberfläche selbst durchdringt, wenn man keine Gegenmaßnahmen im Falle einer Kollision definiert. Bei der in [50] vorgestellten Methode zur Simulation des Faltenwurfs von Stoffen musste dieser Aspekt entsprechend berücksichtigt werden, um eine Selbstdurchdringung des Stoffes zu verhindern.

9.10 Kollisionsdetektion in Java 3D

Die Verwendung der Kollisionsdetektion in Java 3D soll an dem Beispiel erläutert werden, das in dem Programm `CollisionExample.java` umgesetzt ist. In dem Programm kann ein Würfel durch Anklicken und Bewegen mit der rechten Maustaste durch die Szene manövriert werden. In der Szene befinden sich außerdem eine Kugel und ein Zylinder. Wenn der Würfel mit der Kugel kollidiert, soll die Kugel ihre Farbe von Grün auf Rot wechseln. Bei einer Kollision mit dem Zylinder, soll sich der Zylinder abwechselnd nach rechts und links bewegen.

Zunächst wird für dieses Beispiel, unabhängig von der Kollisionsdetektion, die Klasse `PickTranslateBehavior` verwendet werden, um das Bewegen des Würfels mit der Maus zu ermöglichen. Dazu müssen für die Transformationsgruppe `tgBox` des Würfels folgende Einstellungen vorgenommen werden:

```
tgBox.setCapability(TransformGroup.ALLOW_TRANSFORM_WRITE);
tgBox.setCapability(TransformGroup.ALLOW_TRANSFORM_READ);
tgBox.setCapability(TransformGroup.ENABLE_PICK_REPORTING);
```

Wenn andere Objekte ebenfalls mit der Maus manövrierbar sein sollen, müssen diese Einstellungen für die entsprechende Transformationsgruppe übernommen werden. Die Realisierung dieser Maussteuerung übernimmt das `PickTranslateBehavior`, von dem eine Instanz benötigt wird, die anschließend der Szene zugeordnet wird:

```
PickTranslateBehavior pickTrans =
                    new PickTranslateBehavior(theScene,
                                              myCanvas3D,
                                              bounds);
theScene.addChild(pickTrans);
```

Der Konstruktor von `PickTranslateBehavior` erfordert die Angabe der Szene, des verwendeten `Canvas3D` sowie eines Wirkungsbereichs, beispielsweise in Form einer `BoundingSphere`.

Für die Objekte, für die Kollisionsdetektion durchgeführt werden soll, muss ein begrenzendes Volumen `colVol` in Form einer `BoundingSphere` oder `BoundingBox` angegeben werden. Dies erfolgt durch die Methode `setCollisionBounds`. Anschließend sollte das Objekt mit der Methode `setCollidable` als relevant für die Kollisionsdetektion kenntlich gemacht werden:

```
colObject.setCollisionBounds(colVol);
colObject.setCollidable(true);
```

Dabei kann `colObject` ein elementares geometrisches Objekt, ein `Shape3D` oder auch eine Transformationsgruppe sein. Dadurch, dass das begrenzende Volumen ausschließlich in Form einer Kugel oder eines Quaders angegeben werden darf, können komplexere Objekte für die Kollisionsdetektion nur grob angenähert werden.

Die Aktionen, die bei einer Kollision ausgelöst werden sollen, werden ähnlich wie bei der Interaktion mit dem `PickMouseBehavior` in Abschnitt 9.8 in separaten Klassen festgelegt. Es soll zuerst das Verhalten des Zylinders definiert werden, der bei einer Kollision mit dem Würfel eine Bewegung nach links bzw. recht ausführen soll. Sein Verhalten wird mit der Klasse `CollisionBehaviour2.java` gesteuert. Wie bei der Interaktion müssen die entsprechenden Bewegungen in der Szene definiert werden und die Startzeit der zugehörigen `Alpha`-Objekte auf den größtmöglichen Wert gesetzt werden. In der Szene muss eine Instanz der Klasse `CollisionBehaviour2` erzeugt werden. Im Konstruktor werden das Objekt, für das die Kollisionsdetektion durchgeführt werden soll, d.h. der Zylinder, ein Array mit `Alpha`-Objekten der auszuführenden Bewegungen und ein Wirkungsbereich übergeben. Nach dem Aufruf des Konstruktors wird die Instanz der Szene zugeordnet:

```
CollisionBehaviour2 scb2 =
           new CollisionBehaviour2(cyli,cylAlphas,bounds);
theScene.addChild(scb2);
```

Die Klasse `CollisionBehaviour2` muss die Klasse `Behavior` erweitern. Sie benötigt außerdem einige zusätzliche Attribute. Es muss festgelegt werden, wann bei der Kollision die Bewegung ausgeführt werden soll. Dazu stehen verschiedene Kriterien zur Verfügung:

- `WakeupOnCollisionEntry`: Bei Beginn der Kollision.
- `WakeupOnCollisionExit`: Bei Beendigung der Kollision.
- `WakeupOnCollisionMovement`: Während der Kollision, wenn sich das die Kollision auslosende Objekt bewegt.
- `WakeupOr`: Wenn mehrere dieser Kriterien kombiniert werden sollen.

Für die Bewegung des Zylinders wird nur das erste Kriterium benötigt. Für die Farbänderung der Kugel wird später auch das Kriterium `WakeupOnCollisionExit` genutzt. Als ein Attribut der Klasse `CollisionBehaviour2` wird daher ein `WakeupOnCollisionEntry`-Objekt definiert. Außerdem wird ein Array mit den `Alpha`-Objekten für die Bewegungen des Zylinders nach links bzw. rechts benötigt, sowie zwei Attribute zur Steuerung, welche der beiden Bewegungen als nächstes auszuführen ist. Die Definition der Klasse mit ihrem Konstruktor sieht somit folgendermaßen aus:

```
public class CollisionBehaviour2 extends Behavior
{
  public WakeupOnCollisionEntry hit;
  public Primitive collidingShape;
  public Alpha[] movement;
  public boolean toRight;
  int whichAlpha;

  public CollisionBehaviour2(Primitive theShape,
                             Alpha[] theAlphas,
                             Bounds theBounds)
  {
    collidingShape = theShape;
    movement = theAlphas;
    setSchedulingBounds(theBounds);
    whichAlpha = 0;
    toRight = true;
  }
  ...
}
```

Als erstes muss dann die Methode `initialize` der Superklasse `Behavior` überschrieben werden. In ihr wird angegeben, welche Kriterien mit welchen Objekten bzw. Transformationsgruppen oder Knoten des Szenengraphen zum Aufruf der noch zu definierenden Methode `processStimulus` führen:

```
public void initialize()
{
  hit = new WakeupOnCollisionEntry(collidingShape);
  wakeupOn(hit);
}
```

In der Methode processStimulus wird die bei der Kollision auszuführende Aktion angestoßen. Diese Methode erhält eine Aufzählung aller relevanten eingetretenen Kollisionskriterien für das betrachtete Objekt als Argument. Diese Aufzählung wird nach einem WakeupOnCollisionEntry-Eintrag durchsucht. Wenn dieser vorhanden ist, wird die Startzeit des entsprechenden Alpha-Objekts auf den jetzigen Zeitpunkt gesetzt, um die gewünschte Bewegung zu initiieren.

```
public void processStimulus(Enumeration criteria)
{
  while (criteria.hasMoreElements())
  {
    WakeupCriterion theCriterion =
              (WakeupCriterion) criteria.nextElement();
    if (theCriterion instanceof WakeupOnCollisionEntry)
    {
      ...
      movement[whichAlpha].setStartTime(
                     System.currentTimeMillis()
                     -movement[whichAlpha].getTriggerTime());
      ...
    }
    wakeupOn(hit);
  }
}
```

Neben der Aktivierung des Alpha-Objekts muss noch darüber Buch geführt, welche Bewegung bei der nächsten Kollision ausgeführt werden muss. Zur besseren Übersicht wurden diese Schritte nicht mit angegeben.

Der Farbwechsel der Kugel bei einer Kollision mit dem Würfel ist in der Klasse CollisionBehaviour1.java realisiert. Diese Klasse ist ähnlich wie CollisionBehaviour2 aufgebaut. Da der Farbwechsel keine Bewegung, sondern ein Zustandswechsel ist, wurde dies mit Hilfe der Klasse Switch implementiert. Ein Switch ist ein Knoten im Szenengraph, der mehrere Nachfolgerknoten haben darf, von denen eine beliebige Auswahl angezeigt werden kann. Im Fall der Kugel, die die Farbe wechselt, wird ein Switch mit zwei Nachfolgerknoten verwendet, einen für die grüne und einen für die rote Kugel. Um einen Switch im Szenengraphen zu nutzen, muss der entsprechende Konstruktor aufgerufen werden und der Switch aktiviert werden. Danach kann dem Switch mittels addChild eine beliebige Anzahl von Transformationsgruppen zugeordnet werden.

```
Switch sw = new Switch();
sw.setCapability(Switch.ALLOW_SWITCH_WRITE);
sw.addChild(transformgroup0);
sw.addChild(transformgroup1);
...
```

Anschließend muss der Switch entweder der Szene direkt oder einer Transformationsgruppe innerhalb der Szene zugeordnet werden. Mit der Methode

```
sw.setWhichChild(nodeNumber);
```

kann bestimmt werden, welcher der Nachfolgerknoten des Switch sichtbar ist. Es wird dabei die Nummer des Nachfolgerknoten angegeben. Sollen mehrere Nachfolgerknoten gleichzeitig sichtbar sein, definiert man mit der Klasse BitSet (in java.util) eine Bitmaske bm. Mittels bm.set(childNumber) und bm.clear(childNumber) wird in der Bitmaske festgelegt, dass der Nachfolgerknoten mit der Nummer childNumber sichtbar bzw. unsichtbar sein soll. Anschließend übergibt man die so erzeugte Bitmaske an den Switch mit der Methode sw.setChildMask(bm).

Die Klasse CollisionBehaviour1 hat anstelle der Alpha-Objekte in der Klasse CollisionBehaviour2 einen Switch als Attribut. Außerdem reicht es für den Farbwechsel der Kugel nicht aus, nur den Kollisionsbeginn zu berücksichtigen. Die Farbe soll bei Beendigung der Kollision wieder auf Grün zurückgesetzt werden. Aus diesem Grund benötigt die Klasse ein Array von Weckkriterien. Die Farbänderung soll angestoßen werden, wenn eines der Kriterien – Kollisionseinoder -austritt – zutrifft. Die Definition der Attribute und des Konstruktors der Klasse sieht folgendermaßen aus:

```
public class CollisionBehaviour1 extends Behavior
{
  public WakeupCriterion[] theCriteria;
  public WakeupOr oredCriteria;
  public Switch collidingShape;

  public CollisionBehaviour1(Switch theShape,
                             Bounds theBounds)
  {
    collidingShape = theShape;
    setSchedulingBounds(theBounds);
  }
  ...
}
```

Entsprechend muss bei der Initialisierung das logische Oder der Kriterien angemeldet werden:

```
public void initialize()
{
  theCriteria = new WakeupCriterion[2];
  theCriteria[0] =
              new WakeupOnCollisionEntry(collidingShape);
  theCriteria[1] =
              new WakeupOnCollisionExit(collidingShape);
  oredCriteria = new WakeupOr(theCriteria);
  wakeupOn(oredCriteria);
}
```

In der Methode `processStimulus` muss im Gegensatz zur Klasse CollisionBehaviour1 nicht nur der Fall des Kollisionseintritts, sondern auch der des Austritts behandelt werden. Außerdem werden keine Startwerte für `Alpha`-Objekte gesetzt, sondern mittels `setWhichChild` der entsprechende Knoten, d.h. die Kugel der gewünschten Farbe, ausgewählt.

In dem Programm `CollisionExample.java` wurde nicht die ansonsten verwendete Technik zur Navigation durch die Szene mittels Maussteuerung ermöglicht. Da die Maus bereits zum Manövrieren des Würfels benötigt wird, würde man beim Bewegen des Würfels gleichzeitig in der Szene navigieren. Stattdessen wurde hier die Möglichkeit zur Navigation mit der Tastatur über das

KeyNavigatorBehavior genutzt. Die Szene kann als BranchGroup dieser Erweiterung der Klasse Behavior nicht direkt zugeordnet werden. Man führt daher eine Transformationsgruppe tgAll ein. Die Objekte der Szene werden nicht theScene, sondern dieser Transformationsgruppe zugeordnet. Diese Transformationsgruppe wird dann wiederum der Szene zugeordnet. Für das Navigieren mit der Tastatur muss das Verfolgen und Steuern der Bewegung von tgAll erlaubt werden. Schließlich muss eine Instanz der Klasse KeyNavigatorBehavior erzeugt und mit einem Wirkungsbereich versehen werden. Diese Instanz wird dann mittels addChild zu tgAll hinzugefügt:

```
TransformGroup tgAll = new TransformGroup();
tgAll.setCapability(TransformGroup.ALLOW_TRANSFORM_READ);
tgAll.setCapability(TransformGroup.ALLOW_TRANSFORM_WRITE);
...
theScene.addChild(tgAll);
KeyNavigatorBehavior knb = new KeyNavigatorBehavior(tgAll);
knb.setSchedulingBounds(bounds);
tgAll.addChild(knb);
tgAll.addChild(...);
```

9.11 Level of Detail (LOD) in Java 3D

Die bereits im Abschnitt 6.5.1 erwähnte Technik Level of Detail (LOD) dient dazu, ein und dasselbe Objekt in unterschiedlichen Auflösungen in den Szenegraphen einzubinden und je nach Entfernung des Betrachters die passende Auflösung für das Rendering zu wählen. Durch die Beschränkung auf eine gröbere Auflösung für weiter entfernte Objekte bei der Darstellung lässt sich erheblich Rechenzeit einsparen. Das Objekt wird in unterschiedlichen Auflösungen in einer Instanz der Klasse Switch, die im vorigen Abschnitt erläutert wurde, abgelegt. Nachdem der Switch mittels

```
Switch lodSwitch = new Switch();
lodSwitch.setCapability(Switch.ALLOW_SWITCH_WRITE);
```

erzeugt wurde, kann das Objekt in seinen verschiedenen Auflösungen dem Switch zugeordnet werden. In wie vielen verschiedenen Auflösungsstufen man das Objekt ablegt, sollte man abhängig von der Größe und Komplexität des Objekts entscheiden. Hat man das Objekt beispielsweise in drei verschiedenen Auflösungen in den Instanzen objResHigh, objResMedium und objResLow mit hoher, mittlerer und geringer Detaildarstellung vorliegen, werden diese Objekte dem `Switch` zugeordnet.

```
lodSwitch.addChild(objResHigh);
lodSwitch.addChild(objResMedium);
lodSwitch.addChild(objResLow);
```

Danach muss definiert werden, ab welchen Entfernungen des Beobachters zum Objekt zwischen den unterschiedlichen Auflösungen gewechselt werden soll. Dazu müssten in dem Beispiel mit den drei Detaillierungsstufen zwei Entfernungen angegeben werden: Wann von der höchsten zur mittleren und wann von der mittleren zur geringen Auflösung gewechselt werden sollte. Diese Distanzen werden in einem `float`-Array abgelegt. Wenn man das Objekt nicht in drei, sondern in n unterschiedlichen Detaillierungsstufen im `Switch` abgelegt hat, muss das Distanz-Array entsprechend $(n-1)$ Werte enthalten.

Danach wird eine Instanz der Klasse `DistanceLOD` erzeugt, das Distanz-Array verwendet. Schließlich muss `DistanceLOD`-Objekt noch dem `Switch` zugeordnet werden, der die Objekte in unterschiedlichen Auflösungen beinhaltet. Außerdem muss dem `DistanceLOD`-Objekt ein Gültigkeitsbereich etwa in Form einer `BoundingSphere` zugeordnet werden.

```
float[] distances = {distShort,distLong};
DistanceLOD distLOD =
                 new DistanceLOD(distances,new Point3f());
distLOD.addSwitch(lodSwitch);
distLOD.setSchedulingBounds(bounds);
```

Der erzeugte Punkt in dem Konstruktor der Klasse `DistanceLOD` gibt an, wo der `Switch` bzw. die ihm zugeordneten Objekte in der Szene erzeugt wurden. In der Regel wird das, wie im Beispiel-Code angenommen, im Koordinatenursprung sein. Wurden die Objekte allerdings bereits vor der Zuordnung zum `Switch` anderwärtig positioniert, müsste der Punkt die entsprechende Verschiebung kompensieren.

Der `Switch` kann einer Transformationsgruppe im Szenengraphen zugeordnet werden. Positionierungen oder Bewegungen dieser im Szenengraphen höher angesiedelten Transformationsgruppe müssen bei der Definition des Punktes im Konstruktor der Klasse `DistanceLOD` nicht berücksichtigt werden.

Die Verwendung der LOD-Technik wird im Programm `LODExample.java` demonstriert. Dort wurde eine Kugel in drei verschiedenen Detaillierungsstufen erzeugt. Die Kugel bewegt sich auf den Betrachter zu und wieder von ihm fort und der Wechsel zwischen den Detaillierungsstufen erfolgt automatisch. Außerdem wurde der Szene eine zweite Kugel hinzugefügt, die sich mit der ersten Kugel bewegt. Diese Kugel liegt nur in der gröbsten Detaillierungsstufe der ersten Kugel vor.

Um besser erkennen zu können, wann die erste Kugel zwischen den Detaillierungsstufen wechselt, ändert die zweite Kugel parallel ihre Farbe, aber nicht die Detaillierungsstufe. Die Implementierung für die zweite Kugel ist identisch zur ersten, außer dass dem `Switch` statt dreier Kugeln in unterschiedlichen Detaillierungsstufen drei Kugeln in der gleichen Detaillierungsstufe mit verschiedenen Farben zugeordnet wurden. Die Klasse `DistanceLOD` dient lediglich dazu, dem `Switch` mitzuteilen, wann er zwischen den ihm zugeordneten Knoten zu wechseln. Dabei spielt es keine Rolle, ob es sich in den Knoten um dasselbe Objekt in unterschiedlichen Detaillierungsstufen, in unterschiedlichen Farben oder gar um völlig verschiedene Objekte handelt.

9.12 Akustische Effekte

Akustische Effekte zählen nicht zum Kernbereich der Computergrafik. Sie gehören jedoch untrennbar zu vielen realistischen Animationen und sollten integraler Bestandteil bei Virtual Reality Anwendungen sein. Die akustischen Effekte können vielfältiger Natur sein. Es kann sich um Hintergrundmusik handeln oder um ein Hintergrundgeräusch wie beispielsweise Wind oder Regen. Hintergrundgeräusche zeichnen sich dadurch aus, dass sie nicht einer einzelnen Quelle in der Szene zugeordnet und damit nicht individuell lokalisiert werden können. Sie verhalten sich ähnlich wie Streulicht, das überall gleichmäßig in einer Szene vorhanden ist und nicht von einer bestimmten Lichtquelle oder Richtung ausgeht.

Die meisten Akustikeffekte gehen von einer konkreten Quelle aus: die Stimme eines Menschen oder Tieres, das Klappern einer Tür oder das Brummen eines Motors. Der Unterschied zu Hintergrundgeräuschen besteht in der Lokalisierbarkeit der Geräusche, was eine Reihe von Konsequenzen für eine realistische Wiedergabe mit sich bringt.

Die Lokalisierung von Geräuschen basiert im Wesentlichen darauf, dass der Mensch zwei Ohren besitzt und dass diese das Geräusch in leicht unterschiedlicher Lautstärke und mit einem geringfügigen Versatz wahrnehmen, je nachdem, aus welcher Richtung das Geräusch kommt. Außerdem hängt die wahrgenommene Grundlautstärke des Geräuschs von der Entfernung des Betrachters bzw. Hörers von der Quelle ab. Das bedeutet, dass eine realistische Wiedergabe der akustischen Effekte die Grundlautstärke, die Verteilung der Lautstärken auf die einzelnen Kanäle, sofern mehrere Lautsprecher zur Verfügung stehen, und gegebenenfalls einen kleinen zeitlichen Versatz für die Kanäle erfordert. Diese Informationen können nur aus dem geometrischen Kontext der Szene und der Betrachterposition ermittelt werden. Dabei können sich die Verhältnisse dynamisch ändern, wenn der Betrachter durch die Szene navigiert oder wenn sich die das Geräusch verursachende Quelle bewegt.

Bewegt sich der Betrachter oder eine Geräuschquelle sehr schnell, müsste zusätzlich der Doppler-Effekt berücksichtigt werden. Wenn sich Betrachter und Geräuschquelle schnell aufeinander zubewegen, müsste die Abspielgeschwindigkeit passend erhöht werden, was zu einer Erhöhung der Frequenz führt. Entsprechend müsste die Abspielgeschwindigkeit erniedrigt werden, wenn sich Betrachter und Quelle voneinander entfernen. Man kennt diesen Effekt von Polizei- oder Feuerwehrfahrzeugen. Wenn sie sich mit eingeschalteter Sirene nähern, erscheint der Ton höher, als wenn sie sich entfernen. Die Realisierung des Doppler-Effekts bedeutet allerdings einen erheblichen Synchronisationsaufwand und wird daher selten implementiert.

Die abzuspielenden Geräusche sind in der Regel in einer Sound-Datei zum Beispiel im Wave-Format hinterlegt. Sie können dann ereignisgesteuert abgespielt werden. Dabei müssen die oben genannten Modifikationen der Lautstärke, je nach Entfernung des Betrachters von der Geräuschquelle, und die positionsabhängige Verteilung auf die unterschiedlichen Kanäle vorgenommen werden.

9.13 Akustische Effekte in Java 3D

Java 3D bietet relativ einfache Möglichkeiten, Akustik in eine Szene mit einzubinden. Es gibt drei unterschiedliche Arten von Geräuschquellen. Die Klasse `BackgroundSound` dient dazu, Hintergrundgeräusche zur Szene hinzuzufügen. Sie sind in ihrem Wirkungsbereich überall gleich laut und es wird keine spezifische Verteilung des Klangs auf die einzelnen Lautsprecherkanäle vorgenommen. Sie sind das Äquivalent zum ambienten Licht.

Die Klasse `PointSound` verhält sich ähnlich, wie eine punktförmige Lichtquelle. Der `PointSound` geht von einer bestimmten Position aus und seine Intensität nimmt mit zunehmender Entfernung vom Betrachter ab. Bei mehreren Kanälen wird der `PointSound` entsprechend auf die Kanäle aufgeteilt, abhängig davon, aus welcher Richtung das Geräusch für den Betrachter stammt.

Die Klasse `ConeSound` definiert ähnlich wie ein Scheinwerfer einen Kegel, in dem sich der Schall ausbreitet. Ein reiner ConeSound ist nicht realistisch, da sich der Schall üblicherweise in alle Richtungen ausbreitet und nicht nur innerhalb eines Kegels. In Verbindung mit einem PointSound können dafür sehr realistische Effekte erzeugt werden.

Um akustische Effekte in Java3D zu integrieren, erzeugt man sich zuerst mit dem Standardkonstruktor eine Instanz der gewünschten Sound-Klasse, z.B.

```
PointSound theSound = new PointSound();
```

Danach muss eine Sound-Datei im *Wave-Format* (wav) oder *Audio-Format* (au) mit Hilfe der Klasse MediaContainer geladen und anschließend mit der Methode setSoundData dem Objekt theSound zugeordnet werden:

```
MediaContainer medCon;
try
{
  FileInputStream is = new FileInputStream("mysound.wav");
  medCon = new MediaContainer(is);
  theSound.setSoundData(medCon);
}
catch(Exception e){...}
```

Mit der Methode setEnable wird die Benutzung des Sounds grundsätzlich zugelassen. Die Anzahl der Wiederholungen des Sounds wird mittels setLoop festgelegt. Für die Anfangslautstärke ist die Methode setInitialGain zuständig. Außerdem muss für einen Sound der Wirkungsbereich wie üblich definiert werden.

```
theSound.setEnable(true);
theSound.setLoop(Sound.INFINITE_LOOPS);
theSound.setInitialGain(0.9f);
theSound.setSchedulingBounds(bs);
```

Durch Sound.INFINITE_LOOPS wird hier festgelegt, dass der Sound immer wieder von vorne wiederholt wird. Soll er nur einmal oder eine bestimmte Anzahl gespielt werden, muss dort die gewünschte Zahl eingetragen werden. Der Sound kann anschließend einer Transformationsgruppe oder der Szene direkt zugeordnet werden. Wenn er einer Transformationsgruppe zugeordnet wird, kann er auf diese Weise auch positioniert und bewegt werden.

Das Programm SoundExample.java demonstriert, wie sich akustische Effekte in eine Java 3D Szene einbinden lassen.

9.14 Stereoskopie

Das räumliche Sehen wird durch die Kombination einer Reihe von Informationen ermöglicht. Man unterscheidet zwischen monokularen, mit einem Auge wahrnehmbaren, und binokularen Faktoren, die durch das Zusammenspiel beider Augen entstehen. Monokulare Faktoren sind:

- *Bildschärfe (Akkomodation)*: Betrachtet das Auge einen Gegenstand, kommt es zur Änderung der Muskelspannung an der Linse, um das Objekt scharf auf der Netzhaut abzubilden. Die Fokussierung lässt andere Objekte im Hintergrund verschwimmen. Das Gehirn erzeugt für diese Information eine Tiefenwahrnehmung.

- *Bewegungsparallaxe*: Die Bewegungsparallaxe entsteht, wenn sich Objekte relativ zueinander oder zum Betrachter bewegen. Dabei spielen Position und Größe der Objekte eine Rolle. Sie verändern sich in Bezug auf den Abstand zum Betrachter.

- *Verdeckung*: Wird ein Objekt von einem anderen verdeckt oder teilweise überlagert, so schließt das Gehirn, dass sich das vollständig sichtbare Objekt vor dem anderen befindet.

- *Licht und Schatten*: Fällt der Schatten eines Objektes auf ein anderes, z.B. auf eine Bodenplatte, so weiß das Gehirn, dass das schattierte Objekt auf dem Boden steht. Wird der Schatten auf ein anderes Objekt geworfen und verformt, so muss sich das beleuchtete Objekt vor dem anderen befinden. Helle Objekte erscheinen aufgrund der Seherfahrung näher als dunklere.

- *Größe*: Die gesehene Größe eines Objektes wird relativ zur umgebenden Umwelt ausgewertet. Die menschliche Erfahrung besagt, dass nähere Objekte größer als weiter entfernte sind. Auch das Wissen über Objektgrößen hilft, die Entfernung abzuschätzen. Ist die Größe eines Objektes bekannt, gibt die wahrgenommene Größe Aufschluss über die Entfernung.

- *Lufttrübung*: Blickt man weit in den Horizont, nimmt die Trübung durch Dunst und Schmutzpartikel, d.h. durch atmosphärische Dämpfung, zu. Außerdem haben nahe Objekte mehr Kontrast als weiter entfernte.

- *Kopfbewegungen*: Selbst wenn man nur mit einem Auge sieht, erhält man durch Kopfbewegungen Bilder aus verschiedenen Perspektiven, aus denen sich Tiefeninformationen gewinnen lassen.

Die binokularen Faktoren verknüpfen die Informationen beider Augen, um die dreidimensionale Wahrnehmung zu ermöglichen.

- *Ungleichheit der Bilder*: Da die beiden Augen durch ihre unterschiedliche Position[2] leicht unterschiedliche Bilder erhalten, kann aus dieser Differenz und dem Abgleich der beiden Bilder räumliche Information gewonnen werden.
- *Konvergenz*: Die Augen haben die Fähigkeit, ihre Blickrichtung durch Drehen des Augapfels zu verändern. Um so näher ein zu fixierendes Objekt am Gesicht ist, desto stärker müssen die Augäpfel nach innen gedreht werden. Aus dieser Blickrichtungsinformation der Augen kann auf räumliche Informationen geschlossen werden.
- *Pulfrich Effekt*: Dieser Effekt wurde 1922 vom deutschen Physiker Carl Pulfrich entdeckt. Er beruht auf der Tatsache, dass dunkle optische Reize etwas mehr Zeit benötigen, um vom Gehirn wahrgenommen zu werden, als helle.

  Vor allem das Fernsehen setzt dieses Verfahren ein. Bewegt sich ein Gegenstand seitwärts und der Betrachter dunkelt ein Auge ab, so erreicht die Bildinformation des abgedunkelten Auges das Sehzentrum etwas später. Deswegen ergeben sich zwei unterschiedliche Bilder, die nun zu einer räumlichen Darstellung zusammengesetzt werden.

Die Ermöglichung der *Stereoskopie* in der Computergrafik – das räumliche Sehen mit beiden Augen – erfordert, dass das linke und das rechte Auge verschiedene Bilder sehen, entsprechend der leicht unterschiedlichen Betrachterstandpunkte, die sich durch die beiden Augen ergeben. Aus der Sicht der Computergrafik bedeutet dies nur, dass dieselbe Szene mit zwei leicht unterschiedlichen Projektionszentren berechnet werden muss. Außer einem größeren Rechenaufwand ergibt sich daraus für die Berechnungen nichts prinzipiell neues. Das Problem besteht eher darin, wie man es erreicht, den beiden Augen unterschiedliche Bilder zu präsentieren. Für die Erzeugung stereoskopischer Bilder gibt es eine Reihe von zum Teil schon sehr alten Techniken.

Das *Anaglyphen-Verfahren* stellt die Bilder für das linke und rechte Auge durch zwei unterschiedliche Farben – meist rot und grün – dar. Zur Betrachtung wird eine Brille benötigt, die die entsprechende Farbinformation für die beiden Augen separat herausfiltert. Der Nachteil des Anaglyphen-Verfahrens besteht darin, dass durch die Farbfilter in der Brille letztendlich nur eine monochrome Darstellung erreicht wird, so dass Farbinformationen verloren gehen.

[2] 6.5cm Abstand

Die *Polarisation* bietet eine bessere Alternative. Licht schwingt in allen Richtungen senkrecht zur Ausbreitungsebene. Polarisiertes Licht schwingt dagegen nur in einer Richtung. Die Bilder für die beiden Augen werden mit unterschiedlicher Polarisation auf eine Leinwand projiziert. Der Betrachter muss eine Polarisationsbrille tragen, die für das jeweilige Auge nur entsprechend polarisiertes Licht durchlässt.

Die Polarisationstechnik wird eher für Projektoren und nicht für Monitore eingesetzt. Hier bieten sich *Shutter-Brillen* an. Die Bilder für die beiden Augen werden mit hoher Frequenz abwechselnd auf einem Monitor gezeigt. Eine mittels Infrarotsignal synchronisierte Shutter-Brille dunkelt jeweils das Auge ab, dessen Bild gerade nicht dargestellt wird. Die Bildwiederholrate wird dadurch für jedes Auge halbiert. Daher sollten Bildschirme mit einer Wiederholrate von mindestens 100Hz verwendet werden. Ein weiteres Problem stellt das Nachleuchten des Monitors dar. Jedes Mal, wenn das Bild für das Auge wechselt, sollte der Monitor kein Nachleuchten mit dem alten Bild abgeben.

Ein *Head Mounted Display* ist eine Helmkonstruktion, die vor den beiden Augen des Nutzers jeweils einen kleinen LCD-Bildschirm positioniert. Mittels Head Tracking[3] kann sich der Betrachter frei durch eine virtuelle Welt bewegen. In den Helm können auch Kopfhörer integriert sein, die akustische Effekte übertragen. Der Nachteil des Head Mounted Display besteht im Tragen des Helms.

In den letzten Jahren wurden stereoskopische Techniken für Displays vorangetrieben, die ohne zusätzliche Hilfsmittel für den Betrachter in Form einer Spezialbrille auskommen [2, 17, 46]. Bei *lentikularen Displays* wird eine Linsen- oder Prismenmaske vor dem Bildschirm verwendet, so dass die beiden Augen eines Betrachters unterschiedliche Bilder erhalten. Nach einem ähnlichen Prinzip arbeitet die *Parallax-Barriere*. Sie basiert auf einer Streifenmaske, die Lichtstrahlen eines Monitors so abblockt, dass jede zweite Pixelspalte nur für das linke bzw. rechte Auge sichtbar ist. Der Nachteil beider Verfahren besteht darin, dass der 3D-Effekt nur für einen relativ begrenzten Bereich wahrnehmbar ist.

Eine Verbesserung liefern *holografische* Techniken für Spezialdisplays, bei denen 3D-Effekte aus fast allen Blickwinkeln wahrzunehmen sind, da sie ein individuelles Bild für jeden Blickwinkel generieren. Dies geschieht entweder über eine rotierende Projektionsfläche oder ein mehrschichtiges LCD-Display, bei dem die Schichten für unterschiedliche Blickwinkel verantwortlich sind.

Ein grundsätzliches Problem, das bei fast allen stereoskopischen Verfahren auftritt, besteht darin, dass die Augen konstant scharf auf den Monitor fixiert sein sollten, unabhängig davon, wie weit ein Objekt in der virtuellen Szene ent-

[3] Verfolgung der Bewegung des Kopfes

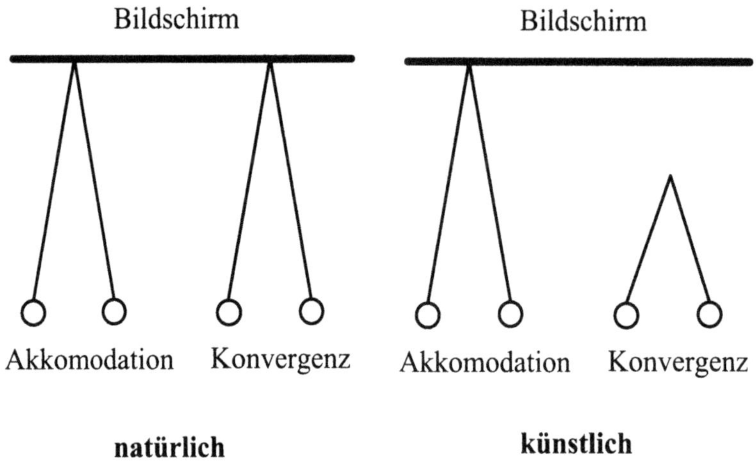

Abbildung 9.6 Parallaxe und Akkomodation bei natürlichem und künstlichem stereoskopischen Sehen

fernt ist. Bei einigen Menschen führt dieser Widerspruch zwischen Fokussierung und Parallaxe dazu, dass sie bei längerer Verwendung stereoskopischer Techniken unter Kopfschmerzen leiden oder den dreidimensionalen Effekt überhaupt nicht wahrnehmen. Dieses Problem wird in Abbildung 9.6 verdeutlicht.

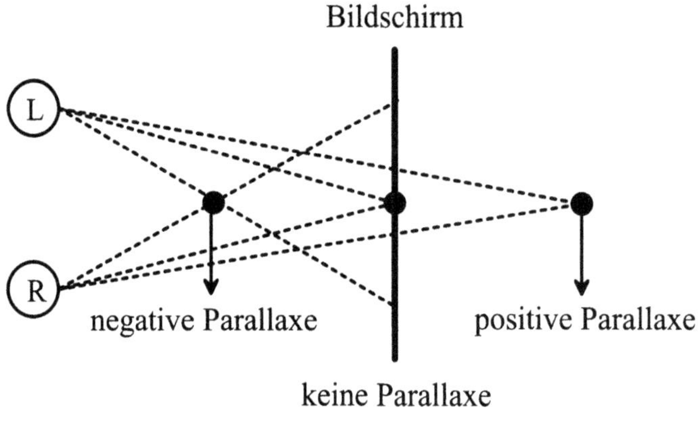

Abbildung 9.7 Parallaxen bei stereoskopischem Sehen

Die stereoskopischen Techniken basieren im Wesentlichen auf der geeigneten Wahl der Parallaxe. Abbildung 9.7 veranschaulicht das Prinzip. Wenn ein Objekt genau auf der Bildschirm-, d.h. der Projektionsebene liegt, erscheint es in den beiden Bilder für das rechte und linke Auge an derselben Stelle ohne Parallaxe.

Ein hinter der Projektionsebene liegendes Objekt erscheint auf dem Bild für das linke Auge weiter links als für das rechte Auge. Man spricht von einer *positiven Parallaxe*. Bei Objekten vor dem Bildschirm ergibt sich die umgekehrte Situation einer *negativen Parallaxe*.

Mit dem Computer kann theoretisch auch eine *divergente Parallaxe* erzeugt werden, bei der ein Objekt links vom linken Auge und rechts vom rechten dargestellt wird. Beim natürlichen Sehen kommt dies aber nicht vor und sollte deshalb vermieden werden.

Ein weiteres Problem, das bei Monitoren den dreidimensionalen Eindruck beeinträchtigt, besteht in der Begrenztheit des Monitors. Objekte mit positiver Parallaxe, d.h. Objekte, die hinter der Projektionsebene liegen, werden durch den Monitor wie durch ein Fenster betrachtet, dessen Rahmen die Monitorumrandung ist. Umgekehrt werden Objekte mit negativer Parallaxe zwangsweise von diesem Rahmen abgeschnitten, obwohl sie sich eigentlich vor dem Monitor befinden sollten.

9.15 Übungsaufgaben

Aufgabe 9.1: Generieren Sie eine Szene mit Nebel und lassen Sie ein Objekt nach hinten wandern und im Nebel verschwinden.

Aufgabe 9.2: Modellieren Sie einen Lichtschalter in einer Szene, bei dessen Betätigung, d.h. beim Anklicken mit der Maus, eine zusätzliche Lichtquelle in der Szene an- und ausgeschaltet wird. Die Lichtquelle sollte der `BranchGroup theScene` und nicht der `BranchGroup bgLight` zugeordnet werden.

Aufgabe 9.3: Geben Sie ein begrenzendes Volumen in Form eines Quaders und in Form einer Kugel für das Objekt in Abbildung 9.5 an. Der Zylinder hat einen Radius von einer Einheit und eine Höhe von drei Einheiten. Der aufgesetzte Kegel ist zwei Einheiten hoch.

Aufgabe 9.4: Modifizieren Sie das Programm `CollisionExample.java` so, dass die Kugel bei einer Kollision transparent wird.

Aufgabe 9.5: Modellieren Sie eine Flüstertüte in Form eines Kegels und ordnen Sie ihr einen `ConeSound` zu. Ändern Sie interaktiv den Betrachterstandpunkt.

A Anhang: Hilfreiche Adressen im Internet

Online-Service zum Buch: Der Online-Service mit dem Quellcode aller Beispielprogramme sowie weiteren Programme, Aufgaben mit Lösungen zu den einzelnen Buchkapiteln, Folien für Lehrveranstaltungen und 3D-Modellen im Wavefront Object Format steht unter

http://public.ostfalia.de/~klawonn/computergrafik

zur Verfügung.

Java 2D: Weitere Informationen zu Java 2D findet man im Java-Tutorial

http://java.sun.com/docs/books/tutorial/2d/

Java 3D: Die Homepage von Java 3D firmiert unter der Adresse

http://www.java3d.org

Dort findet man zahlreiche Links im Zusammenhang mit Java 3D, z.B. zum Tutorial, zu Büchern, zu Beispielen oder hilfreiche Ergänzungen zum Laden verschiedener Dateiformate oder auch einen Szenengraph-Editor. Selbstverständlich ist dort auch der Link

http://java.sun.com/products/java-media/3D/

vorhanden, wo Java 3D kostenlos heruntergeladen werden kann und das Java 3D API, das Tutorial sowie weitere Informationen zur Verfügung stehen.

3D-Modellierung: Neben zahlreichen professionellen CAD-Modellierungswerkzeugen im Design-Umfeld ist in den Bereichen Spiele, Animation und Film das kommerzielle und umfangreiche Programm Maya zur Modellierung von dreidimensionalen Objekten sehr verbreitet, zu dem man unter

http://www.alias.com

Informationen findet. Blender3D ist ein freies Open Source Produkt für die 3D-Modellierung, mit dem man auch Wavefront Object Dateien erstellen kann. Blender3D steht unter

http://www.blender3d.com

zur Verfügung.

Wavefront Object Dateien: Bei

http://http://www.3droad.com/3d_models_OBJ.htm

findet man eine Reihe von Objekten im Wavefront Object Format.

OpenGL: OpenGL firmiert unter der Adresse

http://www.opengl.org

und in Deutschland unter

http://www.open-gl.de

B Anhang: Beispielprogramme

Der Online-Service zu diesem Buch stellt alle erwähnten und weitere Beispielprogramme zur Verfügung. Die folgenden Tabellen verweisen auf die Stellen im Buch, in denen die jeweiligen Beispielprogramme erwähnt werden. Die Tabellen enthalten getrennt nach Java 2D und 3D die Programme in alphabetischer Reihenfolge.

Java 2D		
Java-Klasse	**Thema**	**Seite**
ArcExample	Ellipsenbogen, -ausschnitt und -abschnitt	21
AreaExample	Vereinigung, Durchschnitt, Differenz und symmetrische Differenz für Flächen	22
BufferedImageDrawer	Generische Klasse für die Verwendung von Double-Buffering zum Zeichnen eines `BufferedImage`	95
ConvexCombTransforms	Animation mittels Konvexkombinationen von Transformationen am Beispiel der Umwandlung einer Ellipse in eine andere	44
CurveDemo	Zeichnen von Geradensegmenten, quadratischen und kubischen Kurven	17
DoubleBufferingClockExample	Bewegungen am Beispiel einer Uhr realisiert mittels Double-Buffering	95

Java 2D		
Java-Klasse	**Thema**	**Seite**
DToCMorphing	Transformation zweier Objekte ineinander, die durch Kurven unter Verwendung von Kontrollpunkten definiert werden, am Beispiel der Buchstaben D und C	44
GeneralPathCar	Beispiel eines `GeneralPath` anhand des Umrisses eines Autos	19
GradientPaintExample	Verwendung von Farbverläufen	113
ImageLoadingExample	Laden eines JPEG-Bildes	96
ImageSavingExample	Speichern eines JPEG-Bildes	97
LineEndings	Enden und Verbindungen bei breiten Linien	87
MorphingCandS	Verwendet die Klasse `TriangulatedImage`, um zwei triangulierte Bilder schrittweise ineinander umzuwandeln	114
MyFinishWindow	Klasse zum Schließen eines Fensters	11
NonSynchronizedClock	Bewegungen am Beispiel einer einfachen Uhr	39
RectangleEllipseExample	Rechteck und Ellipse	20
RotationExample	Rotation	35
ScalingExample	Skalierung	35
ShearingExample	Scherung	35
SimpleJava2DExample	erstes Java 2D Beispielprogramm	10
SimpleLetterC	Darstellung des Buchstaben C mittels zweier quadratischer Kurven	44
SimpleLetterD	Darstellung des Buchstaben D mittels zweier quadratischer Kurven	44
StrokingExample	verschiedene Strichelungsmuster	67
TextExample	Zeichnen und modifizieren von Text	101
Texture2DExample	Zeichnen von Texturen	97

Java 2D		
Java-Klasse	**Thema**	**Seite**
TransformationOrderExample	Reihenfolge von Transformationen	35
TransformationOrderExampleR	Reihenfolge von Transformationen	35
TransformationOrderExampleRT	Reihenfolge von Transformationen	35
TransformationOrderExampleT	Reihenfolge von Transformationen	35
TransformationOrderExampleTR	Reihenfolge von Transformationen	35
TranslationExample	Translation	35
TriangulatedImage	Klasse für triangulierte Bilder, die sich schrittweise durch Pixel- und Farbinterpolation ineinander umwandeln lassen	114

Java 3D		
Java-Klasse	**Thema**	**Seite**
BackgroundExample	Verwendung eines aus einer Datei geladenen Bildes als Hintergrund. Dieses Programm benötigt die Datei `sunset.jpg`. Einen einfarbigen Hintergrund findet man z.B. im Programm `StaticSceneExample`.	241
ClippingPlanes	Veränderung des Clipping-Volumens durch den Sichtfeldwinkel und die vordere und hintere Clipping-Ebene	194
CollisionBehaviour1	Eine Klasse, die von `CollisionExample` verwendet wird, um die Farbe eines Objekt bei einer Kollision zu ändern. Dazu wird ein `Switch` benutzt.	273

Java 3D		
Java-Klasse	**Thema**	**Seite**
CollisionBehaviour2	Eine Klasse, die von `CollisionExample` verwendet wird, um ein Objekt bei einer Kollision zu bewegen.	271
CollisionExample	Beispiel für die Verwendung der Kollisionsdetektion. Außerdem: Verwendung der Klasse `Switch` und der Navigation mittels Cursor-Tasten. Die Klassen `CollisionBehaviour1` und `CollisionBehaviour2` werden benötigt.	270
ConstantFloatCreator	Implementiert das Interface `IFloatCreator`.	257
ConstantLongCreator	Implementiert das Interface `ILongCreator`.	257
ConstantVector3fCreator	Implementiert das Interface `IVector3fCreator`.	257
DynamicSurfaceExample	Realisiert das Morphing einer Fläche in eine andere. `IFunctionInTwoVariables`, `FunctionInTwoVariablesExample` `FunctionInTwoVariablesExample2` und `SimpleMorphBehaviour` werden benötigt.	263
ExpFogExample	Exponentieller Nebel und die mehrfache Verwendung derselben Transformationsgruppe in einer Szene	252
Extract3DExample	Laden eines Objektes aus einer Datei im Wavefront Object Format, dargestellt wird nur ein Teilobjekt, nicht das gesamte geladene Objekt. Die Datei `schiff.obj` wird für das Programm benötigt.	167
FunctionIn- TwoVariablesExample	Implementierung des Interfaces `IFunctionInTwoVariables`, das in der Klasse `SurfaceExample` benötigt wird.	172

Java 3D		
Java-Klasse	**Thema**	**Seite**
GeomArrayExample	Erzeugung eines Objektes (Tetraeders) aus einzelnen Dreiecken	165
IDirectionCreator	Ein Interface zur Erzeugung von Bewegungsrichtungen von Partikeln.	257
IFloatCreator	Ein Interface zur Erzeugung von Geschwindigkeiten von Partikeln.	257
IFunctionInTwoVariables	Ein Interface, das eine reelle Funktion in zwei Variablen beschreibt.	172
ILongCreator	Ein Interface zur Erzeugung von Zwischenankunftszeiten und Lebensdauern von Partikeln.	257
InteractionExample	Auswahl von Objekten mit der Maus und Initiierung einer Bewegung. Dazu wird die Klasse `PickingExample` verwendet.	268
InteractionTest	Auswahl von Objekten mit der Maus. Es wird unter Verwendung der Klasse `PickingTest` ausgegeben, welches Objekt ausgewählt wurde.	267
ISimpleParticleCreator	Ein Interface im Package `simpleParticleSystemPackage` zur Erzeugung einzelner Partikel.	256
IVector3fCreator	Ein Interface zur Erzeugung von Anfangspositionen einzelner Partikel.	257
LightingExample	Verwendung verschiedener Lichtquellen und Reflexionseigenschaften von Oberflächen	227
LightingExample2	Eine um die Szene rotierende Lichtquelle verdeutlicht unrealistische Farbeffekte, die entstehen, wenn die Reflexionsfarben einer Oberfläche völlig unterschiedlich gewählt werden.	227
LineOfSparksCreator	Implementiert das Interface `ISimpleParticleCreator`.	256

Java 3D		
Java-Klasse	**Thema**	**Seite**
LinFogExample	Linearer Nebel und die mehrfache Verwendung derselben Transformationsgruppe in einer Szene	252
Load3DExample	Laden und Darstellen eines Objektes aus einer Datei im Wavefront Object Format, Ausgabe der Namen aller Teilobjekte, Färben eines Teilobjekts. Die Datei `schiff.obj` wird für das Programm benötigt.	167
LODExample	Verwendung der LOD-Technik (Level of Detail)	277
MovingLight	Eine sich bewegende Lichtquelle	217
MovingSpotLight	Ein um die Szene rotierender Scheinwerfer, dessen Lichtintesität zum Rand des Lichtkegels nicht abnimmt, dort aber abrupt auf Null fällt.	227
NormalsForGeomArrays	Erzeugung eines Objektes (Tetraeders) aus einzelnen Dreiecken, bei dem die Normalenvektoren der Dreiecke interpoliert werden.	189
ParticleSystemExample	Realisierung einer Wunderkerze mit Hilfe eines Partikelsystems. Es wird das Package `simpleParticleSystemPackage` benötigt.	255
PickingExample	Eine Klasse, die von `InteractionExample` benutzt wird, um mit der Maus ausgewählte Objekte zu bewegen.	268
PickingTest	Eine Klasse, die von `InteractionTest` benutzt wird, um die Namen mit der Maus ausgewählter Objekte auszugeben.	267
RandomDirectionCreator2	Implementiert das Interface `IDirectionCreator`.	257
RandomLongCreator	Implementiert das Interface `ILongCreator`.	257

Java 3D		
Java-Klasse	**Thema**	**Seite**
ShadingExample	Verwendung von konstanter statt Gouraud-Schattierung	231
SimpleAnimation3d	Einfache Animation, die einen Hubschrauber starten und landen lässt	142
SimpleMorphBehaviour	Ein `Behaviour`, das die Konvexkombination bei einem `Morph` steuert.	263
SimpleParticleSystem	Die zentrale Klasse im Package `simpleParticleSystemPackage` zur Erzeugung eines einfachen Partikelsystems	255
SimpleParticleSystemRunner	Ein `Thread`, in dem Partikel für ein Partikelsystem erzeugt werden.	258
SimpleSingleParticleCreator	Ein `Thread`, zur Erzeugung einzelner Partikel inklusive Bewegung.	258
SoundExample	Einbindung von Akustikeffekten in eine Szene in Form eines `BackgroundSound` und eines `PointSound`. Die Dateien `bgsound.wav`, `psound.wav` und `darkclouds.jpg` werden für das Programm benötigt.	280
StaticSceneExample	Erzeugung einer statischen Szene mit einem Hubschrauber und einem Baum	130
SurfaceExample	Darstellung einer Funktion in zwei Variablen als Oberfläche. Die Klassen `IFunctionInTwoVariables` und `FunctionInTwoVariablesExample` werden dafür benötigt.	172
TesselationBWExample	Drahtgittermodelldarstellung einer statischen Szene mit einem Hubschrauber und einem Baum	162
TesselationExample	teilweise Drahtgittermodelldarstellung einer statischen Szene mit einem Hubschrauber und einem Baum	162

Java 3D		
Java-Klasse	**Thema**	**Seite**
TesselationResolution	Annäherung einer Kugeloberfläche mit einer unterschiedlichen Anzahl von Dreiecken	163
Text3DExample	Verwendung von Text und eines `Billboard`-Behaviours in einer dreidimensionalen Darstellung. Die Klassen `IFunctionInTwoVariables` und `FunctionInTwoVariablesExample` werden dafür benötigt.	174
TextureExample	Aufbringen einer aus einer Bilddatei geladenen Textur auf eine Kugel. Die Datei `myTexture.jpg` wird für das Programm benötigt.	241
TransparencyExample	Beispiel für interpolierte und Screen-Door-Transparenz	236
ViewParallelProjection	Parallelprojektion zur Darstellung einer statischen Szene mit einem Hubschrauber und einem Baum	149

C Anhang: Hinweise zu Java 2D Klassen und Methoden

D Anhang: Hinweise zu Java 3D Klassen und Methoden

Literaturverzeichnis

[1] J. Barrilleaux: 3D User Interfaces with Java 3D. Manning Publications, Greenwich, CT (2002)

[2] A. Beuthner: Displays erobern die dritte Dimension. Computer Zeitung 30/2004, 14-14

[3] J.F. Blinn: Simulation of Wrinkled Surfaces. In: Proc. SIGGRAPH'78, Computer Graphics 12 (1978), 286-292

[4] J.E. Bresenham: Algorithm for Computer Control of a Digital Plotter. IBM Systems Journal 4 (1965), 25-30

[5] J.E. Bresenham: A Linear Algorithm for Incremental Digital Display of Circular Arcs. Communications of the ACM 20 (1977), 100-106

[6] R. Brons: Linguistic Methods for the Description of a Straight Line on a Grid. Computer Graphics and Image Processing 3 (1974), 48-62

[7] R. Brons: Theoretical and Linguistic Methods for the Describing Straight Lines. In: [14], 19-57

[8] K. Brown, D. Petersen: Ready-to-Run Java 3D. Wiley, Chichester (1999)

[9] H.-J. Bungartz, M. Griebel, C. Zenger: Einführung in die Computergraphik (2. Aufl.). Vieweg, Wiesbaden (2002)

[10] M.F. Cohen, S.E. Chen, J.R. Wallace, D.P. Greenberg: A Progressive Refinement Approach to Fast Radiosity Image Generation. In: Proc. SIGGRAPH'88, Computer Graphics 22 (1988), 75-84

[11] M.F. Cohen, D.P. Greenberg: The Hemi-Cube: A Radiosity Solution for Complex Environments. In: Proc. SIGGRAPH'85, Computer Graphics 19 (1985), 31-40

[12] M. Cyrus, J. Beck: Generalized Two- and Three-Dimensional Clipping. Computers and Graphics 3 (1978), 23-28

[13] Y. Dobashi, K. Kaneda, H. Yamashita, T. Okita, T. Nishita: A Simple, Efficient Method for Realistic Animation of Clouds. In Proc. SIGGRAPH'2000, Computer Graphics 34 (2000), 19-28

[14] R.A. Earnshaw (ed.): Fundamental Algorithms for Computer Graphics. Springer, Berlin (1985)

[15] D.S. Ebert, F.K. Musgrave, D. Peachey, K. Perlin, S. Worley: Texturing & Modeling: A Procedural Approach (3rd ed.). Elsevier, San Francisco (2003)

[16] J.D. Foley, A. van Dam, S.K. Feiner, J.F. Hughes: Computer Graphics: Principles and Practice. Second Edition in C. Addison-Wesley, Boston (1996)

[17] C. Geiger: Helft mir, Obi-Wan Kenobi. iX 5/2004, 97-102

[18] C.M. Goral, K.E. Torrance, D.P. Greenberg, B. Battaile: Modeling the Interaction of Light Between Surfaces. In: Proc. SIGGRAPH'84, Computer Graphics 18 (1984), 213-222

[19] H. Gouraud: Continuous Shading of Curved Surfaces. IEEE Transactions on Computers C-20 (1971), 623-629

[20] S. Gupta, R.E. Sproull: Filtering Edges for Gray-Scale Displays. Computer Graphics 15 (1981), 1-5

[21] V.J. Hardy: Java 2D API Graphics. Prentice Hall, Upper Saddle River, NJ (2000)

[22] D. Hearn, M.P. Baker: Computer Graphics with OpenGL (3rd Edition). Pearson Prentice Hall, Upper Saddle River, NJ (2004)

[23] M.R. Kappel: An Ellipse-Drawing Algorithm for Raster Displays. In: [14], 257-280

[24] F. Klawonn, V. Chekhtman, E. Janz: Visual Inspection of Fuzzy Clustering Results. In: J. Benitez, O. Cordon, F. Hoffmann, R. Roy (eds.): Advances in Soft Computing: Engineering Design and Manufacturing. Springer, London (2003), 65-76

[25] F. Klawonn: Introduction to Computer Graphics: Using Java 2D and 3D. Springer, London (2008)

[26] J. Knudsen: Java 2D Graphics. O'Reilly, Beijing (1999)

[27] H. Kopka: LaTeXBand 1: Einführung (3. Auflage). Addison-Wesly, München (2000)

[28] F. Lamprecht: 3D für das Web. Addison-Wesley, München (2002)

[29] M. Magnor: 3D-TV: Computergraphik zwischen virtueller und realer Welt. Informatik Spektrum 27 (2004), 497-503

[30] T. Nishita, E. Nakamae: Continuous Tone Representation of Three-Dimensional Objects Taking Account of Shadows and Interreflection. In: Proc. SIGGRAPH'85, Computer Graphics 19 (1985), 124-246

[31] A. Nischwitz, P. Haberäcker: Masterkurs Computergrafik und Bildverarbeitung. Vieweg, Wiesbaden (2004)

[32] I. Palmer: Essential Java 3D Fast. Springer, London (2001)

[33] G. Palmer: Physics for Game Programmers. Apress, Berkeley (2005)

[34] M. Pharr (ed.): GPU Gems 2: Programming Techniques for High-Performance Graphics and General-Purpose Computation. Addison-Wesley, Boston (2005)

[35] B.-T. Phong: Illumination for Computer Generated Pictures. Communications of the ACM 18 (1975), 311-317

[36] M.L.V. Pitteway: Algorithms for Drawing Ellipses or Hyperbolae with a Digital Plotter. Computer Journal 10 (1967), 282-289

[37] M.L.V. Pitteway, D.J. Watkinson: Bresenham's Algorithm with Gray Scale. Communications of the ACM 23 (1980), 625-626

[38] D.P. Pretschner: Medizinische Informatik – Virtuelle Medizin auf dem Vormarsch. Carolo-Wilhelmina Forschungsmagazin der Technischen Universität Braunschweig, Jahrgang XXXVI, Heft 1 (2001), 14-22

[39] W.T. Reeves: Particle Systems – A Technique for Modelling a Class of Fuzzy Objects. In: Proc. SIGGRAPH'83, Computer Graphics 17 (1983), 359-376

[40] W.T. Reeves, R. Blau: Approximate and Probabilistic Algorithms for Shading and Rendering Particle Systems. In: Proc. SIGGRAPH'85, Computer Graphics 19 (1983), 313-322

[41] F. Rehm, F. Klawonn, R. Kruse: POLARMAP – Effizient Visualisation of High Dimensional Data. In: E. Banissi, R.A. Burkhard, A. Ursyn, J.J. Zhang, M. Bannatyne, C. Maple, A.J. Cowell, G.Y. Tian, M. Hou: Information Visualization. IEEE, London (2006), 731-74

[42] C.W. Reynolds: Flocks, Herds, and Schools: A Distributed Behavior Model. In: Proc. SIGGRAPH'87, Computer Graphics 21, 25-34

[43] D. Selman: Java 3D Programming. Manning Publications, Greenwich, CT (2002)

[44] H. Sowizral, K. Rushforth, M. Deering: The Java 3D API Specification. Addison-Wesley, Boston (2000)

[45] T. Soukup, I. Davidson: Visual Data Mining. Wiley, New York (2002)

[46] A. Sullivan: 3-Deep. IEEE Spectrum 4/2005, 22-27

[47] N. Thibieroz: Deferred Shading with Multiple Rendertargets. In: W.F. Engel (ed.): Shader X2, Shader Programming, Tips & Tricks with DirectX 9. Plano, USA (2004), 251-251

[48] K. Tschumitschew, F. Klawonn, F. Höppner, V. Kolodyazhniy: Landscape Multidimensional Scaling. In: M.R. Berthold, J. Shawe-Taylor, N. Lavrač: Advances in Intelligent Data Analysis VII. Springer, Berlin (2007) 263-273

[49] J.R. Van Aken: An Efficient Ellipse-Drawing Algorithm. IEEE Computer Graphics and Applications 4 (1984), 24-35

[50] M. Wacker, M. Keckeisen, S. Kimmerle, W. Straßer, V. Luckas, C. Groß, A. Fuhrmann, M. Sattler, R. Sarlette, R. Klein: Virtual Try-On: Virtuelle Textilien in der Graphischen Datenverarbeitung. Informatik Spektrum 27 (2004), 504-511

[51] A.E. Walsh, D. Gehringer: Java 3D API Jump-Start. Prentice Hall, Upper Saddle River, NJ (2002)

[52] D.R. Warn: Lighting Controls for Synthetic Images. In: Proc. SIGGRAPH'38, Computer Graphics 17 (1983), 13-21

[53] G. Wyszecki, W. Stiles: Color Science: Concepts and Methods, Quantitative Data and Formulae (2nd ed.). Wiley, New York (1982)

Index

Printed by Printforce, the Netherlands